李翊燮・李相億・蔡琬 著
Korean Language by Lee, Ik-Sup et al.

韓国語概説

梅田博之 監修
前田真彦 訳

大修館書店

KOREAN LANGUAGE
Original copyright © 1997 by Lee, Ik-Sup et al.
All rights reserved

この書籍は日韓文化交流基金の
出版助成を得て刊行されました。

Original Korean edition published by SHINGU PUBLISHING
Japanese Translation Copyright © 2004 by TAISHUKAN PUBLISHING CO., LTD.
Japanese edition is published by arrangement with SHINGU PUBLISHING
through BOOKCOSMOS, Seoul

まえがき

　この本は，もともとアメリカ人に韓国語を紹介するために書かれた本である。1994年春，アメリカに韓国文化をより詳しく伝える必要があるとの認識から，ソウル大学とニューヨーク州立大学の共同企画として，韓国学叢書を刊行することになった。まず「韓国の歴史」「韓国の文学」「韓国の宗教」など11分野を選定し，韓国語原稿をソウル大学側で執筆し，その翻訳と英訳本の出版をニューヨーク州立大学側が引き受けるという条件だった。本書はその叢書の1つとして執筆されたものである。

　つまり本書は韓国語版で出版されることを念頭において書かれた本ではない。韓国人読者を想定していないということである。にもかかわらず英語版より先に韓国語版が世に出たのは次のような理由からである。

　昨年私はこの本の翻訳を引き受けてくれたS. Robert Ramsey教授（University of Maryland）の招請でアメリカに7ヵ月滞在した。この本の翻訳を手伝うためである。ところがそのときこの本についてのうわさを聞いた同胞たちが，韓国語版の出版をしてほしいと熱心に要求してきた。特に週末，韓国人学校で二世たちに，または大学で学生たちに韓国語を教えている方からの要求はことさら切実だった。そんなときは，十分とは言えないまでも私の原稿をディスクに抜粋して差し上げていた。こういう状況のなか，韓国語版を出版するという約束をして帰国した。本書の刊行は，いわばその約束の所産である。

　困難な条件の下で二世たちに韓国語を，韓国の精神を伝授しようとする海外の教師たちは，私には常に感動的であった。アメリカ本土で，ハワイで，カナダで，ブラジルで，ホンジュラスで，彼らはひたすら献身的な奉

仕精神で韓国語を教えていた。そしていつも私のような者に会えば，少しでも学ぼうと意欲的に近づいてきた。これほど熱心な学生たちを私は見たことがなかった。この小著が彼らの欲求に多少なりとも助けになれば，これにまさる喜びはない。

　もちろん韓国内の読者にも役に立つものと思われる。たとえ韓国の読者に焦点を合わせていなくても，この本は一種の韓国語学概説書の性格を持っているので，この方面で知識を得ようとする者には適切な入門書となろう。一般の入門書よりさらに平易な入門書と言えよう。もともとアメリカの教養人を対象にした非専門家用として企画されたために，できるだけかみくだいた表現をしようと心がけ，また理論より実例を多くあげるように努めた。韓国語学を専攻としない人もたやすく韓国語のさまざまな側面を知ることができるだろうと確信している。

　韓国人が本書を読むと自然に読めない部分があろうかと思う。あまりにも分かりきったことがらを何の目的でこんなにくどく記述する必要があるのかと，疑問に思うだろう。しかし外国人に説明しようとすると，今まで当然すぎることとして注意を払わず扱ってきたことがらに気づかされることが多い。そして韓国語やハングルに対して外国人に説明しなければならない場合には何を強調しなければならないか，本書を通して推し量ることもできよう。国内の読者のためにもこのような性質の案内書が必要だったのは事実である。

　執筆は3人で分担した。第1, 2, 6, 8章を李翊燮が，第3, 7章を李相億が，第4, 5章は蔡琬が執筆した。その後編集の任をとった李翊燮が全面的に手を入れ，それを再び蔡琬が手直しした。3人で書いたがほとんど1人で書いたのと同じ形態になったのではないかと思う。

　本書の刊行はソウル大学の財政的な援助によってなされ，企画を担当した韓国文化研究所からはさまざまな行政的支援を受けた。この場を借りてお礼申し上げたい。合わせて本書の発刊になみなみならぬ関心を寄せてくださった皆様にも深くお礼申し上げる。とくに韓銀珠教授は音韻論を読んでいくつか貴重なご指摘をしてくださり，李正福君は敬語法を綿密に検討

してくれた。林東勳博士と梁明姫博士は原稿に目を通してくださり，多くの修正箇所を示された。そして Ramsey 教授も翻訳過程で意見を多く出してくださり，本書の質を高めることに大きく寄与してくださった。ただただ感謝するばかりである。

　この本が中国や旧ソ連などで韓国語を教える教師たちにも役立つものと信じる。現在ソウル大学国文科に留学しているトルコ人学生はトルコ語でこの本を翻訳したいと張り切っている。韓国語はもはや決して韓半島内だけの言語ではない。その驚くべき発展を考えると私は涙が込み上げてくる。私は小学校に自分の名前で通うことができなかった。韓国語を使えば罰せられるのが恐ろしくて小便を漏らしても一言もいえなかったその頃を思うと目頭が熱くなる。韓国語が少しでもより広く世界に広がれば，過ぎし日のわれわれの苦しみは忘れてもよいであろう。母国語の栄光に満ちた将来を切に願うのみである。

1997 年 5 月 21 日

　　　　　　　　　　　　　　　　　　　　　　　国立国語研究院院長室にて
　　　　　　　　　　　　　　　　　　　　　　　　　　　　　李翊燮

日本語版によせて

　韓国と日本は近い国です。テレビで天気予報を見れば，2つの国がどれほど近く隣り合っているかを実感することができます。歴史的にも両国ははるか昔から頻繁に行き来してきました。

　だからこそ両国の人々は相手をよく知っていると考えています。実際ある程度知っていることも事実です。国の大きさがどのくらいで，どのような言葉と文字を使っていて，伝統的な衣装はどうであるとか，固有の料理にはどんなものがあるかなど，大まかには知っています。しかし具体的に細かいことになると，知らないことが意外に多いのも事実です。

　言語についても同様です。韓国語と日本語は似ている点がたくさんあります。語順が同じで，助詞と語尾の使い方もよく似ており，敬語法が発達していることも似ています。まだ結論は出ていませんが，系統的にも2つの言語は1つに括られる運命にあるようです。所属させるとすればアルタイ語族に所属し，膠着語に分類します。

　それゆえ両国の人々はお互いの言語に対して親しみを感じ，またある程度分かっていると考える傾向があります。しかしより深く知ろうとすると，分からないことが数え切れないほど出てきます。似ている点に劣らず違う点も多いからです。

　『韓国の言語』（原著名）の日本語版が出版されることは，このような意味で意義深いことだと考えます。韓国語について体系的に知りたいという読者にとって本書は格好の案内役をするものと信じます。

　本書はもともとアメリカ人に韓国文化を紹介する一連の著述のうちの1つとして書いたものです。韓国の言語について外国人なら疑問に思うであ

ろうことを，比較的詳細に，そして非専門家も読めるように平易に書こうと努めました。英語版が *The Korean Language* という書名で2000年初めにニューヨーク州立大学出版部から出版されました。本書の内容が英語圏の読者に焦点が合わせられているとしても，日本の読者にも有益であると信じます。2003年にトルコ語版が出版され，2004年にはロシア語版が出版されるということも，それを裏付けてくれます。

　ある民族の文化を理解しようとすれば，その民族の言語を知らなければなりません。言語の中にその民族の歴史，その民族の気質が溶け込んでいるからです。皆さんが，本書を通して韓国に一歩近づき，理解する道が開ければ，著者にとってこれにまさる喜びはありません。決して良好だけだったとは言い難い2つの国の関係が，こういうことをきっかけに一歩ずつ良くなっていくことを合わせて祈念いたします。

　困難な翻訳を自ら引受けてくださった前田真彦先生の労苦に深い感謝を捧げます。そして早くから韓国語研究と普及に生涯を捧げていらっしゃる梅田博之教授が監修を引受けてくださったことは，私ども著者としてはたいへん光栄です。この場をお借りして深く感謝いたします。合わせて柴田祈さんをはじめ大修館書店の関係者の皆さんに感謝の意を表します。

2004年1月20日

李翊燮

凡　例

　本書は，韓国語を専門とする方のみでなく，広く言語学に興味を持つ方や，韓国語がどんな言語であるかを知りたい読者にも分かりやすいように，下記のような工夫をした。

１．韓国語の単語および例文には全て日本語訳を付した。ハングル表示の後で，フォントを小さくして（　）に入れたものがそれである。
２．第１章から第３章までは，ハングルにイェール（Yale）方式と呼ばれるローマ字表記を付した。イェール式ローマ字表記とは，ハングルになじみのない者のために，字母のひとつずつをアルファベットに転記したもので，必ずしも発音とは対応しない。イェール式ローマ字表記の一覧は下記の通りである。

　○母音字母

ㅏ	ㅑ	ㅘ	ㅐ	ㅒ	ㅙ
a	ya	wa	ay	yay	way
ㅓ	ㅕ	ㅝ	ㅔ	ㅖ	ㅞ
e	ye	we	ey	yey	wey
ㅗ	ㅛ	ㅚ	ㅜ	ㅠ	ㅟ
o	yo	oy	wu	y(w)u	wi
ㅡ	ㅢ	ㅣ			
u	uy	i			

○子音字母

ㅂ	ㅃ	ㅍ	ㄷ	ㄸ	ㅌ
p	pp	ph	t	tt	th
ㅅ	ㅆ	ㅈ	ㅉ	ㅊ	
s	ss	c	cc	ch	
ㄱ	ㄲ	ㅋ	ㅁ	ㄴ	ㅇ
k	kk	kh	m	n	ng
ㄹ	ㅎ				
l	h				

3．発音記号が必要な場合は，［　］に入れて表示した。発音を示すハングル表記も［　］に入れて示した。
4．原注は脚注に表示し，訳者の注は，〔　〕に入れて※で本文中に示した。

（前田真彦）

目　次

まえがき　*i*
日本語版によせて　*iv*
凡例　*vi*

第 1 章　総論　3

1.1　韓国語の分布 …………………………………………… *3*
1.2　韓国の文字 ……………………………………………… *4*
1.3　韓国語の系統 …………………………………………… *6*
1.4　韓国語の類型的特徴 …………………………………… *9*

第 2 章　文字　15

2.1　ハングルの字母 ………………………………………… *15*
2.2　ハングルの組み合わせ ………………………………… *19*
2.3　表記法 …………………………………………………… *23*
2.4　ハングル表記法に対する評価 ………………………… *33*
2.5　ハングルの歴史 ………………………………………… *37*
　　2.5.1　ハングルの誕生 ………………………………… *37*
　　2.5.2　ハングルの制字原理 …………………………… *39*

  2.5.3　ハングルの特徴 ………………………………… 47
 2.6　漢字の利用 ……………………………………………… 51
  2.6.1　借字表記法 ……………………………………… 52
   2.6.1.1　郷札〔ヒャンチャル〕 54／2.6.1.2　口訣〔クギョル〕 56／
   2.6.1.3　吏読〔イドゥ〕 57
  2.6.2　漢文と漢字 ……………………………………… 59

第3章　音韻　69

 3.1　音韻体系 ………………………………………………… 70
 3.2　音節構造 ………………………………………………… 74
 3.3　音韻規則 ………………………………………………… 77
  3.3.1　中和 ……………………………………………… 77
  3.3.2　同化 ……………………………………………… 79
  3.3.3　頭音法則 ………………………………………… 82
  3.3.4　音の脱落と縮約および添加 …………………… 83
  3.3.5　ㅎ末音 …………………………………………… 88

第4章　単語と品詞　91

 4.1　単語の基本構造 ………………………………………… 91
 4.2　品詞 ……………………………………………………… 94
  4.2.1　名詞 ……………………………………………… 94
  4.2.2　代名詞 …………………………………………… 98
  4.2.3　数詞 ……………………………………………… 102
  4.2.4　動詞と形容詞 …………………………………… 107
  4.2.5　冠形詞と副詞 …………………………………… 111

4. 3　造語法 ・・・・・・・・・・・・・・・・・・・・・・・・・・・・・・・・・・　*115*
　　4. 3. 1　複合語 ・・・・・・・・・・・・・・・・・・・・・・・・・・・・・　*116*
　　4. 3. 2　反復複合語 ・・・・・・・・・・・・・・・・・・・・・・・・・・　*121*
　　4. 3. 3　派生語 ・・・・・・・・・・・・・・・・・・・・・・・・・・・・・　*124*
　　4. 3. 4　特殊派生語 ・・・・・・・・・・・・・・・・・・・・・・・・・・　*128*
4. 4　借用語 ・・・・・・・・・・・・・・・・・・・・・・・・・・・・・・・・・・　*132*
　　4. 4. 1　借用語の土着化 ・・・・・・・・・・・・・・・・・・・・・・・　*132*
　　4. 4. 2　借用語の時代的背景 ・・・・・・・・・・・・・・・・・・・・　*136*
　　4. 4. 3　漢字語 ・・・・・・・・・・・・・・・・・・・・・・・・・・・・・　*142*

第 5 章　文構造　*147*

5. 1　助詞 ・・・・・・・・・・・・・・・・・・・・・・・・・・・・・・・・・・・・　*147*
　　5. 1. 1　格助詞 ・・・・・・・・・・・・・・・・・・・・・・・・・・・・・　*149*
　　　　5. 1. 1. 1　主格助詞　*149*／5. 1. 1. 2　対格助詞　*153*／
　　　　5. 1. 1. 3　属格助詞　*155*／5. 1. 1. 4　処格助詞　*157*／
　　　　5. 1. 1. 5　具格助詞　*159*／5. 1. 1. 6　共同格助詞　*161*／
　　　　5. 1. 1. 7　呼格助詞　*164*
　　5. 1. 2　特殊助詞 ・・・・・・・・・・・・・・・・・・・・・・・・・・・　*165*
5. 2　語尾 ・・・・・・・・・・・・・・・・・・・・・・・・・・・・・・・・・・・・　*175*
　　5. 2. 1　先語末語尾 ・・・・・・・・・・・・・・・・・・・・・・・・・・　*176*
　　　　5. 2. 1. 1　엇　*176*／5. 2. 1. 2　엇엇　*178*／
　　　　5. 2. 1. 3　겟　*180*／5. 2. 1. 4　더　*180*
　　5. 2. 2　文末語尾 ・・・・・・・・・・・・・・・・・・・・・・・・・・・　*183*
　　5. 2. 3　接続語尾 ・・・・・・・・・・・・・・・・・・・・・・・・・・・　*186*
　　5. 2. 4　名詞化語尾 ・・・・・・・・・・・・・・・・・・・・・・・・・・　*190*
　　5. 2. 5　冠形化語尾 ・・・・・・・・・・・・・・・・・・・・・・・・・・　*191*

5.3	語順	…………………………………………	194
5.4	文の拡大	…………………………………………	197
	5.4.1 接続	…………………………………………	198
	5.4.2 内包	…………………………………………	201
5.5	被動と使役	…………………………………………	204
	5.5.1 被動	…………………………………………	204
	5.5.2 使役	…………………………………………	209
5.6	否定	…………………………………………	211
	5.6.1 否定文の種類	…………………………………………	211
	5.6.2 否定文の意味と制約	…………………………………………	213
	5.6.3 短形否定と長形否定	…………………………………………	216

第6章　敬語法　219

6.1	代名詞	…………………………………………	220
6.2	呼称	…………………………………………	225
6.3	敬語法の種類	…………………………………………	237
	6.3.1 主体敬語法	…………………………………………	238
	6.3.2 客体敬語法	…………………………………………	243
	6.3.3 対者敬語法	…………………………………………	247
6.4	敬語法の組み合わせ	…………………………………………	260
6.5	敬語法決定の要因	…………………………………………	265

第7章　歴史　271

7.1	古代韓国語	…………………………………………	273
7.2	中世韓国語	…………………………………………	276

　　　　7.2.1　音韻 ………………………………………………… 277
　　　　7.2.2　文法 ………………………………………………… 282
　　7.3　近代韓国語 …………………………………………………… 286

第8章　方言　*291*

　　8.1　ソウル語と標準語 …………………………………………… 292
　　8.2　方言区画 ……………………………………………………… 295
　　8.3　音韻現象 ……………………………………………………… 300
　　　　8.3.1　声調 ………………………………………………… 301
　　　　8.3.2　・音 ………………………………………………… 304
　　　　8.3.3　△音とㅸ音 ………………………………………… 306
　　　　8.3.4　口蓋音化 …………………………………………… 307
　　　　8.3.5　ㄷ変則活用 ………………………………………… 310
　　　　8.3.6　音素目録 …………………………………………… 311
　　8.4　文法形態および語彙 ………………………………………… 315

監修者あとがき　*325*

参考文献　*327*

索引　*337*

韓国語概説

第1章
総論

총론

1.1 韓国語の分布

　韓国語は韓半島〔※朝鮮半島――訳者注〕全域で，韓国人全てが母語として使用している言語である。韓国国民は，民族も単一であり，その言語も単一であると強調することを好む。韓国は確かに単一言語(monolingual)社会である。生まれてから誰もが韓国語を母語すなわち第一言語として習得し，一生のあいだ韓国語だけで意思疎通をしながら生きる。小学校から大学まで韓国語で授業を受け，各種の放送も韓国語で行われる。

　韓国語は世界的にはさほど知られているとは言えないが，その使用人口は少なくない。1994年末基準で，韓国の人口が4,400万人，北朝鮮の人口が2,300万人，合計6,700万人が韓国語を使用している。この数字は使用人口の上からイタリア語とほぼ同じであり，世界13位から15位に相当する[1]。少なくとも15位内に入るので，韓国語は使用人口から見れば，国土

---

[1] Crystal（1987）によれば，韓国語は使用人口6,000万人で，イタリア語と並んで同列15位に挙げられている。同列13位の2つの言語が使用人口6,500万人になっているので，現在の韓国語の順位はこのあたりと思われる。

の大きさとは異なり強大国に属すると言ってよい。

　韓国語は韓半島以外に海外の同胞にも広く使用されている。アメリカで166万人, 日本で69万人, 中国で194万人がその中心をなすが, 特にニューヨークとロサンゼルスにはコリアタウンが形成され, 韓国語の看板を出している商店が軒をつらね, 独自の韓国語新聞が発行されるほど, 韓国語がよく維持されている。中国の延辺朝鮮族自治州を中心にした地域では, アメリカの場合よりさらに完全な形で韓国語が維持されている。そして旧ソ連地域に暮らす同胞も50万人に達し, 彼らの間でも韓国語がまだ使われており, また中南米やカナダでも多くの同胞が韓国語を使用している[2]。そして近年国力の伸張に助長され, 外国人にも韓国語の普及が, 次第に拡大する勢いを見せている。

1.2　韓国の文字

　韓国語は早くより文字で記録されてきた。韓国固有の文字であるハングルが創製されたのは1443年（または1444年）である（第2章参照）。このときから韓国語は完璧な音素文字（phonemic writing）により記録され始め, その資料が現在まで豊富に伝えられている。

　しかしそれ以前にも早くより中国から漢字を受け入れ, 漢字による文字生活を活発に営んできた。韓国は世界最初の金属活字を作った民族である。ドイツのグーテンベルクが金属活字を作り使用した1440年頃よりはるかにさかのぼる1234年に, 金属活字によって書籍を刊行したという記録が残っている。また1377年に金属活字によって刊行された文献が現在, フランスのパリ国立図書館に所蔵されている。このときの活字は漢字であり, 文は漢文であった。言い換えると, 当時の韓国の文字言語は音声韓国語とはかけはなれた漢文であったが, このように早い時期からさかんに文

---

[2] 中南米に9万人, カナダに7万人が居住しており, それ以外にもドイツに3万人, その他の地域に約13万人が居住している。

字生活を営んでいたのである。

　このような活発な文字生活は，それがたとえ漢字によるものであったとしても，韓国語の記録に寄与したであろうことは想像に難くない。韓国人はすでに三国時代から漢字の音と訓（または釈）を借りて韓国の人名や地名などを表記する手段を開発し，新羅時代には「郷歌(ヒャンガ)」という形式の韓国語の詩を全部この方式の表記法で書き表すまでに至った(第2章参照)。漢字の音と訓を借りて韓国語を表記する表記法がいわゆる「吏読(イドゥ)」であり，韓国語は吏読によって記録されたものを含めると5世紀ごろから文字によって記録された言語である。

　しかし吏読によって記録された資料は多くない。この表記法は後世に至りむしろ衰退し，文字言語はほとんど全面的に漢文にとって代わられ，最も完全な韓国語の姿を見せてくれた郷歌もわずか25首にすぎない。それゆえ，完全な形で韓国語が記録され伝わるようになったのは，ハングルが創製された15世紀からだと考えなければならない。

　ハングルは現在韓国の文字として確固たる位置を占め，活発に使われている。小学校から大学に至るまでハングルで書かれた本で勉強し，新聞や雑誌，小説，詩をはじめ各種専門書籍がハングルで書かれ，政府の文書や法律ももちろんハングルで書かれている。

　しかし長期間，ハングル以外に漢字も混用して来た。ハングルが創製されて以後も19世紀まで政府文書や専門書籍は大部分漢文でだけ記録され，それ以降の言文一致運動によって，真の意味での韓国語の文字言語が定着したと言える。しかしそれ以後もハングルを漢字と混ぜて使うことが一般的であった。それは韓国語の語彙に中国語からの借用語が多く，ハングルで表記されたときより漢字で表記されたときの方が，その語源と語意をより明快に示すことができるという利点があるためである。

　しかし韓国語の文字表記において漢字が書かれる比率は，近年に至って急激に減っている[3]。新聞と一部の専門書籍では漢字を混用しているが，その混用率は大変低くなってきており，大学生が読む水準の雑誌や教養書，

3　北朝鮮では1949年から漢字を全面的に廃止している。

および専門書においても，漢字がほとんど使われない本の比率が相当高まっている。漢字が混用された本はハングル専用の本より販売部数がはるかに落ちると言われるほど，漢字を知っている人口自体が減ってきたと言えるだろう。

最近はむしろ FM, CD, VTR, FAX, KBS（Korean Broadcasting System），MBC（Munwha Broadcasting Corporation）のようなローマ字が少しずつ勢力を広げてきている。しかしこれは韓国語だけの現象ではないであろう。韓国はやはりハングルという韓国固有の文字によって文字生活を営む国と言っていいであろう。

1.3　韓国語の系統

韓国語はまだその系統が明らかにされていない。最近西洋で刊行された言語学入門書や言語学事典類でも，「まだ系統が明らかにされていない言語」として紹介されていることが多い[4]。しかし韓国の多くの学者たちは G. J. Ramstedt（1928, 1952, 1957）や N. Poppe（1960）のようなアルタイ語学者たちの見解を根拠にして，韓国語がアルタイ語族に属する可能性が高いと信じている[5]。すなわちトルコ語，モンゴル語，ツングース語など伝統的なアルタイ語族の3語群の間にあるような密接な関係ではないにして

---

[4] 一例として次を参照されたい。"Its genetic relationship to other languages is unclear, though some linguists place it within the Altaic family, and some relate it to Japanese."（Crystal 1992：210）．
[5] Ramstedt をはじめとする西欧の学者たちの業績が西洋でも認定されている一例を次の一節で読み取ることができる。"In weighting the scholarly support for these various configurations, I conclude that Altaic Proper（= Turkic, Mongolian, Tungus）is widely accepted as a valid generic group. The affiliation of Korean with this complex has also gained considerable support."（Ruhlen 1987：130）．従来は韓国語がウラルアルタイ語族に属するという説が広く流布しており，今日もこの説になじんだ人たちが多いが，現在の学界でウラルアルタイ語族は成立からして認定されていない。従来のウラルアルタイ語族は存在しえず，今日ではアルタイ語族とフィン・ウゴル語族（Finno-Ugric Family）が存在するだけである。

も，これらと同じ語族を形成し，これらの中でツングース語に最も近い関係にあるものと推測している。

韓国語は，他のアルタイ諸語と決して偶然と見なすことのできない共通の特徴を持っていることが，早くから注目されてきた。膠着語(agglutinative language)に属するということがそのひとつである。言語を孤立語(isolating language)，屈折語（inflectional language），膠着語に分けるとき，韓国語は典型的な膠着語に属する。韓国語は語幹に屈折接尾辞が規則的に結合する言語である。また母音調和がある。1つの単語の中で陽性母音は陽性母音と，陰性母音は陰性母音と結合する。いわゆる頭音法則もある。単語の最初に，r（ㄹ）音が来ることができず，子音が2つ以上重なることもできない。関係代名詞がなく，接続詞もない。動詞が語尾をとり，印欧語で関係代名詞や接続詞が処理する機能を担当する。特に副動詞形があり接続詞の機能を果たす。以上のような韓国語の特徴はそのままアルタイ諸語に全てあてはまる。

具体的な語彙と文法形態の比較においても刮目すべき成果があげられている（이기문 1972）。(1)のような比較で，古代韓国語の'a'とアルタイ祖語の'*a'の間の音韻対応を証明したのがその例である。

(1) 中世韓国語 아래（<*al（下）），エベンキ語 alas（脚），モンゴル語 ala（股），古代トルコ語 al（下向き），中世トルコ語 altïn（下）

また子音の場合も次の(2)でのような比較で，韓国語のㅂとアルタイ祖語'*p, *b'の間の音韻対応を樹立するにいたった。

(2) 中世韓国語 븟-（注ぐ），満州語 fusu-（水を撒く），蒙古語 üsür-（撒く，湧く），モンゴル語 fuzuru-(注ぐ)，トルコ語 üskür-(口から吐き出す)

文法形態においても見事に一致する例が明らかにされている。韓国語の方向表示の処格助詞로が古代トルコ語'rü'や，モンゴル諸語の'ru'との比較によってアルタイ祖語'*ru/rü'を再構できるというのが，そのひとつである。動名詞語尾'*-r, *-m, *-n'の一致は特に韓国語とアルタイ諸語間の親族関係樹立に大きな役割を果たしていることが明らかにされた。

このようにして韓国の学者たちは外での評価とは異なり，韓国語がアルタイ語族に属する可能性を一般的に高く見ている。古代資料の不足により，限界を痛感しながらも韓国語がアルタイ語族以外の他の語族に属する可能性については全く考えようともしてこなかった。アルタイ祖語から分離して出てきたのでなければ，少なくともある同じ根からアルタイ祖語と韓国語が分離して出てきたのであろうというのが李基文（이기문，1972）の結論であり，韓国学界の代表的な見解だと言えよう。

　この点で東洋三国中，中国と日本の間に位置する韓国は，その言語では系統的に中国語とかなり遠い関係にあるという点が注目される。韓国は早くから中国の文字を受け入れ，相当多くの語彙を借用して使用してきたが（第4章参照），系統上では中国語と明らかに区分される。中国語はシナ＝チベット語族（Sino-Tibetan）に属するが，韓国語がこの語族に属す可能性は全くない。言語を孤立語，膠着語，屈折語と分けるときから，すでに中国語と韓国語は別の分類に属する。中国語は孤立語であり，韓国語は膠着語である。また，言語をS（subject），O（object），V（verb）の語順を基準にしてSVO言語，SOV言語，VSO言語などに分けるとき，中国語は動詞が目的語の前に置かれるSVO言語であるが，韓国語は動詞が文の最後に来る典型的なSOV言語である。

　これに比べると，日本語は，韓国語と大変近い関係にあると言える。日本語は何より前述した共通の特徴，および類型上の特徴でも大部分韓国語と一致する。その完璧な一致に比べると，具体的な語彙や文法形態での一致があまりにも貧弱なことが障害になってきたが，それでも2つの言語が1つの系統に属する可能性に対して肯定的な見解がこれまで引き続いて出されてきた。もちろん日本語は韓国語よりもその系統を樹立するのがさらに難しい言語と言われている。アルタイ語族に属する可能性もそれだけ希薄であると診断されてきた。たとえば韓国語をアルタイ語族に所属させるのに最も積極的な態度をとってきたG. J. RamstedtやN. Poppeも，日本語をアルタイ語族に所属させることに躊躇している。さらに日本語の系統をオーストロネシア語族（Austronesian）側に関連させようとする，いわゆ

る南方系説も継続して出されてきた。しかし日本語が韓国語と近い関係にあり，同時にアルタイ語族に所属する可能性が高いという見解が，日本の学者から最も高く支持されているのも事実である。

　もちろん韓国語と日本語が同じ語族に属すると言っても，この2つの言語間の関係がどのようなものなのかは，今後証明されなければならない課題である。一方では韓国語がアルタイ祖語から最も遠く分かれて出てきて，日本語はさらにその韓国語から分かれたという仮説もあり，また一方で韓国語と日本語は他のアルタイ語が分かれたあと最後の段階で分離したという仮説もある（이기문 1963a; Shibatani 1990）。いずれにしても韓国語と日本語が同じ系統の言語であるという点を証明しようとする作業は，長い期間の努力に比べ，満足のいく成果を上げることができないでいるが，明確な結実を得つつあるのもまた事実である。

　結論としては，韓国語が系統的に中国語より日本語と近いというのは疑問の余地がなく，現在では韓国語がどれか1語族に属するとすれば，どの語族よりアルタイ語族に所属する可能性が最も高いということだけは，確実だと見なければならない。ただし未だにアルタイ語族自体の成立に懐疑的な見解があることも事実である。したがって韓国語の系統がさらに確固たる基盤を得るためには，アルタイ語族の成立が，より確実に証明されなければならない。

1.4　韓国語の類型的特徴

　韓国語は英語をはじめとする印欧語と比較すれば，多くの点で対照的である。それは何より英語などがSVO言語であるのに対し，韓国語はSOV言語であることに起因する。韓国語は常に動詞が文の終わりに置かれる，いわば動詞文末言語（verb-final language）である。

　韓国語は前述したように膠着語でもある。名詞が（1）のように何種類もの助詞をとり，何より動詞（および形容詞）語幹に結合される語尾（ending）が驚くほど多様で，その語尾が主要な文法的機能を担当してい

る（第5章参照）。(2) のように時制もその語尾により決定され，(3) のように平叙文になるのか疑問文になるのか，また命令文になるのかが文の終わりの語尾によって決定される。そして後述する敬語法も，そのほとんどがこれら語尾によって区分される。冗談でよく，英語は重要なことが文の前の方で決定されるが，韓国語は後ろで決定されると言われるが，それは一理のあることである。

(1) a. 강아지-가 귀엽다．（子犬がかわいい。）
 kangacika kwiyepta
 b. 강아지-를 잘 돌보아라．（子犬をちゃんと世話しなさい。）
 kangacilul cal tolpoala
 c. 강아지-에게 물을 주어라．（子犬に水をやれ。）
 kangacieykey mwulul cwuela

(2) a. 꽃이 언제 피-니？（花はいつ咲くのか？）
 kkochi encey phini
 b. 꽃이 언제 피-었-니？（花はいつ咲いたか？）
 kkochi encey piessni

(3) a. 민호가 책을 읽-는다．（ミンホが本を読む。）
 minhoka chaykul ilknunta
 b. 민호가 책을 읽-니？（ミンホが本を読むのか？）
 minhoka chaykul ilkni
 c. 민호가 책을 읽-어라．（ミンホが本を読め。）
 minhoka chaykul ilkela

韓国語は形容詞も語尾をとる。すなわち形容詞も動詞とほとんど同じ活用をする。これは，be 動詞の助けなくしては述語にもなれなければ，時制も示すことができない英語の形容詞と全く異なる点である。韓国語では，形容詞は独立した品詞というよりは動詞の一下位類だと見なした方がよいというほど多くの面で動詞と一致する。

(4) a. 마당이 넓-다．（庭が広い。）
 matangi nelpta.
 b. 마당이 넓-었-다．（庭が広かった。）
 matangi nelpessta.
 c. 마당이 넓-었-니？（庭が広かったか？）
 matangi nelpessni

(5) a. 동생은 키가 크-다．（弟（妹）は背が高い。）
 tongsayngun khika khuta.

b. 아버지는 키가 크-시-다．（父が背が高くていらっしゃる。）
　　　　apecinun khika khusita.

　語尾はこのような文末における機能以外にもいくつかの機能を担当しているが，そのいくつかの例を挙げると次のとおりである。(6) で見るように，英語では and, if, because, to, though などの単語で表現されるものが，語尾1つで表現されていて，また (7) のように，英語では関係代名詞などで複雑に表現されるものを，語尾1つで時制まで含めて簡単に表すことができる。

　(6)　a. 하늘은 푸르-고 구름은 희다．（空は青く，雲は白い。）
　　　　hanulun phwuluko kwulumun huyta.
　　　b. 비가 오-면 소풍을 연기하자．（雨が降れば，遠足を延期しよう。）
　　　　pika omyen sophwungul yenkihaca.
　　　c. 기운이 없-으니 쉬어서 가자．（つかれたので，休んでから行こう。）
　　　　kiwuni epsuni swiese kaca.
　(7)　a. 내가 지금 읽-는 책（私が今読んでいる本）
　　　　nayka cikum ilknun chayk
　　　b. 내가 내일 읽-을 책（私が明日読む本）
　　　　nayka nayil ilkul chayk
　　　c. 내가 어제 읽-은 책（私が昨日読んだ本）
　　　　nayka ecey ilkun chayk

　語尾については後（第5章）で詳しく扱うが，ここでは韓国語の語尾がどれほど複雑に細分化されているかを一例だけ見ることにする。次の(8)は英語で翻訳すればすべて 'Is he busy until now?' となる文である。しかしそれは敬語法，時制などでは差異がなくても，少しずつ微妙な意味の違いを持っている。この微妙な意味の違いを英語で翻訳することはほとんど不可能だと思われるが，韓国語はそれらを全て別の語尾で表現しているのである。語尾が極度に発達している言語，それが韓国語だと言ってもいいかも知れない。

　(8)　a. 그 사람이 아직도 바쁘-니？
　　　　ku salami acikto pappuni
　　　　（彼は今も忙しいのか［親しい友達同士で］）
　　　b. 그 사람이 아직도 바쁘-냐？［親しい目下の人に］
　　　　　　　　　　　　　pappunya

c. 그 사람이 아직도 바쁘-지？（忙しいだろ？［確認］）
      pappuci
   d. 그 사람이 아직도 바쁘-ㄹ까？（忙しいだろうか？［推測］）
      pappulkka
   e. 그 사람이 아직도 바쁘-ㄴ가？［自問自答，独白］
      pappunka

　韓国語では修飾する言葉が必ず被修飾語の前に置かれる。冠形語（連体修飾語）が名詞の前に置かれ，副詞は動詞の前に置かれる。名詞（head noun）を修飾する関係節も，その名詞の前に置かれる。形容詞を名詞の後にも置くことができるフランス語や，また関係節が必ず名詞の後に置かれ，副詞が動詞の後に来るのが一般的な英語とは対照的である。そして英語の前置詞に該当する韓国語の単語は必ず名詞の後に置かれるので，前置詞式に名前をつければ，後置詞（postposition）と言わなければならないだろう。一言で言えば，英語は前置詞的言語（prepositional language）であり，また関係節が右側に枝を広げていく右枝分かれ言語（right branching language）であるのに対し，韓国語は後置詞的言語（postpositional language）であり，また関係節が左に枝を広げていく左枝分かれ言語（left branching language）だと言うことができる。

　敬語法が発達しているのも韓国語の欠くことのできない特徴のひとつである（第6章参照）。英語ではyouひとつで，友達，父，先生を全て指すことができるが，韓国語では絶対にそういうことはできない。フランス語やドイツ語のようにT型（tu, du など）とV型（vous, Sie など）で二分されるわけでもない。父や先生をもともと代名詞で指し示すこと自体が敬語法に反するものと認識されている。また主語がどんな身分の人であるかによって，(9)のように区分して言わなければならない。そして英語では「バスが来る」という表現を聞き手が誰であれ同一の形式で表すが，韓国語では聞き手がどんな身分の人であるかによって，(10)のように文末語尾を適切に変えて，少なくとも4種，多く分類すると6種程度に分けて表現される。

(9) a. 아이가 뛰-ㄴ다．（子供が走る。）
       aika   ttwinta.

  b. 아버지가 뛰-시-ㄴ다. (お父さんがお走りになる。)
   apecika ttwisinta.
(10) a. 버스가 오-ㄴ다.
   pesuka onta.
  (バスが来る。[大学教授が息子，娘や，幼い子供，または親しい昔からの友達に])

  b. 버스가 오-네. (バスが来るね。[大学教授が大学院生の弟子に])
   pesuka oney.

  c. 버스가 오-아요 (와요).
   pesuka oayo.
  (バスが来るよ。[大学教授が自分の夫人に，または見知らぬ青年に])

  d. 버스가 오-ㅂ니다.
   pesuka opnita.
  (バスが来ます。[大学教授が父親や昔の恩師，または見知らぬ老人に])

 また主語が「バス」ではなく，「父，先生，年配の大人」などであれば，오-ㄴ다，오-네，오-아요，오-ㅂ니다と言うことはできず，오- の次に -시- を置き，오-시-ㄴ다，오-시-네，오-시-어요，오-시-ㅂ니다 としなければならない。そして子供や友達が食べるのは밥（飯）と言うが，これを食べるのが父，先生，年配の大人である場合，진지（ご飯）と言い，前者は（밥을）먹는다 (papul) meknunta（飯を食べる）と言うのに対し，後者は（진지를）잡수신다 (cincilul) capswusinta（ご飯を召し上がる）と言わなければならない。

 韓国語を学ぶ西洋人たちはよく，韓国語は学ぶのが難しい言語だと言う。そしてそれは何よりも敬語法のせいだと言う。適切でない敬語法を使えば失礼な人だと誤解され，また高すぎる等級の敬語を使っても滑稽なことになるので，その微妙な敬語法を適切に選んで使うのは，韓国人にとっても難しい場合がある。いわんや外国人においてをやである。日本語も事情は似ているが，韓国語のほうがさらに複雑で，おそらく世界の言語中，敬語法が最も複雑に細分化されている言語は韓国語だとみなしても問題はなかろうと思われる。それほど複雑な敬語法は韓国語の最も大きな特徴のひとつとして挙げなければならない。

韓国語には，音韻においても英語にはないいくつかの特徴がある（第3章参照）。子音目録で英語の唇歯音 f–v, 歯間音 θ–ð がないことがまずひとつの特徴としてあげられる。また閉鎖音（stop）および摩擦音（fricative），破擦音（affricate）にある無声音と有声音の対立が韓国語にはない。すなわち p–b, t–d, s–z, tʃ–dʒ, k–g の対立は韓国語にはない。これは日本語などと比較しても大変特異な現象だと言える。その代わり英語にはない平音―濃音―激音の対立がある。すなわち p–p'–pʰ, t–t'–tʰ, tʃ–tʃ'–tʃʰ, k–k'–kʰ の対立があるのである。したがって달 tal（月）- 딸 ttal（娘）- 탈 thal（仮面）などの区分が西洋人には大変難しい。音節末の子音は全て不破音（unreleased）として実現されることも大きな特徴である。英語の hat, help の t, p を破裂させる発音が韓国語では不可能である。これらを無理に破裂させれば英語にはない母音［ɨ］を動員し，［hɛti］［helpi］と発音する以外にはないが，実際に韓国人は，これらを外来語として受け入れるときには캠프 khaymphu（camp），벨트 peylthu（belt）のように母音を付けて発音することが多い。

　韓国語は西洋人にはいろいろな面で神秘的な印象を与える言語なのかも知れない。ともすれば印欧語にない特徴だけで成り立っている言語のように見えるのかも知れない。しかしこの世の中にそのような言語はあるはずもない。神秘的に見えたとしたらその神秘感の正体は何なのか，そしてどの言語も普遍的に持っている特徴を韓国語はどれほど持っているのかを，これからいくつかの章に分けてそのベールを1枚ずつはがしていこうと思う。

第2章
文字

문자

　韓国は固有の文字体系であるハングルを持っている。ハングルは音素文字（phonemic writing），すなわち字母文字（alphabetic writing）で，文字の形も強い個性を帯びているが，その制字の原理からその運用方式にいたるまで，世界の他の文字には類例を見ない，大変独特な特徴をたくさん持っている。この章ではこれらの特徴を中心に，ハングルがいつ，誰によって作られたのか，何に根拠をおいて作られたのか，その形は具体的にどのようにして生まれ，全部で何文字になるのか，さらにどのように綴ればよいのかなどについて，ひとつずつ詳しく見ていくことにする。そしてハングルが作られる以前に韓国語の表記に用いられた手段についても簡略ではあるが，合わせて見ていくことにする。

2.1　ハングルの字母

　ハングルの字母は基本字母24字（子音14字，母音10字）と，その基本字母を組み合わせた複合字母16字（子音5字，母音11字）がある。まず基本字母の字形およびその名前と順序を見ることにする。その音価も国

際音声符号（IPA）で付記しておく。

(1)　ハングル字母（基本字母）

〈子音〉

	ㄱ	ㄴ	ㄷ	ㄹ	ㅁ	ㅂ	ㅅ
(名前)	기역	니은	디귿	리을	미음	비읍	시옷
(音価)	[k]	[n]	[t]	[r]	[m]	[p]	[s]

	ㅇ	ㅈ	ㅊ	ㅋ	ㅌ	ㅍ	ㅎ
(名前)	이응	지읒	치읓	키읔	티읕	피읖	히읗
(音価)	[ŋ]	[tʃ]	[tʃʰ]	[kʰ]	[tʰ]	[pʰ]	[h]

〈母音〉

	ㅏ	ㅑ	ㅓ	ㅕ	ㅗ	ㅛ
(名前)	아	야	어	여	오	요
(音価)	[a]	[ja]	[ə]	[jə]	[o]	[jo]

	ㅜ	ㅠ	ㅡ	ㅣ
(名前)	우	유	으	이
(音価)	[u]	[ju]	[i]	[i]

　上に見るように，母音字の名前はその母音字の発音をそのまま名前として使用している。そして子音字の名前は，その子音字の初声，すなわち音節初頭音（onset）と終声，すなわち音節末音（coda）を母音で連結して作ったものであることが分かる。ほとんどが機械的に命名されているが，ㄱ(기역)，ㄷ(디귿)，ㅅ(시옷)が例外である。これら字母の名前は最初，崔世珍（최세진）が『訓蒙字会』(1527)でハングルの字母の音価を漢字で示しながら，たとえば '非邑（비읍）' のように，その字母が初声に使われた漢字と終声に使われた漢字を組みにして表示したものが名前になったものだが，このとき漢字には윽，읃，읏の発音を持ったものがなく，やむ

をえず例外が生じてしまったのである。윽は近い発音である'役（역）'で代替し，슬，옷の場合には漢字にもともと音節末音としてㄷ，ㅅを持つものがなく，'末（귿 말）'，'衣（옷 의）'で表記し，それをその訓である귿〈端〉，옷〈衣服〉で読むようにしたものである。そしてㅈ，ㅊ，ㅋ，ㅌ，ㅍ，ㅎは当時終声として用いられなかったものなので，初声に母音をつけたㅈ，치，키，티，피，히で音価を表していたが，1933年「ハングル綴字法統一案」で지읒，치읓のように名前が確定されたのである。

次は複合字母を見ることにする。この複合字母の順序は前の基本字母のそれを基準とし，名前は子音の場合２つの字母が重なっているという意味で基本字母の名前の前に쌍（双）をつけて作ったものであり，母音の場合は基本字母と同様にその音価をそのまま名前とした。

(2)　ハングル字母（複合字母）
　　　〈子音〉

	ㄲ	ㄸ	ㅃ	ㅆ	ㅉ
（名前）	쌍기역	쌍디귿	쌍비읍	쌍시옷	쌍지읒
（音価）	[k']	[t']	[p']	[s']	[tʃ']

　　　〈母音〉

	ㅐ	ㅒ	ㅔ	ㅖ	ㅘ	ㅙ
（名前）	애	얘	에	예	와	왜
（音価）	[ɛ]	[jɛ]	[e]	[je]	[wa]	[wɛ]

	ㅚ	ㅝ	ㅞ	ㅟ	ㅢ
（名前）	외	워	웨	위	의
（音価）	[ø]	[wə]	[we]	[y]	[ij]

よくハングルの字母はいくつかときかれると，24字とこたえる。基本字母だけを数えるとそうなる。これは最初，1443（または1444）年ハングルの創製について記録された『世宗実録』の中で「世宗がハングル28字

を創製した」というところからきている伝統である。その28字中，4字が現在では使われなくなったので，24字としたのである。

　もっともハングルを創製した当時は，制字原理上（2.5参照）28字を基本字母として特別に扱う理由があったが，今日の状況からすれば，基本字母だけが特別待遇を受ける根拠は特にない。ㄲ，ㄸ，ㅃなどはその構成方式は2つの字母の結合でできているが，それぞれ1つの音素を代表するという点ではㅋ，ㅌ，ㅍなどと少しも異なるところはない。またㅐ，ㅔ，ㅚ，ㅟは字形上ではそれぞれㅏ，ㅓ，ㅗ，ㅜにㅣが結合して作られたものだが，単母音であり，むしろ基本字母のㅑ，ㅕ，ㅛ，ㅠが二重母音である点と対照的である。タイプライターやコンピュータのキーボードでも，基本字母の概念はさほど意味がない。ㅚ，ㅟ，ㅘ，ㅝ，ㅙ，ㅞ，ㅢなど，やはり複合形であるために，別途にキーを作らなくてもよいものもあるが，ㄲ，ㄸ，ㅃ，ㅆ，ㅉや，ㅐ，ㅔ，ㅒ，ㅖなどは基本字母と同じで独立したキーを作らなければならない。さらに活字を作るときは，複合字母も全て別途作らなければならないので，ハングルの字母は24字というよりは40字というのが現実に近いと言える。

　辞典でも字母の順序を定めるとき，基本字母と複合字母を区分せず，次のような配列順序で使われている。

(3) ハングルの字母の辞典配列順序

　　〈子音〉

　　　　ㄱ　ㄲ　ㄴ　ㄷ　ㄸ　ㄹ　ㅁ　ㅂ　ㅃ　ㅅ
　　　　ㅆ　ㅇ　ㅈ　ㅉ　ㅊ　ㅋ　ㅌ　ㅍ　ㅎ

　　〈母音〉

　　　　ㅏ　ㅐ　ㅑ　ㅒ　ㅓ　ㅔ　ㅕ　ㅖ　ㅗ　ㅘ　ㅙ
　　　　ㅚ　ㅛ　ㅜ　ㅝ　ㅞ　ㅟ　ㅠ　ㅡ　ㅢ　ㅣ

　これらの字母の順序を韓国では「カナダ（가나다）順」と呼ぶ。たとえば出席簿を作るときはこの順序で作り，年齢順や，身長順で作るものと区別し，「カナダ順」で作ったと言う。オリンピックの入場式もローマ字のアルファベット順に従わず，ハングルの字母の順序に従えば「カナダ順」

で入場すると言う。'ㄱㄴㄷ順' と言う方が，より適切であるが，後で述べるように，ハングルは字母文字でありながら，同時に字母が個別的に働くと言うよりは，音節単位で束ねられて運用されるという特徴がある。そしてそのために「カナダ順」は機械的に前の (3) での順序通りに運用されるのではなく，音節単位の基準を再び適用して二元的な体系で運用される。これについては次節でさらに詳しく説明を付け加えることにする。

2.2　ハングルの組み合わせ

　ハングルは一般の字母文字が一列に配列されるのとは異なり，音節単位で括られ綴られるきわめて特異な文字である。いくつか例を挙げると次のようになる。

(1)　a. ㄴㅏㅁㅜ　→　나무（木）
　　　　　　　　　　　na-mu
　　b. ㅂㅗㄹㅣ　→　보리（麦）
　　　　　　　　　　　po-li
　　c. ㅁㅣㄴㄷㅡㄹㄹㅔ　→　민들레（たんぽぽ）
　　　　　　　　　　　　　　　min-tul-ley

このようにいくつかの字母を合わせて1つの文字の形にまとめる方式を束ね書き（모아쓰기）と呼ぶ。これは『訓民正音』[1]（1446）の規定によってハングル創製直後から行われてきた方式であるが，その規則は次の通りである。まず母音字を子音字の右に配置しなければならない。ㅏ, ㅑ, ㅓ, ㅕ, ㅣおよびこれらが結合され作られたㅐ, ㅔ, ㅘ, ㅚ, ㅝ, ㅢなどは子音字の右に配置する。そしてㅗ, ㅛ, ㅜ, ㅠ, ㅡは子音字の下に配置する。つまり，文字の形にㅣが含まれているかㅡが含まれているかを基準にしているのである。

　ところでもし，ある単語が母音で始まり母音字の前に置かれる子音がな

1　「訓民正音」は，文字の名前であると同時に本の名前でもある。よく解例本もしくは『訓民正音原本』と呼ばれる本もまた「訓民正音」と呼ばれている。本書では特別な表示なく「訓民正音」と言うときは文字を指し，『訓民正音』のように単行本に使う符号で括って使うときは本を指す。

いときには下の (2) でのように何の音価もない ㅇ 字を子音字の代わりに書く。あたかも全ての母音の前で書かれるアラビア文字の alif のようなものである[2]。この ㅇ 字は [ŋ] 音を持つ ㅇ 字と同形であり、名前も 이응 という名前をそのまま使う。これらは最初ハングルを制定した当時には文字の形が異なり、別個の文字だったが〔※当初は ㅇ と ㆁ の使い分けがあった——訳者注〕、現在はその使われる場所によって区別されるだけである。

このように子音字と母音字を束ねた後に、音節末に子音がまた来れば、それはこれらを束ねた文字の下に書く。このように音節末の位置に書かれる子音字を特別にパッチム (받침) という名前で呼ぶ。そしてこれらのパッチム中、(3c) の ㄲ のようなものはサンパッチム (音節末重子音, 쌍받침)、(3d) の ㄺ のようなものはキョッパッチム (音節末複子音, 겹받침) と呼ぶ。これらのパッチムの名前は ㅁ (미음) 받침, ㄹ (리을) 받침, ㄲ (쌍기역) 받침, ㄺ (리을・기역) 받침 というように文字の名前に 받침 という名前を付けて呼ぶ。

(2) a. ㅏ ㅜ → 아우 (弟)
　　　a wu　　　awu
　b. ㅠ ㅝ ㄹ → 유월 (六月)
　　　yu we l　　yuwel
(3) a. ㅂ ㅗ ㅁ → 봄 (春)
　　　p o m　　　pom
　b. ㄱ ㅕ ㅇ ㅜ ㄹ → 겨울 (冬)
　　　k ye ϕ wu l　kyewul
　c. ㅂ ㅏ ㄲ → 밖 (外)
　　　p a kk　　pakk
　d. ㅈ ㅣ ㄴ ㅎ ㅡ ㄹ ㄱ → 진흙 (泥)
　　　c i n h u l k　cinhulk

ハングルは常にこのように音節単位で束ねて書かれるために、その束ねたものひとつひとつを 1 つの単位と感じ、それを 1 字と認識するのが一般的である。그림 kulim (絵) を 5 文字と認識せず、2 字と認識するということである。したがってたとえば 200 字原稿用紙と言えば、그や림のような

2　しかし 'ㅇ' 字は単語の中間でも使われる。

文字を200字書くことのできる（実際には分かち書きによる空欄があるが，それも1字と数える）原稿用紙を言い，答案を10字以内で書けという場合も，音節単位で束ねられた文字を1字として数える。「韓国人の名前はだいたい2字からなり，姓は1字からなる」と言ったり，姓が황보（皇甫）で，名前が관（寛）という人を指して，「2字姓で1字名の人」などと言ったりするときも同じである。

　後で表記法を論じるとき再び言及するが，ハングルが音節単位で運用されていることにともなって起こる問題は1つや2つではない。それは有益な方向に向かう場合もあり，反対に煩雑な結果を招く場合もある。ここではまず前に述べた辞書での字母順序について生じる問題から見てみることにしよう。字母を音節単位で束ねれば，パッチムがあるものをどのように処理すべきかということが何より差し迫った問題として現れる。もちろん音節単位で束ねた結果はどうであれ，それが一列に配列されたときの姿を基準にすれば，問題は簡単だと言える。すなわち가훈と각시を（4）のように一列に並べて見れば，後者が前に配列されることが明らかになる。しかし가훈と각시のように束ねられた姿を見れば，각は가に何かが付け加わったものであり，それを가の前に配列することには抵抗が生じる。

(4)　a. ㄱ ㅏ ㅎ ㅜ ㄴ（가훈）（家訓）
　　　　k　a　h　w u　n
　　b. ㄱ ㅏ ㄱ ㅅ ㅣ（각시）（花嫁）
　　　　k　a　k　s　i

　このような点を考慮して，ハングル字母の順序は音節単位の文字の形を基準にして運用されている。パッチムがあるものは必ずパッチムがないものの後に配置されるようにしたのである。したがって最初の音節を基準にしてみれば次の（5）のような順序になる。

(5)　가　각　간　갇　갈　감　갑　갓　강 … 개　객　갠 …
　　 ka kak kan kat kal kam kap kas kang … kay kayk kayn …
　　 거　걱　건 …
　　 ke kek ken …

　しかしハングルのパッチムは1字だけ用いられるのではない。밖 pakk（外），있다 issta（ある）のようにサンパッチム（音節末重子音）が用いら

れるのは当然だが, 넋 neks（魂）, 닭 talk（鷄）, 값 kaps（値段）, 젊다 celmta（若い）, 훑다 hwulthta（剥ぎ取る）のように異なる2つのパッチムが合わさるものもある。このときサンパッチムはハングル字母の基本順序にしたがい각 갂…갓 갔…のように配列され, キョッパッチムも結局この原理に従い(6)のような順序で配列される。

(6) 달 닭 닮 닯 닳 담 답
　　　tal　talk　talm　talp　talh　tam　tap

　字母の順序を定めるとき, 音節単位で運用するときに生じる問題はパッチムばかりではなく, 音価のないㅇでも生じる。そのㅇ字はパッチムに用いられるㅇ字ではなく, いわば音価のない文字なのだが, 字母の順序を定めるときどう処理すべきかという問題が生じるのである。要するに아기 aki（赤ちゃん）と 파 pha（ねぎ）では, 아기をㅏㄱㅣと分解して見れば, ㅍㅏの後に配列されなければならないだろうが, 아기のㅇを이응字と見れば, 강 kang が 갚 kap^h より前に置かれるように, 아기が파の前に置かれることになるのである。現在の韓国では後者の方式を採っている。このようにハングル字母の順序, すなわちカナダ順はハングルの音節単位の運用のために, 英語のアルファベットのように単純ではなく（辞書によって特異な順序を採る場合さえある。また韓国と北朝鮮の辞書でも違いがある）, その具体的な順序になじむのもそうたやすいことではない。

　ハングルの束ね書きは行の方向にも影響を及ぼす。今日はほとんどの本が横書きになっている（横書きをするときには左から右に向けて書く）。英語と同じであり, 行が水平になるように文字を配列する。しかしハングルが創製されて以来, 20世紀中盤までは全ての文献は縦書きされていた。表札や看板などは現代でも縦書きされているのをよく見かける。字母文字でありながら, 縦書きするということは特異な現象と言わねばならない。この特異な現象がハングルの場合はきわめて自然になされているのだが, これはまさに束ね書きに負うところである。音節単位で束ねられた姿は音節文字（syllabary）や表語文字（logogram）と異なるところがなく, 横書きでも縦書きでもどちらも可能である。

今や横書きが中心になり[3]今後もコンピュータなどの影響もあり，横書きがさらに一般化していくだろうが，ハングルは横書きと縦書きを便利なようにその場に応じて選ぶことができる点が特徴であり，長所でもある。建物の看板も見る位置によって読みやすいように横書き看板がつけられたり，縦書き看板がつけられたりしている。こうした2つの方式が最も効果的に用いられている場が書籍の表紙であろう。韓国の本の背表紙はほとんど縦書きでタイトルを書く。これは書店や図書館に陳列された本のタイトルを読むとき便利である。英語の本のタイトルを読むときはしばしば首を右にかしげなければならず，不便である。ところが韓国の本のタイトルは真っ直ぐに立ったままたやすく読むことができる。

2.3　表記法

　ハングル正書法（韓国語表記法）はハングルが創製された直後から大きく2つの点を争点としてきた。ひとつはパッチムとして何個の子音を許容するかという問題であり，もうひとつは子音（すなわちパッチム）で終わる名詞や動詞の語幹が母音で始まる文法要素（助詞，語尾，接尾辞）をとるとき，その子音をパッチムとして残すべきか（分綴），でなければ文法要素のはじめの音節に移して表記するのか（連綴）という問題である。

　第一の争点から見ることにする。現在は全ての子音をパッチムとして書いている。第3章の音韻論で明らかにするように，韓国語の阻害音（obstruent），すなわち閉鎖音，摩擦音，破擦音は音節末位置で不破音として実現され，その結果ㅅ，ㅈ，ㅊ，ㅋ，ㅌ，ㅍ，ㅎなどはパッチムの位置ではそれ自身の音として発音されることはなく，他の子音と中和（neutralization）をなす。もしこの中和現象を表記に反映すれば，パッチムに使うことのできる数は制限されるしかない。現行表記法でパッチムに全ての子音字を使うようになっているのは，この中和現象を表記に反映せ

3　これは日本が縦書きの伝統をそのまま引き継いできた現象と対照的だと言える。

ず，形態音素（morphophoneme）を生かして書こうという意図である。言い換えれば，その時々の周囲の環境によって異なる発音を忠実に反映する立場，つまり一形態素のさまざまな異形態（variation）を表記するのではなく，その基本形（basic allomorph）ないし基底形（underlying form）を表記しようとする意図である。このようにして次の（1b）のような系列の表記ではなく，（1a）のような表記を採る。

(1) a. 밭도（畑も）,　　밭둑（畑の周りの土手）,　　꽃과（花と）,
　　　 path to　　　　path-twuk　　　　　　　　　　kkoch kwa
　　　 꽃다발（花束）,　덮도록（覆うまで）,　　덮개（覆い）
　　　 kkoch-tapal　　 tephtolok　　　　　　　 tephkay
　　b. 받도, 받둑, 꼳과, 꼳다발, 덥도록, 덥개

このような考え方はサンパッチムとキョッパッチムの場合も同じである。実際の発音のまま表記すれば（2b）のようになるものを，それを採らず，基本形を生かして（2a）の表記を採る。特にパッチムがㅎhのときは基本形と発音の間の差が大きく，その基本形を分析して示すのが困難なほどだが，このときにも（3a）のように徹底して基本形を生かして書く。

(2) a. 밖과（外と）,　값도（値段も）,　흙더미（盛り土）,　없다（ない）
　　　 pakk kwa　　　kaps to　　　　　hulk-temi　　　　eps-ta
　　b. 박과, 갑도, 흑더미, 업다
(3) a. 놓고（置く）,　놓다가（置いたが）,　놓는다（置く）
　　　 noh-ko　　　noh-taka　　　　　　noh-nunta
　　b. 노코, 노타가, 논(←놑)는다

ハングル表記法でこのように全ての子音をパッチムとして使うことができるようになったのは，20世紀に入って幾度かの試みを経て，「ハングル綴字法統一案」（1933）でその案が確定されてからであった。ハングルが創製された後，20世紀初めまでは『訓民正音』（1446）のいわゆる'八終声法'規定に従い，1447年に刊行された『龍飛御天歌』と『月印千江之曲』を除いたほとんど全ての文献はパッチムに8個（ㄱ,ㄴ,ㄷ,ㄹ,ㅁ,ㅂ,ㅅ,ㅇ）の子音だけを使っている。そして後世にはㄷを除く7個の子音だけを用いる'七終声法'として運用されてきた。これら昔の表記法では前述した中和現象などを表記に反映し，実際の発音の反映に忠実であろうとした

のである。後でも見ることになるが，昔の表記法はできるだけ実際の発音を忠実に表記する，いわゆる音素的表記法（phonemic orthography），または表音主義の表記法によっており，八終声法もまたその原理に立脚したものであった。これに対し，現行表記法はできるだけ各形態素の姿を一定の姿で固定させて表記する形態素的表記法（morphemic orthography），または表意主義の表記法を志向しようとする立場に変わってきたが，パッチムに全ての子音を用いることができるようにすることは，まさにそのような精神の産物であった。

前でハングル表記法がハングル創製直後から2つの問題を争点としてきたと述べたが，それは一言で，表記法を表音主義的に運用するのか，表意主義的に運用するのかという問題だとまとめることができる。パッチムの表記で，この2つの立場のうちどちらを採るかによって異なる表記になるのは，八終声法以外にも多くある。その1つは同化（assimilation）現象を表記法に反映するかどうかの問題である。

これは昔の表記法でも似た立場だったが，現行表記法は大部分の同化現象を表記法に反映していない。第3章の音韻論で再び説明するが，韓国語には鼻音（nasal）の前で閉鎖音が鼻音に同化される現象もあり，ㄹ l の前でㄴ n がㄹ l に発音される現象もあって，もし実際の発音どおりに表記されれば，次の例のb系列のようになるはずだが，そのように表記せず，a系列の方を採択して用いてきた。

(4) a. 국물（汁），먹는다（食べる）
　　　　kwuk-mul　　mek-nunta
　　b. 궁물，멍는다
(5) a. 밭마다（畑ごとに），얻는다（受ける）
　　　　path mata　　　　　et-nunta
　　b. 반（←받）마다，언는다
(6) a. 잎만（葉だけ），없는（ない［連体形］）
　　　　iph man　　　　eps-nun
　　b. 임（←입）만，엄（←업）는
(7) a. 꽃망울（つぼみ），웃는다（笑う）
　　　　kkoch-mangwul　　　wus-nunta

　　　　b. 꼳(←꼳)망울, 욷(←욷)는다
　(8)　a. 원리 (原理), 달님 (お月様), 핥는다 (なめる)
　　　　　 wen-li　　　tal-nim　　　　halth-nunta
　　　　b. 월리, 달림, 할른다

　ここまで私たちはハングル表記法の最初の争点と関連した問題を見てきた。ここからは第二の争点，すなわち音節末子音を後行母音に移して連綴するのか，あるいはパッチムとして残して分綴するのかという問題を見てみることにする。

　現行表記法は分綴の方法を採っている。ハングルが創製された頃の文献は『月印千江之曲』(1447)だけを例外にして徹底的に連綴の方法を採ってきた。それ以降は次第に分綴表記が拡大されてきたが，それは七終声法の七個の子音に限定された範囲のものであった。それほど徹底した運用はできなかった。そのような経過を経て，完璧な分綴表記が確立されたのはやはり「ハングル綴字法統一案」(1933)以降であった。まず分綴されたときの形と連綴されたときの形を比較すると次のようである。(9a)は名詞옷（服）と助詞の間での分綴の形であり，(10a)は動詞잡다（取る）の語幹잡-と語尾の間での分綴の形である。(9b)と(10b)はこれらが連綴された形である。

　(9)　 a. 옷이, 옷을, 옷으로, 옷에서, 옷이다
　　　　　 os i　　os ul　　os ulo　　os eyse　　os ita
　　　　　（服が）（服を）（服に）　（服で）　（服だ）
　　　　b. 오시, 오슬, 오스로, 오세서, 오시다
　　　　　 o-si　　o-sul　 o-sulo　　o-seyse　　o-sita
　(10)　a. 잡아, 잡아라, 잡으니, 잡으면, 잡았다
　　　　　 cap-a　 cap-ala　cap-uni cap-umyen cap-assta
　　　　　（取り）（取れ）（取るので）（取れば）（取った）
　　　　b. 자바, 자바라, 자브니, 자브면,　 자봤다
　　　　　 ca-pa　 ca-pala　ca-puni　ca-pumyen　ca-passta

　この2種の表記方式で，連綴のほうがより忠実に発音を反映するものであることは言うまでもない。パッチムと母音の間に音節の境界があるのではなく，実際の発音ではこのパッチムが次の音節の最初の音として実現さ

れるためである。しかしあえてこの分綴方式を採択するのは，この方式が形態素の姿を視覚的に固定させる効果があるためである。前で明らかにしたように，現行表記法はできるだけ1つの形態素が常に同一の姿で表記される方向を基本原則としており，ここでもこの原則に従ったのである。

　現行の表記法は分綴表記を派生にまで適用して用いる。名詞や動詞の語幹に母音で始まる接尾辞が結合されたとき，分綴方式を用いているのである。しかしここでのその適用の範囲は全面的ではない。接尾辞が-이 i と-음 um であるときにだけ (11) のように分綴し，それ以外（-애 ay，-엄 em，-웅 wung，-으머리 umeli など）のときには (12) のように，連綴するのである。

(11)　a.　웃음（笑い），울음（泣くこと），믿음（信じること），죽음（死）
　　　　　wus-um　　　wul-um　　　　　mit-um　　　　　　cwuk-um
　　　b.　높이（高さ），깊이（深さ），길이（長さ），달맞이（月見）
　　　　　noph-i　　　　kiph-i　　　　kil-i　　　　tal-mac-i
　　　c.　곳곳이（あちこち），집집이（家ごとに），낱낱이（ひとつひとつ），
　　　　　koskos-i　　　　　　cipcip-i　　　　　　nathnath-i
　　　　　바둑이（ぶち犬）
　　　　　patwuk-i

(12)　a.　무덤（←묻-엄）（墓），마개（←막-애）（栓），
　　　　　mu-tem　　　　　　ma-kay
　　　　　마중（←맞-웅）（出迎え），
　　　　　ma-cwung
　　　　　귀머거리（←귀먹-어리）（耳の聞こえない人）
　　　　　kwi-me-ke-li
　　　b.　너무（←넘-우）（あまりに），도로（←돌-오）（もとに），
　　　　　ne-mu　　　　　　　　　　　　tolo
　　　　　불긋불긋（←붉-웃　붉-웃）（ところどころ赤い様子）
　　　　　pul-kus pul-kus
　　　c.　지붕（←집-웅）（屋根），바깥（←밖-앝）（外），
　　　　　ci-pung　　　　　　　　　pa-kkath
　　　　　이파리（←잎-아리）（草木の葉），끄트머리（←끝-으머리）（端）
　　　　　i-phali　　　　　　　　　　　　　　　kku-thumeli
　　　d.　미덥다（←믿-업다）（信じるに足りる），
　　　　　mi-tepta
　　　　　우습다（←웃-읍다）（おかしい）
　　　　　wu-supta

派生で分綴と連綴を選ぶ基準は接尾辞の生産性である。-음 um と-이 i のようにいろいろな派生語を作り出す生産的な接尾辞と，そうでない接尾辞を区別したものである（第4章参照）。これは웃음（笑い），높이（高さ）などの派生は生産的であり，웃으니（笑うので），웃어라（笑え），높아서（高くて），높으면（高いなら）のような規則的な活用とまとめて考えることができるが，마개 makay（栓）（←막애（塞ぐ物），무덤 mwutem（墓）（←묻엄（埋める物））のような非生産的な派生語まで，語源を明らかにし，分綴をすることはやりすぎだという判断に根拠するものである。

このように見ると，現行表記法は表意主義を志向しつつも，時によっては表音主義的な側面も適度に受容する立場を採っていることがわかる。これは変則活用の表記でも表れる。前で見たように，全体的には中和や，同化現象を反映せず，語幹の形を常に同一の形で固定させて表記しようとする立場を守りながらも，変則活用では発音どおりに表記することを許容しているのである。次の例（13）ではaをとりながらも（14～16）ではbをとる実例を見ることができる。

(13)　a. 없다，　없으니，　없는（ない）
　　　　　eps-ta　 eps-uni　eps-nun
　　　b. 업다，　업스니，　엄는
　　　　　ep-ta　　ep-suni　　em-nun
(14)　a. 덥다，　덥으니，　덥어서
　　　　　tep-ta　 tep-uni　　tep-ese
　　　b. 덥다，　더우니，　더워서（暑い）
　　　　　tep-ta　 te-wuni　　te-wese
(15)　a. 짓고，　짓으니，　짓어서，　짓는다
　　　　　cis-ko　 cis-uni　　cis-ese　　cis-nunta
　　　b. 짓고，　지으니，　지어서，　짓는다（作る）
　　　　　cis-ko　 ci-uni　　 ci-ese　　 cis-nunta
(16)　a. 듣고，　듣으니，　듣어서，　듣는다
　　　　　tut-ko　 tut-uni　　tut-ese　　tut-nunta
　　　b. 듣고，　들으니，　들어서，　듣는다（聞く）
　　　　　tut-ko　 tul-uni　　tul-ese　　tut-nunta

これ以外にハングル表記法で争点となってきたもうひとつは「分かち書き」である。昔の文献では分かち書きを全くしていないが，現在の表記法

では単語の単位で分かち書きを徹底してする。ただ助詞は前の単語につけて書いているが，これは韓国語で助詞は単語としての自立性が弱いために自然に生じる措置だと言える。

　単語単位で分かち書きするが，助詞は前の単語につけて書くという原則に従えば，分かち書きは大変簡単に解決される。実際にそのような面もある。たとえば英語では複合語（compound）の分かち書き表記が統一されておらず，bathroom，ape-man，living room のようにつけて書く場合もあるし，分けて書く場合もあり，ハイフンでつなぐ場合もある。ハングル表記法ではそのような不便はない。複合語はいかなる場合もつけて書くようになっている。ところが実際にはハングル表記法で最も難しく感じる部分は分かち書きで，本や新聞などで最も多く混乱を起こしているのも分かち書きである。

　分かち書きが難しいのは，ある見方をすれば，根源的な問題でもある。言語学で最も難しいとされるひとつが単語の定義である。どこまでが単語で，どこからが単語ではないのか，その明確な境界を引くことが，どの言語でもたやすくない。複合語は１つの単語であるので，つけて書けば簡単なようだが，それが２つの単語からなっている複合語なのか，でなければ句なのかを，区別することは決してたやすくない。だから여름 방학 yelum panghak（夏休み）のように分けて書く人もいれば，여름방학 yelumpanghak とつけて書く人も出てくる。

　助詞と一般の単語との境界も曖昧な場合が多い。助詞は独立性が弱いのが特徴だが，助詞でない単語の中にも依存名詞（形式名詞）のように独立性が弱いものも多くあり，その境界を特に非専門家が区分するのはたやすくない。だから（17a）のように書かなければならないものを（17b）のように依存名詞などをつけて書き，逆に助詞を離して書くことさえしばしば起こる。

　　(17)　a. 나는　울　수조차　없다．（私は　泣く　ことさえ　できない）
　　　　　　 nanun wul swucocha epsta
　　　　　b. 나는　울수　조차　없다．（私は　泣くこと　さえ　できない）
　　　　　　 nanun wulswu cocha epsta

韓国語には補助動詞というものがある。これは웃어 보아라 wus-e poala (笑ってみろ)，먹어 보아라 mek-e poala (食べてみろ)，읽어 보아라 ilk-e poala (読んでみろ)のように本動詞と分けて書くが，本動詞と補助動詞が常にセットになって使われる性質を持っているのでそれらをつけて書きたいという衝動が自然に起こり，これらは厳然として2つの単語であるが故に分けて書くのが原則であるにもかかわらず，つけて書かれることが多い。したがって「ハングル正書法」(1988)では，この場合は分けて書くのが原則だが，つけて書くこともできるという許容案を設けている。

さらに，ハングルは音節単位で束ねた形で表記されるために分かち書きがそれほど深刻な問題を引き起こさないという点が，分かち書きの必要性に対する人々の自覚を鈍らせている面がある。前でも指摘したように，昔の文献では分かち書きを全くしていないにもかかわらず，読んで理解するということに関してさほど大きな不便を感じない。英語のスペリングを全部くっつけて書いたら起きるような深刻な混乱がほとんどない。だから紙面に融通がきかない新聞では，分かち書きを都合がよいように無秩序に運用し，雑誌も教科書に比べ分けて書くべきところをつけて書くことが多い。

分かち書きは韓国と北朝鮮では違いがある。北朝鮮は韓国ほど分かち書きを厳格には規定していない。韓国で分かち書きしているものをつけて書くことが多いが，その一例を見れば次のようになる。(18b)が北朝鮮のもので，(18a)はそれを韓国の表記法に直したものである。

(18) a. 이러한 형태는 전통적인 방언 소유자들 속에서만 잠재적으로 남아 있는 것으로서 극히 드물게 쓰이고 있을 뿐이다.

ilehan hyaengthaynun centhongcekin pangen soyucatul sokeyseman cancaycekulo nama issnun kesulose kukhi tumulkey ssuiko issul ppunita

b. 이러한 형태는 전통적인 방언소유자들속에서만 잠재적으로 남아있는것으로서 극히 드물게 쓰이고있을뿐이다.

ilehan hyaengthaynun centhongcekin pangensoyucatulsokeyseman cancaycekulo namaissnunkesulose kukhi tumulkey

　　　　ssuikoissulppunita
　　　（このような形態は伝統的な方言所有者たちの中でだけ残滓的に残っているもので，きわめて稀に使われているだけである。）（황대화 1986：117）

　北朝鮮の表記法の話が出たので，もうひとつだけ指摘しておくことにする。北朝鮮では 1954 年から語頭に ㄹ l を書くようになった。一般に頭音法則と言って，韓国語は語頭に ㄹ が分布できない規則がある（第 3 章参照）。最近になって西洋から入ってきた 라디오（ラジオ），레코드（レコード），루비（ルビー）のような外来語や，로마（ローマ），러시아（ロシア）のような固有名詞の表記以外には，語頭に ㄹ 字が書かれることがない。早くから中国から借用してきた漢字語の表記でも第 2 音節以下では（20）のように ㄹ l で発音するものも，語頭では脱落したり，ㄴ n で発音されたりするために，次の（19a）のような音価のない ㅇ や ㄴ n で表記してきた。ところが北朝鮮では（19b）のような表記を採択したのである。

(19)　a.　낙원（楽園），　노동（労働），　예의（礼儀），　이 서방（李書房）
　　　　　nakwen　　　notong　　　　yeyuy　　　　i sepang
　　　b.　락원，　　　　로동，　　　　레의，　　　　리서방
　　　　　lakwen　　　lotong　　　　lyeyuy　　　　lisepang
(20)　오락（娯楽），　과로（過労），　실례（失礼）
　　　　olak　　　　　kwalo　　　　sillyey

またやはり頭音法則の一種で ㄴ n が後に母音［i］や半母音［j］を伴えば，語頭に書くことができず，その ㄴ n が脱落する規則もある。これも韓国では（21a）のように ㄴ n を表記せず，音価のない ㅇ で表記するのに対し，北朝鮮では（21b）のように ㄴ n を生かして書く。

(21)　a.　여자（女子），　요소（尿素），　연세（年齢）
　　　　　yeca　　　　　yoso　　　　　yensey
　　　b.　녀자，　　　　뇨소，　　　　　년세
　　　　　nyeca　　　　nyoso　　　　　nyensey
(22)　남녀（男女），　방뇨（放尿），　오년（5 年）
　　　　namnye　　　pangnyo　　　onyen

(19b) と (21b) のような北朝鮮の表記法の精神は，1つの形態素は1つの形で固定させて表記しようというものである。これはハングル表記法の

基本精神と合致するものであり，その点では一貫性のある態度のように見える。しかしこれは少し仔細に観察すると，ハングル表記法の精神と合致するものではなく，現実的にも度が過ぎた措置であることがすぐに分かる。

믿음 mit-um（信じること），웃음 wus-um（笑い）は語源を明確な形で書きながらも，무덤 mutem（墓），마중 macwung（出迎え）などでは語源を明確に書かないことを前に述べた。非生産的な派生であり，その語源がたやすく現れないところにまで語源を明確に書くことは非効率的だという判断をしたのである。漢字語の語頭のㄹlやㄴnは，多くの場合にその語源を理解するのは難しい。리발 libal（理髪），뇨소 nyoso（尿素）の리 li，뇨 nyo が，語源的にㄹlとㄴnを持っていたということを知ることは，무덤 mutem（墓），마중 macwung（出迎え）が語幹묻-mut-，맞-mac- から派生したものであることを知ることよりはるかに難しい。この表記法が現実的に負担を与えるものであるのは，まずこの理由による。

さらに北朝鮮では，로동 lotong（労働），례의 lyeyuy（礼儀），녀자 nyeca（女子）のㄹlおよびㄴnを表記でだけ生かすのではなく，実際の発音でこれらを発音することを要求する。すでに何百年もの間頭音法則のもとで消えていった発音を再び強要しているのである。これはまるで変則活用をするもので지으니 ciuni（作ったのに）（←짓으니 cisuni），더위서 tewese（暑くて）（←덥어서 tepese），들어라 tulela（聞け）（←듣어라 tutela）と表記してきて，また実際に発音もそうしてきたものを，짓고 cisko，덥다 tepta，듣고 tutko と同じ基本形で統一するという名目のもと짓으니，덥어서，듣어라と表記法を変更し，発音もそのように要求するのと変わりがない。

この後すぐ表意主義の表記法の利点を論議することになるが，だからといって全ての場合に表意主義の優越性を主張することはできない。表音主義との調和が前提とならなければならないのである。지으니 ciuni，더위서 tewese，들어라 tulela はそのような調和を追及した妥当な措置として評価しなければならないのであり，노동 notong，예의 yeyuy も同じ範疇に属する。表意主義が大前提であるが，均衡と調和がハングル表記法のまた別の重要な精神であることを見過ごしてはならない。

2.4 ハングル表記法に対する評価

　ハングル表記法は良い表記法だろうか？　悪い表記法だろうか？　ハングル表記法が現在の形で定着するまでには多くの試練があった。前に論議した2つの争点を中心に，対立した意見が真っ向からぶつかる闘争が長期間繰り広げられた。そしてその火種はいまだに全て消えたとは言いがたい。表記法がどんな原理に根拠を置くべきかという問題はハングル表記法の問題にとどまらない。英語でスペリングの改正（spelling reform）運動が継続されてきたことも，結局現在の英語表記法に適用された原理と異なる原理を適用しようという運動であった。ハングル表記法が良い表記法か，悪い表記法かという問いは，つまりはここに適用されている原理が良い原理か，悪い原理かという問いに帰着されなければならないであろう。

　ハングル表記法に対する評価をしようとすれば，束ね書きに対する評価から始めるのが正しい順序であろう。ハングル表記法の多くの特徴がここから始まっているためである。その上，束ね書き（모아쓰기）方式自体に対する批判も一方で出され続けてきた。

　ハングルの束ね書きに対する否定的な視角は，それが機械化の妨害になるという点を根拠とする（최현배 1947）。もしハングルの字母を英語のように一列に配列する方式，つまりばらし書き（풀어쓰기）方式を採れば，印刷所で準備しなくてはならないハングルの文字の種類は複合字母まで合わせても40個で足りる。ところが現在の印刷所が準備しなければならない活字は少なくとも2,500個程度に至り，それでも特殊な方言や꽃 kkotのような発音を表そうとすれば，新しい活字を別に作らなくてはならない。これはひとえに束ね書きによる悪弊である。それは文選過程もそれだけ遅れ，したがって印刷の時間が多くかかるという不利益をもたらす。

　最近はコンピュータの開発で，問題は大部分解消されたが，束ね書きは今度は少し違う側面で相変わらず不便である。コンピュータ上で完成形を作るのか，組み合わせ形を作るのかの問題を起こしていることからしてそうである。そしてやはり完成形で用いられる文字数だけでも2,350字に達

し，さらにユニコードに割り当てる文字は 11,172 字になり，これは世界全体のユニコードの 25 パーセントをハングルが占めるという結果を生んだ。束ね書きが機械化の妨げになる方式であることには疑問の余地がない。

しかし，表記法ないし文字に対する評価をしようとするとき，大前提として確認しなければならないことがある。今まで大部分の論者たちは良い文字，良い表記法の基準を，それを書く人の立場で作ってきた。しかしそれは間違っている。読む人の立場で基準を作らなければならない。文というものは 1 人が，あるいはわずか 3，4 人が書いて印刷すれば，数千数万人が読む。数千数万人をさしおいて，1 人，多くて 3，4 人が便利な方向に文字や表記法を作ることはできない。読者の立場に立って優劣を評価しなければならない。これが表記法評価の大前提とならなければならないであろう（이익섭 1977，1992；Sampson 1985）。

この点で束ね書き（모아쓰기）を機械化の障害という視角で評価することは除去されなければならない。たとえそれが機械化に不便を与えるとしても，文を読む人にとって，ばらし書き（풀어쓰기）より読みやすい表記法ならば評価しなければならない。読書の能率という点でばらし書きより，便利な方式であるのか，不便な方式であるのかが，束ね書き方式に対する評価の基準にならなければならない。では果たして束ね書きは良い方式なのだろうか。

結論から述べれば，これは分綴表記とも深くかかわる問題であるが，束ね書きは韓国語に適合した大変優れた知恵によって考案された立派な方式である，というのが筆者の見解である。韓国語は膠着語であり，助詞と語尾が無数に連結する言語である。活用形があまりに多く，それらが 1 つの単語の活用形なのか，別の単語なのか見分けるのが大変難しい。それでも束ね書きと分綴という方式はこの複雑さを相当すっきりと整理してくれる効果を発揮する。次の（1a）と（1b）および（1c）でばらし書きと束ね書き，および連綴と分綴が作り出す世界を比較してみよう。

(1) 　a. ㄴㅜㄹㄱㄴㅜㄴㄷㅏ, ㄴㅜㄹㄱㅜㄴㅣ,
　　　　 n u l k n u n t a　n u l k u n i

```
         ㄴㅡㄹㄱㅓㅅㅓ,  ㄴㅡㄹㄱㅓㅆㄷㅏ
         n u l k e s e   n u l k e s s t a
  b. 늘는다,  늘그니,  늘거서,   늘겄다
     nulk-nunta nul-kuni  nul-kese  nul-kessta
  c. 늙는다,  늙으니,  늙어서,   늙었다
     nulk-nunta nulk-uni nulk-ese  nulk-essta
```

　これらのうち（1c）では，この動詞の語幹늙-nulk- が常に一定の姿で現れる．1つの形態素が，その時々によって異なる形で現れるより，一定の形で現れる方が，私たちに早く認識されることは論をまたない．（1c）が（1b）より，さらには（1a）より読書に効率的な方式であることも明らかである．束ね書きの効能に対してはまだ十分な研究がなされていないが（Taylor 1980），このような角度から肯定的な評価を受けなければならないと筆者は考える．

　ここまで述べてきたことで，ハングル表記法に対する総合的な評価もすでに出ているものと思われる．ハングル表記法が志向している表意主義が正しい方向だという筆者の視角が，いつのまにか全て出されたためである．ある綴字が発音からは少し遠ざかっても，あたかも表意文字がそうであるように，1つの形態素，または1つの単語を常に一定の形で表すようにする表記法がよい表記法だという基準から見れば，事実ハングル表記法は理想的な表記法だと言えよう．（1c）で見たように，束ね書きという絶妙な方式に，分綴方式まで適用し，また前節で見たように基本形を生かして表記する原則に従えば，1つの形態素を1つの形で固定させる方案としてこれ以上の方法を探すことは難しい．（1c）で늙 nulk は漢字の'老'のような表意文字と異なるところがない．늙だけ見れば他の意味を想起する余地はなく，表音文字としてこのような効果をも有することは驚くべきことである．それはまさにハングル表記法がすぐれた，理想的な表記法であることの確かな証拠であろう．

　表音文字として成立した表記法でありながら，発音を無視して形態第一主義の表意主義表記法となることもできるという表記法が評価を受け始めたのは西欧の学界でもそう古いことではない．発音に忠実な表記法である

ほど良い表記法だという認識に長い間なじんできたのである。これは一方では文字とはひたすら音声を視覚化することが使命であるという考えと，もう一方では，人が文を読み意味を把握するときは，その文の文字をいったん音声に変えて，結局その音声映像によって意味を把握するものであるという理論に基づいたものであった。ここに，前で指摘したように，表記法の効率性を書き手第一主義で考え，発音どおり表記することが学びやすく書きやすいという考えまで加わって，発音第一主義の音素的表記法に対する熱気はなかなか冷めなかった。何回かにわたって英語の綴字法改正運動が終始一貫意図したものも，発音から遠くはなれた現行の綴字法を少し発音に近づけるように改正することを求めたものであった。

　しかしながら近年になって，認識の転換が起こり始めた。文明社会になり文字に対する依存度が高まり，また読書に熟達した段階になれば，文字は独自性を発揮しながら発音に還元されることなく直接意味伝達をするようになったという事実に目が向き始めたのである。一例としてwanted, passed, called の ed が実際の発音がどうであれ，その発音に還元しなくても，過去を表す意味を目だけで把握できるということが明らかにされるに至り，それによりこの ed の発音を id, t, d と表記するよりむしろ ed の１つの形で固定させて表記した方が，過去時制の表記であるという同一の意味を伝達するのにより効率的であるとの認識をするようになったのである（Vachek 1945〜49, 1973；Chomsky and Halle 1968；Henderson 1982；Sampson 1985；Coulmas 1989）。

　このように見れば，ハングル表記法は現代理論が初めて明らかにした原理をいち早く適用していたことになる。かさねて繰り返すが，束ね書きという特異な方式を考案し，その原理を最大限に適用することができ，表音文字による表意化という点ではハングル表記法は大変理想的な状態にあると結論づけることができるであろう。

2.5 ハングルの歴史

ここまで現在の韓国で用いられているハングルのさまざまな姿を見てきた。ここで目を過去に転じて，このハングルがいつ，誰によって，どのような制字原理で作られたのかを見てみることにする。ここまですでにハングルが独特の文字だということが明らかにされたが，ハングルはその誕生過程で一層強い個性を示している。

2.5.1 ハングルの誕生

ハングルはその誕生の記録を持っている文字である。『世宗実録』巻102，世宗25年12月条に，

(1) 是月　上親制諺文二十八字……是謂訓民正音
　　　（この月，王におかれては親しく諺文28字をお作りになり……これを訓民正音と呼ぶ）

という記録が出てくる。世宗25年は1443年に該当する。ところでここで12月というのは陰暦の12月なので，陽暦では1444年になっている。ハングルの創製の年代を韓国ではたいてい1443年としているが，北朝鮮や外国で一般的に1444年と記述するのはこのためである。この年の12月は10日までは1443年であり，11日からは1444年であったのでどちらをとってもよいであろう。

上の記録はハングルを作った人が当時の王であった世宗であったということを示している。この記録に対する解釈は分かれている。記録はたとえそうであっても，実際には臣下たちが作ったのだが，王が治める体制なのでその栄光を王に与えたものであるという解釈がその1つである。しかし当時のいろいろな記録を総合して見ると，やはりハングルを作った中心人物は世宗その人と言わざるを得ない，というのがもう1つの解釈である(이기문 1993)。世宗が直接作ったか，少なくとも深く関与したと見るのが正しいだろう。また当時の学者たち，鄭麟趾，申叔舟，成三問，朴彭年などの集賢殿の学士たちが，どのような形であれ関与したと見るのが正しいだ

ろう。いずれにしても，ハングルは作った人が明らかな文字であることは間違いがない。
　上の記録（1）はハングルの当時の名前が「訓民正音」であったということも知らせてくれる。「訓民正音」とは「民を教える正しい音」という意味であるが，ここからハングルが漢文に精通していた知識層ではなく，一般国民たちに新しい文字を提供する目的で創製されたということをうかがい知ることができる。記録（1）には「諺文」（オンムン）という用語も出てくる。これは「漢文」と区別し，我々の文字であるという意味で用いているものであるが，後代になって，むしろこれが「訓民正音」という用語より広く使われた。「訓民正音」は「正音」と縮めて呼ばれた。「ハングル」（한글 hankul）という用語は20世紀になって使われ始めたもので，初めて用いられたのは1913年と推定され，1927年には「ハングル」という題名の雑誌まで創刊され，次第に広く用いられるようになった。ただ北朝鮮では「ハングル」という名前は使われず，「朝鮮文字」（조선글 cosenkul）と呼ばれる。
　ところで新しい文字に関する情報としては，世宗実録の記録はあまりに簡略にすぎる。創製年代，創製者，文字名称に関する情報以外に，ハングル字母が28字であることが記載されている。また前で引用した記録（1）の省略された部分にはハングルが初声，中声，終声に分かれていて，それが結合されて初めて1つの字になる束ね書きに関する情報や，ハングルがすぐれているために全ての音を自由に書き表すことができるという内容も載せられている。しかしハングルの字母の形が具体的にどのようにできたのか，それをどういうふうに束ね書きするのかというような基本的な情報はこの記録にはない。
　ハングルに関するこのような情報は1446年陰暦9月上旬に刊行された『訓民正音』に初めて現れる。『訓民正音』は前に述べた集賢殿の学者たちが世宗の命を受けてハングルに関して漢文で詳細に解説をつけた本である。文字の名前も「訓民正音」であるが，本の名前もそれと同じで，これを区別するためにこの本をよく『訓民正音解例本』と呼ぶ。いずれにして

もハングルが具体的に姿を現し，またその全貌を現したのは，この『訓民正音』によってであった。そのためよくハングルが創製されたのは 1443 年（または 1444 年）でも，それが公布されたのはこの本が刊行された 1446 年であると解釈される。韓国では「ハングルの日」という記念日を作り祝日としているが，それもこの本が刊行された 1446 年陰暦 9 月上旬の最後の日を陽暦に換算した 10 月 9 日に定めたのである。

　創製された日であれ，頒布された日であれ，文字が作られた日を記念することができる事実は特に注目を要する。世界の文字の大部分は長い歳月を経て，誰が作ったのか特定できず，徐々に作られていったものであろう。Coulmas（1989: 3）の次の言葉はこのような事情をよく語っている。

(2)　もちろんそれはいつ誰かが文字が必要だと決めて，それを発明するために机に向かい作り出すという，そんな意味で発明されたものではない[4]。

　ところがハングルはまさに机に向かい知恵を絞って作り出した発明品である。ハングルはその誕生の記録を持っている，世界文字史上類例を見ない文字だということは，私たちがハングルの歴史を勉強しながら最初に注目しなければならない事実であろう。

2.5.2　ハングルの制字原理

　『訓民正音』が最も心血を注いで解説をしたのは，最初の制字解の部分である。ここでハングルの字形が何に根拠を置いたものであり，どのような構成で成っているのかについて，言語学的な側面と哲学的な側面に分けて詳細に深く解説している。ここでは言語学的な側面の解説のみを土台にハングルの制字原理を見てみることにする。

　ハングルの字母 28 字はそれぞればらばらに作られたものではなく，何個かの基本字を最初に作り，その次に残りをこれらから派生させる二元的

4　Of course it was not invented in the sense that one day somebody decided that writing was what was needed, and sat down at a desk to invent it.

な体系で作った。子音（当時の用語では初声）文字17字はまず基本字5字を作ったが，それらはすべて発音器官の形をモデルにして作られた。制字解での説明は次のとおりである。

(1) 牙音ㄱ　象舌根閉喉之形
　　　　（牙音ㄱは舌の根が喉の穴を塞ぐ形をかたどっている）
　　舌音ㄴ　象舌附上顎之形
　　　　（舌音ㄴは舌が上の歯茎につく形をかたどっている）
　　唇音ㅁ　象口形（唇音ㅁは口の形をかたどっている）
　　歯音ㅅ　象歯形（歯音ㅅは歯の形をかたどっている）
　　喉音ㅇ　象喉形（喉音ㅇは喉の穴の形をかたどっている）

下の3つの文字についての説明が分かりやすいので，そちらから見ることにする。唇音ㅁ字はロ音，すなわち［m］音を出すときに使う発音器官である唇の形をかたどって作ったもので，歯音ㅅ字は，同じ原理で［s］音を出すときの調音点の役目をする歯の形を，喉音ㅇ字はやはり同じ原理で喉の穴の丸い形をかたどって作ったのである。

前の2つの文字ㄱとㄴもその声を出すときに関与する発音器官である舌の形をかたどって作った点で，後の3つの文字と同じである。ただしこの2つはその発音器官自体の形，すなわち静止している舌の形ではなく，まさにその声を出しているときの舌の形をかたどっている点が特異である。牙音（軟口蓋音）ㄱ字はその音［k］を出すときの状態をもとにし，舌根[5]が喉の穴を塞ぐ形をかたどっている。舌音[6]ㄴ字はその音［n］を出すときの状態をもとにし，舌が上の歯茎につく形をかたどったものである。

舌根が喉の穴を塞ぐと言っているのは，舌の後ろ側が軟口蓋につき息の通路を塞ぐ形を描写したものであろうし，舌が上の歯茎に触れると言っているのは，舌の先が上歯茎に触れる姿を描写したものであろう。このときㄱの発音をするために舌の後ろ側が口腔の天井にまで上がるので，舌の前

5　最近の用語では舌背に該当するであろう。
6　最近の用語では舌端音，または歯槽音である。

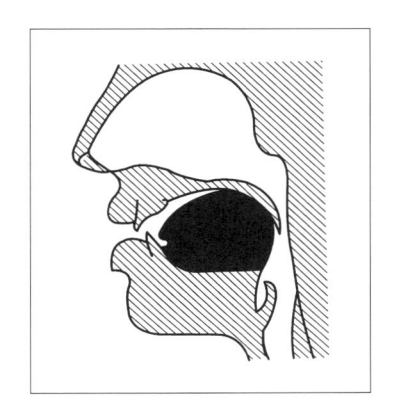

図1　英語の [ŋ] を発音するときの舌の形（Jones 1957: 171）

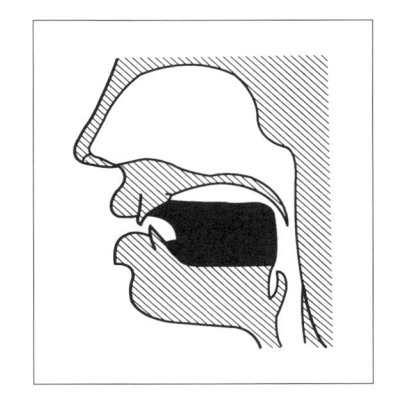

図2　英語の [n] を発音するときの舌の形（Jones 1957: 169）

側が自然に降りてきていて，ㄱ字はまさにそのような舌の形を形象化したものである。またㄴの発音をするときには反対に舌の前側が上の歯茎に触れ，舌の後ろ側が下がるがㄴ字はまさにそのような形を形象化したということである。これは図1と図2を見ればたやすく理解できる。この図は [ŋ] と [n] を発音するときの舌の形を表したもので，それぞれㄱとㄴの形と近い形をしている（[ŋ] より [k] を発音するときのものがより望ましいが，該当する図がないため代替したものである。舌の形では全く同じなので私たちの目的のためにはどちらでもよいであろう）。

　子音17字中，残りの文字はこの基本字に画を1つずつ加えて作った。その過程を見れば次のようになる。(3) は『訓民正音』の該当部分の原文である。

　　(2)　ㄱ→ㅋ
　　　　 k　 kh
　　　　 ㄴ→ㄷ→ㅌ　(ㄷ→ㄹ)
　　　　 n　 t　 th　　 t　 l
　　　　 ㅁ→ㅂ→ㅍ
　　　　 m　 p　 ph

42

```
          ㅅ→ㅈ→ㅊ   （ㅅ→△）
          s   c   ch    s    z
          ㅇ→ㆆ→ㅎ   （ㅇ→ㆁ）
          ϕ   q    h    ϕ   ng
```

(3) ㅋ比ㄱ　聲出稍厲　故加畫　ㄴ而ㄷ　ㄷ而ㅌ　ㅁ而ㅂ　ㅂ而ㅍ
　　 ㅅ而ㅈ　ㅈ而ㅊ　ㅇ而ㆆ　ㆆ而ㅎ　其因聲加畫之義皆同　而唯ㆁ
　　 爲異　半舌音ㄹl半齒音△　亦象舌齒之形而異其體　無加畫之義焉
　　 （ㅋ kh はㄱ k に比べ声が少し強いために画を加えた。ㄴ n からㄷ t, ㄷ t から
　　 ㅌ th, ㅁ m からㅂ p, ㅂ p からㅍ ph, ㅅ s からㅈ c, ㅈ c からㅊ ch, ㅇ ϕ か
　　 らㆆ q, ㆆ q からㅎ h は，みな同じようにその音によって画を加えたわけだが，
　　 ただㆁ ng だけは異なる。半舌音ㄹ l と半歯音△ z も舌と歯の形をかたどった
　　 ものではあるがその形体を変えたのであって，画を加えたという意味はない。）

　ここで画を付け加えて作った文字はその矢印の前の基本字と同じ種類に属する子音である。すなわちㅋはㄱと同じで牙音であり，ㅂとㅍはㅁと同様で唇音である。同じ種類の子音であるが，画が一画ずつ付け加われば，声が一段階ずつ強くなり，画がその表示をする機能を果たしている。ただ括弧の中の文字は矢印の左側の基本字から加画によって作られたが，この場合には声がさらに強くなるという意味はない。括弧の中の文字のうち，ㆁ字はその中でも例外的な字に属する。ㆁは牙音（軟口蓋音）だが，牙音の基本字であるㄱから派生させたものではなく，喉音ㅇに画を付け加えて作ったためである。これはㆁとㅇがもともと発音が似通っているためだと説明されている。この2つの文字は長くは続かず，字形で区別がなくなり，初声の位置に書かれるときは何も声がない，ただ空所を埋める役割だけするようになる。終声（パッチム）の位置では当初ㆁ字が代表していた [ŋ] で発音されるようになったが，今日音声的にかけ離れた2つの音が1つの字形を持つようになったのは，このような歴史の産物なのである。

　母音（当時の用語では中声）文字11字はまず基本字3字を作り，残りはこれらを組み合わせて作る方式を採った。基本字は・, ー, ｜であるが，これらの制字原理に対する説明は次のようである。

(4)　・…形之圓　象乎天也。（形が丸いのは天をかたどったものである。）

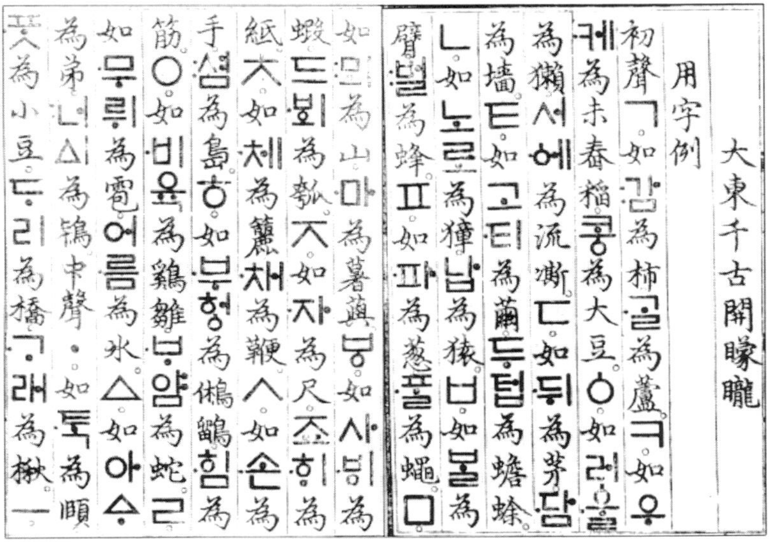
大東千古開矇矓
用字例
初聲ㄱ。如감爲柿。골爲蘆。ㅋ。如우케爲未舂稻。콩爲大豆。ㆁ。如러울爲獺。서에爲流凘。ㄷ。如뒤爲茅。담爲墻。ㅌ。如고티爲繭。두텁爲蟾蜍。ㄴ。如노로爲獐。납爲猿。ㅂ。如볼爲臂。벌爲蜂。ㅍ。如파爲葱。ᄑᆞᆯ爲蠅。ㅁ。如뫼爲山。마爲薯藇。ㅸ。如사ᄫᅵ爲蝦。드ᄫᅵ爲瓠。ㅈ。如자爲尺。죠ᄒᆡ爲紙。ㅊ。如체爲籭。채爲鞭。ㅅ。如손爲手。셤爲島。ㅎ。如부헝爲鵂鶹。힘爲筋。ㅇ。如비육爲鷄雛。ᄇᆞ얌爲蛇。ㄹ。如무뤼爲雹。어름爲氷。ㅿ。如아ᅀᆞ爲弟。너ᅀᅵ爲鴇。中聲ㆍ。如ᄐᆞᆨ爲頤。ᄑᆞᆺ爲小豆。ᄃᆞ리爲橋。ᄀᆞ래爲楸。ㅡ

図3　『訓民正音』(1446)

一…形之平　象乎地也。

(形が水平で平らなのは大地をかたどったものである。)

丨…形之立　象乎人也。

(形が真っ直ぐ立っているのは人をかたどったものである。)

母音の基本3字はそれぞれ天地人三才，すなわち天と地と人の形象をかたどって作ったものだということである。子音の基本字が発音器官の形をかたどったものであるのと対照的である。しかしこの文字はこれらを発音するときの舌の形とも近いという点を指摘する学者もいる。これらを発音するとき，それぞれ舌を縮め，横に広げ，立てるようになる。・，一，丨はそれぞれその形を形象化したものでもあり得るというのである。

母音字の残りの8字は・を一と丨に結合させて作った。

(5)　・＋一→ㅗ

・＋丨→ㅏ

・＋一→ㅜ

図 4 『月印千江之曲』（1448）　　　図 5 『月印釋譜』（1459）

(6)　・＋ ｜ → ･｜
　　　｜＋ ㅡ → ･･
　　　｜＋ ｜・→ ｜:
　　　｜＋ ㅡ → ⋯
　　　｜＋ ･｜ → :｜

　これらの母音字のうち (5) は・を1つずつ結合させて作り，(6) は2つずつ結合させて作った。これは (5) が単母音であること，(6) が二重母音であることを区別するためであった（当時これは'初出'と'再出'という用語で区別したが，ㅛ，ㅑなどは｜＋ㅗ，｜＋ㅏで構成されていて，｜から始まる音として再出と言った）。そしてこれらは・がㅡの上と下，｜の左と右のどこに配置されるかによって区別されたが，ここにも意図が盛り込まれている。・が上と右に書かれたものはその母音が陽性母音であることを表し，下と左に書かれたものは陰性母音を表す。当時は今よりさらに厳格に母音調和の規則があり（第7章参照），その上訓民正音制作の哲学的背景になった性理学で陰陽は大変重要な概念であったので，陽性母

音,陰性母音の区別がこのような制字原理にまで作用したものと思われる。

　これらの母音字の・は『訓民正音』および『東国正韻』(1447)においては本来の形を守っている（図3）。しかしこれら以外の文献では・がまだ丸い形を完全に保っている文献（図4）も，その・の丸い形がくずれている文献（図5）も，いずれも ᅩ, ᅡ, ᅭ, ᅲ となるべきものがㅗ, ㅏ, ㅛ, ㅠとなっていて，起源的に・字であった痕跡を探すことが難しくなっている。これは実用的にこれらの形を『訓民正音』と同じ形体で書くことが不便だったということが一番大きな理由であったろう。しかしまた一方では，これらの文字で・がその音価を反映していないということも作用したと思われる。ㅗは字形上では一と・の結合で作られるが，ㅗが音声的に一音と・音の複合であるという意味を持っているわけではない。したがってㅗ, ㅏなどでは・の形を生かしておいたり，その文字の制字過程をあえて生かしておいたりする必要性を感じなかったのであろう。

　『訓民正音』は以上の28字以外の字母の制字原理についても解説している。「世宗が諺文28字を作った」とあるが，実際にはもっと多くの字母を作ったのである。まず唇軽音と呼ばれるㅸがあった。これはㅂの下に喉音ㅇを連書して作ったものだが，唇軽音がㅂに比べ，唇を軽くつぐむ音であることを表示しているものだと言われている。ㅂ［p］音が閉鎖音であるのに対しㅸ［β］音が摩擦音であることから生じる差異，すなわち息の遮断の程度が異なることを表していると解釈される。ㅸ以外にもㅱ, ㆄをはじめㅹなどの文字を作ったが，漢字音の表記に用いられただけで，韓国語の表記には用いられなかった。

　28字以外の字母として，ㄲ, ㄸ, ㅃ, ㅆ, ㅉ, ㆅのような，文字を2つずつ重ねて作る，いわゆる「各自並書」があった。このように文字を2つ重ねて作ったのは，これらの音が凝縮した音であることを表示するためだと説明している。凝縮（엉긴다 engkinta）という表現は，濃音に対する印象を表しているものであると解釈される。

　母音字にも11字以外に多くの字母を作って使った。これらはその発音によって11字中の2字ないし3字を複合して作ったものであり(6)のよ

うに3系列に分けることができる。（ここでは・の形体を生かさず，現在の文字の形で例示する。そして当時も韓国語表記に用いられなかった6個の字母があったが，ここでは省略する。）

(6) a. ㅏ, ㅓ
　　b. ㅣ, ㅢ, ㅚ, ㅐ, ㅟ, ㅔ, ㅒ, ㅖ
　　c. ㅙ, ㅞ

　このように見ればハングルの制字原理は2点にまとめられる。文字の形を発音器官からかたどったり，天地人三才によったり，その根拠が確実であることが1点と，文字28字がそれぞれ異なるいわれを持って関連なく作られたのではなく，いくつかの基本の文字を作り，残りはそれらを出発点として作ったもので，文字の組織性を高めたということが1点である。このうち，発音器官から文字の形をかたどったという着想は大変奇抜であり，字母を二元的に作ろうという着想も大変秀でていた。ハングルをよく科学的な文字，独創的な文字だと評価するのは正しい評価だと言えよう。特にㄱとㄴを発音するときの舌の形についての記述の科学性は格別注目されなければならない。

　ところでハングルの創製時，中国の漢字から影響を受けた可能性について多くの論議が出され続けてきた。これは『訓民正音』やそれ以前の『世宗実録』巻102世宗25年12月条の記録に，それぞれ「字倣古篆」，すなわちハングルの字形は古篆に倣ったという記録があるためである。しかしこの記録の表現があまりに粗略であり，それが正確に何を意味しているのかについて，まだ結論を得ることができないでいる。ハングルは形が全般的に四角い。発音器官をかたどって作ったといっても，実際の字形はさまざまに異なってデザインすることができるはずだが，唇の形であれ，舌の形であれ，ㅁ，ㄱ，ㄴのように四角の形に作っているのは漢字の影響であろうと思われる。基本の文字を作り，ここに加画したり，組み合わせたりして新しい文字を作る方式も漢字の六書から影響を受けたであろう。必ずしも漢字ばかりでなく，当時の周辺国家の文字をあれこれ参考にし，それらから何らかの影響を受けたであろうことは否定できないであろう。しか

しそれがどんな影響であれ，ハングルの制字原理が科学的で独創的であるという評価を損なうことはないであろう。世の中をあっと驚かせるような発明品も空から降ってくるのではなく，前時代までの蓄積された知恵から一歩発展した産物なのである。

2.5.3 ハングルの特徴

　ハングルの制字原理を詳しく見ながら，ハングルが文字的に特異な構造を持っていることを確認し，ハングル独特の特徴をいろいろ見てきたが，ここではさらにいくつか補足して説明しておくのがよさそうだ。まず，ハングル字母の複合性について再び見ることにしよう。ハングルは二元的な構成方式で作られているので，字母のある部分が何らかの音声情報を代表する役割をする。たとえばㅋ kh は１つの字母であるが，真ん中の画が分離でき，同時にそれは有気性（[+ aspirate]）という音声素性を代表する要素である。これはㅌ th の真ん中の画にも同じことが言える。ㅛ yo，ㅑ ya なども１つの字母だが，その中の１つの画が半母音 [j] を代表している。１つの字母が１つの音素より小さな素性に分析できるということは，世界中の他の文字からは類例を求めるのが難しい大変独特な特徴だと言わなくてはならない。

　この特徴を Chao（1968: 107）は次のように大変ユーモラスに指摘している。

(1)　韓国の文字（「ハングル」または「諺文」と呼ぶ）の体系は２つの点で興味深い。１つ目，それは日本の文字である「かな」よりはアルファベットに近い。２つ目，文字のデザインの観点から見ると，それは単位記号の部分が音声の分析的素性を代表する文字体系である。中国の文字で散発的に存在する場合を除いては，世界のどの文字体系にもそのようなものはない。要するに，英語の子音 b は柱が上に出ていて有声音であり，p は柱が下に出ているから無声音であるとは言えない。なぜなら歯音である d は柱を下に出るようにしたら q になるが，もし同じ分析が有効ならば，これは無

声歯音［t］を表すはずであろう。一方，韓国の文字では字母の一部分でさえもときには音声学的な連関性がある。つまり，濃音の文字は平音記号を重ねて作る。例を挙げればㅅは平音 s であり，ㅆは濃音 s（ローマ字では'ss'と表記することが多い）を表し，ㄱは k を，ㄲは濃音 kk を表すということなどである。母音字のある変形は先行する半母音を意味するが，例を挙げれば，ㅏは a，ㅑは ya，ㅓはŏ，ㅕは yŏ，ㅗは o，ㅛは yo を表すことなどである[7]。

この特徴をさらに積極的に受け継いだのは Sampson（1985）である。Sampson（1985: 32）はもっぱらハングルだけのために今まで文字の分類で登場したことがない素性文字（featural writing）という種類を1つ別に設定した。図6がそれを分かりやすく示している[8]。一字母が音素より小さい音声素性で構成されていることを独立した文字の種類に分類する根拠としているのである。

ハングルを素性文字という別個の種類に分離しなければならないのかということについては疑問が提起されうる。文字の分類は，各字母が1つのかたまりとして，言語のどんな単位を代表するのかによって音節文字と音

---

7 The system of phonetic symbols in Korean (called Han-gŭl or ŏnmun) is interesting in two respects. First, it is much more of an alphabet than the Japanese syllabic kana. Secondly, from the point of view of the design of symbols, it is a writing system in which parts of unit symbols represent analytically features of the sounds. Except for sporadic cases in Chinese, no other system of writing in the world does that. One cannot say, for example, that the consonant b in English is voiced when the stem is up and voiceless when the stem is down, that is p, since the symbol for the voiced dental consonant d with stem down would be q, which, if this graphic analysis were valid, should represent the voiceless dental consonant [t]. In the Korean system, on the other hand, even part of symbols are sometimes phonetically relevant. For example, the symbol for the tense consonant phonemes are made of doublets of the symbols for the corresponding non-tense consonants, such as ㅅ for ordinary s, ㅆ for tense s (usually romanized as "ss"), ㄱ for k or g and ㄲ for tense k ("kk"), etc.; a certain modification of a vocalic syllable stands for a preceding front semivowel, ㅛ for example ㅏ for a, ㅑ for ya, ㅓ for ŏ, ㅕ for yŏ, ㅗ for o, ㅛ for yo, etc.

8 この図は Sampson（1985: 32）の表に該当文字を配当し DeFrancis（1989）が新たに作成したものである。

```
                        writing
                       /      \
          semasiographic:    glottographic
             Yukaghir        /          \
                    logographic        phonographic
                   /        \          /     |      \
          based on      morphemic:  syllabic: segmental  featural:
          polymorphemic  Chinese    Linear B            Korean
          unit(e.g., word)          Kana
                                            /        \
                                   consonantal:   vocalic＋
                                   Phoenician    consonantal:
                                   Hebrew        Greek  Latin
                                   Arabic        English French
```

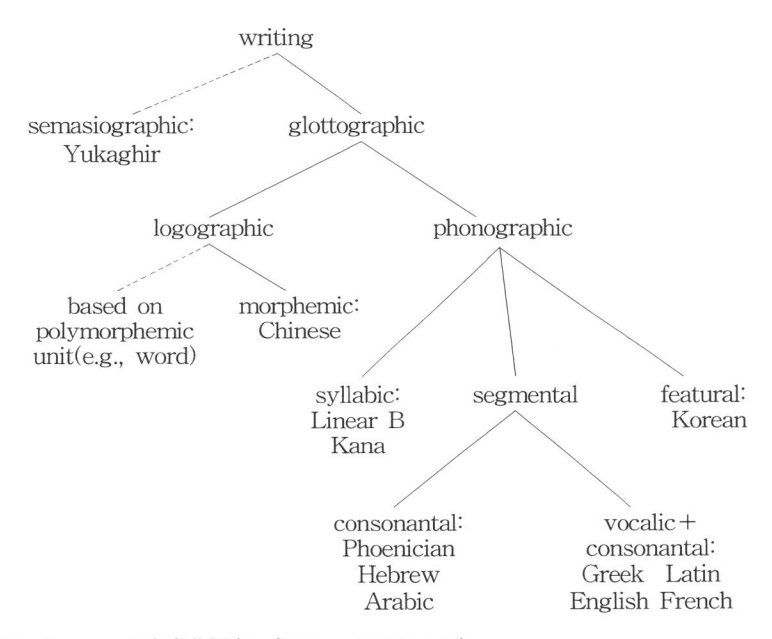

図6　Sampsonの文字分類表　（DeFrancis 1989：60）

素文字に分かれるので，ハングルはその点でやはり音素文字であるからである。しかしそのような特異な文字の種類に分類されるほど1つの字母の一部が意味を持つために，ハングルは文字間の有縁性が高い。私たちはㄱ kとㅋ khが1つの系列の音を代表する文字であり，ㄴ n, ㄷ t, ㅌ thがまた別の系列の音を表す文字だということを文字の形で推測することができる。またㅏ a, ㅓ e, ㅗ o, ㅜ wuに対しㅑ ya, ㅕ ye, ㅛ yo, ㅠ yuがある特定の共通点を持つ文字であり，そのような共通点を除外すればㅏ aとㅑ ya, ㅗ oとㅛ yoが1つに括られる文字であることも容易に推測することができる。これは1字母の中の画が無意味な単純な画ではなく，ある音声素性を代表する画であるためである。

　次はハングルの別の特徴として束ね書きについてもう一度見てみよう。ハングルは前節（2.2）で見たように，音節単位で束ねて1つの字として

用いるという特異な運用方式をとっている。これは上で指摘したとおり，すでに『世宗実録』巻102の記録（2a）に出ている。新しい文字に対するほとんどどんな具体的な情報も提供されていないその短い記録で，この束ね書きに対する規定を入れていることは，私たちの好奇心を刺激するところである。この規定は『訓民正音』の例義（2b）と合字解（2c）でも引き継がれる。

(2) a. 分爲初中終聲　合之然後　乃成字
 (初声，中声，終声に分けられるが，これを合わせて文字ができる。)

b. 終聲復用初聲……・ー ㅗ ㅜ ㅛ ㅠ 附書初聲之下　ㅣ ㅏ ㅓ ㅑ ㅕ　附書於右　凡字必合而成音
 (終声は初声を再び使用する。……・ー ㅗ ㅜ ㅛ ㅠは初声の下につけて書き，ㅣ ㅏ ㅓ ㅑ ㅕは右に書き，全ての文字は必ず合わせて初めて音を成すのである。)

c. 初中終三聲　合而成字　……　中聲則圓者橫者在初聲之下　・ー ㅗ ㅛ ㅜ ㅠ是也　縱者在初聲之右　ㅣ ㅏ ㅑ ㅓ ㅕ是也　……　終聲在初中之下
 (初声中声終声の三者が合わさって初めて文字を成す。……中声で，円いもの，横のものは初声の下側に書くが，・ー ㅗ ㅛ ㅜ ㅠがそれであり，縦のものは初声の右側に書くが，ㅣ ㅏ ㅑ ㅓ ㅕがそれである。……終声は初声と中声の下に書く。)

束ね書きに対してこのように繰り返し説明をしているのは，この方式があまりにも特異なので，正しく周知させる必要があったためであろう。子音字と母音字を分離して音素文字を作っておいて，それを音節単位で束ねて運用しようとするので，自然に困難もともない，詳細な規定が必要であったと思われる。中声字，すなわち母音字を初声字，すなわち子音字と完全に別の形に作ったのが何よりそうであるが，文字のデザインから束ね書きを前提に細心の配慮をした痕跡がありありと見てとれる。

　ハングルをこのように束ね書きで運用しようとしたところには，漢字の影響が大きいであろう。当時の文献は漢字とハングルが混ぜて書かれ，ま

た，漢字にはハングルで漢字音をつける方式を採った（図5参照）。このとき漢字1字にハングルも1字の形で表すことが，ハングルをばらして書くよりふさわしかったであろう。また漢字語をハングルで表記するときも，「訓民」をㅎㅜㄴㅁㅣㄴ h-wu-n-m-i-n と表記するより，훈민 hwun-min と表記する方が，互いの関係をたやすく連結させることができてよかったであろう。

　その動機はどうであれ，束ね書きによってハングルは特異な文字になった。活字を作るとき，'한글'（ハングル）ならば한 han を1つ，글 kwul を1つとそれぞれ独立した活字として作る。このとき'한'という束を呼ぶ言語学的用語は何であろうか？ 'letter'でもなく 'alphabet'でもない。'syllabary'でも 'character'でもない。'alphabetic syllabary'（Taylar 1980）とでも言うか？　適当な用語がない。ハングルの束ね書き方式がそれほど特異な証拠である。コンピュータのハングルのコードを作るときも組み合わせ型でするのか，完成型でするのかが議論の的になった。完成型とははじめから한 han，값 kaps のように音節単位で束ねられた文字の形を入力する方式である。このようなことで議論をするのは韓国以外にはないであろう。やはり特異な束ね書き方式によって起きる出来事である。これ以外にも根源的な問題としては，辞典の字母配列順序の問題，パッチムの問題などがあるが，それらは前述した通りである。一言で言うなら，束ね書きはハングルの最も目立つ特徴であり，ハングルの運用を最も大きく左右する要素であろう。

2.6　漢字の利用

　韓国の文字生活を語るなら，漢字に言及しないわけにはいかない。漢字はハングルが創製される前，韓国語を表記する手段として利用され，漢文は長い間韓国の文字言語であった。数多くの漢字語が借用語として入り，今日まで韓国語の語彙の中で大きな比重を占めているばかりでなく（第4章参照），それらはもともと漢字で表記されてきた。人の名前をつけると

きも，新しい学校の名前，政府機関の名前，新しい店の名前をつけ，新しい専門用語を定めるときも，たとえそれをハングルで表記するとしても，まず漢字をもとにしてつけるのが一般的な傾向である。漢字は，日本での比重よりは相当弱く，また近来その比重が次第に減ってきているとはいえ，まだ韓国の文字生活の重要な役割を担っていることは明らかである。この節では，韓国の文字生活に漢字が過去から現在にいたるまでどのような影響を及ぼしてきたかを見てみることにする。

2.6.1　借字表記法

　漢字が韓国に伝来した時期は正確には明らかにされていない。おおよそ3世紀には相当な水準で入ってき，4，5世紀頃には高句麗，百済，新羅の三国が全て漢字を活発に使用していたものと推測される。百済で375年に『書記』を編纂したとか，446年のことと推測される高句麗の城壁に刻まれた石刻銘に，いわゆる俗漢文と言われる韓国語の要素が加味された漢文が現れるとか，新羅で智證王4（503）年に임금 imkum（王）の称号を「왕 wang（王）」に替えて，545年には国史を編纂した，などといった歴史的な事実が，かなり早い時期にこの地に漢字が定着したことを明らかにしてくれる。

　漢字は初期から2つの機能を果たしていたものと推測される。1つは中国の文字である漢文を受け入れて読み，また漢文を書いて記録を残し，著述をする機能であった。もう1つは韓国語を記録する機能であった。漢字を漢文の読み書きに利用するばかりでなく，韓国語の単語と韓国語の文を表記するのにも利用したのである。これは何よりも固有名詞の表記の必要性から始まったであろう。漢文で韓国の歴史書を著述する場合にも，固有名詞は韓国語の発音で表記する他なかったためである。これはあたかも中国で著述された本で'印度'（India），'佛陀'（Buddha）のような外国の固有名詞を表記する状況と同じであったろう。そしてこのような中国の慣習から韓国の固有名詞を漢字で表記する方法を学んだのであろう。

　漢字をもって韓国語の固有名詞を表記する方法は2つある。1つは漢字

の音を借用して表記する方法である。表意文字である漢字を一種の表音文字として利用したものとしては，길동 kiltong という地名を'吉同'と表記し，거칠부 kechilpu という人名を'居柒夫'と表記するような方式である。これは前でも述べたように，中国で行われていた方式に従った可能性もある。もう1つの方法は独自に開発した方式と言えるが，漢字の訓を利用する方式である。밤고개 pamkokay という地名を'栗峴'と表記するような方式である。'栗峴'は音で読めば율현であるが，そのように読まず，意味で読むことを前提とした表記なのである。この方式はなによりも漢字に該当音がない場合，有用であった。私たちは前節（2.1）で漢字によるハングル字母の名前を付けるとき，'時衣'sios（시옷），'池末'tikut（디귿）のような表記を利用したのを見た。パッチムㅅsやㄷtを持った漢字がなく，やむを得ず'衣，末'を書き，それをそれぞれその訓である옷 os と귿 kut と読むようにしたのである。漢字の訓を利用する方式はこのようなやむを得ない事情がその契機になったが，そうでない場合にも広く利用された[9]。

　1つの単語の表記に漢字の音を利用する方式と，訓を利用する方式を同時に適用することもあった。前の'吉同'は後に'永同'と表記が変わるが，'永同'を길동 kiltong と読めば，2つの方式が同時に適用されたものとなる。新羅の始祖'赫居世'は一方では'弗矩内'とも表記される。これは'居'と'矩'が結局同じ音で読まれたことを意味し，'弗'と'内'はそれぞれ'赫'と'世'の意味を表すものであり'赫'と'世'は訓を利用したものである。

　以上のように漢字を利用して韓国語を表記する方法を借字表記法という。漢字借用表記法ともいうが，こちらはより正確な用語であろう。いずれにしても漢字を借りて韓国語を表記する方法だという意味である。第一言語を表記する文字がなく，窮余の策として用いた表記法であろうが，いずれにせよ漢字は韓国語を表記する重要な機能を担当したのである。

9　漢字をその訓で読む方法は現在残っていない。日本でこの方式が現在まで広く使われていることと対照的だと言えよう。

この借字表記法は固有名詞の表記のみならず，一般の単語の表記にも拡大利用された。다리보리（火熨斗，アイロン）を'多里甫里'と，너삼（マメ科の多年草）を'板麻'と，말밤（菱）を'末栗'と表記したものなどがそれである。そしてこれは単語の表記のみならず，文章のレベルにまで拡大された。

2.6.1.1 郷札（ヒャンチャル）

漢字によって韓国語の文が完全な韓国語の姿で表記されたものとして郷歌（ヒャンガ）がある。郷歌は新羅の定型詩として全部で25首のみ伝えられているが，今日見ることのできる最古の完全な韓国語の姿であり，最古の文学作品である。そのうち代表的な処容歌は次のとおりである。解読は金完鎮（김완진，1981）によるものである。

(1)　東京明期月良　　　동경 불기 드라라
　　　夜入伊遊行如可　　밤 드리 노니다가
　　　入良沙寢矣見昆　　드러사 자리 보곤
　　　脚烏伊四是良羅　　가로리 네히러라
　　　二肹隱吾下於叱古　두볼른 내해엇고
　　　二肹隱誰支下焉古　두볼른 누기핸고
　　　本矣吾下是如馬於隱　본디 내해다마ᄅᆞᆫ
　　　奪叱良乙何如爲理古　아사늘 엇디ᄒᆞ릿고

（東京の明るい月だなあ／夜になって遊び歩いて／（我が家に）入って自分の寝床を見ると／脚が四つだわい／二つは我がものであり／二つは誰のものか／もともと我がものであるが／奪っていかにするのか）

上の郷歌を見れば，語順をはじめ助詞および語尾による屈折方式など，中国語の色彩を完全に脱した純然たる韓国語の文である。漢字をもってこのように完全な韓国語の文を表記する方式を借字表記法の中でも特に郷札（향찰 hyangchal）と言う。

郷札はほとんどの場合，名詞や動詞の語幹のような実辞は漢字の訓を利用し，助詞や語尾のような虚辞は漢字の音を利用する方式になっている。

処容歌で'見昆，四是良羅'の'見，四，是'が訓を利用し，'昆，良羅'が音を利用しているのが，その代表例である。郷札は漢字の音を利用してパッチムを別に表記したりもした。処容歌で'吾下於叱古'の'叱'によってパッチムㅅを表記しているのがその一例である。いわゆる末音添記といってパッチムを表す文字を添加する方法を考案して使ったこともこの範疇に属する。밤 pam，구룸 kwulum，잇 is を'夜音，雲音，有叱'と表記するが，なくても同じ発音をするものをあえて'音，叱'などのパッチム表記をしたのは正確を期すためであったと思われる。さらに젓거 keske は'折叱可'と表記されているが，'折'1つで젓ㄱ kesk を代表することができるにもかかわらず，確実な保障がないと心配してパッチムの発音を正しく読むように予備措置をとったものである。

このように見れば，郷札は韓国語を本当の韓国語の姿のまま，忠実に表記することに成功している。語順を韓国語の語順に合わせることは言うまでもなく，助詞や語尾を忠実に表記し膠着語としての韓国語の特徴をそのまま生かし，またパッチムの表記にまで配慮したことなどが，その成功を収めた秘訣であったろう。

ところが郷札は発展の道を歩めなかった。統一新羅時代に発達し，888年には郷歌集『三代目』が刊行されるまでに至り，高麗初葉までは存続したが，それ以降命脈は閉ざされてしまった。わずかに統一新羅時代の一時期にだけ栄え，滅びてしまったのである。理由はさまざま考えられる。創作性が高い文学活動が盛んだったとしたら，郷札の生命はもう少し後まで続いたかもしれない。韓国語の音節構造が複雑だということも大きな障害になったと思われる。젓거 keske の表記で見られるように，漢字で複雑な韓国語のパッチム構造を表記することは煩雑この上ない。こうしたさまざまな理由から郷札という手段の限界を感じたのであろう。

漢文の勢いがあまりにも強く，これに傾倒したことも事実であろうし，これが重要な，おそらく最も重要な理由かも知れない。先進の文明を漢文を通して受け入れている以上，文字生活を最初から漢文で営む方が実質的であり能率的であったろうし，貧弱な郷札のような方法は放棄しようとい

う方向に心が傾いたのかもしれない。これは後で見る吏読や口訣が相当後の時代まで受け継がれたことからも裏づけられる。いずれにしても，郷札による古代韓国語がせめてもう少しだけでも豊かに伝わっていればと残念に思われてならない。

2.6.1.2 口訣（クギョル）

郷札は韓国語を完全な姿で表記しようという積極的な借字表記であったが，借字表記法の中にはそれより消極的なものもあった。最も消極的な借字表記法は口訣（구결 kwukyel）であった。韓国では漢文を読むとき，韓国語による吐（送り仮名）を必要な所に適切にふって読む慣習があるが，このときの吐を口訣と言う。英語を例に挙げるのは少し滑稽でもあるが，たとえば'I love you'を'I 가（ka（が））love you 한다（hanta（する））'と読むとすると，가と한다のような補助的な要素が口訣である。孤立語である漢文を，膠着語である韓国語に使われる屈折要素をあいだに置いて読むことによって読解に便宜を図ろうとしたのである。このような口訣が早くから発達して朝鮮時代初期まで借字表記法として用いられるが，(2)でその実例を見ることができる[10]。

(2)　天地之間万物之中厓　唯人是　最貴為尼　所貴乎人者隱　以其有五倫也羅

（天地の間万物の中で　ただ人が　最も貴いのである。　人を貴いとするゆえんは　五倫をもっていることによるのである。）

(2)は，下線を引いた'厓，是，為尼，隱，羅'を取れば完全な漢文である。そして'厓，是，為尼，隱，羅'は完全な韓国語の要素である。このように口訣は補助的な要素にすぎず，これでもって漢字が韓国語表記に利用されたというにはその比重はあまりに小さい。しかし漢字をもって韓国語を表記したという事実と，また漢字の訓と音が動員されたという方式などか

10　ハングル創製以後も，諺解（61ページ参照）の漢文本文に口訣が使われたが，それはハングルによって表記された。

ら口訣も借字表記法の一種であることに変わりはない。

　さらに口訣は（3）で見るように漢字の略体で書かれたりもした。これは，口訣を漢文本文の間に小さな文字で挿入するのが通例だったので，文字の画を減らす必要があったからであろう。字形を少し簡略な形に変えることが，新しい文字を開発する一般的な過程であるので，口訣はこの点，他の借字表記法より一歩進んだ借字表記法だと言えよう。

　（3）　厂(匡), ㅏ(隱), ヒ(尼), 夕(多), 口(古), 丷(爲)

　特に口訣で略字を作る過程は，日本のひらがなやカタカナが漢字から一部分ずつをとって作られたのとよく似ていて興味を引く。韓国でもこの発想を郷札まで拡大していけば，新しい文字を開発できたかもしれない。しかし口訣はあくまで漢文を読む補助手段にとどまっていた。

2.6.1.3　吏読（イドゥ）

　借字表記法の中には韓国語表記に郷札ほど積極的ではないが，かと言って口訣のように消極的でもないその中間段階の吏読（이두 itwu）もあった。吏読は広い意味では，前で見た郷札と口訣をすべて包括した用語として用いられる。借字表記法と同一の意味で使われるのである。しかし狭い意味では，口訣のように漢文の原文をそのまま生かしておく方法とは異なり，漢文の語順を韓国語の語順に変えることもし，名詞や動詞の語幹のような実辞を韓国語に変えて表記したりもするが，漢文の要素が相変わらず残っている借字表記法を指す。理解を助けるために，再び英語を例に挙げれば，（4a）は口訣で，（4b）は郷札であり，（4c）や（4d）は吏読である。吏読は口訣に近いともとれるし，郷札に近いともとれるが，いずれにせよ，中間的な借字表記法である。

　（4）　a. I-*ka* love you-*hanta*.（I が love you する）

　　　　b. *nayka nelul salanghanta*.（私があなたを愛する）

　　　　c. I-*ka nelul* love-*hanta*.（I があなたを love する）

　　　　d. *nayka* you-*lul salanghanta*.（私が you を愛する）

　吏読は初期にはいわゆる俗漢文といって漢文に若干の韓国語の要素を

加味した形式で現れたが，後代には郷札とほとんど同じ方式が利用された。次の（5a）は（5b）を吏読で翻訳したものだが，'雖'を'必于'비록 pilok に替えたり，助詞'乙'（을 ul）を使用し，'為去乃'하거나 hakena や'有去乙'잇거늘 iskenul のように語尾を完璧に表しているところは全て郷札の水準である。ただ本来の漢語である'七出，三不去'などをそのままにしておくことなどが郷札と区別される点である。

(5) a. <u>必于</u>　七出<u>乙</u>　犯為去乃　三不去<u>有去乙</u>
　　　　pilok　　ul　　　hakena　　　　iskenul
　　　（たとえ　七出を　犯したといっても　三不去があるので）

　　b. 雖犯七出　有三不去
　　　（七出を犯すと雖も　三不去有り）

〔※七出は儒教で妻を離縁できる七つの条件。七去。三不去は妻を離縁してはならない三つの条件。――訳者注〕

　吏読のこのような体裁は11世紀ごろ完成の段階にいたり，それ以後はとりわけ変動もなく，19世紀末まで続いてきた。吏読が，ハングルが創製された以後も，継続して命脈を保ってきたことは注視すべきである。これは吏読が韓国語を表記しつつも，郷札とは異なり漢文の1つの変種として運用されてきたからであると理解すべきである。

　郷札と吏読は初めからその動機と目標が異なっていたと思われる。郷札はその文字は借りて使ったといっても漢文は全く念頭に置かずに運用されたものであるのに対し，吏読は常に漢文を基礎に置いて出発したもののようである。俗漢文として出発したのもそうであり，それ以後吏読が前の（5）で見たように，漢文の翻訳文の形式で現れることが多いということも，吏読のこのような性格と無関係ではないであろう。前で私たちは，漢文が優勢を保ち文字言語としての位置を固めたことによって，郷札がそれ以上発展できなかったのであろうと推論した。ところが郷札と違い吏読が引き続き用いられたのはどうしてであろうか？　これもやはり吏読が漢文を基礎にしている形式だったからだと見なくてはならないであろう。知識層は漢文で文字生活をするのに不便はなく，それで満足し

他の方法を強いて求める必要がなかったのであろう．ところが，漢文に精通していない人は，その漢文を韓国語化してやさしく読む方法を模索したかったに違いない．それがすなわち吏読なのだが，この点で吏読は今日のKonglish（韓国式英語）と相い通じるところがあると言えよう．吏読が，高麗王朝と朝鮮王朝で主に末端官吏である胥吏〔※中央と地方の各官庁で勤務した下級官吏で，下級行政実務と末端業務を担当した──訳者注〕たちによってもっぱら用いられたという事実もこれを裏付けてくれる．

　ハングルが創製された後にも，漢文が一方では吏読で翻訳され，一方ではハングルに翻訳された事実があったことも，吏読の性格を理解するのに助けになる．壬辰倭乱（文禄慶長の役）のとき，王が民に教書を下す際，3種の表記で書けと命令したという．あえて漢文を使おうとしても，簡単にかみくだいてやって初めて理解できるという階層があったという証拠であろうし，吏読は結局漢文の1つの変種であるとの結論を促してくれるのである．

　以上で借字表記法を，郷札，口訣，吏読に分けて見てきた．一言で言えば，韓国語を漢字で表記しようという本格的な試みである郷札はこれといった結果を生むことがなかったし，口訣と吏読は補助的な水準にとどまってしまったために，借字表記法が文字生活に及ぼす影響はさほど大きくなかったと要約することができるであろう．

2.6.2　漢文と漢字

　漢文が早い時期にすでに韓国の文字言語としての位置を獲得していたことは間違いない．それは中国文明を受け入れる手段でもあり，同時に韓国語の表現道具としても借字表記法より早い時期から優位を確保していたことは明らかである．借字表記法は本格的な叙述の道具となれなかった．つとに新羅の高僧元暁（617〜686）は今日にまで影響力を及ぼす立派な著述を何巻か残したが，これが郷札や吏読で書かれた可能性を考えることは困難である．言うまでもなく漢文で著述したのである．韓国を早くから文明の世界に導いたのは漢文だったのである．

漢文のこのような位置はハングルが創製された後も特に変わらなかった。多くの仏典や四書五経，および中国の詩が翻訳され，ハングルで書かれた時調，歌辞（第7章参照），小説などの文学作品も出現したが，学術著書は相変わらず漢文で著作された。朝鮮時代の代表的な儒学者退渓李滉（이황，1501〜1570）や栗谷李珥（이이，1536〜1570）の著作をはじめ，代表的な実学者茶山丁若鏞（정약용，1762〜1836）の著作はすべて漢文で著述された。国家が管掌するものも例外ではなく，朝鮮王朝実録も漢文で記録された。

今日の学校と同じような近代化された学校ができる前には，書堂および書院が20世紀に入るまで存続したが，ここは漢文を教える所であった。ハングルはただ自然に学ばれる文字であって，教育の対象は漢文のみであった。当時の韓国における漢文は西洋社会でのラテン語に似た位置と役割を果たしていたと言ってもいいかも知れない。出世をしようとすれば該博な漢文の知識が絶対的だった。国の人材を登用する試験である科挙試験は答案を漢文で作成する試験であり，国家文書のほとんどが漢文で作成された。ただ，王が民に直接下した綸音といわれる公告書（第7章参照）はハングルで発表された。漢文は20世紀になるまでハングルより高い地位を占め，韓国の代表的な文字言語であった。言わば，立派なハングルがあったにもかかわらず，他国の文字の束縛から抜け出すことができなかったのである。

ところで，ここで言う漢文とはいくらか韓国語化したものでもあった。漢字の発音を中国語式にしたのではなく，徹底して韓国語式にしたのである。（これが西洋でのラテン語と韓国での漢文の違う点でもある。ラテン語は口で発する言語であるが，漢文はあくまで文字言語であり，それも中国語の発音で読まない文字言語であった。）漢字を中国語式に戻そうという作業が，ハングルが創製された直後に展開されたことがあった。『東国正韻』（1447）は，漢字音を，当時の現実音を受け入れてはいるものの中国語式の発音に矯正した発音辞典であり，当時刊行された諺解〔※原文の漢文のテキストに音注と吐を付し，さらに韓国語の訳文を加えた形式の文献を

いう——訳者注〕本の漢字には常にこの東国正韻式の発音がハングルで付記された。しかしこの試みは50年ほどで中断され，漢字は再び現実音，すなわち韓国語式発音で読まれるようになった。外国の文字を外国語の発音で読まず，自国語の発音で読むこの方式は，漢文を外国の文としてよりも自国の言葉のように親しんで受け入れていたということもできよう。

　このように他国の文字の束縛から逃れることができたのは1894年甲午更張〔※1894年から96年にかけて行われた朝鮮の政治全般にわたる改革運動——訳者注〕を前後して，自国の文化に対する自覚が生じてからであった。すでに1886年4月に創刊された『独立新聞』は3年間ではあったが純ハングルで新聞を出したが，それは民間次元だった。しかし，ついに1894年12月には全て公文を国文，すなわち韓国語文に変えろという勅令が出された。ここで韓国語文というものはほとんど漢字の中にハングルが混じっている状態の，それも極めて漢文調のものであったが，これが契機になって1910年にはもう少し口語に近い文を書こうという言文一致運動も始められ，少しずつその精神に合った著述が増えていった。少なくとも漢文の束縛からは完全に抜け出したのである。

　ところで漢文の束縛を抜け出したことと，漢字を使うことは別の問題であった。韓国語には中国語から入ってきた多くの借用語，すなわち漢字語がある。そのために漢文を書かず，完全な韓国語の文章を書いても，そこには漢字語が混じっているのが普通である。これら漢字語は (1) のように，ハングルで表記することもでき，漢字でも表記することができ，またどちらで表記しても，それが韓国語文であることには変わりない。

(1)　a. 등산은　건강에　좋다. （登山は健康によい。）
　　　　tungsanun kenkangey cohta
　　　b. 登山은　健康에　좋다.

　このとき (1b) のように漢字を混ぜて書いたとして，漢文の束縛にまだ縛られているとは言えない。(1b) は漢文ではなく韓国語文であり，さらに言文一致ということにも全く反しないためである。その点で韓国の文字生活は漢文の束縛からは完全に抜け出したが，漢字の束縛はまだ受けてい

る，と言うことができる。漢字は今日にいたるまでかなり多く使われているためである。

　総論でも少し言及したが，漢字を使う頻度は少しずつ減ってきている。従来は漢字語をほとんど全部漢字で表記する方式で，漢字がかなり多く混じっていた。近来になって漢字の表出を最小限に減らそうという努力がなされつつ，漢字語もハングルで表記する場合が多くなり，ここから一歩進んで，漢字は必要な場合，括弧の中に併記する方式に発展してきている。次の例文がこの傾向を見せてくれる。

(2)　a. 이와 같은 複合語의 成分이 되는 單語의 原意나 原形이 變하는 것은, 結局 그 成分 사이의 結合을 一層 緊密鞏固하게 하여, 새로운 한 單語로서의 資格을 强化하려는 것이라고 볼 수있다 (이희승, '국어학개설' 1955: 251)

（このような複合語の成分になる単語の原意や原形が変化しているのは，結局その成分の間の結合を一層緊密鞏固にし，新しい１つの単語としての資格を強化しようとするものだと見ることができる。）（李熙昇『国語学概説』1955: 251）

　　b. 韓國 文化의 여명기라고 부를 수 있는 新石器時代는 대략 B. C. 3000년 내지 2000년경부터 시작된 것으로 추측된다(이기백, '한국사신론' 1967: 14)

（韓国文化の黎明期と呼ぶことのできる新石器時代はおおよそ B. C. 3000 年ないし 2000 年ごろから始まるものと推測される。）（李基白『韓国史新論』1967: 14）

　　c. 암산 (暗算) 의 실수가 계산의 불능을 말해 준다고 볼 수 없듯이 기억력의 제한에 의한 언어의 오산(誤算)도 그것이 언어능력을 반영해 주는 것이라고 볼 수는 없다 (김진우, '언어' 1985: 16)

（暗算の失敗が計算の不能を表すと見ることができないように，記憶力の制限による言語の誤算もそれが言語能力を反映しているものとみなすことはできない。）（金鎮宇『言語』1985: 16）

　漢字をどの程度の比率で混用するのかということは，個人的な趣向（ま

たは哲学）に大きく左右される面がある。いわゆるハングル専用論者たちは，漢字を混ぜて書くことを禁忌と感じる。日刊新聞の中でも大部分は漢字を混用するが，ハングル専用を標榜している新聞もある。しかし漢字混用率が減るのは個人的な趣向というよりは，時代的な趨勢である。(2a)のような文章が当時には当然のこととして受け入れられたが，今日そのように漢字を多く混ぜて書けば，あまりにも重く感じるだろう。(2b)や(2c)の下線を引いた単語は漢字語であり，(2a)と同じ時代に刊行されれば，漢字で表記されたであろう。しかし時代的な圧力があり，今は個人的な趣向がどちらの側であれ，社会がそれを受け入れなくなってきている。

　日刊新聞が漢字混用を固守している方だといったが，それは新聞の特殊性によるものである。新聞は普通仔細に読まない。大まかに拾い読み，あるいは流し読みするには，漢字が適当に混じっているほうが，明らかに読みやすい。そして新聞は見出しをいくつもつけるが，それも簡潔でありながら，一目で分かる見出しをつけなければならない。このとき，漢字は大きな効力を発揮する。特に見出しには略語をたくさん使うが，このとき，漢字は表意文字の真価を発揮する。(3a)の漢字（およびやはり表意文字の一種であるアラビア数字）を(3b)のようにハングルに替えて表記すれば漢字の効果がよく分かる。

　(3)　a.　美 9 명 사망 …和 獨 곳곳 교통 두절（東亜日報 1994.1.30）
　　　　　（米 9 名死亡…オランダ・ドイツあちこちで交通途絶）
　　　b.　미 구명 사망 …화 독 곳곳 교통 두절

　新聞での漢字は分かち書きの効果にも一助を与える。新聞は分かち書きの規則をあまり守らない。限定された紙面で分かち書きが思い通りにいかない場合もあろう。このとき，漢字はハングルと明らかに境界がひかれるので自然に分かち書きのような効果を発揮する。これが新聞が漢字を好む 1 つの要因として作用するものと思われる。

　しかしこのように漢字の効能を最大限活用している新聞でも，次第に漢字混用率が減少する趨勢を見せている。ある統計によれば 1990 年代に入って漢字使用率が 1910 〜 70 年代の 72.92% に減ったと言う。

今や漢字の混用率の減少現象は社会全体の避けられない流れだと言えよう。(2b) くらいの漢字混用は一部の人文社会系専門書籍で維持されているが，一般教養書籍はほとんど（2c）方式で定着していく。筆者が原稿に漢字を混用しても出版社や雑誌社がその漢字を括弧に入れる方式に変えて出版する。漢字が多ければ本の販売部数で差が出るためにそうせざるを得ないという出版社側の弁明である。それほど世間全体が変わってきた。1970年から全ての公文書はハングルだけで書くようにという国家的措置も採られた。中高等学校教科書は（2c）のような水準を越えることがないようにしたし，小学校教科書では最初からハングルだけを使うようにしている。

　これも行政的な規制に力を得たことだが，街の看板にも漢字を見つけるのが難しくなった。特に官公庁の看板は全てハングルになった。交通表示なども同じである。総論でも言及したように北朝鮮はすでに1949年から全面的に漢字を廃止した。韓国はそのような急進的な措置を採らず，自然な趨勢に従ったが，今や韓国でも多くの分野で漢字の補完なく文字生活が営まれる状態に到達したと言える。

　この点は日本と対照的だと言える。図7はあるアメリカ製コンピュータプリンターの取扱説明書の一部である。英語，フランス語，ドイツ語，スペイン語，韓国語，および日本語の6か国語で説明があるが，そのうち韓国語と日本語の一部を抜粋したものである。これを見れば韓国語はハングルだけで表記されているが，日本語は漢字が多く混用されている。韓国語の下線を引いた単語は漢字語として漢字で表記すれば日本の漢字と完全に同一の字として表記することができる。ところが韓国語では，それをハングルで表記しても全く不便はない。それほど今やハングル表記に慣れ親しんだとも言えるが，韓国語は，漢字を訓読する日本語とは異なり，常に音読するのでハングル化がたやすいためでもある。いずれにしても韓国は今や長い歳月を経て，漢字の影響力からかなり解き放たれたことがいろいろな方面から実証されている。

　ただ韓国語が漢字の影響力から完全に抜け出すことができたかという問

取り扱い上の注意 実際に使用するまでシールを剥がさないでください。緑か黒の部分だけを持つようにしてください。銅製の部分が他の部分と接触しないよう注意してください。落としたりすると、構造上の破損、及びインク漏れなどの原因になります。破損したカートリッジは使用しないでください。	취급방법 　<u>사용</u>하실 때까지 밀폐된 잉크통을 뜯지 마십시오. 잉크통을 집을 때는 초록색 혹은 검정색으로 된 <u>부분</u>만 집으십시오. 구리로 된 <u>부분</u>은 아무것에도 닿지 않게 하십시오. 잉크통을 떨어뜨리면 <u>구조상</u>으로 고장을 일으켜 잉크가 샐 수도 있습니다. <u>파손</u>된 잉크통은 <u>사용</u>하지 마십시오.

図7　プリンターの説明書

題は別問題である。漢字語には同音語が際立って多いが（第4章参照），それをハングルで表記するときには意味に混同をきたし，やむを得ず漢字を使わなければならないケースがかなりある。次の（4a）でその実例を見ることができる。1つの解決策としてこれをそれぞれ'勝った人'と'負けた人'と表現を変えることもできるがこれにも限界がある。特に（5）のような固有名詞の場合はそうである。

(4)　a. 패자와　패자와의　악수（覇者と敗者との握手）
　　　　phaycawa　phaycawauy　akswu
　　b. 覇者와 敗者와의 악수
(5)　a. 정 교수는　만났으나　정 교수는　못　만났다.
　　　　cengkyoswunun　mannassna　cengkyoswunun　mos　mannassta
　　　　（鄭教授には会ったけれども，丁教授には会えなかった。）
　　b. 鄭 교수는 만났으나 丁 교수는 못 만났다.

同音語の場合でなくても，漢字は表意文字としての長所がある。ハングル表記法は表意主義を志向しているが，ここから得ようとする効力を漢字はさらに一層発揮するのである。日刊新聞でなくても漢字を適切に混用すれば，概念の伝達を明らかにすることができ，また重要な概念だけをすば

やく拾い読みすることができる。専門書籍で漢字混用を好むのは漢字のこのような効力のためである。教育部で1957年に常用漢字1,300字を選定し，1972年に中学校教育用漢字1,800字を選定したり，韓国新聞協会が1967年に常用漢字2,000字を選定したりなどといった一連の措置は漢字をまだ完全に捨てようとはしていないという意志の表れであろう。韓国語，より正確には文字韓国語（written Korean）で漢字を混用しなければならないのか，してはならないのかについては，今までも大いに議論されてきたが，今後解決しなければならない課題であることは明らかである。混用をするとすれば，全ての読者を対象とするのか，ある水準以上の読者を対象とするのか，また読者の水準に従ってどの程度の比率が最も適切なのかも，引き続き研究していかなければならない。そして今やハングルと漢字だけを対象に考えるのではなく，アラビア数字や近来占有率が高まってきているローマ字表記なども対象にして問題を解決していかなければならない。

　総論で簡略に指摘したように，韓国語は近来 TV, FM, PC, CD, VTR, VIP, MVP, KBS, MBC などのローマ字が次第に増えてきた。これらは同じ外来語でも computer, pizza などはローマ字で表記されず，컴퓨터，피자と表記されたのと対照的である。これらは頭字略語（acronym）であるのが特徴であるが，頭字略語はたいてい表意文字的な性格を帯びる傾向があり，これらがローマ字で表記されるのは，そのような表意性のためであろう。

　頭字略語ではない場合も，ローマ字表記が増えている。たとえば自動車は Hyundai, Daewoo, Kia, Sonata, Concord などローマ字一色であり，服や靴，スポーツ用品，学用品，時計，TVセットの名前などもほとんどローマ字表記だけでなされている場合が多い。しかしこれらを真正な文字韓国語の一部と見なすことは難しい。

　以上をまとめれば，総じて文字韓国語はハングルで表記されると要約することができる。しかし古くからかかわりを持ってきた漢字は，分野によってはまだその任務の一部を分担しており，最近にいたってはローマ字も微弱ながら一部でその比率を確実に伸ばしてきた事実も見た。ハングル

は立派な文字であるが，万能というわけではなく，アラビア数字を適切に活用するように，これらの文字も文字韓国語の効率的な表記にその特有の機能をもって貢献できるようにしなければならないであろう。

【参考文献】
강신항 (1987), 김민수 (1973), 김완진 (1981), 남풍현 (1981), 안병희 (1977), 이기문 (1963, 1970, 1972, 1993), 이익섭 (1971, 1977, 1985, 1986, 1992), 이희승 (1946), 이희승・안병희 (1989), 최현배 (1947), 藤本幸夫 (1992), Chao (1968), Chomsky and Halle (1968), Coulmas (1989), DeFrancis (1989), Gelb (1963), Henderson (1982), Hill (1967), Jones (1957), Sampson (1980), Taylor (1980), Vachek (1945〜1949, 1973, 1976).

第3章
音韻

음운

　第2章で韓国の文字について述べながら，韓国語の音韻体系についての輪郭もある程度明らかになったと思われる。また第1章の総論でも英語と決定的な違いを見せる代表的な特徴をいくつか提示した。それだけ見ても韓国語は英語をはじめとする印欧語とは言うまでもなく，文法構造では共通点をたくさん持つ日本語とも，かなり異なった音韻体系を見せる。
　韓国語はイタリア語や日本語のように単純な音節構造で成り立っているわけではないので，初めて接するとき，ただひたすらこの言語の音韻体系が複雑だという恐れを抱き，学ぶ意欲を持てない外国人も多いであろう。それで，韓国語を学ぶにはまず音韻体系に対する先入観を取り払うことから始めなければならない。そして次に少なからぬ音韻規則に従って発音する方法に慣れていかなければならない。特に文字に接するときは，一見複雑な形態音素論的規則も関連させて読む方法を体得しなければならない。すでに前に見たように韓国語表記法が形態音素論的な原則を採ったためである。では韓国語の音韻体系と代表的な音韻現象を見てみることにする。

3.1 音韻体系

まず韓国語の子音を調音位置と調音方法によって分類すると次の (1) のようになる。

(1) 韓国語子音体系

調音方法 \ 調音位置		唇音	歯茎音	硬口蓋音	軟口蓋音	喉頭音
閉鎖音	平音	ㅂ [p]	ㄷ [t]		ㄱ [k]	
	濃音	ㅃ [p']	ㄸ [t']		ㄲ [k']	
	激音	ㅍ [pʰ]	ㅌ [tʰ]		ㅋ [kʰ]	
破擦音	平音			ㅈ [tʃ]		
	濃音			ㅉ [tʃ']		
	激音			ㅊ [tʃʰ]		
摩擦音	平音		ㅅ [s]			ㅎ [h]
	濃音		ㅆ [s']			
鼻音		ㅁ [m]	ㄴ [n]		ㅇ [ŋ]	
流音（舌側音）			ㄹ [r]			
半母音（滑音）				[j]	[w]	

ここで特に言及しておかなければならないのは，まず閉鎖音と破擦音に関してである。総論でも少し触れたが，韓国語の閉鎖音と破擦音は無声音と有声音の対立がないかわりに，平音ㅂ，ㄷ，ㅈ，ㄱ，激音すなわち有気音ㅍ，ㅌ，ㅊ，ㅋ，濃音〔硬音ともいう——訳者注〕ㅃ，ㄸ，ㅉ，ㄲの3系列の対立がある。語頭での発音を基準に見れば，平音は弱い気，すなわち声帯振動が始まるまで30～50msec 程度の黙音期間を伴う無声音として発音され，激音（有気音）は 100msec 程度の強い気を伴う無声音として発音される。英語は 70～85msec 程度の気を持つのが普通なので，英語話者は韓国語の平音と激音を同じ発音として混同する。濃音は声門閉鎖を伴う無声無気音として実現され，フランス語やイタリア語の p, t, k と似ている。

韓国語で平音，濃音，激音は別個の音素であり，これに対する最小対立語（minimal pair）がある。いくつか例を挙げれば次の (2) のようである。

(2) a. 달（月），탈（仮面），딸（娘）
　　　 tal　　　　thal　　　　ttal
　　b. 불（火），풀（草），뿔（角）
　　　 pwul　　 phwul　　 ppwul
　　c. （이불을）개다（畳む），（감자를）캐다（掘る），
　　　　　　　　　 kayta　　　　　　　　　　khayta
　　　（그릇을）깨다（壊す）
　　　　　　　　 kkayta
　　d. （잠을）자다（寝る），（공을）차다（蹴る），（빨래를）짜다（絞る）
　　　　　　　 cata　　　　　　　 chata　　　　　　　　 ccata

　これらのうち，平音は有声音の間では바보［pabo］（ばか），고기［kogi］（肉）のようにそれぞれ［b, d, dʒ, g］のように有声音になる。言いかえると韓国語にも1つの異音（allophone）としては閉鎖音および破擦音の有声音が実現されるのである。しかしこれらは音素ではなく，異音であるために語義を分化させる機能はなく，したがって韓国人は바보の最初のㅂと2つ目のㅂの違いを全く自覚できない。そして英語のboyやgirlのbやgを無声音として認識し，またそのように発音する習慣がある。

　摩擦音には平音ㅅsと濃音ㅆssだけあり，その激音は存在しない。平音ㅅは語頭で相当強い気を伴ない，母音の間では気が弱まったり，閉鎖音，破擦音の平音のように有声化せず，有声音の間でも常に無声音として実現されるのが特徴である。

　流音ㄹは母音の間では다리［tari］（脚，橋）のように［r］として実現され[1]，音節末（すなわちパッチムの位置）では달［tal］（月）のように［l］として実現される。やはり2つの音が音素として対立するのではなく，異音の関係にあるために韓国人はこの2つの音を区別できず，英語のlとrを1種類の音として認識する。そのひとつの例としてㄹの代表音を書くときは普通［l］を使う。

　次は母音体系を見ることにする。1988年に発表された「標準発音法」

1　この音はスペイン語やイタリア語の弾舌音（flapped）rに近い。

を基準に見れば，韓国語の単母音は全部で 10 個である。これを舌の位置に従って分類すると次の (3) のようになる[2]。

(3) 韓国語の単母音体系

舌の高さ ＼ 舌の前後の位置	前舌母音 平唇	前舌母音 円唇	後舌母音 平唇	後舌母音 円唇
高母音	ㅣ [i]	ㅟ [y]	ㅡ [ɨ]	ㅜ [u]
中母音	ㅔ [e]	ㅚ [ø]	ㅓ [ə]	ㅗ [o]
低母音	ㅐ [ɛ]		ㅏ [a]	

これらの母音のうち，特記すべきもののひとつはㅟとㅚである。これは「標準発音法」で単母音として規定され，二重母音として発音することも但し書きで認められている。それぞれ [wi] と [we] で発音することが多い現実を反映したものである。

ㅓについても注意しておかなければならない。伝統的なソウル語では 섬ː sem（島），거ː짓말 kecismal（うそ），헌ː법 henpep（憲法），적ː다 cekta（少ない），더ː럽다 terepta（汚い）などの長母音ㅓe は若干ㅡu の方に引っ張られた音である [əː] に近い発音として実現される。これは長母音として発音される 별ː pyel（星），열ː쇠 yelsoy（鍵），영ː감 yengkam（おじいさん）などの二重母音ㅕye の場合も同様である。しかしこの発音はソウル生まれの人の中でも老年層にだけ命脈を保っているのみである。

(3) の母音中ㅡ [ɨ] は西洋人にはもっともなじみの薄い母音であろう。西洋人たちは [u] で発音することが多いが，この母音は平唇母音ということに特に留意する必要がある。後舌高母音を平唇母音として発音すれば自然にㅡ [ɨ] の音となる。

二重母音としては，次の 11 個の母音がある。どんな半母音と結合するのか，またその半母音がどちらの側に結合するのかによって，次のように 3 系列に分けることができる。

---

[2] (3) の表中ㅓとㅡおよびㅏは伝統的に中舌母音と認識されてきた。ここでは最近の新しい学説にしたがい後舌母音に分類した。

(4) 韓国語の二重母音
　　a.（j系；上昇）　ㅑ　ㅕ　ㅛ　ㅠ　ㅒ　ㅖ
　　　　　　　　　　ya　ye　yo　yu　yay　yey
　　b.（w系）　　　ㅘ　ㅝ　ㅙ　ㅞ
　　　　　　　　　wa　we　way　wey
　　c.（j系；下降）　ㅢ
　　　　　　　　　uy

　これら二重母音のうち最も特異なものはㅢ uy である。この二重母音は残りの二重母音が上昇二重母音であるのに対し下降二重母音であり[3]，[ɨj] に近い発音として実現される。しかし唯一の下降二重母音だからなのか，現在その発音が不安定な状態にある。희다 huyta（白い），환희 hwanhuy（歓喜），무늬 mwunuy（模様）などの表記では子音の次でもㅢが用いられるが，この環境下ではㅢはㅣ i で実現される。의사 uysa（医師），의자 uyca（椅子），의욕 uyyok（意欲），의정부 uycengpwu（議政府）などのように子音が前にないときにのみ，それも大部分第1音節に置かれたときに本来の発音がなされる。내의 nayuy（内衣），강의 kanguy（講義），민주주의 mincwucwuuy（民主主義）のように第2音節以下でも音の通り発音されもし，それを原則とするが，このときにはㅣと発音されることが多い。そしてソウルの옛 이름 sewuluy yeys ilum（ソウルの昔の名前），천사의 날개 chensauy nalkay（天使の翼）のような属格助詞의は音価のままに発音されもするが，一般的にㅔ ey と発音される。

　二重母音のうちㅒ yay，ㅖ yey も子音を先行させることができない。表記上では계산 kyeysan（計算），시계 sikyey（時計），혜택 hyeythayk（恵沢），지혜 cihyey（知恵）などが通用されているが，このときのㅖは全てㅔ ey と発音される。ㅒはユ 아이 kuai（その子供），저 아이 ce ai（あの子供）の縮約形 개 kyay，재 cyay のような特殊な場合を除いて，子音を先行させる例が表記されることすらない。

3　上昇二重母音とはㅑ，ㅛなどの場合，前の [j] より後のㅏ，ㅗが主たる音の役割をするということを指す。[j] は滑音であり，瞬間的にかすめていくのに比べ，ㅏ，ㅗは安定した音を出す。しかしㅢの場合はㅡも力がさほど強いものではないが，ㅣが主音の役割をすることができないので下降二重母音というのである。

韓国語は子音と母音以外に韻素（prosodeme）として長音を持っている。韓国語辞典では長音を，'：'で表示し，短音と区別する。長短による最小対立語を挙げると次のようになる。

(5) a. 말（馬），　말：（言）
　　　 mal　　　 ma:l
　　b. 눈（眼），　눈：（雪）
　　　 nwun　　　 nwu:n
　　c. 밤（夜），　밤：（栗）
　　　 pam　　　 pa:m
　　d. 사기（陶磁器），　사：기（士気）
　　　 saki　　　　　 sa:ki
　　e. 되다（〜になる），　되：다（固い）
　　　 toyta　　　　　　 toy:ta

しかし音長が弁別力を持っているのは第1音節においてのみである。第2音節以下では長母音は短母音に変わるからである。すなわち첫눈 chesnwun（初雪），거짓말 kecismal（うそ），알밤 alpam（栗の実）では눈，말，밤は全て短母音で発音される。そして若い世代では次第に第1音節でさえ，音長の区別が不分明になる傾向を見せている。音長の音素としての地位が揺れているということになる。

3.2　音節構造

韓国語の音節構造には次の4つの類型がある。半母音が入る場合を別に数えれば8種ということになる。

(1) 韓国語の音節構造
　　　　a.（母音）　　　　　　　　이（歯），예（はい），왜（なぜ）
　　　　　　　　　　　　　　　　　 i　　　 yey　　　 way
　　　　b.（子音＋母音）　　　　　 파（ねぎ），혀（舌），쇠（鉄）
　　　　　　　　　　　　　　　　　 pha　　　 hye　　 soy
　　　　c.（母音＋子音）　　　　　 알（卵），약（薬），왕（王）
　　　　　　　　　　　　　　　　　 al　　　 yak　　　wang
　　　　d.（子音＋母音＋子音）　　 밤（栗），귤（みかん），꿩（きじ）
　　　　　　　　　　　　　　　　　 pam　　　 kyul　　　　kkweng

以上の音節構造から推測されるように，韓国語は音節初頭に子音群を許

容しない。音節末でも同じである。表記上では 닭 talk（鶏），없다 epsta（ない），훑는다 hwulthnunta（しごく）のような音節末子音群があるが，実際の発音では，もしその位置が子音の前やポーズの前のような音節末の位置であればそのうちの１つの子音が脱落し，닭이 talki（鶏が），없으면 epsumyen（なければ）のようにその後に母音が来れば，２番目の子音がその母音の音節の初声の位置に移るので音節末には１子音しか残らない。一方，꽃 kkoch（花），때 ttay（時），뼈 ppye（骨），짝 ccak（ペア）などの ㄲ kk，ㄸ tt，ㅃ pp，ㅉ cc などを子音群と誤解してはならない。これらは文字の構造上では２つの子音となっているが，ㅋ kh，ㅌ th，ㅍ ph，ㅊ ch が１つの子音であるように，１つの子音に過ぎない。結局，音節初頭（または語頭）に来ることができる子音の数も１つだけであり，音節末（または語末）に来ることができる子音の数も１つを越えることができない。したがって語中に来ることができる子音の数も２つを越えることができない。韓国語のこのような音節構造のために英語の cream, spring, text などをハングルで転写しようとすれば，ㅋㅍ림，ㅅㅍ링，텍ㅅㅌのようにすることはできず，子音群の間に母音ーを入れて크림，스프링，텍스트のように転写する方法を使う[4]。

　音節末子音群のうちどの子音が脱落するかは，子音群によってほぼ一定であるが，例外もある。子音群が ㄳ ks，ㄵ nc，ㅄ ps のときには後の子音が脱落する[5]。

　(2)　넋→넉（魂），앉는다→안는다（座る），값→갑（値段）
　　　　neks nek　　ancnunta annunta　　　kaps kap

　子音群が ㄹ l ではじまるものは，２通りに分かれるが，ㄼ lp，ㄽ ls，ㄾ

4　このとき텍스트の트にーを付け加えるのは，第１章で言及したように，音節末での不破化のためである。

5　少し専門的に言えば，一般的に中子音が脱落し辺子音が残る傾向が見られる。〔※調音点を前部・中央部・後部の３つに分け，唇が発音に関与する子音を（前部）辺子音，歯茎や硬口蓋前部が発音に関与する子音を中子音，軟口蓋または軟口蓋より奥の部分が発音に関与する子音を（後部）辺子音という。つまり，ㅂ p 系列と ㄱ k 系列の子音［－舌頂性］は辺子音，ㄷ t，ㅅ s，ㅈ c 系列の子音［＋舌頂性］は中子音である。――訳者注〕

lth のときは後の子音が脱落し，ㄺ lk, ㄻ lm, ㄿ lph のときには前の子音が脱落する。しかし，밟다 palpta（踏む）は例外である。またㄺ lk にㄱ k が接続するときも例外である。

(3) a. 여덟→여덜 (8), 외곬→외골 （一本気），핥는다→할는다 （なめる）
　　　yetelp yetel　　oykols oykol　　　　halthnunta halnunta
　　b. 밟는다→밥는다 （踏む），밟지→밥지 （踏んだらどうだ）
　　　palpnunta papnunta　　palpci papci
(4) a. 닭→닥 （鶏），맑다→막다 （清い），젊다→점다 （若い），
　　　talk tak　　malkta makta　　　celmta cemta
　　　읊다→읍다 （詠む）
　　　ulphta upta
　　b. 맑게 → 말게 ［말께］ （澄んで），
　　　malkkey malkey
　　　맑구나 → 말구나 ［말꾸나］（澄んでいるね）
　　　malkkwuna malkwuna

多くの言語でそうであるように，韓国語でも [ŋ] 音は音節初頭に来ることができない。[ŋ] 音は音節末にだけ分布するのである。激音，濃音など音節末には来ることのできない子音も多いが，これについては後述する。

以上の規則が適応されれば，韓国語の音節の境界はまったく機械的に引かれる。韓国語では子音はいかなる場合にも成節音（syllabic）となりえない。したがって韓国語の音節の境界は普通 V-V，V-CV, VC-CV の 3 つの類型に代表される。2 つの母音が続く場合はその間に境界が置かれるのが当然であり，2 つの母音の間に子音が 1 つ来る場合は，その子音の前に境界が置かれるのが普通である（ただし，その子音が [ŋ] である場合は [ŋ] の後に音節の境界が置かれる）。そして 2 つの母音の間に来ることのできる子音は最大 2 個であるが，音節の境界は 2 子音の間に置かれる。

(5) a. 물이→무-리 （水が）
　　　mwuli mwu-li
　　b. 날개→날-개 （翼），흙을→흘-글 （土を）
　　　nalkay nal-kay　　hulkul hul-kul
　　c. 닭싸움 → 닥-싸움 （闘鶏）
　　　talkssawum tak-ssawum
(6) 종이→종-이 （紙が）
　　congi cong-i

3.3 音韻規則

　言語ごとに音素目録は違うが，たとえ音素目録が同じであっても，その音素の配列は同じではない。同じ子音が，ある言語では語頭や語末に立つことができても，別の言語ではそうではなく，ある言語では子音が3，4個連続して結合できるが，別の言語ではそういうことはあり得ない。またある言語では隣接して置くことのできる音素が，他の言語では許容されず，そのうちの1つの音素が他の音素に変わらなければならない。ひとことで言うと，言語ごとに音韻規則（phonological rule）が異なる。音節での分布制約についてはすでに前で見た通りだが，それ以外に韓国語の音韻規則にはどのようなものがあるのか，ここではそのうち，代表的なものをいくつか整理して見ることにする。

3.3.1　中和

　総論で簡単に言及したが，韓国語の子音はいかなる子音も音節末の位置では不破音として実現される。英語の belt の t のように気流が一旦閉鎖された後，破裂（開放）したり，gas の s のように摩擦を持続することは韓国語では認められない。（そのためにこれらをハングルで転写するときは韓国語では母音ㅡ u を置き，벨트 peylthu，가스 kasu と書くことも総論で指摘した。）韓国語では子音を発声した後，唇をつぐんでいたり，口腔内の閉鎖を維持しなければならない。

　音節末ではㄴ n，ㅁ m，ㅇ ng のような鼻音やㄹ l のような流音も例外なく不破音として実現され，英語の little や button の l や n とは異なり，韓国語の鼻音や流音は成節音となることはない。特に阻害音，すなわち閉鎖音と破擦音および摩擦音が不破音として実現されることは，韓国語の他のいろいろな音韻規則に影響を及ぼすので，音節末でのこれらの不破化現象は韓国語音韻論で大変大きな意味を持っている。

　音節末での不破化によって引き起こされる最も直接的な，また最も重大な音韻規則は中和規則である。音節末の不破化によって音節末で実現され

る子音の数は7個に過ぎない。ㄱ k, ㄴ n, ㄷ t, ㄹ l, ㅁ m, ㅂ p, ㅇ ng がそれである。したがって残りの子音はこの7個の子音のうちのいずれかの子音に変わる他ない。

(1) a. 부엌 (台所)→부억,　 밖 (外)→박
　　　 pwuekh　　 pwuek　 pakk　　 pak
　　b. 밭 (畑)→받
　　　 path　　 pat
　　c. 앞 (前)→압
　　　 aph　　 ap
(2) a. 옷 (服)→옫, 있다 (ある)→읻다
　　　 os　　 ot　 issta　　　 itta
　　b. 젖 (乳)→젇
　　　 cec　　 cet
　　c. 빛 (光)→빋
　　　 pich　　 pit

上の例をみれば，閉鎖音の激音と濃音は平音に変わり，歯擦音（摩擦音と破擦音）はどれもすべてㄷ t に変化しているのがわかる。それによって本来異なる単語が同音語になってしまう場合もある。

(3) a. 입 (口)：잎 [입] (葉)
　　　 ip　　 iph
　　b. 낫 [낟] (鎌)：낮 [낟] (昼)：낯 [낟] (顔)
　　　 nas　　　　　 nac　　　　 nach

このように最初別個の音素で対立していたものが，特定の環境でその弁別力を喪失する現象を中和（neutralization）と呼ぶ。中和は音節末の位置で実現されるために，その単語の後に母音として実現される助詞や語尾が来れば，中和規則が適用されない。すなわち 꽃이 kkoch-i（花が），꽃으로 kkoch-ulo（花に）は［꼬치］［꼬츠로］と実現されるので，ㅊは音節末の位置にはないのである。しかし母音で始まる形態素であっても，それが実質的な単語であるときには，中和現象が起きる。これは複合語を成すときも同じであるが，この点で複合語を成す構成要素の間には単語の境界が置かれていると見なければならない。このときにいったん中和された音節末子音は後続母音の音節初頭として発音される。

(4) a. 젖(##)어미→젇##어미→저더미 (乳母)
　　　　　　　　　　　　　　　 cetemi

b. 겉(##)옷→걷##옫→거돋（上着）
　　　　ketot
　　c. 무릎(##)아래→무릅##아래→무르바래（膝の下）
　　　　　　　　　　　　　　　　mwulupalay

　第2章で明らかにしたように，従来の表記法では中和現象を表記法に反映し，八終声法ないし七終声法を採択したが，現行の表記法は形態素の基本形，すなわち基底形を明らかにして書くという原理を採択している。それによって表記と発音が遠く離れた状態であるが，これは文字を読むときよりも，聞いて書き取るときに注意を要する。

3.3.2　同化

　互いに隣り合っている2つの音のうち1つが他のもう1つの音の影響を受け，それと同じか近い音に変わる現象を同化（assimilation）と言う。韓国語にも多くの同化現象がある。しかし大部分の場合，表記法では同化されない状態の基本形をとる。次に表記法をまず示し，その同化形を矢印のあとに書くことにする。

　韓国語の同化中最も代表的なものは，おそらく鼻音化現象であろう。これは閉鎖音が鼻音の前で鼻音に変化する規則であり，ㄱ k→ㅇ ng，ㄷ t→ㄴ n，ㅂ p→ㅁ mのように，調音位置が同じ鼻音に変わる規則である。このときの閉鎖音ㄱ，ㄷ，ㅂは中和規則を経た結果のものや，子音群の1つが脱落した結果のものも含まれる。

(1)　a. 국물（汁）→궁물，　　먹는다（食べる）→멍는다
　　　　kwu*k*mwul　kwu*ng*mwul　me*k*nnunta　　　me*ng*nunta
　　b. 부엌만（台所だけ）→부억만　→　부엉만
　　　　pwue*kh*man　　　　pwue*k*man　pwue*ng*man
　　c. 묶는다（縛る）→묵는다　→　뭉는다
　　　　mwu*kk*nunta　mwu*k*nunta　mwu*ng*nunta
(2)　a. 받는다（受ける）→반는다
　　　　pa*t*nunta　　　　pa*n*nunta
　　b. 붙는다（付く）→붇는다　→　분는다
　　　　pwu*th*nunta　　pwu*t*nunta　pwu*n*nunta

(3) a. 법망（法網）→범망，　돕는다（助ける）→돔는다
　　　　pe*p*mang　　pe*m*mang　　to*p*nunta　　　　to*m*nunta
　　b. 앞마당（前庭）→압마당 → 암마당
　　　　a*ph*matang　　a*p*matang　　a*m*matang
　　c. 없는（ない）→업는 → 엄는
　　　　e*ps*nun　　　e*p*nun　　e*m*nun

ㄹlに隣接するㄴnがそのㄹにひっぱられㄹに変わる規則も代表的な同化のひとつである。韓国語でㄹはㄹ以外のどんな子音の後にも分布しない。したがってやむを得ずそのような分布になった場合，2つの子音のうち1つが他の子音に変わらなければならず，ㄹ＋ㄴやㄴ＋ㄹの条件ではㄴがㄹに変わるのである。

(4) a. 난로（暖炉）→날로，　권리（権利）→궐리
　　　　na*n*lo　　　na*l*lo　　kwe*n*li　　kwe*l*li
　　b. 칼날（刀）→칼랄，　핥는다（なめる）→할는다→할른다
　　　　kha*l*nal　　kha*l*lal　　ha*lth*nunta　　ha*l*nunta　　ha*l*lunta

ただし(4a)と同じ条件であっても次の(5)の例ではㄴがㄹに変わらない。その代わり後のㄹをㄴに変え，ㄴ＋ㄹという不可能な分布状態が解消される。これは의견 uykyen（意見），생산 sayngsan（生産）などの単語がもともと固定化された形態であり，それを原音として生かそうという意識が働き，後に続く란 lan（欄），량 lyang（量），료 lyo（料），로 lo（路）などに頭音法則が作用した結果である。

(5) 의견란　→　의견난（意見欄）
　　uykyen*l*an　　uykyen*n*an
　　생산량　→　생산냥（生産量）
　　sayngsan*l*yang　　sayngsan*n*yang
　　입원료　→　입원뇨（入院費）
　　ipwen*l*yo　　ipwe*n*yo
　　횡단로　→　횡단노（横断道路）
　　hoyngtan*l*o　　hoyngtan*n*o

口蓋音化も重要な同化のひとつである。これはよく，名詞や用言の末音ㄷt，ㅌthが母音ㅣiで始まる助詞や接尾辞と結合するとき，口蓋音のㅈc，ㅊchに変わる規則に代表される。ㄸttがㅉccに変わる用例はない。

(6) a. 밭이（畑が）→바치, 솥이면（釜なら）→소치면,
　　　pathi　　　　　pachi　sothimyen　　　　sochimyen
　　　같이（一緒に）→가치
　　　kathi　　　　　kachi
　b. 미닫이（引き戸）→미다지, 굳이（無理に）→구지
　　　mitati　　　　　　　mitaci　kwuti　　　　　kwuci
　　　굳히다（固める）→구티다→구치다,
　　　kwuthita　　　　　　　kwuthita　kwuchita
　　　닫히다（閉まる）→다티다→다치다
　　　tat-hi-ta　　　　　　ta-thi-ta　tachita

歴史的に見れば, 텬디 thyenti（天地）→천지 thyenci（→천지 thenci）, 디다 tita（負ける）→지다 cita のような形態素の内部の口蓋音化の変化が, 過去のある時期に広汎に生じたのである（第7章参照）。そのために今日の口蓋音化は(6)で見るように, 形態素と形態素の間でのものに限定される。디디다 titita（踏む）や티 thi, 띠 tti のように口蓋音化が生じそうな条件下で口蓋音化を起こさないものがあるが, これらは텬디 thyenti→천지 chenci の規則が適用される頃には튀튀다 tuytuyta, 튀 thuy, 뛰 ttuy のような語形であったためにその規則の適用を受けなかったのであり, また今日はそのような形態素内部での口蓋音化規則は作動しないためである。

しかし韓国語の口蓋音化はもう少し広範囲に作用する。ㄴ n, ㄹ l も母音［i］や, 半母音［j］の前に置かれれば, それぞれ口蓋音［ɲ］と［ʎ］に変わる[6]。またㅅ s も同じ条件下では, 口蓋音［ʃ］として実現される。しかしこれらの口蓋音は音素ではないために, 一般の話し手はこれらを口蓋音化以前の音と区別できず, またハングルではそれらを区別して表記することもできない。

(7) a. 남녀→［namɲə］（男女）, 오니→［oɲi］（汚泥）
　b. 일리→［iʎʎi］（一里）, 달력→［taʎʎjək］（暦）
　c. 시→［ʃi］（時）, 말씨→［malʃi］（言葉遣い）

6　우리 wuli（私たち）のㄹのように［r］として実現されるㄹは口蓋音化を起こさない。

3.3.3 頭音法則

韓国語は，いわゆる「頭音法則」といい，「語頭に特定の音を分布させない」という規則がある（第1章参照）。語頭に来られない最も代表的な音はㄹlである。したがって伝統的な固有語にはㄹで始まる単語はひとつもない。そして近来,西洋から入ってきた外来語は，레코드 leykhotu（レコード），라인 lain（ライン），루즈 lwucu（ルージュ），럭비 lekpi（ラクビー），링 ling（リング），랑데부 langteypwu（ランデブー）のように，この規則の適用を受けないが（これらも初期には라디오 latio（ラジオ）を나지오 nacio といったようにこの規則の適用を受けた），それ以前にはたとえば漢字語のような外来語を受け入れるときには，この規則を徹底して適用し，ㄹ l をㄴ n に置き換えたり,脱落させたりした。すなわちㄹの後に[i]や,半母音[j]が来るときにはㄹを脱落させ，それ以外の母音が来るときにはㄴに変えるのである。次の（1b，2b）は語中でㄹが書かれた例であり，（1a，2a）はそれらが語頭でそれぞれㄴに置き換えられたり脱落した例である。

(1) a. 내일（来日），노인（老人），낙원（楽園）
　　　 nayil　　　 noin　　　　 nakwen
　　b. 미래（未来），해로（偕老（夫婦が仲良くともに老いるまで連れ添うこと）），
　　　 milay　　　 haylo
　　　 오락（娯楽）
　　　 olak
(2) a. 이치（理致（物事のすじみち）），역사（歴史），예식（礼式）
　　　 ichi　　　　　　　　　　　　　 yeksa　　　 yeysik
　　b. 도리（道理），이력（履歴），혼례（婚礼）
　　　 toli　　　　 ilyek　　　 honlyey

口蓋音化されたㄴn,すなわち[ɲ]音も語頭に来ることができない。したがってこのㄴは脱落する。韓国語は結局口蓋音化したㄴとㄹは語頭に許容されないとまとめることができる。上と同様に(3b)は語中で口蓋音化されたㄴが書かれた例であり，(3a)はそのㄴが脱落した例である。これらは全て漢字語であって,固有語にはㄹの場合と同様この規則が適用される用例がもともとない[7]。この場合にも西洋語から入ってきた外来語の場

---

[7] 님 nim（〜様）のように人為的に作られた単語や，냠냠 nyamnyam（むしゃむしゃ）のような擬声語などに,例外がないわけではない。

合は뉴스 nyusu（ニュース），니켈 nikheyl（ニッケル）のようにこの規則の適用を受けない。

(3) a. 여성（女性），연말（年末），익명（匿名）
       yeseng   yenmal   ikmyeng
    b. 남녀（男女），신년（新年），은닉（隱匿）
       namnye   sinnyen   unnik

ここでは前述の(2a)も，(1)でのようにㄹ→ㄴの過程を経ているであろうと推測できる。すなわちこれらも，(1)でのようにㄹがまずㄴに変わった後，そのㄴが語頭にあり口蓋音化されているので，(3)でのように脱落したものと解釈されるのである。これは一部の方言にㄴ치 nichi，녀사 nyeksa（녁사 neksa）のような中間段階の語形が存在するために，より一層はっきり裏付けされる。

(4) a. 리치→니치→이치（理致）
       lichi nichi ichi
    b. 력사→녁사→역사（歴史）
       lyeksa nyeksa yeksa

以上の頭音法則と関連し，人名にいくつかの混乱があることを指摘しておかなければならない。フルネームで呼ぶとき，名の最初の字は頭音法則の適用を必ず受ける。이룡호 ilyongho（李龍浩）は이용호 iyongho とならなければならないのである。しかし名が1字の場合には이룡の原音そのまま発音することがある。これと対照的に，名の2つ目の音節では頭音法則を受けなければならないはずだが，そうはならない場合が多い。すなわち이오룡 iolyong（李五龍）や이원룡 iwenlyong（李元龍）は原音のまま（원룡は월룡）発音しなければならないが，このときもㄹを脱落させて이오용 ioyong，이원용 iwenyong と発音させる場合もある。さらには逆に이오녕 iyonyeng（李五寧）を이오령 iolyeng と発音する場合もある。녕 nyeng の場合は地名でも회녕 hoynyeng（会寧）を회령 hoylyeng と発音する事例もある。全体的に固有名詞では頭音法則が若干無秩序になっている現象があると言えよう。

3.3.4 音の脱落と縮約および添加

すでに前で扱った頭音法則の中に音を脱落させる規則も入っていたが，

ここではそれを除いた残りの脱落現象をまとめてみることにしよう。また音が添加される現象および音が縮約される現象も扱うことにする。

音が脱落する規則として，まず口蓋音の次の半母音［j］が脱落する規則を挙げることができる。その中の代表的なものは，活用の結果生じた져 cye，쳐 chye，쪄 ccye が저 ce，처 che，쪄 cce と発音される現象である。

(1) a. 가지어라→가져라［가저라］（持て）
　　　　　　kacyela
　　b. 치어서→쳐서［처서］（打って）
　　　　　　chyese
　　c. 찌었다→쪘다［쩠다］（太った）
　　　　　　ccyessta

複合語や派生語をなすときはㄹ l がㄴ n，ㄷ t およびㅅ s，ㅈ c の前で脱落する現象もある。しかし달님 talnim（お月様），별님 pyelnim（お星様）のようにこの規則が適用されない例もあることに注意しなければならい。

(2) a. 솔＋나무→소나무（松の木），말＋소→마소（馬牛），
　　　　sol namu sonamu　　　　mal so maso
　　　열＋닫다→여닫다（開けたり閉めたりする）
　　　　yel tatta yetatta
　　b. 딸＋님→따님（お嬢さん），아들＋님→아드님（息子さん），
　　　　ttal nim ttanim　　　　　atul nim atunim
　　　하늘＋님→하느님（神），바늘＋질→바느질（針仕事）
　　　　hanul nim hanunim　　　panul cil panucil

用言の語幹末音ㄹ l も後続する語尾の種類によって脱落する。すなわちㄴ n，ㄹ l，ㅂ m，ㅅ s で始まる語尾，および語尾-오 -o の前でㄹで終わる動詞と形容詞はいわゆる媒介母音으 u をとる代わりに語幹末音ㄹを脱落させる。

(3)　둥글＋（으）나→둥그나（丸いが）
　　　　　　　　　　　twungkuna
　　　둥글＋（으）ㄴ→둥근（丸い［連体形］）
　　　　　　　　　　　ewungkun
　　　둥글＋（으）시다→둥그시다（丸くていらっしゃる）
　　　　　　　　　　　twungkuslta
　　　둥글＋（으）ㅂ니까→둥급니까（丸いのですか）
　　　　　　　　　　　twungkupnikka

둥글＋（으）오→둥그오（丸いのです）
　　　　　　　　　twungkuo

　用言の語幹末音ー u は，そのーの前にㄹ l が来ない限り，母音で始まる語尾と会えばいかなる場合も脱落する。そして語幹末音がㅜ wu であるもののうちでも 푸다 phwuta（汲む）だけはこの規則に従う。

(4) a. 쓰＋어라→써라（書け），쓰＋어서→써서（書いて），
　　　　　　　　　ssela　　　　　　　　　　　　　ssese
　　　쓰었다→썼다（書いた）
　　　　　　　ssessta
　　b. 푸＋어라→퍼라（汲め），푸＋어서→퍼서（汲んで），
　　　　　　　　　phela　　　　　　　　　　　　　phese
　　　푸었다→폈다（汲んだ）
　　　　　　　phyessta

　語幹末音ー u の前にㄹ l が来た場合，すなわち語幹末の音節が르 lu である場合にも同じ条件で大部分ーが脱落するが，このときにはㄹが添加される点が異なる。そして르で終わる語幹の中にはㄹだけが添加されるだけでーが脱落しない単語も 이르다 iluta（至る），푸르다 phwuluta（青い）など数個に過ぎないが存在する。

(5) a. 흐르＋어→흘러（流れ），오르＋아서→올라서（上がって），
　　　　　　　　hulle　　　　　　　　　　　　　　ollase
　　　부르＋었다→불렀다（呼んだ）
　　　　　　　　pwullessta
　　b. 푸르＋어→푸르러（青く），푸르＋었다→푸르렀다（青かった）
　　　　　　　　phwulule　　　　　　　　　　　　phwululessta

　音長が脱落するということも，大きく見れば音の脱落であるので，ここで取り上げることにする。語幹末音の長音が子音語尾の前ではそのまま維持され，母音語尾と結合するときには脱落する現象がある。被動および使役を作る接尾辞と結合するときも同じ現象がある。しかしこの２つの現象の場合，(8) のような例外もある。

(6) a. 감ː는다（目を閉じる），감ː고（目を閉じて）
　　　　ka:mnunta　　　　　　　ka:mko
　　b. 감으니（目を閉じるのに），감아서（目を閉じて），
　　　　kamuni　　　　　　　　　　　kamase
　　　감긴다（目を閉じさせる）
　　　　kamkinta

(7) a. 밟:는다（踏む），밟:지（踏んだらどうだ）
　　　pa:lpnunta　　　pa:lpci
　b. 밟아라（踏め），밟으면（踏めば），밟힌다（踏まれる）
　　　palpala　　　　palpumyen　　　palphinta
(8) a. 끌:고（引っ張り），끌:어라（引っ張れ），끌:리다（引っ張られる）
　　　kku:lko　　　　kku:lela　　　　　kku:llita
　b. 없:다（ない），없:으니（ないので），없:애다（なくす）
　　　e:psta　　　　e:psuni　　　　　　e:psayta

　音が脱落することはないが，2つの音節が1つの音節に縮約される現象もある。必須的な規則ではないが，語幹末音 ㅣi や오/우o/wu は，아/어 a/e で始まる語尾と出会うと半母音［j］と［w］になるという現象である。いわば滑音化現象と言える。この滑音化によって本来2つの単母音であったものが二重母音になり，1つの音節に縮まる現象があるが，これはまさに縮約現象の例である。このとき1つの音節が減る代わりに，二重母音に音長が生じる補償現象を見ることができる。この補償現象はもちろん第1音節に限られ，また第1音節でも오아 o-a→와 wa，치어 chi-e→쳐 chye などには該当しない。

(9) a. 피어서→펴:서（開いて），즐기＋어라→즐겨라（楽しめ）
　　　phiese　phye:se　　　culki　ela　culkyela
　b. 보＋아라→봐:라（見よ），싸우＋어서→싸워서（戦って）
　　　po　ala　pwa:la　　　　ssawu　ese　ssawese

　2つの母音が1つの単母音に縮約されることもある。このときにも音長が生じる。しかし同一の母音が重複されるときの縮約では長音化現象が起こらない。

(10) a. 파＋이다→패:다（掘られる），쏘＋이다→쐬:다（刺される），
　　　　pha　ita　phay:ta　　　　　　sso　ita　ssoy:ta
　　　　누＋이다→뉘:다（横たえる），하＋여서→해:서（～して）
　　　　nwu　ita　nwi:ta　　　　　　ha　yese　hay:se
　b. 가＋아서→가서（行って），서＋었다→섰다（立った）
　　　ka　ase　kase　　　　　　se　essta　sessta

　音が添加される規則としてはまず濃音化規則を見てみることにしよう。韓国語では音節末の閉鎖音の次に阻害音が来れば，その阻害音はもともと平音であっても，必ず濃音として発音される規則がある。

(11) a. 국 ＋ 밥 → 국빱（スープをかけたご飯），
　　　　kwuk　pap　kwukppap
　　　받＋고→받꼬（受けて），법＋대→법때（法大［法科大学の縮約］）
　　　pat　ko　patkko　　　　pep　tay　pepttay
　　b. 옆＋집→엽＋집→엽찝（隣家），
　　　yeph cip　yep cip　yepccip
　　　꽃 ＋ 바구니 → 꼳＋바구니 → 꼳빠구니（花籠）
　　　kkoch　pakwuni　kkot pakwuni　kkotppakwuni
　　c. 닭＋살→닥＋살→닥쌀（鳥肌），없＋다→업＋다→업따（ない）
　　　talk　sal　tak sal　takssal　　eps　ta　ep ta　eptta

韓国語で純粋に音韻論的な条件によって濃音化が起きるのはこの(11)の場合だけである。残りは何らかの形態論的な条件が作用するが，そのいくつかの例を見れば次のとおりである。まず冠形詞形語尾-ㄹの次に来る阻害音が濃音化して発音される現象を挙げることができる。しかし同じ条件でも(13)のように濃音化が起きない場合もあるがあまり使われない構成でそのような現象が起きると思われる。

(12) a. 갈 곳이→갈 꼬시（行く所が），만날 사람→만날 싸람（会う人）
　　　　　kal-kkosi　　　　　　　　mannal-ssalam
　　b. 할 것을→할 꺼슬（することを），할 바를→할 빠를（するところを）
　　　　　hal-kkesul　　　　　　　　hal-ppalul
(13) 기댈 벽이（もたれる壁が），살 주택이（暮らす住宅が），
　　　kitayl-pyeki　　　　　sal-cwuthayki
　　될 자격이（できる資格が）
　　toyl-cakyeki

少し違う場合として，語幹末音がㄴ n，ㅁ m（およびㄵ nc，ㄻ lm）であるものは後に来る語尾の初めの阻害音を濃音に変える現象も見ることができる。このときこれらの語幹に使役の接尾辞-기-ki- が結合するときは濃音にならない。

(14) a. 신고→신꼬（履いて），더듬다가→더듬따가（口ごもっていて）
　　　　　sinkko　　　　　　tetumttaka
　　b. 앉지→안지→안찌（座るよ），젊다→점다→점따（若い）
　　　　　　　ancci　　　　　　　　　cemtta
(15) 안기다（抱かれる），감기다（巻きつく），굶기다（飢えさせる），
　　　ankita　　　　　　kamkita　　　　　kwulmkita
　　옮기다（移す）
　　olmkita

눈동자 nwuntonca（瞳），손재주 soncaycwu（手先が器用なこと），길가 kilka（道端）などが눈똥자 nwunttongca，손째주 sonccaycwu，길까 kilkka などになるのは'繋ぎのㅅ'（사이 ㅅ）のためであり，単純な濃音化現象だと見なすのは難しい。漢字語でも발전 palcen（発展），갈등 kaltung（葛藤），문법 mwunpep（文法），성과 sengkwa（成果）など濃音で発音される現象が多いが一種の'繋ぎのㅅ'現象であろう。

音の添加現象をひとつだけ見てみよう。次の (16) は単語の合成過程でㄴ n が添加される現象を見せてくれる。後続成分の初めの音が [i] や [j] ということが目を引くが，歴史的に見れば，ㄴは이音の前にあって，語頭に口蓋音化されたㄴが来ることができないという規則があるために，닢 niph → 잎 iph（葉），니 ni → 이 i（歯）のように脱落したのである。その点から見れば，ㄴ添加現象は単純な添加と言うよりは，むしろ古形が複合語に残滓として残っている姿と見ることもできる。

(16)　a.　앞이→앞니（→암니）（前歯），꽃잎→꽃닢（→꼰닙）（花びら）
　　　　　　aphni　　　　　　　　　　　kkochniph
　　　b.　내복약→내복냐（→내봉냐）（内服薬），
　　　　　　naypoknyak
　　　　　영업용→영업뇽（→영엄뇽）（営業用）
　　　　　　yengepnyong

3.3.5　ㅎ末音

語幹末音がㅎ h であるときは，前で見てきたさまざまな規則が適用されるだけではなく，他のいかなる語幹末音でも見ることができない規則も現れるので，ここでまとめることにする。韓国語の表記法でパッチムの表記が長い間争点になってきたことは第 2 章で明らかにしたところであるが，ㅎはその中でも最大の争点になっている子音である。七終声法の枠を越えて，パッチムに全ての子音を用いることに決定した段階でもㅎだけは除外しようという抵抗が大きく，最終段階に来て，千辛万苦の末にパッチムとして用いることができるようになった。それほどㅎは他の子音とは異なり，パッチムの位置，すなわち音節末の位置で特異な性質を表している。

語幹末のㅎが後に閉鎖音や破擦音が来れば，それらと結合して激音になる。またㅎはその前に来る閉鎖音および破擦音とも結合して激音になる。

(1) a. 놓고（置いて）→노코，놓더니（置いたので）→노터니，
　　　 noh-ko　　　　　　no-kho　noh-teni　　　　　　no-theni
　　　 놓지（置くだろう）→노치
　　　 noh-ci　　　　　　　no-chi
　　b. 많다（多い）→만타，많지（多いだろう）→만치
　　　 manh-ta　　　　man-tha　manh-ci　　　　　　man-chi
(2) a. 국화（菊）→구콰，좁히다（狭める）→조피다
　　　 kwuk-hwa　　kwu-khwa　cop-hita　　　　　co-phita
　　b. 밝히다（明らかにする）→발키다，앉히다（座らせる）→안치다
　　　 palk-hita　　　　　　　pal-khita　anc-hita　　　　　　an-chita

それ以外の子音と出会ったら，ㅎhはㄷtと中和される。その次に，前で見た音韻規則の適用を受ける条件に置かれればその規則に従う。

(3) a. 놓소（置きます）→녿소 → 녿쏘
　　　 noh-so　　　　　　　not-so　　not-sso
　　b. 놓는다（置く）→녿는다 → 논는다
　　　 noh-nwunta　　　 not-nwunta　non-nwunta

語幹末音ㅎが母音語尾に会えばたいていㅎが脱落する。その次にやはり前で見た規則の適用を受ける。ただし좋다 cohta（よい）の活用形では조아 coa が좌 cwa に縮約されることはない。また (4) で나아서 naase（産んで）→나ː서 naːse に現れる長音化現象は가아서 kaase（行って）→가서 kase にはない現象として注目する必要がある。ㅎが脱落しながらも何らかの影響力を及ぼしているのである。

(4) a. 낳아서（産んで）→나아서→나ː서
　　　 nahase　　　　　　nase　　naːse
　　b. 놓아라（置け）→노아라→놔ː라
　　　 nohala　　　　　　noala　nwaːla

以上で韓国語の音韻体系および音韻規則についての説明を簡略ではあるが終えることにする。これらの中の多くは第2章で見た文字体系および表記法と関連があるので，2つを関連させて見ることによって，両者ともより理解が深まるであろう。

【参考文献】

김진우 (1965), 김영기 (1974), 이기문·김진우·이상억 (1984), 이병근 (1979), 이상억 (1990, 1994), 이희승·안병희 (1989), 허웅 (1965)

第4章
単語と品詞

단어와 품사

　文法論をよく形態論（morphology）と統語論（syntax）に分けるが，この章では韓国語の形態論，つまり単語の構造について詳しく見てみることにする。単語を形成している形態素の性格と，その形態素によって単語が形成される方式，品詞体系，そして造語法上に見られる韓国語の単語構造などが，この章で扱われる主な内容になる。合わせてこの章の終わりでは，韓国語の語彙の多くの部分を占めている借用語についても見てみることにする。

4.1　単語の基本構造

　韓国語の単語構造の細部的な問題に入る前に，ここでいくつか基本的な概念を規定しておく必要があるように思われる。特にこの方面の用語が人によって異なる概念として用いられることが多いためである。この概念を規定すれば，おのずと韓国語の単語を形成している構成要素も大部分明らかになり，同時に韓国語の単語構造の基本的な枠組みも見えてくるだろう。

　韓国語の形態素には，大部分の他の言語と同じように，単独でも単語と

なることができる自立形態素（free morpheme）と，単独では自立性がなく必ず他の形態素と結合されて初めて単語となる依存形態素（bound morpheme）がある。나무（木），사랑（愛），나（私），다섯（5つ）のような名詞類と아주（非常に），조금（少し），겨우（ようやく）のような副詞は自立形態素である。これに対し，動詞と形容詞の語幹は英語の場合とは異なり，すべて依存形態素であるのが特徴である。すなわち먹-（食べる［語幹］），푸르-（青い［語幹］）のような語幹はそれだけでは単語の役割を果たすことができず，먹-으니（食べるので），먹-고（食べて），푸르-다（青い），푸르-면（青ければ）のように語尾と結合して初めて単語としての役割を果たすようになる。韓国語の単語構造のうち，特徴的なものとして，まず指摘しなければならないのが，おそらく動詞と形容詞の依存性であろう。特に依存形態素でありながらも完成した文法的な機能を発揮する語尾は，韓国語文法の最も核心的な存在だと言える。

　名詞の文法的な役割を表示したり，意味を付け加えたりする助詞の存在も特異である。助詞は，英語の前置詞よりもはるかに自立性が弱く，依存形態素ではあるが特異な性格を持っている。原則的に名詞の後に連結されて初めて実現される点で，助詞は明らかに自立性がない。しかし助詞は，たとえばドイツ語の格語尾のように名詞に必須的にくっつく性質を持つものではない。最も典型的な助詞である가（〜が）と을（〜を）を例にとって見ても책-만-을（本だけを），여기-까지-가（ここまでが），죽느냐 사느냐-가（死ぬか生きるかが）のように名詞との間に多少の分離性があり，また時には省略されることもある。この点で助詞は語尾に比べて自立性がある方であり，したがって助詞は韓国の大部分の文法書では独立した品詞として扱われている。

　韓国語の単語構造を把握するためには，語幹・語尾以外に語根（root）の概念が必要である。語根は西洋の学者たちの間でもその意味するところがいくつにも分かれているが，ここでは最も狭い意味で用いることにする。語根は語幹と同じく自立性がなく，単語の中心部をなしながらも，語幹とは異なり，語尾が直接結合されることがない要素を指す。たとえば깨끗하

다 (清潔だ), 투덜거리다 (不平を言う) などの 깨끗-, 투덜-は語尾や接辞ではないので, 単語の中心部であることが明らかであるにもかかわらず, 깨끗-으면, 깨끗-으니, 투덜-어서, 투덜-고のような活用が成立せず, -하-や -거리- が結合されて初めて 깨끗하면 (清潔ならば), 깨끗하니 (清潔なので), 투덜거려서 (不平を言い), 투덜거리고 (不平を言って) のように活用することができる。このとき 깨끗하-, 투덜거리-は語幹であり, 깨끗, 투덜は語根である。

韓国語の場合, 特に語彙に大きな比重を占める漢字語の処理において, 語根の概念が重要である。漢字の場合, 中国語では原則的に1つの文字が1つの単語であるが, それらが韓国語に入ってきてからは自立性のない依存形態素の資格しか持たない場合が多い。もちろん漢字の中でも単独で韓国語において単語の機能をするものもあるが (例: 門, 冊, 窓, 房, 床, 賞), 大部分の漢字は別の漢字と結合して初めて単語をなす。このときの漢字のひとつひとつは語尾をとることができないので, 語幹であると見なすことができず, だからといって接辞でもない。このような漢字語に付けるべき適当な用語がまさに語根である。漢字語'言語, 手足, 父母, 往復'において'言, 語, 手, 足, 父, 母, 往, 復'はすべて語根の例である。

語幹と語根をまとめて (または両者を厳格に区分せず) 呼ぶことが必要なときは, 語基 (base) という用語を使うことにする。そしてこの語基と対立する概念としては, もちろん接辞 (affix) を使うことにする。しかし接辞はそれより狭い意味で使われることが多いと思われる。接辞はよくそれが語形変化 (paradigm), すなわち活用を担当するものなのか, あるいは新しい単語を生成する派生 (derivation) を担当するものなのかによって屈折接辞 (inflectional affix) と派生接辞 (derivational affix) に分けられる。韓国語の派生接辞は接頭辞と接尾辞だけで, 接中辞はない。そして屈折接辞は屈折接尾辞 (語尾) のみであるので, 結局韓国語には派生接頭辞, 派生接尾辞, そして屈折接尾辞の3種類の接辞があることになる。しかし韓国語の文法書では大部分が, 屈折接尾辞を語尾 (ending) と呼ぶので, 接辞といえば派生接辞だけを指すことが一般的である。本書でも特殊な場合

以外はこの慣用に従いたいと思う。
　韓国語の接頭辞は語根の品詞を変えることはなく，意味を限定する機能だけを果たし，その種類も接尾辞よりはるかに少ない。これに対し接尾辞はその数と種類が多いだけでなく，その機能も，意味を限定すること以外にも品詞を変えたり，動詞を使役や被動（203 ページ参照）に変えたりする多様な機能を持っている。そして語尾はすでに前で言及したが，動詞，形容詞，名詞（＋繋辞〔※日本の韓国語学ではふつう指定詞と呼んでいる――訳者注〕）の活用を担当しつつ驚くほど多くの文法的機能を遂行する。

4.2　品詞

　韓国語の品詞はよく 9 種類に分類される。名詞，代名詞，数詞，動詞，形容詞，冠形詞〔※連体詞にあたる――訳者注〕，副詞，感嘆詞，助詞がそれである。これらのうち，名詞，代名詞，数詞を名詞ひとつにまとめ，動詞，形容詞を動詞とまとめることもある。ここでは前者の分類体系にしたがって分類し，各品詞の特性を簡単に説明するが，便宜上その性質が似ている動詞と形容詞，冠形詞と副詞をひとつの項目にまとめて説明しようと思う。感嘆詞の説明は省略し，助詞は章を改めて第 5 章で扱うことにする。

4.2.1　名詞

　韓国語の名詞は一般的に後に格助詞を伴って文中に現れる。すなわち格助詞を後置させることによって名詞の文法的な機能が表示されるのが原則である。しかし名詞の文法的な機能は格助詞があって初めて表示されるものではなく，次の (1b) や (1c) のように格助詞が省略されることもある。
　(1)　a. 민호가 수미를 사랑한다. （ミンホがスミを愛する。）
　　　 b. 민호가 수미 사랑한다. （ミンホがスミ愛する。）
　　　 c. 민호 점심 먹었니? （ミンホ昼ごはん食べた？）
　名詞は繋辞이다（～だ）と連結することによって，文の述語としても機能する。이다は（나는 학생）이다, 이고, 이니, 이니까（[私は学生] だ，

であり，だから，なので）などのように이-を語幹として語尾変化をする点で動詞や形容詞と同じであるが，語幹に該当する이-が，動詞や形容詞の語幹とは異なり，概念的な意味を持つことはできず，名詞の文法的な資格を表示する機能しかなく，またあたかも助詞のように名詞に密着し，名詞から分離されることはない。それに従い，韓国語の文法書では一般的に나는 학생이다（私は学生だ）から이다だけをとって述語として扱うのではなく（つまりこのときの학생（学生）を補語として扱うのではなく），학생이다（学生だ）全体を述語として扱う。

名詞は새 직장（新しい職場），여러 나라（多くの国），이 가방（このかばん）のように，冠詞（または冠形語）の修飾を受けるというもうひとつの特徴がある。助詞は名詞以外の形式にも結合することがあるために（5.1参照），冠形語の修飾を受けるという点が，むしろ名詞のより大きな特徴であるとも言える。特に次の（2）のように，派生名詞と動名詞が全く同じように動詞や形容詞の語幹に-음，-기を結合した形態があり，その品詞の区別が難しい場合があるが，このときには何よりも冠形語の修飾如何によって両者を区別することができる。すなわち派生名詞は冠形語の修飾を受け，動名詞は副詞の修飾を受けるという点で両者が区別されるのである。

(2)　a.　그는 호탕하게 <u>웃음</u>으로써 어색한 상황을 벗어나 보려고 했다.
　　　　（動名詞）
　　　　（彼は豪快に<u>笑うこと</u>によって気詰まりな状況を抜け出そうとした。）
　　b.　그의 호탕한 <u>웃음</u>은 보는 사람까지 즐겁게 한다.（派生名詞）
　　　　（彼の豪快な<u>笑い</u>は見る人までも楽しくさせた。）

韓国語の名詞の中には機能上としてはあくまで名詞でありながらも，自立性がなく，単独では文章に現れることができず，必ず冠形語の修飾を受けなければならない種類がある。것（もの），이（人），분（方〔かた〕），데（ところ・場合），줄（こと・方法），수（すべ），때문（ため），따름（だけ），뿐（のみ），김（ついで），리（はず・わけ）などのような依存名詞がそれである。

(3)　가진 <u>것</u>을 다 내어 놓아라.（持っている<u>もの</u>を全部出しなさい。）
(4)　나는 아직 수영할 <u>줄</u>을 모른다.（私はまだ泳ぎ<u>方</u>を知<u>ら</u>ない。）

(5)　나는 그 이유를 도무지 알 수가 없었다.
　　　（私はその理由を全く知ることができなかった。）
(6)　이번 여행은 나쁜 날씨 때문에 고생이 많았다.
　　　（今回の旅行は悪い天候のために苦労が多かった。）
(7)　뉴욕에 온 김에 브로드웨이를 구경하고 가야겠다.
　　　（ニューヨークに来たついでにブロードウェイを見物して行きたいと思う。）

　これらは冠形語の修飾を受け，また格助詞を後置させている点で名詞であることは明らかである。しかしこれらは自立性がないばかりでなく，直接的な指示対象を持たず，「もの，こと，ところ，内容，ひと」などを間接的に（または包括的に）指示する力しかない。またこれらは，것（もの）のような例外もあることはあるが，大部分は主語であれ，述語であれ，その機能が1，2種類に制限されている特徴もある。上の（4）の줄は目的語としてだけ用いられ，（5）の수は主語としてだけ用いられる。

　事物や対象を数えるとき，依存名詞の一分類である名数詞〔※分類詞：日本語の助数詞にあたる——訳者注〕を多様に使用する点も韓国語の目立った特徴のひとつである。下の（8a）は個体を数える名数詞の例であり，（8b）は一定の個数や分量をひとつの単位として数える名数詞の例である。名数詞は原則的にその前に数量を表す単語が先行して初めて文の中に現れることができる。名数詞は数える対象となる名詞と一定の呼応の関係を持ち，たとえば회사원 다섯 명（会社員5人）を＊회사원 다섯 개（会社員5個）や＊회사원 다섯 마리（会社員5匹）といってはならず，연필 다섯 자루（鉛筆5本）はよいが，＊지우개 다섯 자루（消しゴム5本）や＊필통 다섯 자루（筆箱5本）は許容されない。

(8)　a. 개（個），마리（匹，頭），명（名），그루（株），자루（本），채（棟），권（巻），장（枚），살（歳），세（歳）
　　　b. 켤레（足），쌍（一揃いのもの），축（連［干し魚を藁で束ねて吊したもの］），접（100個単位），두름（20匹単位），쾌（干したスケトウダラ20匹単位），쌈（縫い針24本単位），단（束［野菜・薪など］），모숨（把［草など細長いものの一握り］），뭇（尾［魚などを数える単位］），묶음（束ねたもの）

(9)　a.　사과 열 개（りんご 10 個），소 열 마리（牛 10 頭），학생 열 명（学生 10 名），소나무 열 그루（松の木 10 本），집 열 채（家 10 棟）

　　　b.　운동화 열 켤레（運動靴 10 足），양복 열 벌（洋服 10 着），바늘 열 쌈（針 10 包［1 包は 24 本入り］），오징어 열 축（するめ 10 連），시금치 열 단（ほうれん草 10 束）

(10)　시장에 가서 양파 다섯 개, 파 한 단, 마늘 한 접을 샀다.
　　　（市場に行ってたまねぎ 5 個とねぎ 1 束, ニンニク 100 個を買った。）

　名数詞がこのように発達していることと対照的に，韓国語には数（number）という文法範疇がない。すなわち，単数，複数の区別が名詞にもどこにも形態的に反映されない。사과를 한 개 먹었다（りんごを 1 個食べた）と言うときや사과를 다섯 개 먹었다（りんごを 5 個食べた）と言うときの사과를（りんごを）という形態には変化がない。들（たち）という複数の接尾辞があるが，それは特別な用途に用いられるだけで，무슨 책을 그렇게 많이 샀니？（何の本をそんなにたくさん買ったの？）の책을（本を）を책들을（本たちを）とは言わない。また主語が책か책들かによって述語の活用が変わることもない。韓国語には性（gender）という文法範疇もなく，사과や책あるいは한강（漢江）が男性なのか女性なのか，あるいは中性なのかを全く問題にしない。したがって数と性の支配を受けないことも韓国語の特徴と言うことができる。韓国語では物質名詞，集合名詞などの概念も別に意味を持たない。

　しかし固有名詞に対しては 1，2 点指摘しておかなければならない。人の名前（姓名）は姓が前に来て，名が後に来るという順序で構成される。姓はほとんど 1 音節で構成されていて〔※ 1985 年の調査では 274 の姓が確認されている。使用人口の多い上位 10 種は金 21.7%，李 14.8%，朴 8.5%，崔 4.8%，鄭 4.4%，姜 2.4%，趙 2.3%，尹 2.1%，張 2.0%，林 1.7%。2 字姓は帰化姓を除いて次の 8 姓が確認されている。南宮，獨孤，東方，司空，西門，鮮于，諸葛，皇甫。3 文字の姓は存在しない──訳者注〕，名は 1 音節はほとんどなく，大部分 2 音節でなっている。その結果韓国人の姓名はほとんど 3 音節からなっていて，まれに 2 音節，あるいは 4 音節の姓名もある。女性が結婚し

ても夫の姓に従うという習慣がないために，名前の長さがこの範疇を越えることはほとんどないと言える。人名の代表的な類型を見ると次のようである。

(11)　a. 주–시경（周-時經），이–순신（李-舜臣）
　　　b. 김–구（金-九），정–철（鄭-澈）
　　　c. 선우–휘（鮮于-輝），황보–인（皇甫-仁）
　　　d. 독고–영재（独孤-英宰），남궁–옥분（南宮-玉粉）

4.2.2　代名詞

代名詞は助詞がついて文法的な機能が表示されたり，冠形語の修飾を受ける点でその統語的性質が名詞と共通する点が多い。まず韓国語の代名詞の代表的な形態を見てみよう。

(1)　一人称：나（わたし），저（わたくし）；우리（わたしたち），저희（わたくしども）

　　　二人称：너（お前），자네（お前），당신（あなた），댁（お宅），어르신（あなた様）；너희（おまえたち）

　　　三人称：【人物】애（この子），이이（この人），이분（この方）；걔（その子），그이（その人），그분（その方），（그）；쟤（あの子），저이（あの人），저분（あの方）

　　　　　　　【事物】이것（これ）；그것（それ）；저것（あれ）

　　　　　　　【場所】여기（ここ）；거기（そこ）；저기（あそこ）

　　　再帰称：자기（自分），저（自分），당신（ご自身）

韓国語の代名詞には敬語法の区分があるという点が特記すべきことである。中でも二人称の区分が大変複雑で，これについては後（6.1）で別に扱うことにする。一人称のうち，저（単数）と저희（複数）は自らを低めて語る謙譲称である。友達に話しかけるときは（2a）のように言うべきところを，先生やおじいさんに話しかけるときは（2b）のように言わなければならない。

(2)　a. 나（우리）는 안 가겠다．（わたし（わたしたち）は行かない。）

　　　　b. 저 (저희)는 안 가겠어요. (わたくし (わたくしたち)は行きません。)
　一人称代名詞中, 우리 (저희)は単純に複数とは言えない特異な用法があり, 注意を要する。家族や家庭を指す時は単数形나의/내 (わたしの)を用いず, 우리を用い, 우리 아버지 (私たちのお父さん), 우리 언니 (私たちのお姉さん), 우리 집 (私たちの家), はなはだしくは우리 마누라 (私たちの妻)のように表現する。내 집 (私の家)も可能であるが, それは家庭 (home)ではなく建物 (house)としての家を指し, 내 집 마련は自分の所有として登記された家を持つという意味になる。また우리 나라, 우리 동네, 우리 선생님のように나라 (国), 동네 (町), 선생님 (先生)なども共同の所有として表現される。このような例は英語であればmyで表現されるものである。

　韓国語の三人称代名詞は少し複雑な体系から成っている。三人称代名詞は別に固有の形態がなく指示冠形詞이, 그, 저 (こ, そ, あ)と依存名詞が結合した形態になっている点がまず特異である。ただ그は文語で単独で英語のheの意味で広く用いられ, また그や이が前の文章全体を受ける意味で用いられることがある。ここで이, 그, 저は指示対象と話者との距離によってそれぞれ, 近称, 中称, 遠称を指す。すなわち이は話者の近くにある対象, 그は聴者に近い対象, 저は話者, 聴者の両方から遠くはなれた対象を指す。

　(3)　(내가 가지고 있는) 이것과 (네가 가지고 있는) 그것을 다 팔면 저
　　　 것을 살 수 있을까? ((私が持っている) これと (お前が持っている) それ
　　　 をみな売ればあれを買うことができるだろうか?)

　이, 그, 저と結合する依存名詞이と분は人, 것は事物を指し示し, このうち이もある程度高い対象を指す言葉であるが, 분はそれよりさらに高い敬語法を使わなければならない対象を指し示すときに用いられる。애, 걔, 쟤は이애 (この子), 그애 (その子), 저애 (あの子)が縮まった言葉であり, 大人が子供を指すときや, 子供や若者が親しい友達を指すときに使う言葉である。이놈 (こいつ), 그놈 (そいつ), 저놈 (あいつ)は大人が自分の幼ない子供や孫, またはそれと同等の子供を愛情を込めて指し示すときに使わ

れるが，またそうではなく動物を指す場合や他人をひどく低めて言う場合にも使われる言葉なので注意を要する。여기（ここ），거기（そこ），저기（あそこ）もやはり이，그，저に場所を表す要素（中世韓国語の-어기）が結合したものであるが，この場合はその融合の程度がさらに緊密であり，이，그，저が溶け込んでいるのが特徴である。

(4) 그이는 제 남편이고, 이분은 제 친정 아버지세요. 또 얘는 제 아들이고, 쟤는 걔 사촌누나구요.
(その人は私の夫で，この方は私の実家の父です。またこの子は私の息子で，あの子はその子のいとこのお姉さんです。)

(5) （逃げていく泥棒を指して）저놈 잡아라. （あいつを捕まえろ。）
（捕まった泥棒を指して）이놈 단단히 혼을 내야 해요.
（こいつをこっぴどく懲らしめなければなりません。）

(6) 거기는 여기보다 훨씬 더 추운 곳이니 겨울 옷을 많이 가져 가거라.
（そこはここよりはるかに寒いところなので冬服をたくさん持って行きなさい。）

韓国語の再帰代名詞は一，二人称の場合나，너がそのまま使われるが，三人称の場合は자기（自分），저（自分），당신（ご自身）のような別途の形態が用いられる。韓国語で再帰代名詞と言えばふつう三人称の자기，저，당신だけを指す。これらは先行詞の敬語法上の等級に従って区別され，저は자기よりは先行詞を少し低めて表現する場合に用いられ，당신は先行詞が尊称の名詞であるときに用いられる。尊称名詞といっても社長，大臣，将軍のように公的な職位を持つ人物に対して公的な場では당신を使うことはできず，主に家族，親戚のような私的な関係にある人に対し限定して用いられるのが一般的である。

(7) a. 그때는 나는 내 이름도 쓸 줄 몰랐어.
（そのとき私は自分の名前すら書けなかった。）
b. 너는 네가 이 세상에서 가장 잘났다고 믿니?
（お前は自分がこの世の中で一番えらいと思っているのか？）

(8) a. 사람들은 대개 {제, 자기}가 제일 잘났다고 믿는다.

(人はたいてい<u>自分</u>が一番えらいと思っている。)

b. 할아버지께서는 <u>당신</u>이 옳다고 믿으시는 일은 꼭 그대로 하시고야 만다. (おじいさんは<u>ご自身</u>が正しいと信じていらっしゃることは必ずなさってしまう性分だ。)

韓国語の代名詞には前に (1) で提示した目録以外に아무 (誰 (も)) と누구 (誰) および무엇 (何) などがある。これらはまだ知らなかったり，特定のひとつに決められなかったりするものを指す代名詞である。いわば指示対象が定められていないものであるので，不定称代名詞というべきものである。しかしその具体的な用法は少し複雑な面もある。特に누구と무엇は二種類の意味で用いられるが，ひとつは疑問代名詞としてそれぞれ who と what の意味で，もうひとつは somebody および something の意味で用いられる。すなわち次の (10a) で前の누구의 (誰の) は前者の意味で用いられ，後ろの누가 (誰か) は後者の意味で用いられているとみなすことができ，(10b) でも文末の抑揚を下降抑揚で言えば，무엇が前者の意味で用いられるが，それを上昇抑揚で言えば，後者の意味で用いられるものである。また特殊な助詞と合わされば次の例文 (11) で見るように whoever および whatever の意味として用いられる。누구が主格助詞가と結合すれば누구 + 가→누가として実現されるのも特徴的である。

(9) a. 누가 우승했니? (誰が優勝したの？)
  b. 오늘 점심은 무엇을 먹을까? (今日の昼飯は何を食べようか？)
  c. 금년 수학여행은 어디로 가니? (今年の修学旅行はどこに行くの？)
(10) a. 이 사건이 누구의 실수 때문이었는지 누가 대답해 보아라.
   (この事件が誰の失敗のせいだったのか，誰か答えてみなさい。)
  b. 무얼 (＜무엇을) 먹을래? (何を食べようか／何か食べるか。)
(11) a. 만 18 세가 넘은 사람이면 누구나 (누구라도，누구든) 응시할 수 있다. (満 18 歳以上の人なら誰でも受験することができる。)
  b. 나는 무엇이나 잘 먹는다. (私は何でもよく食べる。)

韓国語の代名詞は以上で見たように，その種類が大変多いにもかかわらず，その使用は活発ではないという面を見せる。前の文章の名詞を代名詞

で受けるよりはその名詞を反復して使い，また後（第6章）で説明することになるが，尊敬すべき人は，もともと指し示す代名詞がなく，名詞を使う他ない場合も多い。次の例文でめ머니（母），선생님（先生）が代名詞に変えられて使われる可能性はない。全体的に韓国語は代名詞が十分に発達していない言語，あるいはその使われ方が活発ではない言語だと言えよう。

(12) 나는 어머니를 사랑한다. 어머니가 없는 세상은 상상조차 할 수 없다. 어머니는 정말 대지와도 같다. （私は母を愛する。母がいない世の中は考えられない。母は本当に大地のようだ。）

(13) 선생님은 어렸을 때 선생님의 용모에 자신이 있으셨어요? （先生は幼い時に先生の容貌に自信がおありでしたか？）

4.2.3 数詞

数詞は，格助詞がついて文法的機能が表示されるという点で統語的に名詞および代名詞と似た点が多い。ここではそのような共通の特性以外に，数詞だけが持っている特徴をいくつか拾ってみることにする。

韓国語の数詞は（1）のような固有語系統と，（2）のような漢字語系統が共存して，二元的に用いられる。文献上で確認できる固有語の数詞のうち，最も大きな数は즈믄（千）であるが，現代韓国語では즈믄だけでなく온（百）までも漢字でおきかえられ，아흔아홉（99）までが固有語で数えることができ，100を越えると백하나（101），이백스물다섯（225）は백일，이백이십오のように漢字語数詞を使用する。そして2，8，26のようにアラビア数字で表記されたものは이，팔，이십육のように漢字語数詞で読むのが原則である。

固有語数詞と漢字語数詞は十進法を使う点では共通である。しかしそれぞれいくらかその独自の領域を個別に持っており，異なった体系として用いられる面がある。まず固有語系統には10単位の名称が（1）で見られるように，스물（20），서른（30），마흔（40）という独自の名称になっているのに対し，漢字語数詞は機械的に（2）のように이십（20），삼십（30），사십（40）というように，いわば둘열（ふたつの10），셋열（みっつの10），넷열

(1)　固有語系統　　　　　(2)　漢字語系統

1	하나	一	일
2	둘	二	이
3	셋	三	삼
4	넷	四	사
5	다섯	五	오
6	여섯	六	육
7	일곱	七	칠
8	여덟	八	팔
9	아홉	九	구
10	열	十	십
11	열 하나	十一	십일
12	열 둘	十二	십이
…		…	
19	열 아홉	十九	십구
20	스물	二十	이십
30	서른	三十	삼십
40	마흔	四十	사십
50	쉰	五十	오십
60	예순	六十	육십
70	일흔	七十	칠십
80	여든	八十	팔십
90	아흔	九十	구십
		百	백
		千	천
		万	만
		十万	십만
		百万	백만
		千万	천만
		億	억
		兆	조

(よっつの 10) のようになっているという違いを見せている。

　一方，順序数詞を作る方法にも違いがある。固有語数詞の順序数詞は둘-째 (2-番目)，셋-째 (3-番目) のように基本数詞に接尾辞째 (-番目) が結合して構成される。ただし하나 (ひとつ (一)) の場合には하나째とならずに첫째となり，10 以上では열한째 (11 番目)，열두째 (12 番目)，스물한째 (21 番目)，스물두째 (22 番目) のように첫のかわりに한，둘のかわりに두が用いられる。これに対し，漢字語の順序数詞は基本数詞の前に제 (第) をつけ規則的に제일 (第一)，제이 (第二)，제십오 (第十五) のように表現される。

　漢字語数詞と固有語数詞はその使われる文脈でも区分される場合が多い。例を挙げれば，日常生活で少ない数量の物を数える時は사과 두 개 (りんご 2 個) のように固有語を使うのに比べ，数が大きければ，漢字語が好まれる傾向を持っている。歳がいくつかを尋ねられたときは여든둘 (82) と答えるのが原則ではあるが，팔십둘 (80 とふたつ) という答えもよく聞かれる。また計算をするときは일 더하기 삼은 사 (1 + 3 = 4) や이 팔은 십육 (2 × 8 = 16) のように漢字語を使う。

　名数詞との呼応でも漢字語と固有語は区分される。まず名数詞なしで数えるときは (3) のように固有語だけが用いられる。それに対し名数詞が西欧語からの借用語であるときは (4) のように漢字語だけが用いられる[1]。だいたい (5) のように固有語数詞は固有語の名数詞と，漢字語数詞は漢字語名数詞と組み合わされるのが最も自然である。しかし固有語の名数詞がこの呼応規則に固執するのに対し，漢字語の名数詞は쉰 개 / 오십 개 (50 個)，일곱 명 / 칠 명 (7 名)，스무 장 / 이십 장 (20 枚)，서른 권 / 삼십 권 (30 巻) のように固有語との結合を許容する場合が多く，はなはだしくは종이 삼 장 (紙 3 枚) のような例外を見せもする。漢字語が土着化した結果であろう。

(3)　학생 다섯 / *학생 오 (学生 5 人)
(4)　밀가루 칠 킬로그램 / *밀가루 일곱 킬로그램 (小麦粉 7 キログラム)

1　北朝鮮や北朝鮮語の影響を受けている中国と旧ソ連の同胞たちの言葉では일곱 키로그람 (7 キログラム) のような表現も使われる。

(5) a. 연필 아홉 자루 /＊연필 구 자루（鉛筆9本）
    b. 다섯 리 / 오 리（5里）
    c. 쉰 다섯 살 / 오십오 세（55歳）

前の例で見たように韓国語の数詞は名詞と結合したり，または名詞および名数詞と結合したりして数量詞句を形成する。これについて既に前（4.2.1）でも言及したところであるが，韓国語の数量詞句は韓国語の特異な構造のひとつと言うことができる。名数詞には依存名詞だけでなく사람（人），그릇（器），잔（杯），컵（コップ），통（桶），되（枡），말（斗），가마니（かます）など一般名詞も動員され，数えることのできる名詞（[＋countable]）であれ，数えることのできない名詞（[－countable]）であれ，区別せずに，우유（커피，술）한 잔（牛乳（コーヒー，酒）1杯），물 한 컵（水1コップ），쌀 한 가마니（말，되）（米1かます（斗，枡）），어른 다섯 사람（大人5人）のような構成をよく用いる。

韓国語の数量詞句は名数詞の有無と構成要素の結合順序に従って次のように4つの類型に分けられる。

(6) a. 名詞-数詞：학생 셋이 찾아왔다.（学生3（人）が訪ねてきた。）
    b. 名詞-数詞-名数詞：학생 세 명이 찾아왔다.（学生3名が訪ねてきた。）
    c. 数詞-名詞：세 학생이 찾아왔다.（3（人）の学生が訪ねてきた。）
    d. 数詞-名数詞＋の-名詞：세 명의 학생이 찾아왔다.（3名の学生が訪ねてきた。）

次の話に移る前にここでひとつ注意を喚起しておきたいことがある。固有語系列の数詞하나，둘，셋，넷が名数詞の前では한，두，세（서，석），네（너，넉）の形に変えられるというのがそれである。학생 하나가（学生1人が），학생 둘이（学生2人が），학생 셋（넷）（学生3（4）人が）と言い，학생 한 명이（学生1名が），학생 두 명이（学生2名が），학생 세（네）명이（学生3（4）名が）とも言うのである。そして名数詞が말（斗）であるときは쌀 서 말，보리 서 말（米3斗，麦3斗）といい，名数詞が되（枡）や자（尺）のときは쌀 석（넉）되（米3（4）枡），비단 석（넉）자（絹3（4）尺）と言わなければならない。韓国語文法書では，これらの한（1），두（2），세（서，

석) (3), 네 (너, 넉) (4) などを数冠形詞と言い，数詞としてよりも冠形詞として扱うのが一般的である。特別な形態を備えることにより，助詞をとらず，常に名詞を修飾する機能を果たす特徴を持っているからである。しかしここではこれらをいったん数詞として扱うことにした。

　前の4つの類型は，それぞれその用法や名詞の選択条件が少しずつ異なる。現代韓国語で最も広く使われているのは(6b)の類型で，特別な制約なしに使用される。(6a)の類型は名詞が数えることができる名詞であるときだけ許容される。その中でも人であるとき最も自然に用いられる。すなわち학생 둘 (学生2 (人))，회사원 다섯 (会社員5 (人)) は自然であるが，노루 다섯 (ノロ鹿5 (頭))，책 둘 (本2 (冊)) はぎこちなく，特に모래 하나 (砂1つ)，물 여섯 (水5つ) は成立しない。ただし例外的に飲食店などで注文するときは커피 두 잔 (コーヒー2杯)，냉면 두 그릇 (冷麺2杯) の代わりに커피 둘 (コーヒー2つ)，냉면 둘 (冷麺2つ) のように言うこともある。さらにはこの類型は固有語の数詞だけを許容し，학생 이 (学生2)，회사원 오 (会社員5) は成立しない。

　(6c)の類型は中世韓国語でよく用いられたが，今は固有語数詞が限定された名詞とのみ結合して使用される萎縮した状態にある。두 나라 (2つの国)，세 학교 (3つの学校)，네 학생 (4つ (人) の学生)，다섯 토끼 (5つ (羽) のウサギ)，일곱 난장이 (7つ (人) の小人) などは自然であるが，스물다섯 토끼 (25のウサギ)，서른세 학생 (33の学生) のように数が多くなると不自然である。(6d)の類型は口語よりは主に文語で使用され，数える (counting) ためには使えず，数量数詞句が指し示す対象全体をひとつの単位として認識するときに使われる表現である。この類型が最も自然な文脈は'題名'である。

(7)　＊시장에 가서 일곱 개의 오이, 세 쪽의 생강을 사 오너라.
　　　（＊市場に行って7個のきゅうりと3個の生姜を買ってこい。）
(8)　열 개의 인디언 인형 (「10個のインディアン人形」推理小説の題名)；
　　　7인의 신부 (「7人の新婦」映画の題名)

　韓国語の数量詞句は，名詞と数詞の語順に従って意味においてもその差

異を見せる。下の (9) の학생 둘 (学生2人) は特定の誰かではなく，学生ならば誰でも送ってくれという意味で，このときの학생は非限定的である。それに対し，(10) の두 학생 (2人の学生) は，話者と聴者が両方とも彼らが誰と誰を指しているのかよく知っているという限定的な文脈で使われる表現である。言い換えると，名詞が数詞に先立つ (6a, b) は，名詞が非限定的な意味として使われ，(6c) の類型と対照をなす。

(9)　원고 정리할 <u>학생 둘（두 명）</u>만 보내 주세요.
　　　（原稿の整理をする<u>学生2人だけ</u>送ってくれ。）
(10)　<u>두 학생이</u> 일을 잘 해서 다음에 또 부탁해야겠어요.
　　　（<u>学生が2人とも</u>よく働いてくれたので次回もまた頼みたいと思います。）

このように見て来れば，韓国語において複数の表現は数詞と名詞の結合によってなされていることが分かる。しかしいずれの場合も複数を表す接尾辞들（たち（ら））が現れないことに注目する必要がある。前（4.2.1）にも指摘したとおり，韓国語には数の範疇がなく，한 학생（1人の学生）と言うときも세 학생（3人の学生）と言うときも全て학생（学生）と言い，名詞自体には何ら形態上の変化がない。特に두 사람（2人）のように特定の数が具体的に指示される複数の表現には，複数接尾辞들が添加されない。들は主に사람들이 많이 모였구나（人々がたくさん集まっているな）のように数が指示されない不特定複数を表すとき使われるが，そのときでさえも사람이 많이 모였구나（人がたくさん集まっているな）とも言う。당신（お前）と당신들（お前たち），または어서 와（さあおいで）と어서들 와（（みんな）さあおいで）では들は明らかに複数を表す機能をしているが，들が文法範疇としての数を表す要素ではないことに留意する必要がある。

4.2.4　動詞と形容詞

　動詞は形容詞とともに，文の述語として機能し，語尾によって文法的機能が表示される。常に語尾をとり，語尾なしに語幹だけでは単語としての役割を果たすことができないという点が，これらの品詞の最も核心的な特徴であると言えよう。また，特に英語と比較する立場から見ると形容詞が

be動詞のような要素の助けなしに直接述語になるというのも韓国語の大きな特徴であると言えよう．次の (1) と (2) の比較を通して，韓国語の形容詞のこのような特徴を容易に確認できる．
 (1) a. 하루종일 눈이 내리-ㄴ다．（一日中雪が降る．）
   b. 언제부터 눈이 내리-니？（いつから雪が降ってるの？）
 (2) a. 눈이 참 희-다．（雪は真っ白だ．）
   b. 이곳 눈은 언제나 이렇게 희-니？
    （ここの雪はいつもこんなに白いの？）

 韓国語の語尾は総論でも軽く触れたように，その数と種類が大変多く複雑なので，後 (5.2) で詳しく述べることにして，ここでは簡略にその輪郭だけを見ておくことにする．韓国語は SOV 言語であり，述語が文の終わりに置かれ，その述語は語尾をとる単語が担当するので，韓国語の文は結局語尾によって完結する特徴を持つ．この文の終わりに置かれる語尾を，特別に文末語尾（sentence final ending）と言い，そうではない語尾と区別して呼ぶが，韓国語の文の性格はこの文末語尾によって決定づけられるところが多い．次の (3) で (3a) は平叙文，(3b) は疑問文，(3c) は命令文であるが，これがまさに文末語尾によって決定される．文末語尾は同時に聴者に対する敬語法の等級を表す．(3) は全て聴者を対等，または自分よりも低めて待遇する表現であって，もし聴者を尊敬して待遇する方式にしようと思えば，(4) のように文末語尾を他のものに変えなければならない．言い換えれば，文の種類と聴者に対する敬語法の等級が，文末語尾ひとつで決定される．
 (3) a. 민호가 책을 읽-는다．（ミンホが本を読む．）
   b. 민호가 책을 읽-니？（ミンホが本を読むの？）
   c. 민호가 책을 읽-어라．（ミンホが本を読みなさい．）
 (4) a. 민호가 책을 읽-어요．（ミンホが本を読んでいます．）
   b. 민호가 책을 읽-습니다．（ミンホが本を読んでおります．）

 韓国語の動詞と形容詞の語尾変化をする方式や文における機能は，大変似通っている．その違いを探すのが難しく，文法の試験にこの問題がしば

しば出題されるほどである。しかしいくつかの違いだけははっきりしている。まず形容詞は命令形と勧誘形の活用がないという点で動詞と区別される。すなわち키가 작아라（背が小さくあれ）や키가 작자（背が小さくなろう）のような文は成立しない。その他にも形容詞は語尾-ㄴ다/는다，-는をとることができない。その結果，動詞の場合は（5a）のように活用するが，これに該当する形容詞の活用形は（5b）のようである。動詞と形容詞を別個の品詞として設定するのは，以上のような違いに根拠をおいていると言える。よく動詞と形容詞をまとめて用言と呼び，二つの範疇をまとめて叙述することが多いが，それは動詞と形容詞がその相違点より，共通点がはるかに多いためである。用言という用語の代わりに動詞を使うこともできる。であるから'動詞'を狭い意味で使用するのか，形容詞まで含めた広い意味で使用するのかを明確に区別しなければならない。

(5)　a. 뛰-ㄴ다，읽-는다，뛰-는，읽-는

　　　　（走る，読む，走る[冠形詞形]，読む[冠形詞形]）

　　　b. 희-다，작-다，희-ㄴ，작-은

　　　　（白い，小さい，白い[冠形詞形]，小さい[冠形詞形]）

　動詞と形容詞はそれ自体で自立的に述語の機能をするものが原則であるが，独自では意味機能を持たず，他の動詞や形容詞に依存して意味を補充する役割をするものもある。そのようなものを補助動詞，あるいは補助形容詞と呼び，これを受けて，これらの補助を受ける先行動詞を特別に指し示そうとするときは本動詞と呼ぶ。補助動詞は大部分一般動詞が一時的に機能を変えたものであるが，このような補助的な用法で機能するときは本来の意味を喪失し，他の意味を持つようになる。次の例のうち，各aの보다（見る），주다（やる），가다（行く）は一般動詞が補助動詞として機能した場合だが，このとき補助動詞としての意味はそれぞれbに見られる一般動詞としての意味と異なる。（9）は単独では自立性がなく，述語として機能することができない，もともと補助形容詞である싶다（〜したい）の例である。

(6)　a. 이 옷 좀 입어 봐. 너무 크지 않니?

(この服ちょっと着てみて。大きすぎない？)

b. 이 옷 좀 <u>봐</u>. 색깔이 예쁘지?

(この服ちょっと<u>見て</u>。色がかわいいでしょ？)

(7) a. 나는 가끔 동생에게 만화를 읽어 <u>준다</u>.

(私は時々弟（妹）に漫画を読んで<u>やる</u>。)

b. 나는 가끔 동생에게 용돈을 <u>준다</u>. (私は時々弟（妹）に小遣いを<u>やる</u>。)

(8) a. 일이 계획대로 잘 되어 <u>가니</u>？

(仕事は計画通りにうまく<u>いっているか</u>？)

b. 너는 왜 안 <u>가니</u>？

(お前はどうして<u>行かないのか</u>？)

(9) 나는 금강산에 가고 <u>싶다</u>. (私は金剛山に行き<u>たい</u>。)

　以上の動詞，および形容詞と関連して繋辞（copula）に対する説明をここでしておくのがよいだろう。韓国語の繋辞はあたかも이-を語幹として活用するような姿を見せる。しかし，前にも指摘したように繋辞は，動詞や形容詞とは異なり独自の意味がなく，単独では述語になることができず，名詞にあたかも助詞のように結合して用いられる。文頭に現れることはできず，名詞との間に休止（pause）を置くこともない。さらに母音で終わる名詞の次では語幹이-が多くの場合表面に現れることもない。それゆえ学校文法ではこの繋辞を叙述格助詞とし，助詞の一種として扱い，分かち書きもせず，助詞のように前の単語につけて書く。しかし動詞や形容詞に匹敵する完璧な活用体系を持っているという点で助詞の一種であると見なすには困難な点が多い。

　繋辞は，動詞よりは形容詞に近い活用の体系を見せる。命令形語尾や，勧誘形語尾をとることができないし，-ㄴ다や-는のような語尾の代わりに-다と-ㄴのような語尾をとることも形容詞と一致する。次に繋辞が使われいくつかの実例を見ることにする。ここで特に注意しなければならないのは（11b）のように繋辞이-に過去時制の語尾-었-が続けば였に縮約されるということ，（12）で見られるように이-の次の다は라に変わるということと，（13）でのように助詞の次にも繋辞が結合される現象があることなど

であろう。
　　(10)　a. 이것이 오늘 신문이다. （これが今日の新聞だ。）
　　　　　b. 한국의 대표적 상록수는 소나무다.
　　　　　　（韓国の代表的な常緑樹は松である。）
　　(11)　a. 깨어 보니 그것은 모두 꿈이었다.
　　　　　　（覚めてみるとそれはみな夢だった。）
　　　　　b. 여기가 옛날에는 바다였다. （ここは昔海だった。）
　　(12)　내가 시인이라면 이럴 때 얼마나 좋을까？
　　　　　（私が詩人だったらこういうときどれほどいいだろうか。）
　　(13)　일본이 한자를 들여간 것은 한국으로부터였다.
　　　　　（日本が漢字を受け入れたのは韓国からだった。）
　繋辞は，それに対応する否定文を作るとき，動詞や形容詞とはかなり異なる方式をとる。이-の位置に아니-が入ることや，繋辞이-とその前の名詞の間に主格助詞이/가が添加される現象が動詞や形容詞の否定文では見ることができない現象である。これら否定文については後（5.6）で詳しく論ずることにするが，韓国語の繋辞文は動詞や形容詞を述語とする構文とかなり異なる性格を持っているという点に留意する必要があるだろう。
　　(14)　a. 이것은 오늘 신문이 아니다. （これは今日の新聞ではない。）
　　　　　b. 여기가 옛날에는 바다가 아니었니？
　　　　　　（ここは昔は海ではなかったの？）
　　　　　c. 당신이 미인이 아니라면 누가 미인이겠소？
　　　　　　（あなたが美人でなければ誰が美人だと言うのですか。）

4.2.5　冠形詞と副詞

　冠形詞は形態変化をすることなく，すなわち格助詞や語尾をとることなく，後に来る名詞や名詞句を修飾する機能を果たす品詞である。冠形詞は常に名詞を修飾する位置でのみ用いることができ，その数も多くはない。韓国語の品詞の中で最も規模が小さく，かつ最も独特な品詞だと言えよう。次の（1）に提示したものが冠形詞のほとんど全てである。（2）でこれら

の用例をいくつか見ることにしよう。
(1) a. 이, 그, 저 (この, その, あの)
　　b. 다른 (他の), 딴 (別の), 여느 (普通の), 어느 (どの), 무슨 (何の), 웬 (どんな), 각 (各), 별 (別)
　　c. 모든 (全ての), 온 (あらゆる), 갖은 (さまざまな), 온갖 (あらゆる), 전 (全)
　　d. 새 (新しい), 헌 (古い), 옛 (昔の), 순 (純)
(2) a. <u>이</u> 옷이 <u>그</u> 구두와 잘 어울리겠다.
　　　(<u>この</u>服が<u>その</u>靴とよく似合うだろう。)
　　b. <u>다른</u> 나라에 가면 주로 <u>무슨</u> 음식을 먹니?
　　　(<u>他の</u>国に行けば主に<u>どんな</u>食べ物を食べるの?)
　　c. <u>모든</u> 걱정 버리고 <u>새</u> 각오로 <u>새</u> 세계를 개척하여라.
　　　(<u>全ての</u>心配を捨てて<u>新しい</u>覚悟で<u>新しい</u>世界を開拓せよ。)

冠形詞は名詞の性質や状態を限定することが主な機能であるが、指示冠形詞이, 그, 저 (この, その, あの) は代名詞이것 (これ), 그것 (それ), 저것 (あれ) を説明したところで明らかにしたように、修飾を受ける名詞が話者と聴者から相対的に持っている物理的、心理的距離を表現する。ここでちょっと韓国語の이, 그, 저と英語のthis, that, theを対比してみることも興味深いであろう。指示の이は英語のthisと同じで、thatは韓国語の저と似ているが、thatが指示と代用の機能を持っているのに対し、저は指示として用いられるだけで、代用の機能がなく、代用のthatは저ではなく그に翻訳されるしかない。例を挙げれば"To be or not to be; that's the question"というハムレットの有名な台詞は"사느냐 죽느냐, 그것(*저것)이 문제다"と翻訳される。一方英語のtheは先行する文脈に提示された限定的 (definite) な名詞を受ける冠詞であるが、韓国語でその役割をするのは그である。例を挙げれば、"옛날에 <u>한</u> 소녀가 살았는데, <u>그 소녀</u>는 아주 예뻤다"(昔一人の少女が住んでいたが、その少女は大変かわいかった。)で한 소녀は a girl、그 소녀は the girl に対応する。

副詞は形態変化をせず、後に来る言葉を修飾する機能をする品詞である

という点では冠形詞と同じである。しかし副詞は (3) のように, 動詞, 形容詞のような用言をはじめとして, 副詞を修飾することや, 文全体を修飾することもある。そして制限された条件の下ではあるが, (4) のように名詞や冠形詞を修飾することもある。

(3)　a.　한국에서는 소나무가 <u>가장</u> 잘 자란다.
　　　　　（韓国では松が<u>最</u>もよく育つ。）
　　b.　어제는 좀 시원했는데 오늘은 <u>몹시</u> 무덥구나.
　　　　　（昨日は少し涼しかったが今日は<u>大変</u>蒸し暑いなあ。）
　　c.　<u>과연</u> 우주는 끝이 없을까？（<u>はたして</u>宇宙は果てがないのだろうか。）

(4)　a.　그 사람은 꽤 부자인데 아내가 <u>아주</u> 미인이야.
　　　　　（その人は<u>かなりの</u>金持ちで, 奥さんが<u>すごい</u>美人だ。）
　　b.　저 소나무 <u>바로</u> 옆에서 기다릴게.
　　　　　（あの松の木の<u>すぐ</u>横で待っているよ。）
　　c.　이 옷은 <u>아주</u> 새 옷이야.（この服は<u>まっ</u>さらの服だ。）

韓国語では擬声擬態語が豊富に発達しているが, 機能から見れば副詞に属する。擬声擬態語は大部分反復形で構成されているのが特徴である。韓国語の擬声擬態語はその数も豊富であるが, 母音調和が残っている最後の語彙部類であり, 漢字語の浸透を受けないほとんど唯一の領域として特別注目をあびる領域でもある。これについては造語法を扱う (4.3) で再び見る機会があるだろう。

(5)　a.　아가들은 <u>아장아장</u> 걷고 오리들은 <u>뒤뚱뒤뚱</u> 걷는다.
　　　　　（小さい子供は<u>よちよち</u>歩き, アヒルは<u>ヒョコヒョコ</u>歩く。）
　　b.　<u>하늘하늘</u> 춤추는 버들가지 위에서 꾀꼬리가 <u>꾀꼴꾀꼴</u> 노래한다.
　　　　　（<u>ゆらゆら</u>踊る柳の枝の上でうぐいすが<u>ホーホケキョ</u>と歌う。）

副詞には前の文と後の文を論理的に連結する接続副詞も含まれる。接続副詞には그리고（そして）, 그러나（しかし）, 그런데（ところで）, 그러면（それならば）, 그러므로（だから）, 따라서（したがって）, 또（また）, 혹은（あるいは）, 오히려（むしろ）, 더구나（さらに）などがある。これらの中で特に그리고, 그러나, 그런데, 그러므로, 따라서などは (6) のように, 前の文

が完全に終結した次の，新しい文の初頭に使われることが一般的であり，副詞のうちでも特異な分類をなす。これらを一時期接続詞として独立させたこともあったが，今日では韓国語の品詞として接続詞を設定することはほとんどない。

(6) a. 인내는 쓰다. 그러나 그 열매는 달다.
   （忍耐は苦い。しかしその結実は甘い。）

   b. 지구는 하나다. 따라서 누구나 지구를 잘 보존하여야 한다.
   （地球は1つだ。したがって誰もが地球を大切に守らなければならない。）

(7) a. 아이를 야단만 치면 오히려 역효과가 난다.
   （子どもをしかってばかりいたら，むしろ逆効果になる。）

   b. 비바람이 불고, 또 날까지 어두워 왔다.
   （雨風が吹き，そのうえ日差しまで暗くなってきた。）

冠形詞と副詞の定義で形態変化をしないということを条件として挙げた。冠形詞と副詞は後に来る語を修飾することをその任務とする。しかし後に来る語を修飾することはこれらの品詞以外のものもする。次の例を見れば動詞と形容詞がまるで冠形詞か副詞のような働きをしている。

(8) a. 가는 말이 고와야 오는 말이 곱다.
   （話す言葉がきれいなら返ってくる言葉もきれいだ。〔※「売り言葉に買い言葉」にあたる慣用句——訳者注〕）

   b. 작은 버릇이 큰 버릇이 된다. （小さなくせが大きなくせになる。）

(9) a. 뾰족하게 깎은 연필로 글씨를 깨끗하게 쓴다.
   （先をとがらせて削った鉛筆で文字をきれいに書く。）

   b. 쉽게 할 일을 왜 어렵게 하려고 그러니？
   （簡単にできることをどうして難しくしようとするのか。）

しかしこれらは語尾をとることによって形態変化をしている。語尾の機能によって後に来る語を修飾しているが，それは動詞，形容詞のさまざまな機能のうちの一部であるだけで，形態変化なしにひとつの機能だけをもつ冠形詞や副詞とはその性質が根本的に異なる。しばしば (8) の가는, 오는, 작은, 큰を冠形語と呼び，(9) の뾰족하게, 깨끗하게, 쉽게, 어렵

게를 副詞語と呼ぶ。冠形語・副詞語は，主語・述語などと同じ系列の用語として文における機能を基準として分類した名称である。動詞と形容詞が冠形語や副詞語として機能するときでも，その品詞は依然として動詞と形容詞であることは注意する必要がある。

4.3　造語法

ここでは韓国語の単語が複合（compounding）と派生（derivation）によって形成される方式，いわゆる造語法（word formation）について詳しく見てみようと思う。造語法は屈折（inflection）と対立する概念であり，屈折接尾辞，すなわち語尾は関心の外に置く。したがってここで，ある単語が形態素1つからなっているのか，2つからなっているのかと言うときは，語尾を除いた部分を対象としているということに留意する必要がある。

単語を造語法の観点で分類すれば，まず単一語（simple word）と合成語（complex word）に分けることができる。単一語とは形態素1つでなっている単語を指し，合成語とは2個かそれ以上の形態素からなっている単語のことを言う。そして合成語はさらに複合語（compound）と派生語（derivative）に分かれる。複合語は語幹の直接構成素（immediate constituent, IC）が全て語基であるか，あるいはより大きい単位からなっている単語のことを言い，派生語は語幹の直接構成素のうちの1つが派生接尾辞である単語を言う。

単一語は形態素1つで構成されているために，造語法上では特に言及すべきものはない。ただ，韓国語の動詞や形容詞の単一語は가-다（行く），웃-다（笑う），만들-다（作る），밝-다（明るい），가늘-다（細い）のように，語尾の存在によりまるで2つの形態素からなっているかのように見える点を指摘しておく必要があるだろう。しかし上で明らかにしたように，造語法の観点では語尾を計算に入れていないためにこれらが単一語であることに間違いはない。複合語と派生語についてはこの後の節で詳述することにする。

4.3.1　複合語

複合語はその属性上，名詞同士が集まってできている複合名詞がその中心をなす。しかし他の品詞にも複合語が活発に現れ，その構成方式も大変多様である。各品詞別に複合語の代表的な構成方式を詳しく見てみると次のとおりである。

(1)　複合名詞

    a. 名詞＋名詞：손목（手首），고무신（コムシン［ゴム製の伝統的な靴］），어깨동무（幼なじみ），기와집（瓦屋根の家），산나물（山菜）

    b. 名詞＋繋ぎのㅅ＋名詞：콧날（鼻筋），시냇물（小川の水），등불［등뿔］（灯火），물개［물깨］（オットセイ）

    c. 冠形詞＋名詞：새언니（お姉さん［妹が兄の妻を呼ぶ語］），풋사랑（未熟な恋），옛날（昔），이것（これ），그분（その方）

    d. 用言の冠形詞形＋名詞：굳은살（たこ（まめ）），작은아버지（父の弟），큰댁（本家），어린이（子供），올해（今年）

    e. 用言の語幹＋名詞：곶감（干し柿），접칼（折りたたみ式ナイフ），묵밭（荒れ果てた畑），늦더위（残暑）

    f. 副詞（または副詞的語根）＋名詞：살짝곰보（薄あばた（の人）），곱슬머리（天然パーマ），산들바람（そよ風），뾰족구두（ハイヒール）

    g. 副詞＋副詞：잘못（過ち）

    h. 動詞の名詞形＋名詞：갈림길（分かれ道），디딤돌（踏み石），비빔밥（ビビンパ）

    i. 名詞＋動詞の名詞形：말다툼（口げんか），보물찾기（宝探し），줄넘기（縄跳び）

(2)　複合動詞

    a. 名詞＋動詞（主語＋述語）：힘들다（力が要る），빛나다（光る），겁나다（おじけづく），멍들다（あざができる）

    b. 名詞＋動詞（目的語＋述語）：본받다（手本とする），힘쓰다（努力する），등지다（背く），선보다（お見合いする），아우보다（弟（妹）ができる），마음놓다（安心する）

c. 名詞＋動詞（副詞語＋述語）：앞서다（先頭に立つ），뒤서다（人の後に従う），마을가다（近所に遊びに行く），거울삼다（鑑とする），벗삼다（友とする）
　　　d. 動詞の活用形＋動詞：돌아가다（帰る），갈아입다（着替える），파고들다（深く入り込む），타고나다（生まれつく）
　　　e. 動詞語幹＋動詞：굶주리다（飢える），뛰놀다（飛び回って遊ぶ），부르짖다（叫ぶ）
　　　f. 副詞＋動詞：가로막다（ふさぐ），잘되다（よくできる），그만두다（やめる）
(3)　複合形容詞
　　　a. 名詞＋形容詞（主語＋述語）：값싸다（安っぽい），배부르다（満腹だ），맛나다（味がよい），입바르다（言うことがまっとうすぎる），올곧다（生真面目で実直だ）
　　　b. 名詞＋形容詞（副詞語＋述語）：눈설다（見慣れない），남부끄럽다（人目に恥ずかしい），남다르다（なみはずれている），번개같다（稲妻のように速い）
　　　c. 形容詞語幹＋形容詞：굳세다（丈夫だ），검붉다（赤黒い），검푸르다（青黒い），희멀겋다（白く澄んでいる）
　　　d. 反復語：크나크다（非常に大きい），머나멀다（非常に遠い），붉디붉다（真っ赤だ），검디검다（真っ黒だ）
(4)　複合副詞
　　　a. 名詞＋名詞：밤낮（昼夜），오늘날（今日），여기저기（あちこち）
　　　b. 冠形詞＋名詞：한바탕（ひとしきり），한층（一層），요즈음（最近）
　　　c. 動詞の冠形詞形＋依存名詞：이른바（いわゆる），된통（大変ひどく）
　　　d. 副詞＋副詞：곧잘（かなり上手に），잘못（過まって），좀더（もう少し）
　　　e. 反復語：오래오래（いく久しく），소곤소곤（ひそひそ），반짝반짝（ぴかぴか），꼼지락꼼지락（ぐずぐず）
以上の複合語のうち，いくつか特徴的なものについては説明を付け加え

ることにしよう。統語的な観点から見るとき，複合語の中には句を形成するときと同じ方式で構成されたものと，そうでないものがある。前者をしばしば統語的複合語（syntactic compound），または句複合語（phrasal compound），そうでないものを非統語的複合語（asyntactic compound），または緊密複合語（close compound）といって区別する。上の例の中で代表的な非統語的複合語は，複合名詞の中の (1b) の콧날，시냇물，(1e) の접칼，묵밭など，複合動詞の中の (2e) の굶주리다，뛰놀다など，複合形容詞の中の (3c) の굳세다，검붉다などである。これらはその構成方式が句を形成するときには見ることができないものであり，複合語としてだけ見ることのできる複合語固有の構成方式と言える。たとえば접칼は，句ならば접는 칼（たたむナイフ）や접은 칼（たたんだナイフ）にならなければならないものであり，검붉다（赤黒い）も검게 붉다（黒く赤い）や검고 붉다（黒くて赤い）にならなければならない。

非統語的複合語のうち (1b) の콧날，시냇물，등불，물개などは繋ぎの ㅅ（사이 시옷）が介在している例である。これらのうち등불，물개には繋ぎの ㅅ が表記上は現れないが，これは前の名詞がパッチムで終わっているので繋ぎの ㅅ を書くことができないためというだけであり，これらは[등뿔][물깨]と発音されることから，등と물の次にも繋ぎの ㅅ が介在することを知ることができる。こうした繋ぎの ㅅ の介在は一般の名詞句では見ることができない現象であり，繋ぎの ㅅ は言うなれば，その構成が複合語であることを示す一種のマーカーと言える。しかしこの繋ぎの ㅅ の正確な統語意味論的機能ははっきりしておらず，また次の (5) で見るように，全く同じ音韻論的な環境でも一定して現れるわけではなく，繋ぎの ㅅ が出現する条件はまだ明らかにされていない。

(5) a. 뱃머리（舳先），처갓집（妻家），솔방울［솔빵울］（松かさ），봄비［봄삐］（春雨），물고기［물꼬기］（魚）
    b. 소머리（牛頭），기와집（瓦屋根の家），말방울（馬の首につける鈴），산성비（酸性雨），불고기（焼肉）

繋ぎの ㅅ 現象以外にも語基と語基が結合して複合語を構成するとき，音

韻の変化を伴う場合がある。音が添加されたり，音が脱落することもあり，音が変化することもある。この種類の音韻変化は語と語が句をなすときは起こらない現象であり，これもやはり複合語固有の現象だと言えよう。

(6) a. 꽃잎 [꽃닢→꼰닙] (花びら)，물약 [물냑→물략] (水薬)，맹장염 [맹장념] (盲腸炎)
b. 안팎 (안+ㅎ+밖) (内外)，암탉 (암+ㅎ+닭) (雌鶏)
c. 좁쌀 (조+ㅂ+쌀) (粟)，접때 (저+ㅂ+때) (この前)
d. 섣달 (설+달) (師走)，숟가락 (술+가락) (さじ)，이튿날 (이틀+날) (翌日)
e. 소나무 (솔+나무) (松の木)，화살 (활+살) (矢)，싸전 (쌀+전) (米屋)
f. 까막까치 (까마귀+까치) (カラスとカササギ)，엊저녁 (어제+저녁) (昨夜)，엉덩방아 (엉덩이+방아) (尻餅)

これらのうち (6a, e) の現象については第3章で説明した通りである。そして (6b, c, d) の例は歴史的な背景を持った現象である。すなわち歴史的に見れば (6b) の例はㅎが添加されたものではなく，前の名詞がㅎ末音を持っていたが現代韓国語でㅎが脱落したのであり，ㅎ脱落以前に形成された複合語にㅎがそのまま維持されているという例である。また (6c) のㅂは，後の名詞が語頭子音群であったのが，濃音化 (ㅄ＞ㅆ，ㅳ＞ㄸ) されたものだが，それ以前にㅂ音が前の語の末音として残るようになった例である。(6d) の場合は過程が少し複雑である。2つの名詞の間に繋ぎのㅅが介在しパッチムが形成され，そのうちの前の名詞本来のパッチムであるㄹが脱落して，表記法上ㅅがㄷに変化した例である。

一方，(6e) は後の名詞がㄴ，ㅅ，ㅈで始められるとき，前の名詞のㄹパッチムが脱落する現象であるが，現代韓国語で新たに形成された複合語としては同じ環境でも 불놀이 (火戯 (火遊びの一種))，물난리 (洪水)，불자동차 (消防車)，쌀집 (米屋)，활시위 (弓の弦) のようにㄹを脱落させない傾向がある。(6f) は2つの名詞が複合されるとき，前の名詞の終わりの母音が脱落することによって結果的に一音節減ってしまった例であるが，その理由は明

らかではない。

　非統語的複合語とは異なり，統語的複合語は句とその構成方式自体は同じである。たとえば，複合語である밤낮（昼夜），작은아버지（父の弟），타고나다（生まれつく）はそれぞれ신랑 신부（新郎新婦），맑은 하늘（澄んだ空），타고 가다（乗っていく）のような句と構成方式が同じである。そのために，統語的複合語は，それがはたして複合語なのか，でなければ句なのかはっきりと区別できない場合がある。複合語は語であるので辞典に載るが，句はそうではないので，こういう場合は私たちは辞書に従うしかない。もちろん複合語はつけて書き，句は分かち書きする。そして複合語はその内部に他の語がはさまることはできないが，句をなす2つ以上の語の間には他の語が入る場合があるので，この点でも両者の区別の助けとなる。

(7)　a. 민수는 {밤낮, *밤과 낮} 공부만 한다.
　　　　（ミンスは夜も昼も勉強ばかりしている。）
　　b. 춘분에는 {밤 낮, 밤과 낮} 의 길이가 같다.
　　　　（春分には夜と昼の長さが同じだ。）
(8)　a. 우리의 {첫사랑, *첫 우리 사랑} 을 곱게 간직하자.
　　　　（私たちの初恋を大切にしまっておこう。）
　　b. 너의 {첫 방학, 첫 겨울 방학} 을 알차게 보내라.
　　　　（お前の初めての学校の長期休暇，初めての冬休みを有意義に過ごせ。）

　先ほどの (1) ～ (4) で複合語のさまざまな構成方式を提示し，(3d) と (4e) は「反復語」という名でその構成方式を提示した。크나크다，검디검다は間に -나- や -디- が介在しているが，これらは結局同一の語基が反復された複合語である。このような部類の複合語を特別に反復複合語 (reduplicative compound) と区別して呼ぶ。前 (4.2.5) でも指摘したように，韓国語にはこの反復複合語が擬声擬態語を中心にして大変発達しており，その種類と数が多いので，これについては次節でもう少し詳しく見てみることにする。

4.3.2 反復複合語

　反復複合語は語基がそっくりそのまま反復され形成されていることもあるが，語基の一部だけが反復されることもあり，また前節で指摘したように，他の要素が介在する場合もある。韓国語の反復複合語はこのような構成方式に従って大きく完全反復，変形反復，介入反復の3つに分けることができる。まず完全反復の方式で形成されている例を見れば次のとおりである。

(1) 　a. 집집（家々），나날（日々），가지가지（갖가지）（種々），구석구석（隅々），마디마디（節々），차례차례（順々），굽이굽이（曲がり角ごとに）

　　　b. 고루고루（満遍なく），오래오래（長く久しく），가득가득（ぎっしりと），길이길이（長く永遠に）

　　　c. 쿵쿵（どしんどしん），바스락바스락（かさかさ），중얼중얼（ぶつぶつ（つぶやく）），덜그럭덜그럭（がたんごとん），아장아장（よちよち），깜박깜박（ちらちら），꾸벅꾸벅（こっくりこっくり（居眠りする）），넘실넘실（波がうねる様子），한들한들（ゆらゆら），빙글빙글（にこにこ），휙휙（ひゅうひゅう），뭉게뭉게（むくむく），어슬렁어슬렁（のそりのそり）

　　　d. 띄엄띄엄（ぽつりぽつり），구불구불（くねくね），드문드문（時たま），넓적넓적（複数のものがみな平たい様子）

　(1a)は名詞，(1b)は副詞が反復されたものであり，(1c)は反復された擬声擬態語で，ここに提示したもの以外にも相当多くの例がある。(1d)は動詞の語幹に接尾辞が結合した形態が反復されたもので，少し特異な構成方式を見せるものである。これらのうち(1a)を除けば全て副詞として用いられる。そして(1a)の例も次の(2a)や(3a)のように名詞として使われることもあるが，それよりは副詞として用いられることが多く，それ自体で副詞としての役割を果たせない場合でも，(3b)の나날（日々）のように-이と結合することによって副詞としての機能を遂行する。この後で見る種類のものも同じなのだが，反復複合語はこのように副詞がその大

部分を占める。
(2) a. 한강물 굽이굽이에 우리 역사의 슬픈 사연이 서려 있다.
(漢江の流れの曲がりごとにわが国の歴史の悲しい出来事が秘められている。)
b. 한강물이 굽이굽이 흘러간다.（漢江の水がうねうねと流れていく。）
(3) a. 나는 그 무렵 시험 준비 때문에 나날을 바삐 보냈다.
(私はそのころ試験の準備のために毎日を忙しく過ごしていた。)
b. 봄이 되니 앞산의 경치가 나날이 달라진다.
(春になったので前の山の景色が毎日変わっていく。)

次は変形反復の例を見てみることにする。変形反復は構成要素の一方に何らかの変化を与える方式で、完全反復のときより多様な姿を表す機能をする。例えば붉긋붉긋はところどころ赤い色がある模様を表しているが、울긋불긋は赤色だけではなくいろいろな色が混じっている様子を表す。

変形反復はその変化が前の構成要素に与えられることもあり、後の構成要素に与えられることもある。その変化をさらに具体的に見れば、次の(4a)のように、母音を他の母音に変える方式、(4b)のように前の形態の最初の子音を脱落させたり、また逆に、後に来る形態の初頭に子音を添加したりする方式、あるいは(4c)のように、1つの音節を全く異なる音節に変える方式で形成される場合がある。

(4) a. 실룩샐룩（ぴくぴく），싱숭생숭（そわそわ），티격태격（何だかんだ（言う）），삐뚤빼뚤（よろよろ），싱글생글（にこにこ），찌그락째그락（ごたごた（もめる）），흘깃할깃（横目でじろじろと）
b. 올망졸망（かわいらしく小さな物が不ぞろいに多く並んでいる様子），옹기종기（大きさの不ぞろいな物が集まっている様子），우글쭈글（くちゃくちゃ），우물쭈물（ぐずぐず），우락부락（行動が荒っぽい様子），울룩불룩（でこぼこ），얼룩덜룩（まだらになっている様子），오순도순（仲むつまじく），알뜰살뜰（つましく家事の切り盛りが上手な様子），왁다글닥다글（からころからころ）
c. 애걸복걸（「哀乞伏乞」平身低頭して哀願する様子），어슷비슷（似た

り寄ったりだ），안절부절（そわそわ），옥신각신（ああだこうだ（言い争う）），싱글벙글（にこにこ），갈팡질팡（うろうろ）

　以上の変形反復の例から，音の交替にどのような傾向があるのかが見てとれる。たとえば（4a）のような母音交替型を見れば，前の母音は이，으に集中していて，後ろの母音はすべて애，아である。前後の母音が「高母音：低母音」というふうに対立しているのが基本だと考えることができる。一方，（4b）のような子音交替型では前に母音や半母音が来，後ろに子音が来る類型が維持されるが，このとき後ろの子音は阻害性が大きく，ㅂ，ㅅ，ㄷがその大部分を占める。ここで子音交替型は，前は阻害性が小さいもの，後ろは阻害性が大きいものが配列されるということが分かる。音節交替型もだいたいにおいて子音交替型と似通った様相を見せる。

　韓国語の反復複合語のうち，一方の構成要素の一部だけを切り出して反復させる方式で作られたものもある。次の（5）の쿵작작（どんどこ（太鼓などの音））は쿵작の작だけを活用し，두둥실（ぽっかり（浮かぶ））は둥실の初頭の두だけを，푸드득（腹を下したときの便を勢いよく排出するときの音）は푸득の中にある드だけを反復させているのである。完璧な反復とは言い難い面もあるが，これも一種の変形反復と見なすことができる。

　（5）　아사삭（さくさく），쿵작작（どんどこ），얼씨구씨구（よいやよいやさ），두둥실（ぽっかり（浮かぶ）），푸드득（びちびち（腹を下したときの便を勢いよく排出するときの音）），따르릉（リリリン（電話の音））

　次は介入反復の例を見てみよう。介入反復とは反復される語基の間に第3の要素が介入する方式を指すが，このとき，介入される要素は既存の語尾や接尾辞としては分類しにくい-디-と-나-の2種である。このうち-디-はいくつもの形容詞の語幹にかなり自由に結合されるが，-나-はごく一部の形容詞の語幹にだけ分布する。いずれにせよ，これらによる介入反復は形容詞語幹を反復させ，複合形容詞を形作るが，この点，大部分の反復複合語が副詞であることと対照的である。これら反復複合語は，その形容詞が1つだけ使われているときより，その程度が大きいことを表す。

　（6）　a.　쓰디쓰다（とても苦い），달디달다（とても甘い），곱디곱다（とて

もきれいだ), 길디길다 (とても長い), 깊디깊다 (とても深い), 붉디붉다 (真っ赤だ)
- b. 기나길다 ((時間的に) とても長い), 크나크다 (とても大きい), 머나멀다 (とても遠い)

(7) a. 인생의 갖가지 <u>쓰디쓴</u> 어려움을 겪으면서도 그는 끝내 좌절하지 않았다. (人生のさまざまな<u>苦々しい</u>困難を経ながらも彼は最後までくじけなかった。)
- b. <u>머나먼</u> 이국 땅에 와 있으니 고국 산천이 너무도 그립다. (<u>はるか遠い</u>異国の地に来ているので故国の山川がとても恋しい。)

4.3.3 派生語

派生語は，ひとまず接頭辞による派生語と接尾辞による派生語に区分することができる。韓国語は接頭辞より接尾辞が発達しているために，接尾辞によって作られた派生語の方がはるかに多く，その種類も多様である。接頭辞は語基の品詞を変えるような積極的な機能もなく，その数もいくらにもならない。まず代表的な接頭辞の目録とこれらによって作られた派生語の例から見てみよう。

(1) a. 군- (無駄)：군소리 (無駄口), 군불 (必要もないのに焚く火), 군침 (よだれ), 군입(何も食べていないこと), 군손질(無用の手を入れること)
- b. 맨- (素の)：맨손 (素手), 맨발 (素足), 맨입 (空腹), 맨정신 (澄んだ精神), 맨땅 (荒野), 맨밥 (おかずなしのご飯)
- c. 맏- (長子)：맏형 (長兄), 맏아들 (長男), 맏딸 (長女), 맏며느리 (長男の嫁), 맏물 (初物)
- d. 풋- (新しい)：풋과일 (まだ熟していない果物), 풋나물 (春に新しく出た菜っ葉), 풋사랑 (未熟な恋), 풋내기 (青二才)
- e. 오른- (右)：오른손 (右手), 오른발 (右足), 오른팔 (右腕), 오른쪽 (右側)
- f. 왼- (左)：왼손 (左手), 왼발 (左足), 왼팔 (左腕), 왼새끼 (左縄), 왼쪽 (左側)

- g. 수(ㅎ)-(雄):수캐(雄犬), 수탉(雄鶏), 수평아리(雄ひよこ), 숫염소(雄ヤギ), 숫양(雄羊)
- h. 암(ㅎ)-(雌):암소(雌牛), 암탉(雌鶏), 암캐(雌犬), 암놈(メス), 암키와(牝瓦)
- i. 외-(外):외할머니(母方の祖母), 외할아버지(母方の祖父), 외삼촌(母方の叔父), 외사촌(母方のいとこ), 외가(母の実家)
- j. 시-(媤(嫁いだ女性から見て婚家を指す)):시부모(夫の父母), 시어머니(姑), 시아버지(舅), 시동생(夫の弟), 시집(婚家)
- k. 덧-(重ねる):덧신(雨などのときに靴の上に履く靴), 덧니(八重歯), 덧문(二重窓(扉)の外側の窓(扉)), 덧나다(病気がぶり返す), 덧바르다(重ね塗りする)
- l. 헛-(むなしい):헛수고(徒労), 헛소문(根も葉もないうわさ), 헛일(無駄な事), 헛디디다(踏み外す), 헛짚다(踏み誤る)
- m. 짓-(やたらに):짓누르다(むやみやたらに押さえつける), 짓밟다(踏みにじる)

以上で見れば接頭辞は名詞なら名詞，動詞なら動詞など，ある１つの品詞とだけ結合するが，ただ（1k, l）では例外的に２つの品詞と結合しているのを見てとることができる。しかし，接頭辞は名詞および動詞とだけ結合するわけであり，分布の上でも活動範囲が狭いことが分かる。

　次は接尾辞による派生語を見ることにする。韓国語の派生接尾辞はその数が数百個にも達する。みな等しく派生接尾辞だとはいえ，自然にいくつかの性格のものに分かれる。まずその生産性において差異が大きく，多くの語幹と比較的自由に結合するものもある一方で，わずかに１つ２つの語基とだけ結合するものも少なくない。その機能も多様であり，接頭辞の場合は意味を付け加えるだけだが，接尾辞は意味を付け加えるだけでなく，統語範疇を変えもする。それほど接尾辞による派生語は数も多いだけでなく，その類型も多様である。その代表的な例を派生語の品詞別に挙げると次のようになる。

(2) 派生名詞
    a. -이：넓이（広さ），길이（長さ），높이（高さ），깊이（深さ），놀이（遊び），먹이（餌），개구리（カエル），뻐꾸기（カッコウ）
    b. -ㅁ/음：웃음（笑い），울음（泣き），믿음（信じること），기쁨（うれしさ），슬픔（悲しさ），삶（生きること）
    c. -개/게：덮개（覆い），지우개（消しゴム），찌개（鍋料理），지게（しょいこ），집게（やっとこ）
    d. -질（～すること）：가위질（挟み切ること），톱질（のこぎりで木を切ること），부채질（あおぐこと），이간질（人の仲を裂くこと），도둑질（盗むこと）
    e. -보（～を好む人，～の性質のはなはだしい人）：잠보（朝寝坊の人），겁보（臆病者），꾀보（利口者），털보（毛深い人），울보（泣き虫），느림보（のろま）
    f. -꾸러기（～の性質を持つ人をからかって）：잠꾸러기（寝坊助），심술꾸러기（意地悪），욕심꾸러기（欲張り）
    g. -쟁이（～の性質を持つ人）：멋쟁이（おしゃれ），거짓말쟁이（うそつき），심술쟁이（意地悪），욕심쟁이（欲張り）
    h. -자（者）：기술자（技術者），과학자（科学者），학자（学者），지휘자（指揮者）
    i. -사（師）：이발사（理髪師），미용사（美容師），교사（教師），목사（牧師）
    j. -수（手）：가수（歌手），기수（旗手），나팔수（ラッパ吹き），목수（大工），조수（助手）

(3) 派生形容詞
    a. -롭-：향기롭다（芳しい），해롭다（害になる），슬기롭다（賢明だ），지혜롭다（知恵がある）
    b. -답-：정답다（仲むつまじい），꽃답다（花のように美しい）
    c. -스럽-：복스럽다（福々しい），탐스럽다（うっとりするようだ），어른스럽다（大人っぽい），창피스럽다（はずかしい）

d. -하-：깨끗하다（清潔だ），부지런하다（まじめだ），조용하다（静かだ），튼튼하다（丈夫だ），알쏭달쏭하다（ぼやっとしている）

e. -지-：값지다（値打ちがある），멋지다（すてきだ），그늘지다（陰のある），기름지다（脂っこい），살지다（肥えている）

f. -다랗-：굵다랗다（大変太い），좁다랗다（大変狭い），커다랗다（大変大きい）

(4) 派生副詞

a. -이：같이（一緒に），굳이（無理に），많이（多く），높이（高く），길이（長く），고이（きれいに），바삐（忙しく），깨끗이（きれいに）

b. -히：천천히（ゆっくりと），쓸쓸히（さびしく），넉넉히（十分に），조용히（静かに），부지런히（まじめに），무던히（寛大に）

c. -로：진실로（真に），참으로（本当に），대대로（なるがままに），주로（主に）

d. -오／우：너무（あまりに），자주（しょっちゅう），도로（もとどおり），바투（近寄って）

(5) 派生動詞

a. -이／히／리／기-：쓰이다（使われる，書かれる），막히다（ふさがる），잘리다（切られる），빼앗기다（奪われる）

b. -이／히／리／기／애／우／구／추-：먹이다（食べさせる），굳히다（固める），울리다（泣かせる），웃기다（笑わせる），없애다（なくす），지우다（消す），세우다（立てる），돋구다（高める），낮추다（低くする）

c. -거리-(-대-)：덜렁거리다（덜렁대다）（がらんがらん鳴る），덤벙거리다（덤벙대다）（ばちゃばちゃはねる），두근거리다（두근대다）（どきどきする），출렁거리다（출렁대다）（ざぶんざぶん），구물거리다（구물대다）（のろのろ），빈정거리다（빈정대다）（ねちねち（皮肉る）），우쭐거리다（우쭐대다）（ゆらりゆらり）

d. -이-：끄덕이다（うなずく），깜박이다（きらっと光る），뒤척이다（（ものを探して）あちこちかきまわす），서성이다（うろうろする），들먹이다（ぐらつく）

以上のことから、接尾辞は品詞を変えたり、自動詞を他動詞に、または他動詞を自動詞に変えたりするなど、その機能が接頭辞に比べはるかに積極的であることが分かる。そして (4b) の-히-や (5c, d) の-거리-、-대-、-이-などは語根と結合して派生語を形成する接尾辞であるが、接尾辞はこのように名詞、動詞、形容詞のみならず、語根にも結合し、その分布が多様であることが確認できる。前の例のうち (5a) は接尾辞により被動詞になる例であり、(5b) は使役動詞になる例であるが、これらについては後 (5.5) で再び詳しく述べることにする。

4.3.4 特殊派生語

ここまで、私たちは接辞による派生語を見た。しかし派生語にはこのような典型的なもの以外に、いわゆる内的変化による派生語もある。これは接辞の添加の代わりに母音交替や子音交替によってなされる派生語のことであるが、韓国語にもこのような例が多くあり、特に擬声擬態語にはこれに該当する例がかなり多い。ここではこの特殊な派生語が韓国語ではどのような方式で形成されるかを見てみることにする。まず母音交替による派生の例から見ると次のとおりである。

(1) a. 까닥까닥 / 꺼덕꺼덕 / 끄덕끄덕 （首をたてに振る様子）

b. 졸졸 / 줄줄 / 질질 （水が流れる様子）

c. 말짱하다 / 멀쩡하다 （まともだ）、빨갛다 / 뻘갛다 （赤い）、파랗다 / 퍼렇다 （青い）、간들간들 / 건들건들 （しなやかにゆれる様子（ゆらゆら））、방글방글 / 벙글벙글 （にこにこ）、산들산들 / 선들선들 （そよそよ）、찰찰 / 철철 （水が少し流れる様子（ちょろちょろ））、까칠까칠 / 꺼칠꺼칠 （潤いがない様子（かさかさ））

d. 가득하다 / 그득하다 （満ちている）、따갑다 / 뜨겁다 （熱い） 탄탄하다 / 튼튼하다 （丈夫だ）、한들거리다 / 흔들거리다 （ゆらゆらゆれる）、날씬하다 / 늘씬하다 （すらりとしている）、살금살금 / 슬금슬금 （こっそり）、달달 / 들들 （ぶるぶる震える）、하늘하늘 / 흐늘흐늘 （ゆらりゆらり）

e. 새카맣다 / 시커멓다 (真っ黒だ), 매끄럽다 / 미끄럽다 (滑らかだ), 뱅뱅 / 빙빙 (くるくる), 뱅글뱅글 / 빙글빙글 (くるくる), 생글생글 / 싱글싱글 (にこにこ), 탱탱 / 팅팅 (ぱんぱん (に膨らむ)), 해해 / 히히 (ひひと笑う様子)

f. 도톰하다 / 두툼하다 (厚い), 노랗다 / 누렇다 (黄色い), 동그랗다 / 둥그렇다 (丸い), 고소하다 / 구수하다 (香ばしい), 소복하다 / 수북하다 (こんもりとうずたかく), 볼록하다 / 불룩하다 (ふっくら (と膨らんでいる)), 통통하다 / 퉁퉁하다 (丸々 (と太っている)), 촉촉하다 / 축축하다 (しっとりしている), 꼬불꼬불 / 꾸불꾸불 (くねくね), 쪼글쪼글 / 쭈글쭈글 (しわくちゃ), 소근소근 / 수근수근 (ひそひそ), 모락모락 / 무럭무럭 (すくすく), 보슬보슬 / 부슬부슬 (しとしと), 폭신폭신 / 푹신푹신 (ふかふか), 퐁당 / 풍덩 (ぽちゃん)

　上の例で見るように母音交替は歴史的に韓国語の母音調和現象を支配してきた「陽性母音：陰性母音」の対立とほとんど対応している。ところで陽性母音である애，아，오は韓国語の母音体系にあって前舌，中舌，後舌の系列でそれぞれ最も下に位置する母音であるために母音交替は「低母音（開母音）：高母音（閉母音）」の交替と解釈することができる。

　陽性母音と陰性母音の対立は早くから音声象徴（phonetic symbolism）と関連して関心を集めてきた。母音이は母音調和としては中立母音であるが，音声象徴においては陰性母音系列に属する。そうして音声象徴上，陽性母音系列と陰性母音系列は次のように分けられる。

(2)　a. (陽性母音) 아，애，야，오，외，요，와，왜

　　　b. (陰性母音) 어，에，여，우，위，유，워，웨，으，이，의

　これらの中で陽性母音側は'明るく，軽く，澄んでいて，小さく，少なく，鋭く，薄く，強く，速く，若い'感じを与え，陰性母音側は'暗く，重く，濁っていて，大きく，多く，鈍く，厚く，弱く，のろく，老いている'感じを与える。このような対立を強調し，前者を特に指小系列と呼ぶこともある。

(3)　a. 할아버지께서 <u>벙글벙글</u> 웃으신다.

(おじいさんがにこにことお笑いになった。)
b. 아기가 방글방글 웃는다. (赤ちゃんがにこにこ笑った。)
(4) a. 삼각산 봉우리가 우뚝하다. (三角山の峰がすっくとそびえている。)
b. 수미가 콧날이 오똑하다. (スミは鼻筋がすっと通っている。)

擬声擬態語以外に音声象徴による母音対立を最も顕著に見せてくれるのは色彩語である。私たちは同一の色彩に対して明るい色と暗い色，濃い色と薄い色の区別をすることができるが，色彩語における音声象徴はそのうち，明るさと暗さに関連するものと見られる。빨갛다 / 뻘겋다 (赤い)，파랗다 / 퍼렇다 (青い)，노랗다 / 누렇다 (黄色い) などで빨갛다，파랗다，노랗다は明るく鮮明な色彩を表し，뻘겋다，퍼렇다，누렇다は暗く濁った色彩を表す。

(5) a. 봄이 되니 새싹이 파랗게 돋아난다.
(春になったので新芽が青々とふき出した。)
b. 수미가 넘어져서 무릎에 멍이 퍼렇게 들었다.
(スミがころんで膝にあざが青くできた。)
(6) 노랗던 벽지가 오래 되어서 누렇게 변했다.
(真っ黄色だった壁紙が古くなって色あせた黄色になった。)

次に子音交替による派生語にはどのようなものがあるか見てみることにしよう。子音交替による派生語の例は，母音交替によるものより多くはなく，これらは「平音：濃音：激音」の交替によってなされる。その代表例が감감 / 깜깜 / 캄캄 (真っ暗だ) である。これ以外に3つの系列が全て1つの語に現れる場合は珍しい。主に「平音：濃音」の交替が多く現れ，새까맣다 / 새카맣다 (真っ黒だ) のような「濃音：激音」の交替は極めてまれである。

ところで本来平音であったものが濃音や激音に交替したり，または珍しいことだが，濃音であったものが激音に交替して，程度がさらに高いことを表す場合もある。しかし本来激音であったものが，濃音や平音に交替したり，または濃音であったものが平音に交替して，程度が少ないことを表す場合がないことは注目に値する。したがって가맣다に対して까맣다, 새

까맣다に対して새카맣다は可能であるが，파랗다に対して바랗다や빠랗다は可能ではない．子音交替に従い，濃音は強い語感，激音は激しい語感を表す．

(7) a. 발갛다 / 빨갛다 (赤い), 보얗다 / 뽀얗다 (白っぽい), 뱅뱅 / 뺑뺑 (くるくる), 질질 / 찔찔 (ぞろぞろ), 생긋생긋 / 쌩긋쌩긋 (にっこり), 숙덕숙덕 / 쑥덕쑥덕 (ひそひそ), 종알종알 / 쫑알쫑알 (ぶつぶつ (つぶやく)), 구깃구깃 / 꾸깃꾸깃 (くしゃくしゃ)
   b. 바르르 / 파르르 (ぐつぐつ (煮え立つ)), 질벅질벅 / 질퍽질퍽 (どろどろ), 부석부석 / 푸석푸석 (かさかさ (もろい))
   c. 뚱뚱하다 / 통통하다 (太っている), 시꺼멓다 / 시커멓다 (真っ黒だ), 땅땅 / 탕탕 (がんがん (打ち鳴らす))
   d. 질금질금 / 찔끔찔끔 (ちょろちょろ (水が少し流れる様子))
   e. 겅중겅중 / 껑충껑충 (ぴょんぴょん (飛び跳ねる様子))

以上，内的変化による派生が韓国語の語感を豊富にする一面を見てきたが，ここで韓国語の色彩語が豊富なことについてもう少し説明を加えておくことにする．韓国語には，母音交替と子音交替以外にも色彩の明暗と濃淡を表す接頭辞と接尾辞が多様に発達していて，色彩語の体系がすこぶる豊富である．色彩語に使われる接頭辞としては새/시-，接尾辞としては-앟/엏-と-으스름하-がある．これらの接辞によって派生する色彩語は次のような体系を持つ．

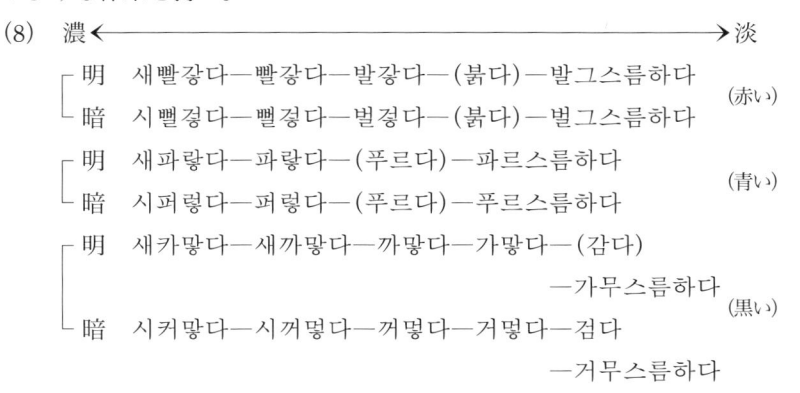

(8) 濃 ←――――――――――――――――――――→ 淡

  ┌ 明 새빨갛다―빨갛다―발갛다―(붉다)―발그스름하다
  └ 暗 시뻘겋다―뻘겋다―벌겋다―(붉다)―벌그스름하다   (赤い)

  ┌ 明 새파랗다―파랗다―(푸르다)―파르스름하다
  └ 暗 시퍼렇다―퍼렇다―(푸르다)―푸르스름하다   (青い)

  ┌ 明 새카맣다―새까맣다―까맣다―가맣다―(감다)
                                   ―가무스름하다
  └ 暗 시커멓다―시꺼멓다―꺼멓다―거멓다―검다   (黒い)
                                   ―거무스름하다

4.4 借用語

今まで私たちは韓国語の単語の構造について多岐にわたって見てきた。ところで単語の中には，もともと韓国で使われてきた固有語や，他国の言葉から入ってきて韓国語の一部として取り込まれた借用語（loan word）[2]もある。私たちはそれらをほとんどの場合区別せずに述べてきた。しかし時にはそれが固有語なのか借用語（中でも特に漢字語）なのかによって，適用される条件が異なることについても指摘してきた。韓国語にどのような借用語がいつどのような経路でどのくらい多く入ってきて，その地位を占めるにいたったのかを調べてみることは，韓国語の理解に必要なことであろう。この節では韓国語の中の借用語のさまざまな側面を詳しく見てみようと思う。

4.4.1 借用語の土着化

韓国語の語彙の中には多くの借用語が含まれている。19世紀以前には主に中国語の借用語が大部分をなしていたが，現代では西欧語系（特に英語）の借用語が大きな比重を占めるようになった。今日使われる借用語の中には，話し手たちが全く外来要素であることを意識しない程度に韓国語に同化されたものも多い。例を挙げると，韓国人の食卓によく上る배추と상추は中国語の'白菜'と'常菜'から来た言葉である。しかしこれらはそれぞれ中国語の本来の形態から遠くはなれ，これらを借用語と意識する韓国語話者はほとんどいない。いったん借用語として韓国語の中に入れば，究極的には話し手たちに外来要素という意識さえ起こさせない程度に韓国語に適用され同化されるのが一般的である。

しかし借用語の土着化過程が常に何の問題もなくなされたわけではない。韓国語の枠の中に受容しつつも，ともすれば原語（source language）

---

[2] 借用語は「外来語」とも言う。しかし外来語は近来に入ってきてまだ外国語のにおいを残している単語をさす場合に主に使われる。

の姿に少しでも近い形態を採ろうという心理も一方では作用するためである。ハングルを新たに創製した際に，漢字音の改革を試みたことも，まさにそのような心理の表れである。今日英語からの借用語を受け入れるときにも，似たような葛藤を経ていると言える。ここではしばらく外国語（特に英語）の異質的な要素が韓国語に受容される際，どのような過程や，どのような葛藤を経て，土着化の道をたどるようになるのか詳しく見てみよう。

借用語はまず音韻論的に韓国語に同化する。代表的な例として，韓国語には子音体系で唇歯音（labiodental）がないために，f, v のような子音を本来の音価のまま受け入れることはできない。したがって violin, foul などを바이올린, 파울のように閉鎖音として受け入れているのである。その結果，韓国語では英語のv：bおよびf：pの対立はなくなってしまう。英語の歯間音（interdental）である th の発音は特に韓国人にはなじみがなく，たいてい s と区分することなくㅅとして受け入れられる。thrill, health club を스릴, 헬스 클럽というのである。ところでこの発音の受容にはいくらかの混乱もあった。mammoth の場合は一時맘모스としていたが，最近になって매머드に変えられた。throw-in, thank you の場合は스로인, 생큐よりは드로인, 댕큐とする傾向が見られる。

一方韓国語には有声子音と無声子音の区別がないために，これらの違いを次の（1）で見るように鮮明に対立をなす平音と有気音に変えて受け入れる。

(1) a. bus—pizza, dam—team, game—key, jam—chip, violin—foul
    b. 버스—피자, 댐—팀,　　게임—키,　잼—칩,　바이올린—파울
このとき，有声子音 b, d, g は表記上ではほとんど平音ㅂ, ㄷ, ㄱ, ㅈに統一されているが，実際の発音では뻐스, 땜, 께임, 쨈のように濃音化されて発音されるのが一般的である。gum の場合は表記でも껌となっている。しかしながら，最近導入された date, gear, boom などは実際の発音としても，데이트, 기어, 붐として実現され，特に blouse, drama, graphのように有声子音の後にすぐ子音が続くときにも블라우스, 드라마,

그래프のように平音としてだけ実現される（そしてvが濃音ㅃで実現されることもない）。このように韓国語にない有声子音の受容にはかなりの困難があったと言うことができるが，このとき，弁別されない2つの音をどちらか一方の音で統合せず，韓国語の体系の中の異なる2つの音で区別して受容する現象は大変特異な現象だと言えよう。

　摩擦音の有声子音と無声子音，zとsを受け入れる方式は少し特異である。上述の閉鎖音の方式なら，zはㅅかㅆとして受け入れることになるはずだが，そうせずにjのような音として認識し，ㅈと対応させるのである。例：줌렌즈（zoom lense），재즈（jazz）。しかし一方，sは閉鎖音の有声音と似た方式で受け入れる（もちろんs系列には有気音がないので，sが閉鎖音の無声子音のように受け入れられるはずもない）。すなわち表記上ではㅅとして統一されているが，実際の発音としてはㅆとして実現されることが多く，사인（sign），세미나（seminar），세일（sale），소스（sauce）などのsはほとんど例外なく싸인，쎄미나，쎄일，쏘스のようにㅆで実現される（ここでもsports, snap, steamなどのsは平音ㅅで実現される）。

　音節末音を受容する過程でもいくつか興味深い現象を見ることができる。英語の音節末閉鎖音はたいていの場合不破音として受け入れられる。それでbag/backが両方とも同じ백（빽）となり，この位置では有声子音と無声子音が全くその差異を表さない。さらに音節末のt, dは奇異なことにㄷではなくㅅで受容されbat, helmet, supermarket, pyramidなどが밷, 헬멧, 슈퍼마켓, 피라밋のように実現されるという特異な様相を見せる。

　しかし時として音節末閉鎖音を他の方式で受け入れる場合もある。hip, hit, moodなどは히프, 히트, 무드として受け入れられるが，いわば，母音ーを後につけることにはなるけれども，音節末閉鎖音を破裂させて受け入れるのである。特にcamp, hint, silkのように音節末に子音が重なる環境では캠프, 힌트, 실크（씰크）のようにこの方式を採る。また音節末が摩擦音であるときには閉鎖音とは異なり，必ずこの方式を採り，例えばquiz, pass, scarf, curveは퀴즈, 패스, 스카프, 커브としてだけ実現さ

れる。

　韓国語では語頭に流音ㄹが来ないという規則があるということは，前（第3章）で指摘したところである。この規則のために中国語から漢字語を借用するときは，語頭のㄹを全てㄴや黙音に変えて受け入れた。例：낙원（楽園）/ 오락（娯楽），이치（理致）/ 도리（道理）。英語から借用語を導入するときにも初期にはこの規則が適用された痕跡がある。radio，lamp を나디(지)오，남포と発音したときがあったのである。しかし最近はこのような頭音法則を適用せず램프（lamp），라디오（radio），로켓（rocket），라이터（lighter）などのようにそのまま語頭のㄹを発音している。ただ韓国語ではｒ：ｌの対立がないために例えばrace，lace は両方とも레이스として受け入れられる。

　ここでひとつ私たちの目を引くのは，借用語が必ずしも受容言語の規則に受動的に同化されるばかりではなく，何らかの変化をもたらすこともありうるという事実である。語頭音ㄹの受容はまさにそのよい事例のひとつと言えよう。借用語の量があまりにも多いので借用語をその元の言語の原音に近い音で受け入れようという意識が自然に作用したためと思われるが，いずれにしても語頭音ㄹの受容は借用語の歴史において一大事件として記録されなければならないことである。

　文法的にも借用語は韓国語の規則に同化される。最も代表的な例として，動詞と形容詞を借用する場合をあげることができる。外国語の動詞や形容詞が韓国語の中に借用されれば，それを語幹としてさまざまな語尾がその後ろに付いて活用しなければならないが，外国語の動詞や形容詞が直接韓国語の語幹になることはない。その代わりに語根の資格に変えられてその後ろに하-を付け足すことによって初めて語幹の資格を得る。jump を例にとれば，점프-고，점프-ㄴ다，점프-면とはできず，점프-하-고（ジャンプして），점프-하-ㄴ다（ジャンプする），점프-하-면（ジャンプすれば）としなければならない。스마트(smart)하다，핸섬(handsome)하다のような形容詞の場合も同様である。漢字語の場合も패(敗)하다，동(動)하다，친(親)하다，급(急)하다，족(足)하다，화려(華麗)하다のような方式が適用される。

韓国語には사랑하다（愛する），깨끗하다（きれいだ）のように語根に하다をつけて動詞や形容詞を作る規則があるが，いわばこの方式に従ったということになる。

　全体的に見て，動詞や形容詞の借用語は，名詞に比べその数が大変貧弱である。これは借用語一般の特徴でもあるが，土着化する過程が名詞に比べ，より複雑なことにもその理由の一部があるかも知れない。副詞や前置詞類の借用語も発見することが難しいが，それらはどうしても外来的なにおいが残り，土着化するのが難しいためであろう。

　既存の固有語があるにもかかわらず，借用語が入ってくる場合もある。その結果'固有語―漢字語―西欧語'という三重の類義語構造をなすこともある。例：모임（集まり）―회합（会合）―미팅（meeting）；자르다（切る）―절단하다（切断する）―커트하다（カットする）．

　しかし一方で借用語が固有語を消滅させたり，固有語を他の意味に追いやったりする結果をもたらすこともある。固有語の뫼（山）が消滅し，산（山）がその位置に代わるようになったり，계집（女）という表現が여자（女子）に押されて，中立的な意味で使われなくなり，卑称としてだけ使われたり，호텔（ホテル）という語が使われるようになって여관（旅館）はより料金が安く，設備も悪い宿泊施設を指す言葉に転用されたことなどが，その例である。こうして見れば，前で語頭音ㄹの受容においても指摘したように，借用語は韓国語の体系に同化しながら，そのすき間を埋めるという消極的な姿勢でだけ参与するというものではなく，かなり積極的な面もあることが分かる。

4.4.2　借用語の時代的背景

　韓国語に借用語が入ってきたのはいつ，どの国から，またどれぐらい入ってきたのだろうか？　ここでは韓国語に借用語が流入してきた様相を時代に沿って見てみることにする。解放〔※植民地支配から解放された1945年8月15日をさす――訳者注〕以後，南北は，分断されたために，言語においても異質化の道を歩んでいるが，特に借用語の受容態度に相当大きな違い

が見られる。北朝鮮語がロシア語からの影響を多く受けていることもその差異のひとつであろう。しかしここでは，とりあえず韓国だけを対象とし，借用語の歴史を見てみようと思う。

　量的に最も多く入ってきており現代の韓国語でも大きな比重を占めているのは，中国語からの借用語である。中国語の借用語はごく一部を除いて，漢字で表記することができ，また実際に直接漢字で表記することも多い。そして，これらをふつう漢字語と呼んでいる。このような特別な名称があることや，原語の文字である漢字で表記する習慣があるということは，韓国語において中国語の借用語が占める比重が特別であることを知らしめてくれる。

　韓国語の全歴史にわたって，中国語は漢字を通して韓国語に絶えず入ってきた。中国語の流入は，おそらく韓半島に国家が成立した初期から始まったであろうと推測されるが，本格的に漢字と漢文の導入が加速化されたのは，統一新羅時代の唐との交流を通してだった。多くの漢文書籍とともに中国の制度，文物を受け入れながら，それにともなう用語と概念などが漢字語として受容された。

　ほとんどの場合，中国語は漢文とともに文語として借用された。直接的な接触によって口語として借用された例ももちろん少なくはない。前で言及した배추（白菜），상추（常菜）や，붓（筆），먹（墨），자주（赤紫色），비단（絹織物）などが代表的な例である。口語として借用された単語は漢字で表記されなかったために，一般人たちは借用語として認識しなかった。붓，먹とともに漢字語である筆（필），墨（묵）も広く使用されたために，붓，먹はまるで'筆，墨'に対応する固有語のように誤った認識をされてもいる。

　このように直接漢字に還元されない借用語[3]は，その起源を明らかにするのが困難な点があり，明らかにならなかっただけで，実際には今まで知

3　したがってこれらは「漢字語」ではない。私たちが「漢字語」と言うときはすぐさま漢字で表記できる場合に限られる。

られているものよりさらに多く存在するとも言える。実際に近来，この部類の借用語を新たに発掘しようという努力によって，新しい目録が増えてきてもいる。しかし口語を通して入ってきた借用語は全体的に見ると極めて微々たる程度であり，中国語からの借用語は大部分がまさに漢字語として入ってきたのである。

特に高麗光宗の代（西暦958年）に科挙の制度を施行したことにより，漢文を通して漢字語が広範囲に流入した。科挙に及第するということが現実的にすべての出世の基準となったので，漢字・漢文の導入は当時の人には意思疎通の補助手段という文字言語の一般的な用途以上の切実な問題であり，このような現象は朝鮮時代末期まで継続した。文字言語の生活が全て漢文によって営まれたために，借用語の流入も自然にその経路を歩んだのである。そしてその分量も増える一方だった。

この時期に入ってきた借用語はほとんど中国語であり，中国語以外の借用語といっても大部分は中国を経て入ってきたために漢字語化して入ってきた。代表的な例が，仏教の伝来とともに入ってきた仏教用語である。例：미륵（弥勒；Maitreya），수미（須弥；sumeru），보리（菩提；bodhi），보살（菩薩＜菩提薩埵；Bodhisattva）。中国を通して入ってきた仏教用語の中には，長い間使用されてきながら，話し手たちに外来要素という意識がないものも多い。例を挙げれば，梵語であるMaitreyaが漢字語化し미륵として入ってきたのだが，これは再び長い歳月話し手たちに使われてきた間にその音が改変され，民間では미력と呼ばれもした。仏教用語の中で미력のように発音が改変され外来語という意識なく使われてきた例としては，짐승（＜衆生），부처（＜仏陀），동냥（＜動鈴），건달（＜乾達婆）などがある。これらは起源的には梵語からの借用語であろうが，厳密には中国語からの借用と言わなければならないであろう。

高麗時代には漢字語の他にも，13，4世紀に元との接触を通してモンゴル語が流入してきた。特に当時の政治社会的な環境によって官職名，軍事用語をはじめ，馬，鷹に関連する語彙が主流をなす。そのうち現在までその痕跡を残している例が보라매（狩り用の鷹）であるが，보라매はモンゴル

語の借用語보라（秋鷹；boro）に固有語の매がついて作られた混種語（hybrid）である。一方咸鏡道の地名には女真語の影響が残っている。두만강（豆満江）は tümen（万）から，종성（鍾城）は tungken（鍾，鼓）から来たものと推測されている。また，近代韓国語の時期には清との接触で満州語が入ってきた。しかし現在まで残っている満州語系統の借用語は探すことが難しい。

　この時期には西洋の新しい文物が中国を通してその用語とともに入ってきはじめたが，それらは中国語でも短期間のうちに作られた新しい漢字語の用語としてであった。今日，キリスト教や天主教で用いられる성경（聖経），천주（天主），복음（福音），성모（聖母），주일（主日）などが，17，8世紀ごろから韓国語で使われはじめ，자명종（自鳴鍾），천리경（千里鏡；現代語では망원경（望遠鏡））などの単語も実物とともにこの頃に入ってきた。

　20世紀を目前にした開化期の頃から，借用語は新たな局面を迎えた。世界との接触が多様化し，開放の門も大きく開かれ，何よりも日本語の影響を大きく受けるようになった。さらに1910年から36年間，日本の支配下に置かれるようになり，日本語の影響は絶対的になった。日本語が公用語となり，すべての教育が日本語で行われた。解放以後もこのような日本語からの影響が大きく残っているということは容易に推測できる。

　しかし現在日本語からの借用語は推測されるよりかなり少ない。事実，日本統治時代に日本によって強要された日本語は，私たちの必要によって受け入れた外来語ではなくて，外国語であった。そしてそれは韓国国民には過去の傷跡を思い出させる気分の悪い外国語であった。そのような特殊な事情によって，解放以降，今日まで日本語の残滓を無くそうという運動が根気強く展開されている。その結果，日本統治時代に入ってきた日本語の中でも，日常用語はほとんど全て清算される段階にいたった。벤또（弁当），스메끼리（つめきり），사라（皿），우와기（上着）など近来までも勢力を失わなかったものも，代替語である도시락，손톱깎이，접시，윗도리（윗옷）などに完全に席を譲った。

　しかしいまだに一部の特殊分野，つまり，服飾分野をはじめとする製造業分野や建築，印刷技術をはじめ，理髪店，美容院などで使われる用語に，

日本語が比較的多く残っている。これらはほとんど辞書に標準語として載せられることはなく，また各分野で根気強く純粋な韓国語，もしくはむしろ西欧語系列の語彙に変えようとする努力を継続して繰り広げているために，いずれ使われなくなるだろうが，現場ではその生命力を依然として強く保っている。そして一方では解放以降新たに日本語から借用語を取り入れてもいる。特に西欧語を翻訳した漢字語がその主流をなしているが，例えば言語学の用語である형태소（形態素），음운론（音韻論），생성문법（生成文法）などはそれぞれ morpheme, phonology, generative grammar の日本式翻訳語を受け入れたものである。そして아파트（アパート），볼펜（ボールペン），핸들（ハンドル）なども apartment, ballpoint pen, steering wheel の日本語化された英語を受け入れたものである。日本語からの借用語は韓国人の強い防御態勢にもかかわらず，全面的にみた場合，その比重が少ないとは言い難い。

　しかし解放以後，西欧，特にアメリカとの交流が急速に増え，借用語の供給地はほとんど完全にアメリカに代わり，それによって日本語の影響は相対的に急激に減った。日本統治時代には西欧語も日本語化されたものが入ってきて，도라꾸（truck），스게또（skate），도라무（drum）式だったが，日本語の残滓を排除する作業はこのような借用語にまで拡大され，今日では트럭，스케이트，드럼のように変えられた。また前でも少し見たが，日本語を韓国語に変えることができなければ，英語に変え，에리（襟），조시（調子）などが칼라（collar），컨디션（condition）に代替された。そうして解放以降今日までは，英語からの借用語が韓国語の借用語の新しい強者として君臨している。

　英語からの借用語は，その数も多く，その種類もさまざまな分野にわたっている。これまですでに多くの例が提示されているが，そのうち代表的なものをいくつかの分野に分けて例示すれば次のようになる。

(3)　a.　衣料；넥타이（ネクタイ），셔츠（シャツ），스커트（スカート），스타킹（ストッキング），블라우스（ブラウス），투피스（ツーピース），핸드백（ハンドバッグ），벨트（ベルト）

b. 飲食；아이스크림 (アイスクリーム), 케이크 (ケーキ), 커피 (コーヒー), 크림 (クリーム), 주스 (ジュース), 햄버거 (ハンバーガー), 피자 (ピザ), 스푼 (スプーン), 나이프 (ナイフ)

c. 電気；안테나 (アンテナ), 텔레비전 (テレビ), 앰프 (アンプ), 스피커 (スピーカー), 컴퓨터 (コンピュータ), 소프트웨어 (ソフトウェア), 칩 (チップ)

d. 自動車；택시 (タクシー), 타이어 (タイヤ), 배터리 (バッテリー), 기어 (ギア), 범퍼 (バンパー), 브레이크 (ブレーキ), 헤드라이트 (ヘッドライト), 엔진 (エンジン)

e. スポーツ；홈런 (ホームラン), 스트라이크 (ストライク), 아웃 (アウト), 골인 (ゴールイン), 테니스 (テニス), 라켓 (ラケット), 네트 (ネット), 트랙 (トラック), 마라톤 (マラソン)

f. 社会活動；뉴스 (ニュース), 퀴즈 (クイズ), 리포트 (レポート), 세미나 (セミナー), 심포지엄 (シンポジウム), 브리핑 (ブリーフィング), 미팅 (ミーティング), 스캔들 (スキャンダル)

g. その他；드라마 (ドラマ), 세일 (セール), 테러 (テロ), 프로그램 (プログラム), 파트너 (パートナー), 룰 (ルール), 힌트 (ヒット), 리더십 (リーダーシップ), 이미지 (イメージ), 카테고리 (カテゴリー), 차트 (チャート), 인턴 (インターン), 카운슬러 (カウンセラー), 저널리즘 (ジャーナリズム)

英語からの借用語は現在でも引き続き増え続け，専門分野ではもちろん，日常生活でもその使用の比重が少しずつ大きくなっている。場合によっては英語を借用語としてより，最初から外国語として使用することもある。たとえばテニスの試合でスコアをカウントするとき，피프틴 (fifteen), 서티 (thirty), 포티 (forty), 러브 (love) のように言うのが一般化している。스터디(study)한다 (スタディする), 컨펌(confirm)한다 (コンファームする), 리저베이션 (reservation) (リザベーション) など，まだ借用語として定着していないながらも，特に有識者層でしばしば使用される語彙や表現もかなり多い。外来語の氾濫に対して警戒し，それを阻止しようとする努力が持続的

に進行しているが，英語の影響は今後も減少するようには思われない。

4.4.3 漢字語

　上で指摘したように，借用語のうち中国語からの借用語，その中でも漢字語は語彙体系内で特別な地位を占めている。漢字語も本来は借用語であったが，長い歳月を経て，韓国語の中に流入し使われている間に本来の中国音で読まれることはなく，全て韓国語の音韻体系に同化して韓国の漢字音で読まれている（2.6 参照）。それだけではなく，固有語と自由に結合して新しい単語を形成するなど韓国語の中で活発な生産力を持っていて，多くの場合話し手たちに外来要素という異質的な感じも与えない。そのため韓国語で「外来語」と言えば，中国語からの借用語を含めないことが一般的で，これを別に「漢字語」と呼ぶ。漢字語は韓国語での使用比重も高く，歴史的にも他の借用語と比較できない位置を占めてきたために，ここで漢字語が韓国語の中で持っている特性をもう一度詳しく見ておくことにする。

　現代韓国語において漢字語は，むしろ固有語よりも大きな比率を占めている。近来若い層ではしだいに漢字語をあまり使わない傾向が見られ，伝統的に漢字のみで付けられてきた名前や商店の名前などを固有語で付けるような新しい風潮が広がってきているものの，漢字使用の急激な低下（2.6 参照）とは異なり，漢字語の使用が今後大きく減少することを期待するのは難しいといえよう。

　今日韓国語の語彙体系内において，漢字語が固有語より大きな比重を占めてきた理由はいろいろあろうが，その中のひとつとして，固有語に比べ漢字語が単語の形成において制約を受けにくいという点が挙げられよう。造語法の観点から見るとき，漢字語は複合概念を１つの単語（複合語）の中で総合して表現することに適した特性を持っている。固有語は複合的な概念を１つの単語の中に包括するにあたって，形態論的な制約が異なる。韓国語は膠着語として，単語が文の中で持っているさまざまの関係が，語幹と接辞との結合によって示される。したがって形態素の結合の順序に制

約が多く，複合概念が１つの単語として表現されるよりは句や節をなすことが多い。これに対し漢字は文字１つ１つに原則的に独立性があり，品詞が固定的に与えられていないので融通性が大きい。すなわち１つの文字が他の文字と結合するとき，その機能に制限がほとんどない。例を挙げれば，‘好’は‘好感，好機’では形容詞，‘好奇心，好酒’では動詞，‘好悪’では名詞，‘好景気，好時節’では接頭辞として用いられる。その上，語形変化や接辞がなく，必要な文字を複合語の前であれ後ろであれ，自由に配置することができる。

(1) 　学校―校訓―訓戒―戒律―律法―法律
(2) 　a. 国家，国歌，国境，国庫，国交，国軍，国権，国旗，国基
　　　b. 強国，小国，開国，愛国，祖国，自国，他国，美国，中国

　固有語では，長さも長く，構成も複雑な統語的な構成で表現しなければならない概念が，漢字語では簡単に１つの単語として表現することができる場合が多い。例：애연가（愛煙家）―담배를 즐기는 사람（タバコを好んで吸う人）；등산（登山）―산에 오름（山に登ること）；등산가（登山家）―산에 오르는 일을 취미 또는 직업으로 삼는 사람（山に登ることを趣味または職業としている人）。このような特性のために，新しい概念を立てる必要があるときは，その名称として漢字語を好んで使ってきた傾向があることはやむを得ないことかも知れない。今も地名，官職名，人名，団体名，学術用語など多くの新しい名称は，主に漢字語で作られているのが現実である。

　また漢字語は，だいたいにおいて固有語に比べてその意味がさらに細分化され，具体的な面もある。つまり固有語で表現するのが難しい意味の違いを，漢字語でより明確に表すことができる場合が多い。例を挙げれば，固有語である앞（前）は空間的，時間的な概念によく使われるが，時間的な概念を表す場合，文脈によって過去と未来の両方を表し，その意味が大変包括的で漠然としている。要するに앞서 약속한 대로（前に約束したように）で앞は過去であるが，앞날을 설계하자（将来を設計しよう）の앞は未来となるのである。しかし漢字語は次のように，固有語の앞の細分化された意味を１つ１つ異なる表現で区別して表すことができるのである。その概念を

明確に表す必要がある専門語，学術用語，翻訳語などで固有語より，漢字語がより多く使用されているのは，まさに漢字語のこのような特性のためであろう。

(3) a. 前面，前方
　　 b. 先鋒，先頭，先発
　　 c. 前，以前，過去，前日
　　 d. 後，以後，未来，後日

漢字は略語を作るのも簡単である。例：高麗大学―高大，医科大学校―医大，医科大学校学生―医大生，大韓民国―韓国，株主総会―株総。それに対して固有語は語幹の一部や，接辞の一部だけを切り離して新しい単語を作ることは原則的に不可能であるので，略語を作ることがたやすくない。例：밤나무겨우살이（栗の木に寄生する宿り木）―＊밤나겨。漢字語のこのような特徴も韓国語の語彙の中で漢字語の比重を大きくするひとつの要因となっているであろう。

漢字は漢字だけで新しい単語を作るにとどまらず，固有語と融合して一種の混種語を作ることも多い。特に漢字語が語根になり，固有語の接辞と結合して単語を形成することはごく一般的で，また固有語に漢字語が結合する場合もよくあることである。それほど漢字語は異邦的な存在というより，すでに韓国語とよく混ざり合って自由自在に活動していると言えよう。

(4) a. 된醬 (味噌油)，밥床 (食膳)，窓살 (窓格子)，洋담배 (西洋たばこ)，
　　　 門설柱 (門や開き戸を固定するわき柱)
　　 b. 正確하다(正確だ)，明快하게(明快に)，工夫하며(勉強し)，헛手苦 (徒労)，甚히 (はなはだしく)，代代로 (代々に)
　　 c. 洋춤 (ダンス)，胡주머니 (ポケット)，唐나귀 (ロバ)，媤어머니 (姑)

漢字語のなかには中国語の文法としては句以上の単位でありながら，韓国語では１つの単語として機能する例もある。例：좌우간 (左右間：ともかく)，심지어 (甚至於：はなはだしきにいたっては)，어차피 (於此彼：結局は)。これらは韓国語では文副詞として機能するが，主にハングルで表記され，一単語として扱われる。これら以外にも中国語文法としては句や文章

でありながら，韓国語の中で使用されるときには，単語の資格を持つ場合がたくさんある。例を挙げればあ무리 타일러봐야 우이독경（牛耳読経）이야（いくら言い聞かせても馬の耳に念仏だ）のような表現で，우이독경이야（牛耳読経だ）は韓国語の文法では「役に立たない」という意味を持つ述語になる。소 귀에 경을 읽는다（牛の耳にお経を読む）のような文に還元して우이독경が内包文として解釈されたりはしない。このような漢字語慣用句は主に四文字で成句をなす。例：민호와 수미는 견원지간（犬猿之間）이다（ミンホとスミは犬猿の仲だ）；한국 사람들은 칠석날 저녁에는 십상팔구（十常八九）비가 온다고 믿는다.（韓国人は七夕の夜には十中八九雨が降ると信じている。）

　漢字語に同じ意味の固有語が付け加わった同義重複によって新しい単語を作ることもある。例：담牆（塀），모래沙場（砂原），洋屋집（西洋風の家屋），三月달（3月），駅前앞（駅前），속内衣（肌着）。これらの例には同じ意味の形態が不必要に重複されているが，意味の強化と修辞的技巧が結合され，このような表現を作り出していると解釈される。このような現象が固有語同士では起こらず，漢字語と固有語の間で起きている事実は，漢字語がどれだけ韓国語の中に溶け込んでいると言っても，話し手たちは相変わらず異質的な言語要素として受け取っていることを意味している。このような同義重複語の例は固有語と借用語の間でも探すことができる。例：빵떡（ポルトガル語のpão＋떡（餅）：パン［口語］），모찌떡（日本語のもち＋떡（餅）：大福餅（찹쌀떡に醇化））。また西欧語の借用語に漢字語が重複された単語も作られているが，韓国語話者には西欧語の借用語よりは漢字語がどうしても意味上分かりやすく受け入れられるためではないかと思われる。例：테니스 코트場（テニスコート場），풀場（プール場）。

　漢字語は音韻論的に，あるいは文法的に韓国語の中に混ざって使われるが，韓国語（SOV語順）と異なる中国語の語順（SVO）を反映している。例：登山，下山，愛国，送球。ここで'登山'は산을（에）오르다（山に登る）であるので，韓国語の語順に従えば'山登'にならなければならないが，中国語の語順を維持して，'登山'になるのである。このように漢字語は

韓国語の中に完全には同化せずに，中国語としての特性を維持している一面もあるほど，韓国語の中での漢字語の位置は単純な借用語の水準を超えた特異な点がある。

【参考文献】

강신항 (1985, 1991), 김광해 (1989), 김규철 (1990), 김영석·이상억 (1992), 김완진 (1970), 김창섭 (1996), 남기심·고영근 (1985), 남풍현 (1985), 노명희 (1990), 서재극 (1970), 송철의 (1992), 심재기 (1982, 1987), 이기문 (1991), 이석주 (1989), 이익섭 (1968, 1982, 1986), 이익섭·임홍빈 (1983), 이희승 (1955), 채완 (1983, 1986).

第5章
文構造

문장 구조

5.1 助詞

　助詞は主に名詞に添加され，その名詞の格（case）を表示することが主たる機能の品詞である。助詞には格表示と無関係な，ただある特定の意味だけを付加する，いわゆる特殊助詞もある。その特殊助詞と区別するため，格表示機能を担当する助詞を別に格助詞と呼ぶが，ここでは何の前提もなしに助詞と言うときは，大部分格助詞を指す。

　助詞が名詞と結合し，その名詞の格を表示する点は，西欧語（例えばドイツ語やラテン語）の曲用語尾と似ているが，助詞は曲用語尾とみなすには自立性が強い。しかし一般の単語に比べれば自立性が不足していて，必ず名詞と結合しなければ文に現れることができない。また名詞は助詞がなくても格が表示でき，助詞に依存的ではない。韓国語の助詞と印欧語の格語尾は，まずこのような点で区別される。さらには助詞は名詞以外の単語や節に添加されることもある。

　(1)　장미꽃이 아름답다.（名詞の後）（バラの花が美しい。）
　(2)　장미꽃이 예쁘지가 않다.（形容詞の活用形の後）

　　　　（バラの花がきれいでない。）
　(3)　무슨 꽃이 가장 아름다운가를 생각해 보아라. (内包文の後)
　　　　（何の花が一番美しいかを考えてみよ。）

　すぐ上で指摘したように，助詞は省略されることもある。すなわち韓国語の格は助詞によって表示されるのが一般的であるが，ときには形態論的な表示がなく語順で表示されることもある。しかし格助詞が現れないのは，次の（4）で見るように，助詞がなくても格の関係が明らかであるときに限られる。（5）のように名詞句の数が多くて，語順で各名詞句の意味関係がはっきりと分かりにくいときは，必ず助詞が用いられる。また文語では格助詞が全て表示されるのが一般的であり，格助詞が省略されるのは主に口語で，文が短い場合が普通である。格助詞がなくても，格の関係が表示できるのは，主に主格，対格，属格であるが，その他の格でも適切な条件が与えられれば省略することが可能である。しかし（6）で見るように1つの文に主格，属格，対格がともに現れるときは，全て省略されるよりは，1つが用いられる方が自然であり，その中でも（6c）のように主格助詞が現れる場合が最も自然である。（6d）のように対格助詞だけが用いられると，수미 동생（スミの弟（妹））가 책（本）を修飾する構造と理解され，X가 수미의 동생의 책을 읽는다(Xがスミの弟（妹）の本を読む）という意味になり，本来の意味と異なってしまう。

　(4)　a.　영희가 학교에 간다. （ヨンヒが学校に行く。）
　　　　b.　영희 학교 간다. （ヨンヒ学校行く。）
　(5)　a.　목수가 아들과 나무로 책상을 만든다. （大工が息子と木で机を作る。）
　　　　b.　*목수 아들 나무 책상 만든다. （*大工息子木机作る。）
　(6)　a.　수미의 동생이 책을 읽는다. （スミの弟（妹）が本を読む。）
　　　　b.　?수미의 동생 책 읽는다. （?スミの弟（妹）本読む。）
　　　　c.　수미 동생이 책 읽는다. （スミ（の）弟（妹）が本読む。）
　　　　d.　*수미 동생 책을 읽는다. （*スミ弟（妹）本を読む。）

　格助詞の省略は文の統辞構造と意味構造，語用論的な要因が複雑に作用する現象なので，格によってその条件が異なる。また格助詞が用いられた

場合と省略された場合，その概念的な意味は同じであるといっても文体的な意味は多少異なる。(7)で見るように，格助詞がなくても文脈が明らかである場合は，格助詞が使われれば，該当の名詞句に意味上の焦点が置かれるようになる。

(7) 　a. 나 서울 가요. （中立的）（私ソウル行きます。）
　　　b. 내가 서울 가요. （他の人ではなく）（私がソウル行きます。）
　　　c. 나 서울에 가요. （他の場所ではなく）（私ソウルに行きます。）

ではこれから助詞ひとつひとつの特徴を個別的に見ていくことにしよう。特殊助詞は後で別に扱うとして，ここではまず格助詞から見ていくことにするが，これをさらに主格，対格，属格，処格，具格，共同格，呼格に分けて説明することにする。

5.1.1　格助詞

5.1.1.1　主格助詞

主格（nominative）に用いられる助詞は이/가，께서があるが，이/가は音韻論的条件により，母音の後ろでは가，子音の後ろでは이が用いられ，께서は尊称名詞の後ろで用いられる。

(1)　비가 온다. （雨が降る。）
(2)　바람이 시원하다. （風がさわやかだ。）
(3)　할아버지께서 오랜만에 유쾌하게 웃으신다.
　　　（おじいさんが久しぶりに愉快そうにお笑いになっている。）

団体名詞が主語になるとき，主格助詞の位置に에서が用いられる場合があるが，これは処格助詞에서の特別な用法と解釈される。그 단체에서 누군가가（その団体で誰かが）の意味と解釈されるものである。とはいっても団体名詞が에서によって主語の役割をする現象自体は注目する必要がある。

(4)　a. 자선 단체에서 양로원에 위문품을 보냈다.
　　　（慈善団体が養老院に慰問品を送った。）

b. 국회에서 새 예산안을 만장일치로 통과시켰다.
   (国会が新たな予算案を満場一致で通過させた。)

이/가が結合された名詞句が必ずしも主語であるとは限らない（以下가で代表する）。A 가 B 가 되다/아니다 (A が B になる／ではない)のような文でBは補語となる。

(5) 김민호 씨가 사장이 되었다. (キム・ミンホ氏が社長になった。)

述語が補語を必要としないときも가が結合された名詞句が1文に2回現れる場合があるが，このような文をよく二重主語文という。

(6) 영희가 얼굴이 참 예쁘구나. (ヨンヒが顔がとてもかわいらしいな。)
(7) 할아버지가 무슨 돈이 많으시겠니?
    (おじいさんがどんなお金がたくさんおありだろうか？［お持ちではない］)
(8) 아파트가 난방이 잘 된다. (アパートが暖房がよく効く。)

二重主語文は叙述語1つに主語が2つ対応するもののように見える特異な現象である。この現象はとりわけ特異で，今までも特別な注目を集めてきたが，これに対する解釈はいまだに結論が出ていない状態で，いくつかの説に分かれている。名前どおりに，1つの文に主語が2つある特殊な文型だというのが1つの解釈である。このときには大主語，小主語という概念も動員される。(6)の場合，영희가(ヨンヒが)はその文の全体を支配する大主語であり，얼굴이(顔が)は예쁘구나(かわいらしいな)だけを支配する小主語というものである。大主語の概念と関連して，(7)のように，主語を高めるとき使われる-시-が할아버지と呼応して出現する現象は特に注目すべきである。

もう1つの解釈は，たとえ主格助詞が連結されたとしても，2つのうち1つは真の主語ではない他の成分が表面上主格助詞をとっているだけだという解釈である。このとき(6),(7),(8)は，(6)',(7)',(8)'のような構造と解釈される。

(6)' 영희의 얼굴이 참 예쁘구나. (ヨンヒの顔がとてもかわいらしいな。)
(7)' 할아버지에게 무슨 돈이 많으시겠니?
    (おじいさんにどんなお金がたくさんおありだろうか？)

(8)'　아파트에 난방이 잘 된다．（アパートに暖房がよく効く。）

　以上の2つの解釈以外にも有力な解釈がもう1つある。前の主語が述語節を支配しているという解釈がそれである。すなわち얼굴이 예쁘다（顔がかわいい）や난방이 잘 된다（暖房がよく効く）などは節であり，いわゆるこれらの二重主語文は単文ではなく，述語の位置に述語節が置かれた複文だという解釈である。

　以上のいかなる解釈に従ったとしても，韓国語に(6)〜(8)のような類型の文，すなわち少なくとも表面的には主語を2個持っているいわゆる二重主語文があるという事実は十分に強調されるべき現象である。日本語に酷似した現象があり，中国語にも類似の現象があることが知られてはいるが，この文型は私たちの通念から外れる大変特徴的な文型である。理解のためにこの文型に属する代表的な例文をいくつか見ることにしよう。

(9)　a. 민호가 내 친구들 중에서 고집이 가장 세다．
　　　　（ミンホが私の友達のなかで一番強情だ［直訳：固執が強い］）
　　b. 어린 사람이 몸가짐이 의젓하구나．
　　　　（幼い者が身のこなしが堂々としているな。）
　　c. 누구나 젊었을 때는 큰 꿈이 있다．
　　　　（誰でも若いときは大きな夢がある。）
　　d. 언니가 요즈음 기가 많이 꺾였어．（お姉さんが最近元気がない。）

　前の二重主語文と似た類型を見せる次の(10a)のような文型もある。しかしこの文型は名詞句と数量詞句が同格構造をなす場合であり，(11a)で見るように，主格の他に対格助詞もそのような構成をなす。また(10b, c)，(11b, c)で見るように，このような構成では2回使われる格助詞のうち，どちらか一方を省略しても自然である。すなわち普通の二重主語文とは異なるもう1つの特異な文型である。

(10)　a. 학생이 두 명이 지각했다．（学生が2名が遅刻した。）
　　　b. 학생 두 명이 지각했다．（学生2名が遅刻した。）
　　　c. 학생이 두 명 지각했다．（学生が2名遅刻した。）
(11)　a. 나는 장미를 열 송이를 샀다．（私はバラを10本を買った。）

　　　　b. 나는 장미를 열 송이 샀다．（私はバラを10本買った。）
　　　　c. 나는 장미 열 송이를 샀다．（私はバラ10本を買った。）
　上の例のように，1つの述語に主語が2つあるように見える現象がある一方で，述語だけがあり主語が現れない文も韓国語にはよくある。韓国語では，文脈や状況によって明らかに理解できる主語は省略する場合が多い。ところが時には与えられた述語と呼応する主語を設定する（回復する）ことが難しい場合も多く，そんな場合には主語が省略されたと見なければならないのか，はじめから主語がない文が韓国語で可能なのかどうかも，ひとつの議論の材料になっている。次の (12) では，それぞれ一人称，二人称の主語が省略されている。しかし (13) では큰일이다（困ったものだ）の主語が現れていないが，その主語を何と設定すべきか，もし省略されているとすれば何が省略されているのか文脈を見ても明らかではない。

(12)　A：(너) 어디 가니？ ((お前) どこへ行くの？)
　　　B：응，(나) 학교 가．(うん，僕は) 学校へ行く。)
(13)　청소년들이 너무 무기력해서 (？가) 큰일이다．
　　　(青少年たちがあまりに無気力で (？が) 困ったものだ。)

　가は主語表示という文法的な機能をするだけのものではなく，それなりの意味機能を持っている。가は新しい情報を表し，'他ならぬXが'という排他的な意味を表しもする。これと同じ意味を伴わない中立的な記述では助詞가が省略できるが，新しい情報や排他的な意味の가は省略されない。またこのときには가が連結された名詞句自体も省略されることはない。

(14)　A：흥부와 놀부 중에 누가 재산이 많으니？
　　　　　(フンブとノルブのうちでどちらが財産が多いか？)
　　　B：a. 놀부가 재산이 많다．(ノルブが財産が多い。)
　　　　　b. *놀부 재산이 많다．(*ノルブ財産が多い。)
　　　　　c. *재산이 많다．(*財産が多い。)
(15)　A：이 세상에서 가장 아름다운 사람이 누구지？
　　　　　(この世で一番美しい人は誰なの？)
　　　B：a. 백설공주가 가장 아름다워요．(白雪姫が一番美しいです。)

b. *백설공주 가장 아름다워요. (*白雪姫一番美しいです。)
c. *가장 아름다워요. (*一番美しいです。)

　一方，가は次のように動詞の活用形に連結することもあるが，このときの가は主格助詞と見なすことはできない。가の代わりに를を使ってもほとんど意味の差異なく成立するが，このときの를を対格と見ることができないのは가を主格と見ることができないことと同様である。

(16)　요즘은 밥이 통 먹히지가(를) 않아.
　　　（最近はご飯が全然食べられない。）
(17)　나는 그 사람을 만나고 싶지가(를) 않아.
　　　（私はその人に会いたくない。）

　このような가，를の用法をどのように解釈すればよいかはいまだに結論が出ていない課題であるが，それほど韓国語の助詞は複合的な機能を持っていると見なければならない。

5.1.1.2　対格助詞

　他動詞文の目的語を表示する対格（accusative）に使われる助詞は을/를であり，音韻論的条件に従って母音の後ろでは를，子音の後ろでは을が使われる（以下를で代表する）。

(1)　수미가 책을 읽는다. （スミが本を読む。）
(2)　수미가 차를 마신다. （スミがお茶を飲む。）

　ところで를は必ずしも目的語にだけ連結するのではなく，'対格'助詞と呼ぶのはその代表的な機能を言っているのである。前節の最後で見たように，目的語とみなすことが難しい場合に를が使われる例も多い。また，他動詞文で1つの動詞に対して〈名詞＋를〉が2回現れ，そのうちの1つは真正の目的語とみなすことができない場合がある。このとき，どちらか一方は目的語ではない他の成分が表面的に를をとるものと解釈される。

(3)　민호가 수미를 손을 잡았다. （수미의（スミの））
　　　（ミンホがスミ［＋対格助詞］手を握った。）
(4)　민호가 수미를 선물을 주었다. （수미에게（スミに））

　　　　（ミンホがスミ［＋対格助詞］贈り物を贈った。）
　(5)　민호가 수미를 아내를 삼았다．（아내로（妻に））
　　　　（ミンホがスミを妻［＋対格助詞］した。）

　目的語をとることのできない自動詞文に'를名詞句'が現れる場合もある。このときの를は処格を表すが，〈名詞句＋를 自動詞句〉構成で名詞句と動詞句はそれぞれ制限された部類だけが許容される。動詞の中では가다（行く），기어가다（這っていく），다니다（通う），걷다（歩く），건너다（渡る），날다（飛ぶ），내려가다（降りる），돌아다니다（歩き回る），오르다（登る），떠나다（旅立つ），지나다（過ぎる）などの移動動詞がこのような構成の述語になる。そして名詞のうちでは場所名詞や時間，空間の量を表す名詞，または動作性を帯びた名詞がこのような構成をなす。
　(6)　수미가 {학교, 시장, 바닷가, 외국}를 자주 간다．
　　　　（スミが{学校, 市場, 海辺, 外国}によく行く。）
　(7)　수미가 {두 시간, 10km}를 걸었다．（スミが{2時間, 10km}歩いた。）
　(8)　수미가 오늘도 {등산, 구경, 해수욕, 낚시}를 갔다．
　　　　（スミが今日も{登山, 見物, 海水浴, 釣り}に行った。）

　(7)で를が時間の量を表す名詞句に連結されるときは를だけでなく，에も許容されるが，その意味は異なる。すなわち두 시간을 걸었다は歩くという動作を2時間継続したという意味であり，두 시간에 걸었다は一定の距離を2時間かけて歩いたという意味になる。しかし空間の量を表す名詞句に를が連結された構成では에，로が許容されない。例：＊10km 로 걸었다；＊10km 에 걸었다．

　(8)のような構成でも를以外の他の助詞は連結することができない。例：＊등산에 간다；＊등산으로 간다．このような構成の意味はその名詞句が意味する動作を遂行するため特定の場所に行くという意味であるが，その場所は省略されるのが一般的である。その理由は，釣りは釣り場で，登山は山で，海水浴は海水浴場でするので，その場所がほとんど一定であるためだと推測される。

5.1.1.3　属格助詞

　属格（genitive）は助詞의によって表示される。의は2つの名詞句を結合するという点で，名詞と述語の関係を表示する格助詞の一般的な機能とは区別される特性を持つ。의によって結合された名詞句の意味関係は大変多様で，一言で規定するのが難しい。代表的な意味関係を例に挙げながら見てみよう。

(1)　이것은 나의 책이다.（所有）（これは私の本だ。）
(2)　수미는 나의 친구이다.（関係）（スミは私の友達だ。）
(3)　지리산의 천왕봉이 구름에 덮였다.（所在）
　　　（智異山の天王峰が雲に覆われた。）
(4)　제주도의 조랑말이 천연기념물로 지정되었다.（生産地）
　　　（済州島のチョラン馬が天然記念物に指定された。）
(5)　충무공의 거북선이 지폐 도안으로 채택되었다.（製作者）
　　　（忠武公の亀甲船が紙幣の図案として採用された。）
(6)　우리 팀의 주장이 오늘 은퇴했다.（所属）
　　　（我がチームの主将が今日引退した。）
(7)　창 밖에서 사랑의 노래를 부르는 사람이 누굴까?（題材）
　　　（窓の外で愛の歌を歌っている人は誰だろう。）
(8)　카레이서가 사막에서 죽음의 여행을 마치고 돌아왔다.（比喩）
　　　（カーレーサーが砂漠から死の旅行を終えて帰ってきた。）
(9)　이제 남북한의 통일도 멀지 않았다.（主体）
　　　（今や南北朝鮮の統一も遠くない。）

　次の(10)のように数量詞句の構成に現れる의は特別な意味機能を果たさず，ただ数量詞句と名詞句を結びつける役割だけである。(11)でも의は特定の意味機能を表すというよりは，名詞句と名詞句の意味関係が明らかで，その意味関係を具体的に明示しなくても文脈に混乱が起きないとき，その名詞句と名詞句を直接連結させる程度の役割をするだけである。

(10)　한 잔의 차가 생활에 여유를 준다.（一杯の茶が生活に余裕を与える。）
(11)　a. 독서의 계절-독서를 하기에 좋은 계절

(読書の季節―読書をするのによい季節)
　　　　　b. 사랑의 상처–사랑이 만든 상처（愛の傷跡―愛が作った傷跡）

これ以外にも의は名詞句の意味関係をはっきりと明示するというより，むしろ曖昧に包括的に表現しようとするときも用いられる。次の（12）の오늘의 요리（今日の料理）は下に提示したすべての意味で用いられうるものである。

(12)　오늘의 요리（今日の料理）――
　　　　오늘 먹게 될 요리（今日食べることになる料理）；
　　　　오늘 만들 요리（今日作る料理）；
　　　　오늘 먹기 적합한 요리（今日食べるに適した料理）；
　　　　오늘 소개할 요리（今日紹介する料理）；
　　　　오늘 먹은 요리（今日食べた料理）；
　　　　오늘 먹은（을）요리 중에서 가장 맛있는 요리…
　　　（今日食べた（る）料理の中で一番おいしい料理）…

의は名詞に助詞が結合された構成にさらに付け加わり，前で説明したような機能を遂行しもする。次の（13）で하와이에서（ハワイで）と바다로부터（海から）は名詞を直接修飾できない。名詞を修飾するときには必ずここに再び의がつかねばならない。この点，英語では a night in Hawaii や gift from the sea のように前置詞句が of の助けなしで名詞を修飾することができるのと対照的である。結論的に言えば韓国語の属格助詞의は基本的に名詞句と名詞句を結合する機能を持ち，このとき의によって結合される2つの名詞句は〈修飾語＋被修飾語〉構成として，より大きな名詞句をなすと要約することができる。

(13)　a. 하와이에서의 하룻밤／*하와이에서 하룻밤
　　　　　（ハワイでの一夜／*ハワイで一夜）
　　　b. 바다로부터의 선물／*바다로부터 선물
　　　　　（海からの贈り物／*海から贈り物）

5.1.1.4 処格助詞

処格助詞 (locative) は場所, 時間的範囲, 空間的範囲, 指向点などを表すが, 処格を表す助詞は에が代表的であり, その他にも에게, 께, 한테, 더러などがある。

에は次の例文で見られるようにさまざまな文脈で用いられる。しかしそのような差異は에自体の多義性のためというよりは, 에名詞句と述語の統合関係から生じたものと思われる。要するに, A가 B에 있다 (AがBにある) のように状態動詞が述語ならば場所の意味を表し, A가 B에 간다 (AがBに行く) のように移動動詞が述語ならば指向点の意味を表す。

(1) 산에 나무가 많다. (場所) (山に木が多い。)
(2) 수미가 학교에 간다. (指向点) (スミが学校に行く。)
(3) 내일 오후 두 시에 만납시다. (時点) (明日の午後2時に会いましょう。)
(4) 이 시계는 하루에 1분씩 빨리 간다. (時間的範囲)
 (この時計は1日に1分ずつ進む。)
(5) 구청에서 10m에 한 그루씩 가로수를 심었다. (空間的範囲)
 (区役所から10mごとに1本ずつ街路樹を植えた。)
(6) 수미는 천둥소리에 깜짝 놀랐다. (原因)
 (スミは雷の音にびっくりした。)

에は特定の動詞の活用形と結合し, 慣用句を形成することもある。すなわち〜에 비하여 (〜に比べ), 〜에 대하여 (〜について), 〜에 따라 (〜にしたがい), 〜에 의하여 (〜により), 〜에 의하면 (〜によれば), 〜에 관하여 (〜に関して) などであるが, このときの에は処格的な意味が現れない。

(7) 형에 비하여 동생이 낫다. (兄に比べ弟が優れている。)
(8) 거북선이 이순신 장군에 의하여 만들어졌다.
 (亀甲船が李舜臣将軍によって作られた。)
(9) 나는 한국 역사에 대하여 아는 것이 별로 없다.
 (私は韓国の歴史について知っていることがほとんどない。)

에게, 께, 한테, 더러はしばしば与格 (dative) 助詞として扱われてきたものである。しかしこれらが有情名詞とだけ統合するのに反し, 에は主

に無情名詞と統合するという差異があるだけでその基本的な機能は同じなので，韓国語では別に与格を設定せず処格の中に含めて扱う。

(10)　a. 민호가 수미에게 물을 주었다．(ミンホがスミに水をやった。)
　　　b. 민호가 화초에 물을 주었다．(ミンホが草花に水をやった。)
(11)　a. 이번 사고의 책임은 너에게 있다．(今回の事故の責任はお前にある。)
　　　b. 이번 사고의 책임은 행정 당국에 있다．
　　　　(今回の事故の責任は行政当局にある。)

께は尊称名詞に統合される形態でありに게と同じ機能をする。主語の位置で主格助詞께서を要求する名詞が処格の位置に使われるなら，에게の代わりに께をとると見れば，たいてい間違いがないであろう。

(12)　a. 민호가 동생을 큰댁에 심부름을 보냈다．
　　　　(ミンホが弟（妹）を本家にお使いにやった。)
　　　b. 민호가 동생을 큰아버지께 심부름을 보냈다．
　　　　(ミンホが弟（妹）を伯父さんのところにお使いにやった。)
　　　c. 큰아버지께서 동생을 귀여워하신다．
　　　　(伯父さんにおかれては弟（妹）をかわいがってくださる。)

한테と더러는에게に比べ，その使用される範囲が制限される。한테는에게とほとんど同じ分布を持つが，より口語的で非格式的な言葉遣いで使われる。더러も口語的で非格式的な言葉遣いで使用される点は한테と同じであるが，에게，한테に比べると制限された文脈でだけ用いられる。すなわち더러は必ず[＋人間]名詞にだけ連結され，述語としては말하다(言う)，묻다(尋ねる)のような'言語活動動詞'とだけ呼応するが，若い層ではほとんど使われなくなってきていて，次第に消えていく形態と思われる。

(13)　수미가 민호 {에게, 한테, *더러} 장미꽃을 주었다．
　　　(スミがミンホにバラの花をやった。)
(14)　자세한 것은 수미 {에게, 한테, 더러} 물어 봐．
　　　(詳しいことはスミに聞いてごらん。)

その他に処格助詞に서が結合したに서，에게서，한테서がある。서が添加されればに서は場所や出発点を，에게서，한테서は出発点を表す。

(15) 수미가 도서관에서 책을 본다. (場所)（スミが図書館で本を見る。）
(16) 수미가 부산에서 왔다. (出発点)（スミが釜山から来た。）
(17) 민호는 수미{에게서, 한테서} 재미있는 이야기를 들었다. (出発点)
（ミンホはスミから面白い話を聞いた。）

에서が出発点を表すときは意味がはっきりしているが，場所を表すときはエとどのような意味の違いがあるのかは明らかでない。次の(18)の例も，에と에서は英語では全く区別する方法がない。それにもかかわらず，韓国語ではこれらは入れ替えて使うことが許されない。これらはだいたい後に続く述語がどのような種類かによって選択されるが，その選択条件はいまだに明らかにされていない。

(18) a. 교실에 {모여라, 두어라, 아무도 없다}.
（教室に {集まれ, 置いておけ, 誰もいない}。）
b. 교실에서 {공부하자, 담배를 피우지 말 것, 아무도 만나지 못했다}.
（教室で {勉強しよう, タバコを吸わないこと, 誰とも会えなかった}。）
(19) a. 그는 젊었을 때 서울 {에, 에서} 살았다.
（彼は若かったときソウル {に, で} 暮らした。）
b. 그는 작년에 서울 {*에, 에서} 죽었다.
（彼は去年ソウル {*に, で} 死んだ。）

5.1.1.5 具格助詞

具格（instrumental）は助詞로/으로によって表示される。로と으로は他の助詞と同様に，音韻論的な条件によって選択されるが，他の助詞が母音の後ろと，子音の後ろで条件が異なるのに対し，具格は母音の後ろでだけではなく，子音ㄹの後ろでも로が選択されるという点が異なっている（以下로で代表する）。

로は〈A 로 B 를 VP〉（A で B を VP）のような構成をなすものが典型的な用法であるが，それ以外にも他の助詞に比べ大変多様な環境で現れる。伝統的に로に道具格，原因格，処格など，多くの格機能を付与してきたが，

最近では로が表示するもののように見える多くの機能を，名詞句と動詞句の意味関係に因るものと解釈する態度が一般的である。

まず〈A 로 B 를 VP〉(AでBをVP) 構成に現れる로の用例を見ることにしよう。Bが具体名詞でありVPが他動詞であるとき，A 로は述語を修飾する副詞語として材料や道具を表し，同じ環境でAが行為名詞や抽象名詞であるときは手段となる。手段の로の後ろには써を付け加えることもでき，로써は로が表す手段の意味をより明確に強調する。

(1) 아주머니가 콩으로 두부를 만든다. (材料)
　　(おばさんが大豆で豆腐を作る。)
(2) 영희가 가위로 색종이를 오렸다. (道具)
　　(ヨンヒがはさみで色紙を切り抜いた。)
(3) 이순신 장군은 죽음으로(써) 나라를 지켰다. (手段)
　　(李舜臣将軍は死でもって国を守った。)

로と를の位置を替えた〈A 를 B 로 VP〉構成ではBが動詞句の補語になる。このような構成をなす動詞は뽑다 (抜く)，삼다 (〜にする)，결정하다 (決定する)，정하다 (定める)，선출하다 (選出する)，추대하다 (推戴する)，생각하다 (考える)，여기다 (思う)，취급하다 (扱う) などである。このときBが人ならば，로はたいてい'資格'を表す意味を持つ。

(4) 이사회에서 그를 사장으로 선임했다. (理事会で彼を社長に選任した。)
(5) 민수가 수미를 아내로 삼았다. (ミンスがスミを妻にした。)
(6) 동창회 모임 시간을 12시로 결정했다.
　　(同窓会の集合時間を12時に決定した。)
(7) 그들은 결혼식 장소를 시민공원으로 정했다.
　　(彼らは結婚式の場所を市民公園に決めた。)

〈A 가 B 로 VP〉で動詞句が변하다(変化する)，드러나다(現れる)，밝혀지다(明らかになる) など状態の変化を意味するときもBは補語として変化した結果を表す。

(8) 여우가 처녀로 변했다. (狐が娘に変わった。)
(9) 소문이 사실로 드러났다. (うわさが事実として発覚した。)

로는原因や理由を表すこともあり, 로名詞句自体だけで原因や理由を表しもするが, 〜로 인하여 (〜によって), 〜로 말미암아 (〜に由来して) のような慣用的表現を構成することもある.
(10) 황영조 선수의 우승 {으로, 으로 인하여, 으로 말미암아} 온 나라가 기쁨에 들떴다.
(黄永祚選手の優勝 {で, によって, のために} 国中が喜びに沸いた.)
(11) 민호가 독감 {으로, 으로 인하여, 으로 말미암아} 결석하였다.
(ミンホがインフルエンザ {で, によって, のために} 欠席した.)

一方, 次のような例では로が処格表示の機能を果たしている. 処格は에によって表示されるものが典型的な用法であるが, 에と로はその意味が同じでなく, (13) の場合のように로だけが許容される文脈もあり, 로はそれ自身としての処格表示の領域が別にあるものと解釈される.
(12) 수미는 친구를 만나러 공원 {으로, 에} 갔다. (方向)
(スミは友達に会いに公園 {へ, に} 行った.)
(13) 수미는 지름길 {로, *에} 학교에 갔다. (経由)
(スミは近道 {を通って, *に} 学校に行った.)

以上のように, 로はどの助詞よりもその用法が多様である. さらに로はこれ以外に 참으로 (本当に), 주로 (主に), 대대로 (代々), 때때로 (時々), 진실로 (本当に), 날로 (日ごとに) などのように名詞を副詞に派生させる機能も持つ. このときは助詞として扱うよりは副詞化接尾辞と見るのが妥当であろう.

5.1.1.6 共同格助詞

共同格助詞は와/과であるが, 母音の後ろでは와, 子音の後ろでは과が用いられる (以下와で代表する). 와の主たる機能は接続である. 와を共同格助詞と呼ぶとき, その主たる機能は2つ以上の名詞句を同じ成分としてくくる働きである. 2つ以上の名詞句が同一の成分として機能するときは, 最後の名詞には와がつかず, それに対し, 格助詞は最後の名詞にだけ連結し, 接続された名詞句全体の格を支配する.

와は文と文を接続する機能と名詞句と名詞句を接続する機能をもつ。次の (1a), (2a) は〈A 와 B가/를 함께 VP〉（A と B が/を一緒に VP）という意味であり, 2つの文を接続するものである。すなわち (1a) は (1b) と, (2a) は (2b) と同じ2つの文を接続したもので, このとき와は文の接続の機能を果たしている。

(1) a. 수미와 영희는 커피를 마신다. （スミとヨンヒはコーヒーを飲む。）
     b. 수미가 커피를 마신다. & 영희가 커피를 마신다.
        （スミがコーヒーを飲む。& ヨンヒがコーヒーを飲む。）
(2) a. 영희는 장미와 백합을 좋아한다. （ヨンヒはバラとユリが好きだ。）
     b. 영희는 장미를 좋아한다. & 영희는 백합을 좋아한다.
        （ヨンヒはバラが好きだ。& ヨンヒはユリが好きだ。）

しかし次の(3)は, (1), (2)のように2つの文をつなげているのではなく, 수미と영희という2つの名詞をつなげたものである。

(3) a. 수미와 영희가 닮았다. （スミとヨンヒが似ている。）
     b. *수미가 닮았다. & 영희가 닮았다.
        （*スミが似ている。& ヨンヒが似ている。）

(3a)のように名詞と名詞が接続されれば, 'A と B が互いに VP' のような意味を表す。動詞の中には必ず複数名詞句を主語に要求する部類があるが, 닮았다 (似ている)以外にも, 결혼하다(結婚する), 악수하다(握手する), 싸우다 (けんかする), 경쟁하다 (競争する)のような動詞は, 2つまたはそれ以上の名詞句が接続され主語を構成しなければならない。このように와接続名詞句を主語に要求する動詞を対称動詞（symmetric verb）というが, 次の (4) に例示した動詞がこれに該当する。そして (5) の形容詞も同一の構成を成す。

(4) 갈라서다 (関係を断つ), 결투하다 (決闘する), 겹치다 (重なる), 결혼하다 (結婚する), 교대하다 (交代する), 대립하다 (対立する), 만나다 (会う), 마주치다 (ぶつかる), 맞서다 (立ち向う), 부딪치다 (突き当たる), 사귀다 (交際する), 사랑하다 (愛する), 싸우다 (けんかする), 악수하다(握手する), 이별하다(離別する), 이혼하다(離婚する),

통화하다 (通話する), 헤어지다 (分かれる)
(5) 같다 (同じ), 다르다 (異なる), 닮다 (似ている), 비슷하다 (似通っている)

句接続の文で名詞句を1つ省略すれば，不完全な文になる。(6) は누가 수미와 사귀니？（誰がスミと付き合っているの？）という問いが与えられている場合でなければ意味が不完全であり，민호가 누구와 사귀는데？（ミンホが誰と付き合っているって？）のような反問を導き出すようになる。

(6) ?민호가 사귄다. (?ミンホが付き合っている。)

〈A 와 B 가 VP〉のような接続文は〈A 가 B 와 VP〉または〈B 가 A 와 VP〉のような副詞語―述語の構文に変えることができる。

(7) a. 수미가 영희와 커피를 마신다. (スミがヨンヒとコーヒーを飲む。)
    b. 영희가 수미와 커피를 마신다. (ヨンヒがスミとコーヒーを飲む。)
(8) a. 수미가 영희와 닮았다. (スミがヨンヒと似ている。)
    b. 영희가 수미와 닮았다. (ヨンヒがスミと似ている。)

ところでこの場合 (8) のような句接続では特別な制約がないが，(7) のような文接続では述語が名詞＋이다（名詞＋だ）や，形容詞，または状態性を帯びた動詞であるときは次で見るようにBを副詞語に変えることができない。

(9) a. 수미와 영희가 미인이다. (スミとヨンヒが美人だ。)
    b. *수미가 영희와 미인이다. (*スミがヨンヒと美人だ。)
(10) a. 수미와 영희가 예쁘다. (スミとヨンヒがかわいい。)
     b. *수미가 영희와 예쁘다. (*スミがヨンヒとかわいい。)
(11) a. 수미와 영희가 영화를 좋아한다. (スミとヨンヒが映画が好きだ。)
     b. *수미가 영희와 영화를 좋아한다.
        (*スミがヨンヒと映画が好きだ。)

以上で詳しく見た와以外にも，하고と랑が共同格助詞として，와とほとんど同じ分布および機能を持っているが，これらの間には文体的な差異がある。하고, 랑は主に口語でだけ使われ，特に랑は幼児語に近く，格式を整える場では使うことができない。

(12) a. 너는 누구 {하고, 랑} 놀래？（お前は誰と遊ぶの？）
　　　b. 수미랑 같이 놀 테야．（スミと一緒に遊ぶよ。）

5.1.1.7　呼格助詞

　最後に呼格助詞について詳しく見てみよう。呼格助詞아/야は人の名前（姓名ではなく名のみ）の後ろに結合し，誰かが誰かを呼ぶときに使われる。아は子音の後ろで，야は母音の後ろで用いられる。

(1) a. 영숙아, 전화 좀 받아라．（ヨンスク，電話にちょっと出ておくれ。）
　　　b. 민호야, 지금 몇 시니？（ミンホ，今何時だい？）

　呼格助詞は해라体（251ページ参照）を使うことができる聞き手にだけ自由に用いることができる。반말体（252ページ参照）を使う間柄でも使うことができるが，そのときには呼格助詞をとって名前だけで呼ぶのがより一般的であり（このとき，子音で終わる名前の次には이を付ける慣習がある），それ以外の等級では，名前の後ろ，または姓の後ろに適切な呼称を付けたり，名前をつけずに呼称だけを使う。すなわち呼格の位置でも，呼格助詞を使わないのである（第7章参照）。

(2) a. 영숙이, 전화 좀 받아 주겠어？
　　　　（ヨンスギ，電話にちょっと出てくれる？）
　　　b. 민호, 지금 몇 시지？（ミンホ，今何時だい？）
(3) a. 민호 군, 전화 받게．（ミンホ君，電話に出てくれたまえ。）
　　　b. 영희 씨, 전화 받아요．（ヨンヒさん，電話に出てください。）
(4) a. 김 과장님, 전화 왔습니다．（キム課長，電話が来ました。）
　　　b. 선생님, 전화 받으세요．（先生，電話にお出になってください。）

　呼格助詞には아/야以外に여/이여が使われることもある。しかしこれは詩や聖書などの特殊な領域で用いられるだけで，一般の対話で用いられることはない一種の詩的表現であり，古風な表現と言えるものである。

(5) a. 그대여, 내 곁을 떠나지 말아 주오．
　　　　（君よ，私のそばを離れないで下さい。）
　　　b. 주여, 저들의 간절한 기도를 들어 주소서．

（主よ，私たちの心からの祈りを聞いてください。）

5.1.2　特殊助詞

　特殊助詞は格を表現する役割を担当する格助詞とは異なり，ある特定の意味を付加する助詞である。そして特殊助詞はすでに格助詞が結合した名詞句に再び付くかと思えば，格と全く関係がない副詞や活用語尾に結合することもある。次の（1）を見れば만は格機能と関係なく，いかなる位置で使われても，오직（ただひたすら）という意味を付け加えていることが分かる。

　（1）　a. 이 나무는 높은 산에서만 잘 자란다.
　　　　　　（この木は高い山でだけよく育つ。）
　　　　b. 그곳 사람들은 고기를 낚시로만 잡았다.
　　　　　　（そこの人々は魚をただ釣りでだけ捕まえた。）
　　　　c. 나는 지금 울고만 싶다.　（私は今ただ泣きたいばかりだ。）
　　　　d. 빈 손으로 와도 좋으니 자주만 오세요.
　　　　　　（てぶらで来てもいいからしょっちゅう来てください。）

　ところで，特殊助詞는，도が主格の位置や，対格の位置に使われると，次の（2）で見るように，主格助詞と対格助詞が必ず脱落する。このときにはまるで特殊助詞が格の機能を引き受けているようにみえるが，実はそうではない。前で見たように格は格助詞なしに語順によって決定されることもあるのであって，ここでも特殊助詞は意味を添加する役割をしているだけである。

　（2）　a. 나는 떡도 잘 먹는다.　（私は餅もよく食べる。）
　　　　b. 동생도 떡은 잘 먹는다.　（弟（妹）も餅はよく食べる。）

　ではここから各特殊助詞の用法をひとつずつ見ていくことにしよう。特殊助詞はだいたいにおいて，次の（3）に提示したものである。これ以外にも学者たちの分析基準に従っていくつかの形態が追加されうるが，全体的に数がそんなに多くないことが分かる。ここではそのうちでもしばしば使われるものに限り，その意味を中心に詳しく見てみようと思う。

(3)　도 (も), 만 (だけ), 은/는 (は), 조차 (さえ), 까지 (まで), 마저 (すら), 마다 (ごと), 이나/나 (や), 이나마/나마 (でも), 이야말로/야말로 (こそまさに), 이야/야 (こそ), 커녕 (どころか)

도 (も) は「やはり」「また」の意味を表す。도は比較可能な他の候補が도名詞句と同じ価値を持つという前提を表す。

(4)　a. 민호도 사과를 좋아한다. (ミンホもりんごが好きだ。)
　　　b. 민호가 사과도 좋아한다. (ミンホがりんごも好きだ。)

(4a) はミンホではないある人がりんごが好きだという前提があることを表し，(4b) はミンホがりんごを好きだというだけでなく，ぶどうや梨のような他の果実が好きだという前提があることを表す。

도は次の (5) のように強調の機能を果たすこともある。だいたい (5) のように副詞に連結された도が強調を表す場合が多いが，必ずしもそうではなく，文脈によって副詞の後ろの도が「やはり」の意味を持っている場合もあり，名詞の後ろの도が強調の機能を果たすときもある。(6) の도は副詞の後ろに連結されているが「もまた」の意味である。(7) は重意的で，'Xも多く，人も多かった' という意味にも解釈され，'人が大変多かった' という意味にも解釈される。このような場合，その意味は文脈によって判断する以外にない。

(5)　a. 사람이 많이도 모였구나. (人が本当にたくさん集まったな。)
　　　b. 지난 겨울은 몹시도 추웠다. (去年の冬はとても寒かった。)
(6)　조련사가 원숭이에게 바나나를 많이도 주어 보고 조금도 주어 보고 하며 훈련을 시킨다. (調教師が猿にバナナをたくさんやってみたり，少なくやってみたりしながら，訓練している。)
(7)　해수욕장에 갔더니 사람도 많더라.
　　　(海水浴場に行ったら，人も大変多かった。)

만は「もっぱら，唯一の選択」という意味で，만が連結された名詞句と比較可能な候補は，만名詞句と正反対の価値を持つことを表している。すなわち (8a) はミンホを除いた他の人はりんごを好まないということを意味し，(8b) はミンホがりんご以外の果物は何も好きではないということ

を意味する。
    (8) a. 민호만 사과를 좋아한다. （ミンホだけがりんごが好きだ。）
        b. 민호가 사과만 좋아한다. （ミンホがりんごだけ好きだ。）

特殊助詞은/는は（은は子音の後ろで，는は母音の後ろで使われるが，以下는で代表する），どの特殊助詞よりも活発に使われる，それこそまさに特殊な助詞である。特にこの助詞が主格の位置で使われるとき，主格助詞가とその意味を区別することは大変困難である。仮に次の一対の例文(9)，(10)を英語に翻訳するとしよう。このとき，主格助詞가と特殊助詞는の機能を区別し，英語で表現することは大変困難である。これは前で見た도や만では全く起きなかったことであり，対照的な現象だと言わざるをえない。
    (9) a. 민호가 사과를 좋아한다. （ミンホがりんごが好きだ。）
        b. 민호는 사과를 좋아한다. （ミンホはりんごが好きだ。）
    (10) a. 워싱턴이 미국의 수도다. （ワシントンがアメリカの首都だ。）
        b. 워싱턴은 미국의 수도다. （ワシントンはアメリカの首都だ。）

上の例文で는が가と何らかの意味上の差異を持っていることだけは明らかである。両者の使われる状況が異なっていて，それを入れ替えてみるとすぐさま間違った使い方に気づく。しかしその差異が何であるかを追究することは大変難しい。だいたいにおいて는の一次的な意味は対照(contrast)の表示だと見ることができる。는のこのような意味は，는が主格以外の位置に使われるとき，もう少し鮮明に現れる。
    (11) a. 민호가 사과는 좋아한다. （ミンホがりんごは好きだ。）
        b. 영희가 눈은 예쁘다. （ヨンヒが目はかわいい。）
    (12) a. 한국에서는 쌀이 주식이다. （韓国では米が主食だ。）
        b. 다행히 오후에는 날씨가 개었다. （幸い午後には晴れた。）

(11a)では는は対照を表示する。すなわち，ミンホがりんごは好きだが，他の果物は…のように対照される文脈で使われるのが自然である。このとき，他の果物に対する評価は否定的である可能性が大きいが，しかしそれはどこまでも会話の含意（implicature）の問題であって，断言（assertion）

されたものではない。(11b)の는も対照の機能をするが，「ヨンヒは目がかわいいが，(他のところはかわいくない)」のような含意を持つ。しかし含意は明示的なものではなく，断言と違って取り消すことができるものであるので，例えば（11b）のような言葉を聞いた聴者が「どうしてヨンヒが目だけかわいいのか」と抗議をすれば，話者は，「いつ目だけかわいいと言った」と反論できる。すなわち는は対照の機能を表すが，比較する候補を積極的に排除するようなことはしない。(12)でのように는が格助詞と結合したときは，その対照の意味がさらに明らかに現れる。

ところで（9b）と（10b）でのように主格の位置に，その中でも文頭の主格の位置に는が使われると対照の意味がよく出ない。ではこのときの는の機能は何なのか。これに対する解釈は学者によって一致しない。そのうちの代表的な見解は는が文頭で限定的（definite），または総称的（generic）な名詞に連結されたときは，それが主格の位置であれ，どのような位置であれ，話題（topic）を表す機能を果たすという解釈である。この解釈に従えば，主格の位置に使われた（9b），(10b)の민호는（ミンホは），워싱턴은（ワシントンは）は言うまでもなく，(13)の사람은（人は），돈과 명예는（金と名誉は），로마에서는（ローマでは）もその文の残りの部分を導く話題であり，要するに話題の機能を果たしているのが는である。

(13)　a. 사람은 이성적 동물이다.（人は理性的な動物である。）
　　　b. 돈과 명예는 누구나 좋아한다.（お金と名誉は誰でも好きだ。）
　　　c. 로마에서는 로마법을 따라야 한다.
　　　　（ローマではローマ法に従わなければならない。）

는は特に（13）や次の（14）でのように何かを規定し，定義を下す位置に使われれば，大変適切に見える。このような는の位置に主格助詞가が使われれば不自然な感じを与えるか，あるいは「他でもなくまさにXが」のような排他的な意味を表すようになり，規定や定義の文とは遠ざかるようになる。

(14)　a. 할아버지는 아버지의 아버지다.
　　　　（おじいさんはお父さんのお父さんだ。）

b. 한국은 삼면이 바다로 둘러싸인 반도다.
（韓国は三方が海に囲まれた半島だ。）

　一方，全く新たに導入された話の主語の位置には，는が使われることはできない。また누가？（誰が）という問いに対する応答でも는を使うことはできない。(15)の마귀 할머니가（魔女が）の가と (16)の민호가（ミンホが）の가を는に替えると文が成立しない。

(15) 옛날 옛적에 아주 마음씨 고약한 마귀 할머니가 (*는) 살고 있었답니다. （昔々たいへん意地悪な魔女が(*は)住んでいたということです。）

(16) A：누가 이겼니？（誰が勝ったのか。）
B：민호가 (*는) 이겼어요.（ミンホが(*は)勝ちました。）

　このように見れば主格助詞가は新情報（new information）を伝達する機能を持つのに対し，는は旧情報（old information）を伝達することを担当していることが分かる。(14)を例として見れば，할아버지（おじいさん）や한국（韓国）は新たに導入された情報ではなく，たとえば한국은（韓国は）と言えば，韓国という国があるという程度はお互いに知っている情報であり，할아버지（おじいさん）の場合は特定の個人を指しているのではなく，総称的な意味で使われたものとして，すでに与えられた할아버지に対し新しい情報を付け加える形式である。そのような旧情報が話題になり，それを表示するのがまさに는である。

　この는の機能と関連させ，韓国語文の基本構造が〈主語＋述語〉ではなく，〈話題（topic）＋評言（comment）〉の構造であるとの主張も一方でされている。いわば韓国語は'主語卓立言語（主語中心の言語，subject prominent language）'というより，'話題卓立言語（話題中心の言語，topic prominent language）'と規定されるものである。しかし一方では는の主たる機能は対照の表示であり，その機能が時によっては話題の表示の機能にまで発展するものと解釈する立場もある。

　以上見てきた는，도，만は，いくつかの比較可能な候補のうち，どれか1つを問題にするという点では共通の性格を持つ。しかし比較可能な他の候補に対し付与する価値が異なり，는は中立的，または留保的で，도は包

括的で，만は排除的である。大部分の特殊助詞が話者の主観を強く反映するために，客観的な文脈ではあまり使われない制約があるのに対し，는，도，만は主観的な文脈でも客観的な文脈でも自由に現れるために，その使用範囲が広い。

次は残りの特殊助詞のうちのいくつかだけを見てみることにしよう。まず，야から見ることにしよう。야は音韻論的な条件によって子音の後ろでは이야と交替する。야以外にも나，나마，야말로がそれぞれ子音で終わる名詞の後で이を先行させるが，便宜上それぞれ이が先行しない形態を代表型とする。

야の意味は는と関連づけると理解しやすい。야は対照の는と同じ意味機能を持つが，는に比べ，限定された分布を持つ。即ち야の位置には大部分는を替えて使うことができるが，는の位置には限定された条件でだけ야が許容される。야は平叙文でだけ使うことができるが，単純終結形では使うことはできず，後ろに対照される内容が続くときが，最も自然である。また疑問文，命令文，勧誘文では全く使うことができない。민호야 서울에 가지（ミンホがソウルに行く）のような文がいったん終結されても，その後ろに그러나（しかし），그렇지만（けれども）のような先行する文と対照される文（たとえば나처럼 돈이 없는 사람은 갈 수 없지（私のように金のない人は行くことはできないのだ）のような文）が続くことが予測される環境で야が使われるのである。

(17)　a. 민호야 서울에 {가지, 가겠지, 가지만}.
　　　　　　（ミンホこそがソウルに {行く, 行くだろう, 行くが}）。
　　　b. ᵗ민호야 서울에 간다.
　　　　　　（ᵗミンホこそがソウルに行く ［動詞の現在終止形］。）
　　　c. *민호야 서울에 {가라, 가자, 가니?}
　　　　　　（*ミンホこそがソウルに {行け, 行こう, 行くのか?}）
(18)　돈이야 김 씨가 더 많지만, 자식은 이 씨가 더 잘 두었지.
　　　　（お金はキムさんの方が多いが, 子供はイーさんの方が恵まれている。）

야は副詞「当然」「もちろん」のような意味を含んでいる。そしてこれ

らの副詞と合わさるとき，その意味がいっそう明らかになる。さらに言えば야は対照の는のような意味を持つが，客観的な文脈では用いることができず，話者が「もちろん，当然」のような当為性を認定する文脈で使われるものと整理できる。

(19)　돈이야 {물론, 당연히} 김 씨가 많지.
　　　　（お金は {もちろん，当然} キムさんが多いさ。）

나の基本の意味は만と同じ「唯一の選択」である。しかし만がそれを選択したことによって他のものを排除する積極的な選択だとすれば，나は最善の物が排除されることによって残ったものを選択するという消極的な選択であり，次善の選択である。

(20)　a. 양복 살 돈이 모자라니 바지나 사자.
　　　　　（洋服を買う金が足りないのでズボンだけでも買おう。）
　　　b. 도움을 못 주겠으면 욕이나 하지 말지.
　　　　　（助けてやれないのなら，悪口など言うなよ。）

나と大変似た意味で使われる助詞として나마がある。どちらも消極的で次善の選択に用いられるが，ただし選択の結果に対し不満を持ち否定的に評価するときは나を使い，幸いだと肯定的に評価するときは나마を使う。

(21)　돈이 없어서 양복을 못 사고 바지나 샀으니 {*다행이다, 한심하다}. （金がなくて洋服を買えず，ズボンぐらいしか買えなかったので {*幸いだ, 情けない}。）
(22)　없는 돈에 바지나마 샀으니 {다행이다, *한심하다}.
　　　　（ない金でズボンでも買ったので {幸いだ, *情けない}。）

나により選択されるものは話者自身が次善のものだと否定的に評価するものであり，客観的な価値自体が必ずしも低いというわけではない。反面나마によって選択されるものは客観的な価値自体は低いが，話者がその程度で幸いだと肯定的に評価するものということで差異がある。(23) でサラリーマンより事業家が客観的に好ましくないという評価を下すのが難しいために나마はぎこちない。しかし話者はどんな理由であれ，「事業」を他のいかなるものより軽く評価するために나を使ったのである。これに対

し(24)の「10年たった中古車」は最近ではさほど望ましいとは言えないが，話者がそれなりに満足しているのでしか を使っているのである。

(23) 월급쟁이 그만두고 사업 {이나, *이나마} 할까?
(サラリーマンをやめて事業 {でも} してみるか。)

(24) 10년 된 중고차 {*나, 나마} 있으니 그럭저럭 괜찮다.
(10年になる中古車 {でも} あるので，なんとか大丈夫だ。)

一方나は次の(25)のように副詞や数量詞句に連結されたときは，選択と関係なしに強調の意味で使われもする。しかし나마にはそのような強調の機能がなく，強調の文脈では나と代置することができない。下の(26)では数量副詞に連結するが選択の文脈である。しかし나마がぎこちないが，その理由は많이（多く）が望ましい状態であるためである。

(25) a. 사과가 너무 {나, *나마} 비싸다. (強調)
(りんごがあまりにも高い。)

b. 사과 한 개에 천원 {이나, *이나마} 해요? (強調)
(りんご1個に1000ウォンもするの。)

(26) 깎아 주지 않으려면 많이 {나, *나마} 주세요. (選択)
(安くしてもらえないなら，せめて多めにくださいよ。)

特殊助詞のうち까지（まで），조차（すら），마저（さえ）は大変似た意味を表すが，その基本の意味は역시（やはり），또한（また）であり，도（も）の意味と大変近い。しかし文脈に制限なく使われる도に対し，까지，조차，마저は意味上の制約を持って使用される。(28)を例に見ると，ミンホが優等生ならば4つの助詞が全て自然であるが，もしミンホが勉強が全くできない学生なら，도はよいが，残りの3つの助詞は適さない。すなわち，当然のことに対しては까지，조차，마저を使うことができず，意外なことを表すときにだけ使うことができる。

(27) 너 {도, 까지, 조차, 마저} 나를 이해해 주지 않는구나.
(お前 {も, まで, すら, さえ} 俺を信じてくれないのか。)

(28) 민호 {도, 까지, 조차, 마저} 시험에 떨어졌다.
(ミンホ {も, まで, すら, さえ} 試験に落ちた。)

까지, 조차, 마저는 互いに似通った意味を持ち, 似通った環境で使われながらも, 細部の意味においては少しずつ差異がある。까지と조차は極端な場合に話者が期待できないことを, 마저は最後の候補を表す。また主語以外の場で見れば, 까지は肯定文で使われることが自然であるのに対し, 조차は否定文での方が自然であるという差異を見せる。次の (29) で 집까지は「家のように重要なものも」という意味で, 家をなくしても, 他の財産が残っていることもありうるが, 집마저は「全部なくして最後に残った家も」という意味で, 집마저 날렸다はそれ以上残っている財産がなく, 一文無しになってしまったという意味である。(30) では隣の人と挨拶もしないというのは期待するのが難しいことなので까지, 조차が両方とも可能ではあるが, ここでは否定文なので까지が不自然となる。また「挨拶」が「最後」という状況を想定しにくいために, 마저もぎこちない。(31) で「けちな人」と贈り物は期待するのが難しい関係であるが,「最後」という意味と関係付けるのが難しいために, 마저がぎこちなく, 조차は肯定文であるために不自然である。

(29) 그는 도박으로 집 {까지, [?]조차, 마저} 날렸다.
　　　(彼は賭博で家 {まで, [?]すら, さえ} なくした。)

(30) 그는 이웃과 인사 {[?]까지, 조차, [?]마저} 안 한다.
　　　(彼は隣の人と挨拶 {[?]まで, すら, [?]さえ} しない。)

(31) 그 구두쇠가 선물 {까지, [?]조차, [?]마저} 사 올 줄은 몰랐다.
　　　(あのけちが贈り物 {まで, [?]すら, [?]さえ} 買って来るとは知らなかった。)

까지, 조차, 마저には도が付き, その意味を強調することもできる。他方, 까지には ~부터 ~까지 (~から~まで) のように到着点を表示する用法があるが, このときは도に代置することができず, 特殊助詞としての用法と区別することができる。

(32) 우등생인 민호 {까지도, 조차도, 마저도} 시험에 떨어졌다.
　　　(優等生であるミンホ {までも, すらも, さえも} 試験に落ちた。)

(33) 서울부터 부산 {까지, *도} 특급열차로 몇 시간 걸리지?
　　　(ソウルから釜山 {まで, *も} 特急列車で何時間かかるんだっけ?)

特殊助詞마다は「全てそれぞれ (each)」の意味を表す。마다は複数接尾辞들と似通ってみえるが，들が単純に複数性だけを表すのに対して，마다は全称記号（universal quantifier）の機能をする点で区別される。また들は単独形名詞にだけ付くのに対し（例：집들，사람들；＊집집들，＊사람사람들），마다は (34)，(35) のように単独形にも連結され，反復形にも連結されうる。마다と들が結合し，들마다のように使われもするが，들마다の意味は마다とほとんど違いはない。

(34) 개천절이 되어 집집마다 태극기를 달았다.
　　　（開天節 [10月3日，韓国の建国記念日] になり家々ごとに太極旗を掲げた。）

(35) 사람｛마다，들마다｝제각기 장점과 단점이 있는 법이다.
　　　（人ごとにそれぞれ長所と短所があるものである。）

야말로は「本当に」「それこそまさに」の意味を表すが，その分布が限定されていて，主に主語の位置に現れる。

(36) a. 노력이야말로 성공의 지름길이다.
　　　　（努力こそは成功への近道である。）

　　　b. 모차르트야말로 천재 중의 천재다.
　　　　（モーツァルトこそは天才中の天才である。）

커녕は名詞や動詞，形容詞の-기名詞形に付き「それどころか，むしろ」の意味を表す。単独で使われるよりは는に付き〈A 는커녕 B 도〉（AどころかBさえ）のような構成をなす。特に-기名詞句に커녕が付くときは는が先行する方がより自然である。そして〈A (는)커녕 B 도〉は後に否定的な表現が続くのが一般的である。

(37) a. 우승은커녕 예선에도 못 들겠다.
　　　　（優勝どころか予選にも入れないだろう。）

　　　b. 뛰기는커녕 걷지도 못하겠다.
　　　　（走るどころか歩くことさえできないだろう。）

5.2 語尾

　総論でも指摘したように韓国語は語尾が大変複雑に発達している。文法の多くの部分を語尾が担当し，文の種類，叙法，敬語法，時制，文の内包と接続など，驚くほど多くの文法現象を語尾によって表示する。韓国語の語尾の数は学者の分析基準によって差異があるが，少なく見積もっても40余種，細かく数えれば70余種に分析される。この語尾が全てその機能と意味において異なるということは，韓国語で語尾の機能がどれほど多様であるか推測がつく。

　語尾はこのように数も多く，その働きも多様なためにその種類をいくつにも分類することができる。まずその分布する位置に従って，先語末語尾（prefinal ending）と語末語尾（final ending）に分けることができる。語末語尾はその語尾でもって１つの単語が終わる，言い換えると一単語（用言）の終わりに現れる語尾であり，先語末語尾は必ずその後に語末語尾が結合しなければならない。つまり先語末語尾は，語幹と語末語尾の間に分布する語尾のことを言う。先語末語尾はその数も少なく，機能も単純で，これ以上下位分類をすることができないが，語末語尾はさらにいくつにも分類される。まず，その語尾でもって一文が終わるか終わらないかによって，文末語尾と非文末語尾に分けられる。そして非文末語尾は再び接続語尾と転成語尾に分けられる。接続語尾は文をつなげる語尾であり，その語尾が結合された動詞や形容詞に，本来の性質にいかなる変動をももたらさない語尾である。転成語尾は動詞や形容詞に，名詞や冠形詞のような他の品詞の性質を発揮させるようにする語尾である。したがって，転成語尾は用言をどのような品詞の性質に転成させるかによって，さらに名詞化語尾と冠形化語尾に分けられる。ではこれらを順番に見ていくことにするが，全ての語尾に対して言及するより，文法的に重要な役割をする語尾を中心に説明することにしよう。まず先語末語尾から見ていくことにする。

5.2.1　先語末語尾

　先語末語尾は時制（tense）と相（aspect），叙法（modality），主体敬語法を表すことが主な機能である。主体敬語法の先語末語尾である시については第6章で詳細に述べるとして，ここでは先語末語尾었，었었，겠，더について詳しく見てみることにする。これらは大きく見れば，全て時制と関連したものであり，この節は結局韓国語の時制を扱う節になる。

5.2.1.1　었

　-었-は，語幹が陽性母音で終われば-았-に交替し，動詞하-の後ろでは-였-に交替する。例：주었다（与えた）/ 보았다（見た）/ 하였다（した）。-었-の主な機能は過去時制を表示することである。次の例文（1a），（2a）をそれぞれ（1b），（2b）と比較して見るとき，-었-が過去の動作や状態を表示していることが分かる。

(1)　a. 영희는 어제 부산에 갔다. （ヨンヒは昨日釜山に行った。）
　　　b. 영희는 지금 부산에 간다. （ヨンヒは今釜山に行く。）
(2)　a. 김 여사는 젊었을 때 미인이었다.
　　　　（キム女史は若いとき美人だった。）
　　　b. 김 여사는 지금도 미인이다. （キム女史は今も美人だ。）

しかし-었-は単純に過去時制と見ることができない環境でも使われる。次のような場合-었-は過去の動作を表すものではなく，現在の状態を表示する。

(3)　a. 겨울이 가고, 봄이 왔다. （冬が去り，春が来た。）
　　　b. 신랑이 너무 늙었다. （新郎が年をとりすぎている。）
　　　c. 너는 오늘도 그 빨간 조끼를 입었구나.
　　　　（お前は今日もその赤いチョッキを着たのか。）

　（3a）の場合は，봄이 오는（春が来る）という出来事が具体的になされた時点を捕らえるのが困難なために（例：*봄이 어제 왔다.（*春が昨日来た））今の季節が春だという現在の状態としてだけ解釈される。（3b）も늙다（老いる）が具体的な出来事や動作として現れることができないために，늙었

다（老いた）は過去の動作や過去の状態を表すことができず，常に現在の状態を表す。(3c) も現在赤いチョッキを着ている状態を意味する。

しかし (3) の例文が過去ではなく，現在の状態を表示すると言っても，現在の状態にいたるようになった出来事や状態は，少なくとも現在の時点，あるいは以前からなされていて現在に，その結果が表れたものである。(3) に表れたような意味の違いのために，-었-の機能をいくつかに設定しようとする見解もあるが，これは-었-自体の問題だというよりは，主語と述語の関係，あるいは名詞句や動詞句の意味資質による差異であると見なければならない。

具体的な例を挙げると，죽다（死ぬ），(불을) 켜다（(灯を) つける），결혼하다（結婚する），(공을) 차다（(ボールを) 蹴る）は，現在進行形 〜는 중이다（〜しているところ）と表現できない瞬間動詞である。この動詞に -었- が連結されれば，動作性と状態性を両方表すことができ，重義的である。すなわち 수미는 결혼했다（スミは結婚した）はスミが過去のある時点で結婚式をあげたという動作の完了の意味とともに，スミは現在も既婚状態であるという状態性の意味を持っている。しかし同じ瞬間動詞でも 공을 찼다（ボールを蹴った）の 찼다は動作完了として解釈されるだけで，状態性の意味は持つことはできない。一方，上の (2) のように〈名詞＋이다〉述語に-었-が結合されれば，過去の状態としてだけ解釈される。형은 회사원이었다（兄は会社員だった）と言えば，過去の状態であり，現在は会社員なのかそうでないのかはわからない。このように-었-はその使われる文脈によっていくつもの異なる機能を持つもののように見られるが，そのような差異は主に述語の種類によって決定され，-었-の基本機能は過去時制の表示であると考えられる。

ところで次のような例では-었-が未来の出来事を表していて，過去時制ではないように見える。

(4) a. 내일 소개받을 사람이 미남이었으면 좋겠다.
　　　　（明日紹介してもらう人が男前だったらいいな。）
　　b. 나는 결혼식 때 한복을 입었으면 좋겠다.

（私は結婚式のとき韓服を着れたらいいだろうなあ。）

　（4）はまだなされていないことに-었-が結合されているので過去時制と見ることは困難である。しかしこれは発話時を中心にして時制を定めたために実際の時間と言語表現の間にずれが生じ，その結果，입었으면（着たら），미남이었으면（男前だったら）が未来時制であるかのように見えるのである。これは出来事が起きる前後関係から時制を把握する相対時制の観点から見れば，입었으면（着たら），미남이었으면（男前だったら）はそれぞれ좋겠다（いいだろう）に対し，それ以前に起きる出来事，あるいは状況ということになる。(4a)の場合「男前であるか，あるいはそうではない」状態はすでに過去から与えられたものであり，ただ，その事実を確認して喜ぶ時点が未来というだけである。未来といってもその確認があった後に좋겠다という状況が発生するので，やはり미남이었으면は相対的に過去となる。同様に（4b）も韓服をまず着た後に初めて좋겠다が可能であり，입었으면は좋겠다に比べて相対的に過去である。つまり～었으면 좋겠다（～たらよい）は仮定的状況を希望する慣用句として固定化されて使われる表現である。希望する時点は現在であるが，未来のある時点以前に条件が充足されて初めてその次の状況が可能になるので，었으면だけを取り上げて未来時制と見なすことはできない。

5.2.1.2　었었

　-었었-は陽性母音で終わる語幹の後では-았었-，動詞하-の後ろでは-였었-に交替する。一見-었었-は過去の-었-が重なったもののように見える。しかし後の-었-は母音交替を見せず，またその機能性から見るときも-었었-をあえて2つの部分に分析する必要はみつけられない。

　-었었-はほとんどが，-었-によって表示される状況よりさらに過去のことを表すものと理解される。(1b)は単純に昨日起きた出来事についてだけ記述しており，それ以降の展開に対しては中立的で，遊びに来た友達が帰った場合もあり得，まだ留まっている場合もあり得る。これに対し，(1a)は友達が来たが，また帰って行ったという変化状況を表現している。この

ように-었-が表す意味は単純な過去ではなく,状況の断絶という意味が含まれている過去である。
　(1)　a. 어제 친구가 놀러 왔었다.
　　　　　(昨日友達が遊びに来た(しかし今はいない)。)
　　　　b. 어제 친구가 놀러 왔다. (昨日友達が遊びに来た。)
　状況の断絶は動詞が動作性を帯びているときに顕著になる。次の(2)のように動詞が状態性を帯びているときにも,状況の断絶が現れるが,ここでは-었-と-었었-の違いが(1)ほど明らかではない。たとえば(2a)は예뻤다といってもその意味は別に変わらない。本来예뻤다の方が以後の状況に比べ中立的であるが,女性がかわいいのは若さとともにあるという語用論的な知識によって発話時には状況が異なっていたことを暗示しているために,結果として,예뻤었다と似たような意味に解釈される。また(2b)골목대장(ガキ大将)は大人に対しては使わない表現であるので,-었-を使っても-었었-を使っても,結局同じ解釈になる。
　(2)　a. 김 여사는 젊었을 때 예뻤었다.
　　　　　(キム女史は若いときかわいかった。)
　　　　b. 김 장군은 어렸을 때 골목대장이었었다.
　　　　　(キム将軍は幼いときガキ大将だった。)
　しかしこの場合にも語感上では-었었-が状況断絶の印象をさらに強くする効果はある。繰り返すと,-었-は事件や状況を以後の状況と見比べながら表す意味が出ないのに対し,-었었-はそれ以降の変化した状況を暗示的に表す点が顕著だと言えよう。そして現在まで時間的な分布が確定できない-었-を過去時制として見るならば,-었었-は過去のある時点に完結され現在は異なってしまった状況を表すので,しばしば大過去時制と呼ばれる。
　ところでここでひとつ注意しておかなければならないのは,韓国語の大過去は英語の過去完了とは性格が異なるという点である。英語の過去完了は,その過去完了以後に起きた出来事が具体的に文に過去時制として現れるのに対し,韓国語の大過去は前の例文で見たように,必ずしもそうとは限らない。過去時制として表現される出来事は暗示されるだけで,それが

必ずしも文として実現されない。この点が韓国語の大過去時制の特異な点だと言えよう。

5.2.1.3 겠

-겠-は，未来時制を表す先語末語尾として認識されてきた。実際に-겠-は発話時現在，まだ起こっていないことによく使われる。

(1) a. 나는 내일 설악산에 가겠다．（私は明日雪岳山に行く。）
　　 b. 너는 뭘 먹겠니？（お前は何を食べるの？）
(2) a. 오후에는 날씨가 개겠지요？（午後には晴れるでしょう？）
　　 b. 네가 떠나고 나면 나는 참 쓸쓸하겠다．
　　　　（お前が出ていけば私は本当に寂しくなるだろう。）

しかし-겠-は次のように発話時現在や以前のことに対してもよく使われる。すなわち-겠-は現在時制および過去時制にも使われるのである。

(3) a. 지금 서울은 무척 춥겠다．（今ソウルは大変寒いだろう。）
　　 b. 수미가 지금 공부하고 있겠지．（スミが今勉強しているだろう。）
(4) a. 김 선생은 학생 때도 점잖았겠다．
　　　　（キム先生は学生のときもおとなしかっただろう。）
　　 b. 수미는 어렸을 때도 예뻤겠다．
　　　　（スミは幼いときもかわいかっただろう。）

このように見れば，-겠-は時制を表す形態素ではないことが理解できよう。-겠-は(1)でのように意図を表したり，その他の例文の場合のように，話者の意図が影響を及ぼすことがない意味の動詞が述語となるときは推測を表す。ここで-겠-は意図や推測のような話者の心理的態度，すなわち叙法（modality）を表示する先語末語尾という結論を得ることができる。そして韓国語には未来時制が成立していないということも分かる。

5.2.1.4 더

-더-は先語末語尾の中でその用法が最も特異で複雑である。ある特定の英語表現1つに直接翻訳しにくい意味を持っている。しかしその基本的な

機能は，話者が発話時以外に直接知覚し知るようになった事実を，客観化し伝達することである。これを'非現場性'と言うことができるが，言い換えれば'今ここ'で起きたことに対しては使うことができない。'今'のことなら他の場所でのこと，'ここ'のことなら今ではない時間に起きたことだけが，-더-で表現できる。-더-の後ろで終結語尾-다は-라に変わり，-어요は-더-と結合すれば-데요となる。

(1) 너 {*지금, 어제} 입은 옷 참 예쁘더라.
　　　（お前が {*今, 昨日} 着ていた服は本当にかわいかった。）
(2) 지금 {*이곳, 부산} 에는 비가 온다더라.
　　　（今 {*ここ, 釜山} では雨が降っている。［釜山以外の場所でテレビを見ての発話］）

-더-は過去に知覚した事実を指すので，平叙文と疑問文でだけ使うことができる。すなわち発話時現在起きていない状況に対する叙述である命令文と勧誘文および約束文では使うことができない。

(3) a. 민수가 학교에 가더라. （ミンスが学校に行ってたよ。）
　　 b. 민수가 학교에 가더냐？（ミンスが学校に行ってたか？）
(4) a. *선생님께서 학교에 가더십시오.
　　 b. *운동회에서 우리 반이 우승을 하더자.
　　 c. *방학 때는 제주도에 보내 주더마.

-더-が過去のことに対してだけ使われるということは，出来事が起きたときではなく，知覚時を指している。このような点で-더-は相対時制である。(2)で'今'の状況を語っているが，それを知覚したのは発話時以前である。次の(5a)でも'汽車の出発'は1時間後であるが，それを知覚した時刻が過去なので-더-が使われているのである。(5b)，(5c)のように，-더-は-었-や-겠-が結合することもある。知覚時より以前に起きた出来事は-었더で，知覚当時まだ起こっていない状況に対する推測は-겠더-として現れる。

(5) a. 기차는 한 시간 후에 출발하더라.
　　　　（汽車は1時間後に出発するよ。）

b. 기차는 한 시간 전에 출발하였더라.
　　　　(汽車は1時間前に出発していたよ。)
　　　c. 수미는 이번 시험에 합격하겠더라.
　　　　(スミは今回の試験に合格しそうだった。)

　-더-は話者が現場以外で知覚した事実を伝えるものなので，話者自身の活動に対しては使うことができない。しかし話者自身のことだとしても，夢の中の出来事や無意識的にしてしまった行動として，話者が客観化したり，あるいは自分自身を観察したりする立場ならば，-더-が可能である。

(6) 　*내가 매일 도서관에 가더라. (*私が毎日図書館へ行っていた。)
(7) 　a. 어제 꿈 속에서 내가 도서관에 가더라.
　　　　(昨日夢の中で自分が図書館に行っていたよ。)
　　　b. 졸업을 했는데도 무심코 학교 앞으로 가게 되더라.
　　　　(卒業しても知らず知らずのうちに学校の前に足がむいていたよ。)

　述語が춥다 (寒い)，무섭다 (恐ろしい)，기쁘다 (うれしい)，좋다 (よい)，싫다 (きらい)，맵다 (辛い)，덥다 (暑い) などのように話者の感覚を表す場合には，話者が主語になるときだけ-더-を使うことができる。このような感覚は第三者が外から観察することができないものだからである。

(8) 　a. {나는, *너는, *그는} 드라큐라가 너무 무섭더라.
　　　　({私は, *お前は, *彼は} ドラキュラがとてもこわい。)
　　　b. {나는, *당신은, *민호는} 공포 영화가 제일 재미있더라.
　　　　({私は, *あなたは, *ミンホは} 恐怖映画が一番おもしろい。)

　-더-は話者が直接知覚して知り得た事実を語るものであるので，(9a)，(10a)のように話者が現実的に知覚するのが難しい状況や，話者が存在する以前の歴史的事実に対して使うとぎこちない。しかし (9b)，(10b) のように話者が知覚することができる状況が設定されれば-더-が自然である。

(9) 　a. ?지구가 둥글더라. (?地球が丸かった。)
　　　b. 위성 사진을 보니 지구가 정말로 둥글더라.
　　　　(衛星写真を見ると地球が本当に丸かったよ。)
(10) 　a. ?거북선은 이순신 장군이 만들었더라.

(?亀甲船は李舜臣将軍が作った。)
b. 역사책을 보니 거북선은 이순신 장군이 만들었더라.
(歴史の本を見ると，亀甲船は李舜臣将軍が作ったものだったよ。)

　以上のように，-더-は過去に知覚したことを一段階移してきて叙述する独特な機能を見せてくれる。このような機能を根拠として-더-をしばしば回想時制と呼んできた。しかし-더-は，単純に時制とするのは難しい大変複雑な機能を遂行している点に特に留意しなければならない。

　以上，先語末語尾によって実現される韓国語の時制および相，叙法全般を見てきた。未来時制は特になく，現在時制と過去時制をはじめ，大過去時制や回想時制があることを確認した。しかし，これらを全体的にどのように体系化するのかという問題はここでは扱わなかった。大過去時制と回想時制を現在および過去時制と対等の位置に置かなければならないのか，あるいは過去時制の下位類として処理しなければならないのかも，論議の対象となる。そしてさらに根本的な問題としては韓国語に相および叙法を時制と別個の文法範疇として設定すべきか否かも，重要な論題とならないわけにはいかない。しかしながらこれらは文法書でもその処理方向が研究者によってそれぞれ異なる複雑な問題なので，ここではこれ以上論議しないことにする。

5.2.2　文末語尾

　語末語尾のうち，まず文末語尾について見てみることにする。文末語尾は一方では平叙文(declarative)，疑問文(interrogative)，命令文(imperative)，勧誘文(propositive)のような文の種類を区分する役割を担当し，同時に敬語法のうちで聴者に対する尊敬の等級を表示する機能を遂行する(6.3.3参照)。尊敬の等級による代表的な文末語尾を動詞막다（ふさぐ，防ぐ）と形容詞작다（小さい）を例にして見てみると，次頁のようになる。

　次頁の表を見れば，形容詞は命令文と勧誘文として活用できないということが分かる。また，반말体と해요体は平叙文，疑問文，命令文，勧誘文の語尾が区別されず，1つの形で通用する。반말体と해요体の疑問文は文

	平叙文	疑問文	命令文	勧誘文
합쇼体※	막습니다 작습니다	막습니까 작습니까	막으십시오 ————	막으십시다 ————
해요体	막아요 작아요	막아요 작아요	막아요 ————	막아요 ————
하오体	막으오 작으오	막으오 작으오	막으오 ————	막읍시다 ————
하게体	막네 작네	막나 작은가	막게 ————	막세 ————
반말体	막아 작아	막아 작아	막아 ————	막아 ————
해라体	막는다 작다	막느냐 작으냐	막아라 ————	막자 ————

〔※この列の6つの体は，待遇法の分類である。下へ行くほど敬意が低い。詳しくは第6章参照。——訳者注〕

の終わりを上げる抑揚によって区別され，平叙文，命令文，勧誘文は前後の文脈によって区別されるしかない。하오体の平叙文と疑問文，および命令文も抑揚によって区別される。

　勧誘文は原則的に行為者に話者が含まれる表現であるので，自分自身にまで敬語を適用しなければならない해요体や합쇼体はおのずからその用法に制約を受ける。聴衆に向かっては次の (1) のように言うことも自然であるが，極尊称（222 ページ参照）を使わなければならない人に直接 (2a) のように言うことは，あまり相手を敬う表現にはなりえない。それゆえこの場合にはたいてい (2b) の 막으시지요（お防ぎくださいますか）のような婉曲な命令文の形式を借りて表現する。해요体に固有の勧誘形がなく，막아요のような命令形を使うのも尊敬語の勧誘形という制約からくる結果であろう。

　(1)　여러분, 우리의 모든 힘을 합쳐 적의 침략을 막읍시다.

(みなさん，私達全員の力を合わせて敵の侵略を防ぎましょう。)
(2) a. 선생님, 저희와 함께 여기를 막으십시다.
   (先生，私達と一緒にここを防ぎましょう。)
   b. 선생님, 저희와 함께 여기를 막으시지요.
   (先生，私たちと一緒にここをお防ぎくださいますか。)

해라体には-느냐（形容詞語幹には-냐/으냐）とほとんど同じ頻度で使用される-니があるが，-느냐がより広い分布を持つ。また（4）に見るように，-느냐はそのまま名詞節を導く機能をし，-느냐/으냐が해라体疑問文の語尾の代表形だと言えよう。

(3) 수미야, 너 어디 가느냐/가니? （スミよ，お前どこに行くの？）
(4) 누가 고양이 목에 방울을 {다느냐, *다니} 가 문제다.
   （誰が猫の首に鈴をかけるかが問題だ。）

一般的に新聞記事や書籍など不特定多数を対象にする文では，해라体を使うのが原則である。しかし疑問文の場合にだけは하게体を使う。(5)，(6)は口語体ならばそれぞれ二種の表現が可能であるが，教科書のような公式的な文語体ではそれぞれ * がついている表現はぎこちない。

(5) 한국의 수도는 {서울이다, *서울이네}. （韓国の首都はソウルだ。）
(6) 한국의 수도는 {*어디냐, 어디인가}? （韓国の首都はどこか？）

ここまで挙げた文の種類以外に約束文，感嘆文，受諾文などをさらに設定することもよくなされる。前の表にはない語尾がこのような文を作る独自的な機能を担当するためである。しかしこれらの語尾は해라体にだけ使われ，他の等級では一般の語尾に替わるので，このような種類の文はそれぞれ平叙文と命令文の特殊な用法と見てもよいであろう。

(7) a. 이번 휴가 때는 꼭 너희 집에 가마. （約束文）
   （今回の休暇にきっとお前の家に行くよ。）
   b. 이번 휴가에는 꼭 선생님 댁에 가겠어요. （平叙文）
   （今回の休暇にはきっと先生のお宅に行きます。）
(8) a. 기러기가 참 많이도 날아가는구나! （感嘆文）
   （雁がとてもたくさん飛んでいくなあ！）

　　　　b. 기러기가 참 많이도 날아갑니다！（平叙文）
　　　　　（雁がとてもたくさん飛んでいきます！）
　(9)　a. 가고 싶으면 가렴 / 가려무나．（承諾文）(行きたければ行きなさい。)
　　　　b. 가고 싶으면 가요．（命令文）(行きたければ行きなさい。)
　文末語尾はここで説明したもの以外にも多様に発達しているが，それは特に文末語尾が対者敬語法を含んでいるためである。対者敬語法の各等級の詳しい用法は第6章で扱うことにする。

5.2.3　接続語尾

　ここでは非文末語尾のうち，転成語尾と対をなす接続語尾について詳しく見てみることにする。接続語尾は文と文をつなぐ語尾である。接続は2つ以上の文が独立的で，対等な資格で連結される等位接続と，接続される文の間に因果関係や条件関係のような意味上の従属関係がある従属接続がある。しかし等位接続と従属接続が語尾によっていつも明らかに区別されるわけではない。語尾によっては接続される文の意味関係によって，等位接続として解釈されるときもあり，従属接続として解釈されるときもある。しかしそのような場合はさほど多くなく，だいたい語尾によって等位接続であれ従属接続であれ一定の機能をするのが一般的である。

　一部の語尾は異形態を持つ。으で始まる語尾は母音で終わる語幹の後ろでは으を脱落させる。例：가니（行くので），웃으니（わらうので）。語尾 -어は陽性母音語幹の後ろでは-아，하-で終わる語幹の後ろでは-여に交替する。

　接続語尾は韓国語の語尾のうち，その数も最も多く，その意味機能も最も多様であるので，そのひとつひとつを取り上げて説明するのは困難である。中でも従属接続の語尾がその最たるものであるが，ここではまず等位接続の代表的な形態から見ていくことにしよう。(1)は羅列，(2)は対立，(3)は選択の語尾の例である。

　(1)　a. 산은 높고 바다는 깊다．（山は高く，海は深い。）
　　　　b. 아버지는 엄하셨으며 어머니는 인자하셨다．

(父は厳しく, 母は優しかった。)
- (2) a. 형은 떠났으나 동생은 남아 있다. (兄は旅立ったが, 弟は残っている。)
  b. 몸은 떠났지만 마음은 고향에 있다.
    (体は旅立ったが, 心は故郷に残っている。)
- (3) a. 술래는 노래를 부르거나 춤을 추어라.
    ((鬼ごっこの) 鬼は歌を歌うか踊りを踊れ。)
  b. 민수가 가든지 민호가 가든지 누구든 빨리 가거라.
    (ミンスが行こうとミンホが行こうと誰であれ早く行け。)

次は従属接続の例を見ることにする。従属接続の語尾は前で指摘したように, 種類が多く多様だが, それらをいくつかの意味範疇で分けてみると次のようになる。

- (4) 時間
  a. 조명이 꺼지고 영화가 시작됐다. (照明が消えて映画が始まった。)
  b. 수미는 늘 음악을 들으며 공부를 한다.
    (スミはいつも音楽を聞きながら勉強する。)
  c. 갑자기 바람이 불면서 촛불이 꺼졌다.
    (突然風が吹き(同時に), ろうそくの火が消えた。)
  d. 종이배를 접어 시냇물에 띄웠다. (紙の舟を折って小川に浮かべた。)
  e. 비가 그치자 모두들 밖으로 뛰쳐나갔다.
    (雨が止むとすぐ皆外に走り出た。)
  f. 나는 월급을 타자마자 컴퓨터 가게로 달려갔다.
    (私は月給をもらうやいなやコンピューター店に走っていった。)
- (5) 理由, 原因
  a. 비가 와서 (<오-아서) 소풍을 못 갔다.
    (雨が降ったので遠足に行けなかった。)
  b. 장마가 길어지니까 과일 값이 턱없이 오르는구나.
    (梅雨が長引いたので果物の値段がものすごく上がったな。)
  c. 이 학생은 다른 학생들의 모범이 되었으므로 이 상장을 줌.
    (この学生は他の学生の模範となったのでこの賞状を与える。)

    d. 일요일에 등산을 가<u>느라고</u> 숙제를 못 했습니다.
       (日曜日に登山に行った<u>ので</u>宿題をすることができなかった。)
(6) 譲歩
    a. 아무리 바빠<u>도</u> (＜바쁘-어도) 맡은 책임은 해야지.
       (いくら忙しく<u>ても</u>引き受けた責任は果たさなければならない。)
    b. 어디에 간들 (가-ㄴ들) 너를 잊을 수 있겠느냐?
       (どこに行こう<u>とも</u>お前を忘れることができようか。)
    c. 우리가 몸은 비록 떨어져 있<u>을지라도</u> 마음만은 변하지 말자.
       (私たちは，体はたとえ離れ<u>ていても</u>，心だけは変わらないでいよう。)
    d. 내가 아무리 늙었<u>을망정</u> 너한테야 지겠니?
       (私がどれほど老いた<u>といっても</u>お前にだけは負けるものか。)
(7) 条件
    a. 내일 날씨가 맑<u>으면</u> 소풍을 가자. (明日晴れ<u>れば</u>遠足に行こう。)
    b. 수미를 만나<u>거든</u> 나한테 전화 좀 하라고 해 줘.
       (スミに会っ<u>たら</u>私に電話をしろと伝えてくれ。)
    c. 윗물이 맑<u>아야</u> 아랫물이 맑다. (上の水が澄ん<u>でこそ</u>，下の水も澄む。)
    d. 코끼리가 없었던들 (＜없-었더-ㄴ들) 한니발이 알프스를 넘을
       수 있었을까? (象がいなか<u>ったら</u>ハンニバルがアルプスを越えることが
       できただろうか。)
(8) 状況の提示
    a. 내가 네 부탁을 들어 주었<u>으니</u> 너도 약속을 지켜라.
       (私がお前の頼みをきいてやった<u>のだから</u>，お前も約束を守れ。)
    b. 비가 오<u>는데</u> 왜 우산을 안 가지고 가니?
       (雨が降る<u>のに</u>どうして傘を持っていかないの?)
    c. 오늘도 이렇게 기다리<u>건만</u> 그 사람한테서는 소식 한 자 없구나.
       (今日もこのように待っていた<u>けれど</u>，彼からは何の連絡もなかったな。)
    d. 계획은 세웠<u>거니와</u> 실행할 예산은 어떻게 구할까?
       (計画は立てた<u>けれども</u>実行する予算をどうやって捻出しようか。)
    e. 네가 알<u>다시피</u> 나는 모든 방법을 다 동원했다.

(お前も知っているように私はすべての方法を動員した。)
(9) 目的
   a. 민수는 애인을 만나러 공원에 갔다.
      (ミンスは恋人に会いに公園に行った。)
   b. 김 형사는 범인을 잡으려고 잠복 근무 중이다.
      (キム刑事は犯人を捕まえようとはりこみ中だ。)
   c. 우리들은 각자 맡은 일을 기일 안에 끝내고자 열심히 노력하였다.
      (私たちは各自引き受けた仕事を期日内に終えようと一生懸命努力した。)
(10) 結果, 理由
   a. 자동차가 지나가게 조금만 비켜 주세요.
      (自動車が通れるように少しだけどいてください。)
   b. 바람이 잘 통하도록 창문을 활짝 열어라.
      (風がよく通るように窓をいっぱいに開けなさい。)
   c. 어머니는 자식들이 잘 되라고 매일 아침 기도를 한다.
      (母は子供たちが立派になるよう毎朝祈っている。)
(11) その他
   a. 앞으로 곧장 가다가 오른쪽으로 꺾어들면 시청이 나옵니다. (中断) (前にまっすぐ行って (その後) 右にまがると市役所に出ます。)
   b. 청소년들은 간섭이 심할수록 (＜심하-ㄹ수록) 반항하려고 한다. (比例) (青少年たちは干渉がひどければひどいほど反抗しようとする。)

上に示した語尾が文と文を接続する役割をするのに対し, 動詞と動詞を連結する接続語尾もある。語尾-아/어/여, -게, -지, -고がその代表である。これらの語尾によって連結された動詞と動詞の関係は, 単純な接続の関係ではなく, 内包文と母文の関係と見なすこともできるが, そのような観点で見れば, これらの語尾は内包文語尾として分類することも可能である。ここではこれらをいったん接続語尾に含めて扱うことにする。

(12) 수미가 새 옷을 입어 보았다. (スミが新しい服を着てみた。)
(13) 수미가 꽃다발을 들고 있다. (スミが花束を持っている。)

(14) 나는 노래를 잘 부르지 못한다. (私は歌を上手に歌えない。)
(15) 수미가 민수를 사랑하게 되었다.
    (スミがミンスを愛するようになった。)

以上で私たちは非文末語尾のうち，接続語尾のさまざまな種類を見てきた。次は転成語尾について見てみることにするが，'転成語尾' という名称ではなく，初めから名詞化語尾と冠形化語尾の名のもとで説明することにする。

5.2.4 名詞化語尾

名詞化 (nominalization) とは，1つの文がもう1つの文に内包され，名詞のような機能をするようになることを言う。次の (1a) で비가 오기 (雨が降ること) は비가 오 (ㄴ다) という文 (語尾を除いた部分) に名詞化語尾-기がついて，名詞のような性質を持つようになる。そうして비가 오기は (1b) の추수と同様に기다린다の目的語として機能している。

(1) a. 농부들이 비가 오기를 기다린다.
        (農夫たちが雨が降るのを待っている。)
    b. 농부들이 추수를 기다린다. (農夫たちが取り入れを待っている。)

韓国語の名詞化語尾は-기以外にも-음(母音語尾のもとでは-ㅁに交替)がある。-기と-음はその使われる条件が異なり，述語に従い-기だけを許容したり，-음だけを許容したりするという違いがある。

(2) 나는 영어 공부하{기, *음} 가 {쉽다, 어렵다, 좋다, 싫다, 괴롭다}.
    (私は英語の勉強をするのが {容易だ，難しい，好きだ，嫌いだ，つらい}。)
(3) 나는 네가 영어를 잘 하{기, *음} 를 {바란다, 원한다, 기대한다, 희망한다}.
    (私はお前が英語を上手に話すことを {望む，願う，期待する，希望する}。)
(4) 나는 영어를 열심히 공부하{기, *음} 로 {작정했다, 결심했다, 약속했다, 마음먹었다, 소문났다}. (私は英語を一生懸命勉強することに {決めた，決心した，約束した，心に決めた，うわさになった}。)
(5) 나는 내가 실수를 했{음, *기} 을 {알았다, 몰랐다, 깨달았다,

발견했다, 느꼈다, 의식했다, 기억했다, 짐작했다, 발표했다}.
(私は私が失敗したことを {知った, 知らなかった, 悟った, 発見した, 感じた, 意識した, 記憶した, 推測した, 発表した}。)

(6) 내가 실수를 했{음, *기} 이 {분명하다, 확실하다, 명백하다, 드러났다}. (私がまちがいをおかしたことが {はっきりしている, 確実だ, 明白だ, 明るみにでた}。)

現代韓国語では全体的な分布で見た場合，-음より-기がより広く使われる。上の例を見るとき，だいたい-음はすでになされたり，決定していることを表し，-기は-음に対立する非決定的な意味で使われる。しかし-기の用法は必ずしも非決定的な文脈だけに限定されるものではない。次のような例は-기がほとんど慣用化された用法として固定化した表現であり，非決定性とでも言うべき意味がはっきりと表面には現れない。現代韓国語では，特別に-음だけを許容する一部の環境を除外して，-기が中立的に広く使用される。

(7) 세상살이에는 고생이 있기 마련이다.
(生きていくには苦労がつきものだ。)
(8) 기차가 지나가기에 손을 흔들었다.
(汽車が通り過ぎるときに手を振った。)
(9) 성경에 이르기를 원수를 사랑하라고 했다.
(聖書に曰く，敵を愛せよと。)
(10) 영희는 마음씨가 곱기(가) 이를 데 없다.
(ヨンヒは心根が美しいことこの上ない。)

このほかに～기 때문에(～のために(理由))，～기 위하여(～ために(目的))，～기(가) 그지없다(～に限りない)なども기が用いられる慣用的表現である。

5.2.5 冠形化語尾

1つの文が他の文に内包され，文の1成分として後ろに来る名詞句を修飾するようになることを，冠形化という。冠形化語尾は内包される文の述語に付いて該当する内包文が冠形語として機能することを表示する。(1a)

で곡식이 익는（穀物が実る）は곡식이 익(는다)という文に冠形化語尾-는が連結した構成である。ここで곡식이 익는は（1b）の서늘한（涼しい）のような機能，すなわち冠形語として機能することが分かる。

(1) a. 곡식이 익는 가을이 왔다. （穀物が実る秋が来た。）
    b. 서늘한 가을이 왔다. （涼しい秋が来た。）

韓国語の冠形化語尾は-은，-는，-을，-던である。これらは内包文の時制と，内包文の叙述語が動詞なのか形容詞なのかによって選択される。

内包文の叙述語が動詞である場合は時制によって次のように区別される。

(2) 내가 지금 읽는 책은 춘향전이다. （現在）
    （私が今読んでいる本は春香伝だ。）
(3) 내가 어제 읽은 책은 심청전이다. （過去）
    （私が昨日読んだ本は沈清伝だ。）
(4) 내가 어제 읽던 책은 흥부전이다. （過去）
    （私が昨日読んでいた本は興夫伝だ。）

内包文の述語が形容詞の場合は次のようになる。

(5) 머리가 짧은 소녀가 수미야. （現在）（髪の毛が短い少女がスミだ。）
(6) 어제까지도 덥던 날씨가 오늘은 서늘하다. （過去）
    （つい昨日まで暑かった気候が，今日は涼しい。）

上の例文で見るように，動詞の現在冠形化語尾は-는であり，形容詞の現在冠形化語尾は-은である。また形容詞では現在形と過去形が-은と-던にそれぞれ対応して現れるのに対し，動詞では過去を表す語尾が-은と-던の2種である点が異なる。動詞の場合-은はある特定の状況が過去に完了した状態であることを表すのに対し，-던はある特定の状況が完了しておらず，中断された状況であるときに使われる。このような特性のために-던を'過去未完'語尾と呼ぶこともある。

(7) 이 사진 어제 찍은 거니？ （この写真は昨日撮ったものかい？）
(8) *이 사진 어제 찍던 거니？
(9) ?어제 먹은 사과가 어디 있지？

(10) 어제 먹던 사과가 어디 있지？（昨日食べていたりんごはどこにあるの。）

(7)，(9) で-은はある状況が完了したことを表す。したがって昨日食べたりんごは今は目に見えなくなっているので (9) はぎこちない。これに対し (10) は昨日りんごを食べたが，一部残したという意味で自然である。また，写真を撮るという行為は瞬間的になされるものなので，写す途中で中断することはできず (8) は非文になる。

形容詞の場合，過去のある状態が現在まで持続される場合には-은，その状態が中断され現在はその状態が変わってしまった場合には-던が使われる。形容詞は現在進行形がないので，現在進行している状況を指し示す-는を使うことができず，完了の意味を持つこともできないので，完了，未完了による区別がなく，過去形が-던として現れる。したがって冠形化語尾が動詞と形容詞に対して異なって現れるのは，動詞と形容詞の意味特性による結果だと言えよう。

冠形化語尾-을はまだ起きていないことを記述するときに主に使われる点で，未来時制のように見える面がある。しかし現在や過去のことについて推測するときにも使われるため，未来時制だと言うことは難しい。-을は推測，意志などを表し，まだ起こっていなかったり，確認されていない事実を表す。

(11) ｛지금쯤, 어제쯤｝도착했을 편지가 왜 아직 안 올까? （推測）
　　　（｛今ごろ，昨日ぐらい｝到着したはずの手紙がどうしてまだ着かないのか。）
(12) 다음 비행기로 도착할(＜도착하-ㄹ) 승객 명단을 보여 주세요. （推測）（次の飛行機で到着する乗客の名簿を見せてください。）
(13) 나는 내일 떠날(＜떠나-ㄹ) 예정이다. （意志）
　　　（私は明日旅立つ予定だ。）

-을は依存名詞것とともに慣用句を構成し，推測や意志を表すが，これは統語的には-을が率いる冠形節が依存名詞것を修飾する構造である。

(14) 내일은 비가 올(＜오-ㄹ) 것이다. （明日は雨が降るだろう。）
(15) 나는 내일 떠날(＜떠나-ㄹ) 것이다. （私は明日旅立つつもりだ。）

一方，-을の用法として，推測や意志，あるいは時制の意味がはっきり

現れない場合がある。伝統的に漢字の訓と音を連結させるとき使用してきた-을の場合がそれである〔※『訓蒙字会』や『千字文』などの漢字学習書では漢字ひとつひとつに訓と音を付けて示したが，訓が用言の場合は語幹に을を付けた形で示した。現代でもひとつひとつの漢字に言及する場合にはその漢字の訓と音を言い「～の字」というのが習慣である。たとえば，成の字は이룰 성 자（成し遂げる成の字），之の字は갈 지 자（行く之の字）のように言う。次例も参照──訳者注〕。例えば검을 현（玄），넓을 홍（洪）などの-을は時制や叙法については中立的である。

5.3　語順

　韓国語は総論でも言及したように，類型的にSOV言語に属する。すなわち，主語─目的語─動詞の語順をなすものが基本である。主語,目的語,動詞の相対的位置による語順の類型は，SOV, SVO, VSOが代表的だが，SOV言語は後置詞言語であり，目的語が動詞に先行するという特徴以外に，修飾する語が被修飾語の前に置かれるという特徴もある。韓国語は副詞が動詞に先行し，関係節，所有格，冠形詞，指示語が名詞に先行する。また本動詞が助動詞に先行し，名詞が助詞に先行する典型的なSOV言語である。

　韓国語は基本的にSOVの語順であるが，格助詞が多様に発達し，語順に比較的融通性がある。韓国語で名詞句の文法的役割は格助詞によって明示されるために，主語と目的語の相対的な位置が入れ替わっても，格の機能は語順よりは格助詞によって決定される。

(1)　민호가 영희를 사랑한다.（主語─目的語─動詞）
　　（ミンホがヨンヒを愛する。）
(2)　영희를 민호가 사랑한다.（目的語─主語─動詞）
　　（ヨンヒをミンホが愛する。）

しかし韓国語で格助詞はしばしば省略され，そのときは格が語順によって表示される。格助詞がない場合，NP─NP─VP構成は主語─目的語─

動詞と解釈される。私たちが韓国語をSOV言語と呼ぶのは，異なる語順が許容されないという意味ではなく，SOV語順が中立的（neutral）であり，無標的（unmarked）な語順だという意味である。(3)，(4)のように格助詞が表示されない場合には，1番目の名詞句と2番目の名詞句が，主語―目的語関係と解釈されるために，意味上の主語―目的語の関係が成立しがたい(4)はぎこちない文になる。韓国語は名詞句の移動が比較的自由であるが，それは格助詞がある場合であることが多い。

(3)　민호 책 읽는다. (主語―目的語―動詞) （ミンホ本読む。）
(4)　ˀ책 민호 읽는다. (主語―目的語―動詞) （ˀ本ミンホ読む。）

韓国語は，文法的な機能を持っている付属形式が必ず後ろに連結する後置詞言語であるが（韓国語で後置詞は格助詞，特殊助詞に該当する），後置詞だけでなく，語尾も必ず語幹の後ろに連結される。派生接尾辞の場合も意味だけを付け加える場合は，語基の前に来ることができるが，文法的な資格を変える派生接尾辞は必ず語基の後ろに連結される。

韓国語の基本語順は主に各名詞句の統語的役割によって決定されるが，機能的，意味的な要因も語順に影響を及ぼす。そのうちでも話題が文頭に導出されることに関してはよく知られている。次の例文のように，ある名詞句が話題となれば，文頭に移動される(各文で下線を引いた部分が話題)。

(5)　a. <u>영희는</u> 수미에게 인형을 주었다. （<u>ヨンヒは</u>スミに人形をあげた。）
　　b. <u>수미(에게)는</u> 영희가 인형을 주었다.
　　　（<u>スミ（に）は</u>ヨンヒが人形をあげた。）
　　c. <u>인형은</u> 영희가 수미에게 주었다. （<u>人形は</u>ヨンヒがスミにあげた。）

2つの名詞句が意味上包含関係にあるときは，範囲が大きい方が前に出るのが中立的な語順である。次の(6)では香りが総称的な意味としてバラの香りを含む全ての香りを指しているが，(7)では香りがバラの属性に含まれる部分でありバラの香りだけを意味する。

(6)　향기는 장미가 좋다. （香りはバラがよい。）
(7)　장미는 향기가 좋다. （バラは香りがよい。）

意味の範囲が広い方が語順では前になるのが韓国語として普遍的な現象

であり，空間を言うときも대한민국 서울특별시 종로구 세종로 1 번지（大韓民国ソウル特別市鍾路区世宗路1番地）のように広い領域から言い，時点を言うときも，1996년 9월 1일 오전 6시 20분（1996年9月1日午前6時20分）のように広い時域を先に言う。

　これまで韓国語の特徴としてしばしば言及してきたもののうちのひとつは，韓国語が'自由語順'言語だという点である。しかしこれは英語のように語順が固定している言語に比べて融通性があるという意味であり，文字通り自由だということではない。語順の変移にはそれなりの制約がある。

　文の成分のうち，語順が比較的自由なものは名詞句であるが，名詞句の移動にも制約がある。名詞句の移動は一部の構成でだけ，そして単文の内部でだけ許容され，節の境界を越えては移動できない。また単文内でも全く語順の変移を許容しない場合も少なくない。韓国語でそれぞれの格の基本語順は次の(8)のとおりである。これらの格の位置は助詞を伴うが，仮に助詞がなくても適切な状況下では移動が可能である。しかし修飾語の語順（冠形語—名詞，副詞—動詞・形容詞），属格構成（属格—名詞），関係節（関係節—名詞），主語—主格補語の語順は固定語順であり，正常な状況では倒置が不可能である。また動詞文末（verb-final）の位置も，言いよどんだり，あるいは表現効果のための文体論的な変移でない限り，倒置が不可能である。

(8)　수미가 민수와 물감으로 벽에 그림을 그렸다.（主格—共同格—具格—処格（与格）—対格—動詞）
　　　（スミがミンスと絵の具で壁に絵を描いた。）

(9)　{예쁜 꽃이, *꽃이 예쁜} 피었다.（冠形語—名詞）
　　　（かわいい花が咲いた。）

(10)　a. 민수는 축구를 {잘 해서, *해서 잘} 인기가 좋다.（副詞—動詞）
　　　　　（ミンスはサッカーが上手で人気がある。）
　　　b. 수미가 {아주 예쁘게, *예쁘게 아주} 화장을 했다.（副詞—形容詞）（スミがとてもかわいく化粧をした。）

(11)　{코끼리의 코가, *코가 코끼리의} 매우 길다.（属格—名詞）

(象の鼻がとても長い。)
- (12) {코가 짧은 코끼리도, *코끼리도 코가 짧은} 있을까？（関係節―名詞）（鼻が短い象もいるだろうか？）
- (13) {김 씨가 대통령이, *대통령이 김 씨가} 되었다．（主語―補語）
(キム氏が大統領になった。)
- (14) 하늘이 {매우 높고 푸르다, *푸르다 매우 높고}．（動詞文末）
(空がとても高く青い。)

この他にも，属格構成や接続構成をなす名詞句の間に他の名詞句が挟まることができないのも，名詞句の移動に対する制約に属する。
- (15) a. 수미가 친구의 애인을 사랑한다．（スミが友達の恋人を愛する。）
  b. *친구의 수미가 애인을 사랑한다．
- (16) a. 수미가 장미와 백합을 좋아한다．（スミがバラとユリが好きだ。）
  b. *장미와 수미가 백합을 좋아한다．

名詞句だけでなく，副詞も移動が可能な場合とそうでない場合がある。副詞には文を修飾する文副詞と，動詞や形容詞のような成分を修飾する成分副詞がある。このうち，文副詞は（17）のように比較的自由に移動できるが，成分副詞は（18）のように修飾する成分の前の位置を離れることは難しい。
- (17) a. 확실히 민수는 범인이 아니다．（確かにミンスは犯人ではない。）
  b. 민수는 확실히 범인이 아니다．（ミンスは確かに犯人ではない。）
  c. 민수는 범인이 확실히 아니다．（ミンスは犯人では確かにない。）
- (18) a. 수미가 그림을 잘 그린다．（スミが絵を上手に描く。）
  b. *잘 수미가 그림을 그린다．
  c. *수미가 잘 그림을 그린다．

5.4　文の拡大

文は基本的に主語と述語でできている。韓国語の基本文型には大きく見て次のような6種の類型がある。

(1) 해가 뜬다.（太陽が昇る。）
(2) 장미꽃이 아름답다.（バラの花が美しい。）
(3) 민수가 책을 읽는다.（ミンスが本を読む。）
(4) 민수가 군인이 되었다.（ミンスが軍人になった。）
(5) 어머니가 아기에게 인형을 주었다.
　　（お母さんが赤ちゃんに人形をやった。）
(6) 수미가 학생이다.（スミが学生だ。）

(1)，(2)はそれぞれ主語の名詞句だけを必要とする自動詞あるいは形容詞が述語として使われた文である。(3)は他動詞文であり，文が成立するために必ず目的語を必要とする。(4)は述語が補語を必要とする場合であり，(5)は与格語（dative）を必要とする授与動詞（ditransitive verb）が述語となっている場合である。(6)では名詞に繋辞（copula）이다（だ・である）が付いて述語になったものである。前（5.1.1.1）で扱った二重主語文を単文として解釈し，独立した文型として認定するなら，韓国語の基本文型は，上の6文型以外に，민호가 키가 크다（ミンホが背が高い）のような文型が1つ追加されなければならない。

このような基本的な骨格に修飾語が付き，より複雑な文を構成するようになるが，主語や目的語は冠形語が修飾し，述語は副詞語が修飾する。

(7) 빨간 장미꽃이 매우 아름답다.（赤いバラの花が大変美しい。）
(8) 어머니가 귀여운 아기에게 예쁜 인형을 기꺼이 주었다.
　　（母親がかわいい赤ん坊に愛らしい人形を喜んであげた。）

上の例のように，1つの文に主語と述語が1回ずつ現れる文が単文である。単文が2つ以上結合して複文を形成すれば，さらに複雑な構成になる。複文は文と文が並んでつながる接続（conjunction）と，1つの文が他の文の成分に変わる内包（embedding）によって構成される。

5.4.1 接続

文と文を接続させて，より長い文を構成する役割をするものは接続語尾である。韓国語には数多くの接続語尾があり，それぞれ独自の意味関係で

文を接続させる（5.2.3 参照）。
- (1)　바람이 불고 비가 온다.（風が吹き雨が降る。）
- (2)　민수는 학교에 가서 공부를 했다.（ミンスは学校に行って勉強をした。）

(1)は바람이 분다（불다 + ㄴ다）（風が吹く）と비가 온다（雨が降る）が接続語尾고によって接続された文であるが，前の文に文末語尾ㄴ다の代わりに接続語尾고が結合したものである。(2) は민수는 학교에 갔다（가 + 았 + 다）（ミンスは学校に行った）と민수는 공부를 했다（ミンスが勉強した）が接続されたものであるが，(1) と同様に文末語尾が削除され，その場所に接続語尾が置かれている。合わせて (2) では前の文の時制の先語末語尾았が接続文を構成することによって削除され，また後ろの文の主語である민수는が削除されたものと見ることができる。このように接続文を構成するとき，前後の文で共通する成分があるときは，一方を削除する（conjunction reduction）が，これをさらに具体的に詳しく見れば次のようになる。（削除された位置を＿で表示する。）

- (3)　a. 영희가 노래를 부르고, 영희가 춤을 춘다.（同一主語）
  　　　　（ヨンヒが歌を歌い，ヨンヒが踊りを踊る。）
  　　b. 영희가 노래를 부르고　＿＿ 춤을 춘다.
  　　　　（ヨンヒが歌を歌い，踊りを踊る。）
  　　　[SOV] & [SOV] → [SOV] & [_OV]

- (4)　a. 영희가 노래를 부르고, 수미가 노래를 부른다.（同一目的語，動詞）（ヨンヒが歌を歌い，スミが歌を歌う。）
  　　b. 영희와　＿＿　＿＿ 수미가 노래를 부른다.
  　　　　（ヨンヒとスミが歌を歌う。）
  　　　[SOV] & [SOV] → [S_ _] & [SOV]

- (5)　a. 영희가 야구를 하고, 영희가 배구를 한다.（同一主語，動詞）
  　　　　（ヨンヒが野球をし，ヨンヒがバレーボールをする。）
  　　b. 영희가 야구와　＿＿　＿＿ 배구를 한다.
  　　　　（ヨンヒが野球とバレーボールをする。）
  　　　[SOV] & [SOV] → [SO_] & [_OV]

(6)　a. 민수가 편지르 쓰고, 동생이 편지를 부쳤다. (同一目的語)
　　　　（ミンスが手紙を書き，弟（妹）が手紙を送った。）
　　b. 민수가 편지를 쓰고 동생이 ＿ 부쳤다.
　　　　（ミンスが手紙を書き弟（妹）が送った。）
　　　　[SOV] & [SOV] → [SOV] & [S_V]

　上の例を見ると，名詞句1つを除外した残りの部分が同一であるときは，同一部分のうち，一方を削除し，2つの名詞句を와/과（と）で接続させていることが分かる（(4)，(5)の場合）。そして動詞が同一の場合は，前の文で動詞が削除され，名詞が同一の場合は後ろ側が削除される。したがって主語や目的語が同一の場合は，後ろ側の主語や目的語が削除されるのである。しかし(4)のように，目的語と動詞，つまり述語全体が同一の場合は，後ろ側の目的語が削除されるのではなく，述語全体として目的語と動詞の全て前の方が削除される。

　接続文で同一成分が削除される方向は，言語によって一定の類型的な特性を持っている。韓国語において上のような方向で削除が起きるのは，韓国語がSOV言語であるためである。言い換えれば，主語が前に，動詞が一番後ろに来るという語順上の大原則をこわさないでおこうという心理が働くためである。SVO言語である英語と比較すれば，'I wrote the letter and you sent the letter.'で，同一名詞句である'the letter'を削除する場合，前の名詞句が削除され，[SV & SVO]となり，全体的に主語が前に，目的語が一番後ろに来る構造に反しないようにするのである。(3)〜(6)の例を見るとき,削除された結果作られた接続文は,文全体として見ると，すべて一番前に主語，一番後ろに動詞が位置している。もし，上のような削除の方向を正反対にすれば,削除の結果はそれぞれ(3)[OV & SOV]，(4) [SOV & S]，(5)[OV & SO]，(6)[SV & SOV]となり,(6)を除いて全て，主語は一番前に，動詞は文の一番後ろに来るというSOV語順をなさなくなり，非文となる。

(3)　c. *＿ 노래를 부르고 영희가 춤을 춘다.
(4)　c. *영희가 노래를 부르고 수미가＿ ＿.

(5)　c.　*__ 야구를 하고 영희가 배구를 __.
(6)　c.　*민수가 __ 쓰고 동생이 편지를 부쳤다.

　これらのうち（6c）が他の例よりは比較的許容度が高いが，それは主語が前に，動詞が一番後ろに位置するという大原則に反しないためだと考えられる。しかし省略は前側の単語と同一指示的でなければならず，省略された部分が後ろ側の編紙と同一指示的な構造となるので非文となる。

5.4.2　内包

　1つの文が他の文に内包され，その文の成分として機能することを内包文（embedded sentence）というが，内包文は名詞，冠形詞，副詞のような機能をすることができる。内包文が副詞として機能するのは，だいたいにおいて従属接続の場合に該当するので（5.2.3参照），ここでは従属接続語尾による副詞化の場合は除き，冠形化，名詞化を中心にして簡単に見てみることにする。

　冠形化語尾は前で見たように-은，-는，-을，-던である（5.2.5参照）。一般的に冠形化は関係化（relativization）と補文化（complementation）に分けられる。

(1)　a.　내가 좋아하는 꽃은 장미다.（私が好む花はバラだ。）
　　　b.　[[내가 꽃을 좋아한다] 꽃은 장미이다.] ―関係化
　　　　　([[私が花を好む] 花はバラだ。])

(2)　a.　내가 장미를 좋아하는 사실을 친구들은 다 안다.
　　　　　(私がバラを好む事実を友達はみな知っている。)
　　　b.　[[내가 장미를 좋아한다] 사실을 친구들은 다 안다.] ―補文化
　　　　　([[私がバラの花を好む] 事実を友達は皆知っている。])

　(1)の場合は내가 꽃을 좋아한다（私が花を好む）という文が内包され，上位文の主語である꽃（花）と同一指示的な名詞である内包文の꽃が削除され，文末語尾が冠形化語尾に置き換えられ，내가 좋아하는（私が好む）という内包文を構成した。そうして내가 좋아하는（私が好む）は꽃（花）を修飾する冠形節の機能をしている。

これに対し (2) では上位文の一成分と同じ成分が内包文の中になく，削除される成分なしに文末語尾だけ冠形化語尾に置き換えられたものである。(2) で내가 장미를 좋아하는（私がバラを好む）は사실（事実）の内容を説明しているものであるので，しばしば内容節（content clause），あるいは同格節（appositive clause）と呼ぶこともある。

補文は直接補文と間接補文に分けられる。(2) のように文末語尾が削除され，その位置に冠形化語尾が代置される場合が直接補文であり，(3)，(4) のように内包文の文末語尾がそのままでありながら，その後ろで再び冠形化語尾が連結される場合が間接補文である。

(3)　나는 민수가 장미를 좋아한다는 사실을 몰랐다.
　　　（私はミンスがバラを好むという事実を知らなかった。）
(4)　민수가 친구를 배신했다는 소문이 끈질기게 나돌았다.
　　　（ミンスが友達を裏切ったといううわさがしつこく出回った。）

ところで一部の補文名詞を除外した大部分の補文名詞は，直接補文と間接補文のうち，どちらかの類型のひとつの補文構成だけを許容する。

(5)　나는 민수가 수미를 {좋아하는, 좋아한다는} 사실을 몰랐다.
　　　（私はミンスがスミを {好いている, 好いているという} 事実を知らなかった。）
(6)　민수가 친구를 {*배신한, 배신했다는} 소문이 끈질기게 나돌았다.
　　　（ミンスが友達を裏切ったといううわさがしつこく出回った。）
(7)　a. 나는 해가 {뜨는, *뜬다는} 것을 보았다. （私は日が昇るのを見た。）
　　　b. 나는 기차가 6시에 {출발하는, 출발한다는} 것을 몰랐다.
　　　　　（私が汽車が 6 時に {出発する, 出発するという} ことを知らなかった。）
(8)　만약 친구가 너를 {배신하는, *배신한다는} 경우에는 어떻게 하겠니？（もし友達がお前を裏切った場合にはどうするのか。）
(9)　네가 반드시 {*성공하는, 성공한다는} 보장이 있느냐？
　　　（お前が必ず成功するという保証はあるのか。）

直接補文を要求する補文名詞としては경우（場合），가능성（可能性），까닭（わけ）などの名詞と줄（すべ），바（こと），수（方法），리（はず），듯（ように），양（さも～ように），체（～するふり），만（～ぶり），법（道理），성（性）

などの依存名詞があり，間接補文を要求する補文名詞としては소문（うわさ），소식（消息），말（言葉），주장（主張），단언（断言），약속（約束），보고（報告），보도（報道），명령（命令），고백（告白），요청（要請），생각（考え），느낌（感じ），견해（見解），이론（理論）などがある。

名詞化（nominalization）とは，ある文が他の文に内包され，名詞と同じ機能をするものである。次の例で（10a）の봄이 오기（春が来ること）は（10b）の비（雨）のような機能，すなわち目的語の役割をしている。（10a）の봄이 오기는 봄이 오 + ㄴ다という文から文末語尾を削除し，名詞化語尾 -기が連結されて名詞節の資格を持つようになったものである。（11a, b）でも名詞化語尾-음によって導かれる節が名詞句と同じ機能をしていることが分かる。

(10) a. 새싹들이 <u>봄이 오기</u>를 기다린다. （新芽が<u>春の訪れ</u>を待つ。）
　　　 b. 새싹들이 <u>비</u>를 기다린다. （新芽が<u>雨</u>を待つ。）
(11) a. 사람들은 <u>세월이 그렇게 빨리 감</u>을 깨닫지 못한다.
　　　 （人々は<u>歳月がそんなにはやく過ぎ去ること</u>に気がつかない。）
　　　 b. 사람들은 <u>자기의 잘못</u>을 깨닫지 못한다.
　　　 （人々は<u>自分の間違い</u>に気がつかない。）

名詞化語尾-기と-음は使われる環境が異なり，述語に従って-기，または-음だけを排他的に許容する（5.2.4参照）。

ところで-느냐/으냐，-는가/은가，-는지/은지/을지，-을까のような疑問語尾で終わる文はそのまま名詞節になり，後ろにすぐ助詞を連結させることができる点が特記すべきである。しかし疑問語尾といっても，上の語尾以外の語尾は名詞節を導くことができない。

(12) 죽느냐 사느냐가 문제다. （死ぬか生きるかが問題だ。）
(13) 누가 먼저 갈지를 결정하자. （誰がまず行くかを決めよう。）
(14) 누가 정말 범인인가가 드러났다.
　　　 （誰が本当に犯人かが明らかになった。）
(15) 누가 부산에 갈까를 생각해 보자. （誰が釜山に行くかを考えてみよう。）
(16) *누가 범인이니가 드러났다.

(17) *누가 먼저 갑니까를 결정하자.

5.5 被動と使役

5.5.1 被動

韓国語の被動詞〔※被動は日本語で受動にあたる――訳者注〕は他動詞の語幹に被動接尾辞-이-, -히-, -리-, -기-がついて形成される。例：보다 (見る)―보이다 (見られる), 듣다 (聞く)―들리다 (聞かれる), 잡다 (捕まえる)―잡히다 (捕まえられる), 안다 (抱く)―안기다 (抱かれる)。そして被動文は能動文の主語が与格語になり，能動文の目的語が主語になる文構造の変化を伴う。

(1) a. 대학생들이 삼국지를 많이 읽는다. (能動文)
　　　　主語　　　目的語　　　他動詞
　　　(大学生たちが三国志をよく読む。)

b. 삼국지가 대학생들에게 많이 읽힌다. (被動文)
　　　主語　　　与格語　　　被動詞
　　(三国志が大学生たちによく読まれる。)

能動文の主語が無生物（[－animate]）であるときは，被動文で処格語として現れる。

(2) a. 태풍이 도시를 휩쓸었다. (台風が都市を襲った。)
b. 도시가 태풍에 휩쓸렸다. (都市が台風に襲われた。)

能動文の主語が有情物でも，能動文に与格〜에게，処格〜에，または具格の〜로があるときは，被動文で〜에게で現れることはできず，〜에 의해 (서) に変わる。しかしいわゆる二重目的語が実現された文では〜에게と〜에 의해が両方使われる。

(3) a. 김 씨가 박 씨에게 집을 팔았다. (キムさんがパクさんに家を売った。)
b. 집이 {*김 씨에게, 김 씨에 의해} 박 씨에게 팔렸다.
　　(家がキムさんによってパクさんに売られた。)

(4) a. 영희가 가위로 색종이를 잘랐다. (ヨンヒがはさみで色紙を切った。)
　　b. 색종이가 {*영희에게, 영희에 의해} 가위로 잘렸다.
　　　(色紙がヨンヒによって切られた。)
(5) a. 영희가 어항에 금붕어를 담았다. (ヨンヒが金魚鉢に金魚を入れた。)
　　b. 금붕어가 {*영희에게, 영희에 의해} 어항에 담겼다.
　　　(金魚がヨンヒによって金魚鉢に入れられた。)
(6) a. 경찰관이 도둑을 덜미를 잡았다. (警察官が泥棒を捕まえた。)
　　b. 도둑이 {경찰관에게, 경찰관에 의해} 덜미를 잡혔다.
　　　(泥棒が警察官によって捕まえられた。)

しかし全ての動詞を被動詞に派生させることができるのではなく，一部の限られた動詞だけが被動接尾辞をとることができる。被動詞に派生させることのできない動詞を見てみると，まず動詞하다(する)をはじめ，接尾辞-하다が付く動詞は被動詞に派生させることはできない。주다(与える)，받다(受ける)，드리다(差し上げる)，바치다(捧げる)のような授与動詞 (ditransitive verb) と 얻다(もらう)，잃다(失う)，찾다(さがす)，돕다(助ける)，입다(こうむる)，사다(まねく)のような受益動詞 (benefactive verb) も被動詞を持たない。受益動詞のうち팔다(売る)のみが被動詞，팔리다(売られる)を持つ。알다(知る)，배우다(学ぶ)，바라다(望む)，느끼다(感じる)など話者の心理的経験を表す経験動詞 (experiential verb)，만나다(出会う)，닮다(似る)，싸우다(けんかする)のような対称動詞 (symmetric verb) も対応する被動詞がなく，その他に던지다(投げる)，지키다(守る)，때리다(殴る)，만지다(触る)などのような語幹が이で終わる動詞も被動詞派生がなりたたない。

韓国語の能動文と被動文は常に相互に代置される関係ではない。被動詞派生が不可能な動詞は当然被動文を作ることができず，反対に被動文が存在しても，それに対応する能動文を設定することが難しい場合もある。

(7) a. 수미가 감기에 걸렸다. (スミが風邪にかかった。)
　　b. *감기가 수미를 걸었다.
　　c. *(X가) 수미를, 수미에게 감기를 걸었다.

(8) a. 수미가 마법에 걸렸다. (スミが魔法にかかった。)
　　 b. 마술사가 수미에게 마법을 걸었다. (魔術師がスミに魔法をかけた。)
(9) 날씨가 풀렸다. (寒さが緩んだ。)
(10) a. 그는 항상 죄의식에 쫓긴다.
　　　（彼はいつも罪の意識にさいなまれている。）
　　 b. ?*죄의식이 항상 그를 쫓는다.
(11) a. 영희가 난처한 입장에 놓였다.
　　　（ヨンヒが苦しい立場に追い込まれた。）
　　 b. ?* (사람들이) 영희를 난처한 입장에 놓았다.
(12) a. 문이 바람에 닫혔다. (ドアが風で閉まった。)
　　 b. ?*바람이 문을 닫았다.

(7), (9) は被動文に対応する能動文を設定することが難しい例であるが, 何よりも能動文の主語が何なのか明らかでなく, 文を構成することができない。その上 (7) の걸렸다 (かかった) は形態上で見るときは明らかに他動詞걸다の被動詞であるが, 걸리다が걸다の被動詞派生語なのかさえ判断するのが難しいほどである。(9) の풀렸다 (緩んだ) も同じであり, 能動文の構造としては他動詞풀다と날씨 (天気) の関係を主語とも目的語とも, あるいは処格語とも設定することが難しい。例：*날씨가/*날씨를/*날씨에 풀었다。しかし (7a) と (8a) の걸렸다が同音異義語でなければ (8b) が成立するものとみられ, (7b) や (7c) を成立させない他の要因があるものと推測される。それは韓国語の被動文の独特な意味機能に起因するものであり, 감기를 걸리게 (風邪をかかるように) したり, 날씨를 풀리게 (天気を緩ませるように) するというように, 意志や意図を持った主体を設定するのが難しい場合に被動文を使うのである。それゆえ韓国語の被動文には通常Xに의해 (Xによって) が文の表面に現れない場合が多い。被動文は単純に主語の位置を替えたものという意味を越えて, 主語と関連した状況や行為が主語の意志と関係ないことを表しているのである。(7)～(12) のように統語的には能動文が不可能な理由がなくても, 慣用的に被動文としてのみ表現する理由は, 被動文として表現されることによって

被動主の意志が作用しなかったり，あるいはできなかったりすることを効果的に表現することができるためである。

動詞보다（見る），잡다（捕まえる），업다（負う），안다（抱く），물다（噛む），뜯다（むしり取る）などは被動詞と使役動詞の形態が同じで보이다, 잡히다, 업히다, 안기다, 물리다, 뜯기다である。これらが被動詞として使われているのか，使役動詞として使われているのかは，文脈によって区別される。

(13)　a. 서울 타워가 나에게 보인다. (被動)（ソウルタワーが私に見られる。）
　　　b. 어머니가 아기에게 그림책을 보인다. (使役)
　　　　（お母さんが赤ちゃんに絵本を見せる。）
(14)　a. 아기가 어머니에게 업혔다. (被動)
　　　　（赤ちゃんがお母さんにおぶわれた。）
　　　b. 어머니가 수미에게 아기를 업혔다. (使役)
　　　　（お母さんがスミに赤ちゃんをおぶわせた。）
(15)　a. 수미가 민호에게 안겼다. (被動)（スミがミンホに抱かれた。）
　　　b. 수미가 민호에게 꽃다발을 안겼다. (使役)
　　　　（スミがミンホに花束を抱かせた。）

上の例文で被動文と使役文を比較して見ても，被動文では主語の意図や意志が作用できないことが分かる。有情物主語であるときは，多少自身の意志が作用する素地があるにはあるが，表面上表現されない潜在的な意志としてだけ存在する。このような被動文の特性に従い，次のように被動主の意志がありながらも，行為の責任や主導権を相手に受け渡すとき，被動文を使うこともある。

(16)　아기가 엄마에게 달려가서 안겼다.
　　　（幼児が母親のところに走っていって抱かれた。）
(17)　영희는 민수에게 못 이기는 체하고 손목을 잡혔다.
　　　（ヨンヒはミンスに勝てないふりをして手を握られた。）

韓国語には助動詞によって被動が表現される，もうひとつの方式がある。例：만들다（作る）—만들어지다（作られる），느끼다（感じる）—느껴지다（感じられる），움직이다（動く）—움직여지다（動かさせる），찾다（探す）—찾

아지다 (探される)。動詞語幹に-어지다が結合されれば, 被動の意味を持つようになるが, 接尾辞による被動表現が不可能な場合にも許容される。その結果接尾辞による被動に比べ, より多くの動詞に適用される。

(18) a. 수미가 영희에게 선물을 <u>주었다</u>. (被動詞派生不可能)
   (スミがヨンヒにプレゼントをあげた。)
   b. 선물이 수미에 의해 영희에게 <u>주어졌다</u>.
   (プレゼントがスミによってヨンヒに与えられた。)

被動詞派生が可能な動詞にも-어지다は連結することができ, 時には被動詞に再び-어지다が結合されることもある。被動詞被動, 助動詞被動, 被動詞に再び助動詞が付く被動は, それぞれその意味と用法が異なる。だいたいにおいて被動詞被動が被動主の意志と関係ない状況であるとすれば, 助動詞被動にはそのような状況が成り立つようにする意図性が含まれているような意味が感じられる。下の (19c) で안 읽어진다は読もうとするのだが読むことができない状況を語り, (19d) の읽혀진다にも人々が積極的に求めて読むという状況が内包されている。(20) の걸어졌다は誰の意図にもよらぬ自然な現象に-어지다が使われて不自然な例である。

(19) a. 영희가 책을 읽는다. (能動詞)(ヨンヒが本を読む。)
   b. 책이 영희에게 읽힌다. (被動詞被動)(本がヨンヒに読まれる。)
   c. 나는 오후에는 책이 안 읽어진다. (助動詞被動)
   (私は午後には本がなかなか読めない。)
   d. 좋은 책은 시대가 바뀌어도 여전히 읽혀진다.
   (よい本は時代が変わっても変わらず読まれる。)
(20) 바람에 날려서 연이 대추나무에 {걸렸다, *걸어졌다}.
   (風に吹かれて凧がなつめの木にひっかかった。)

以上のように, 韓国語で被動文は, 統語論的な動機よりは意味論的な特性が強く表れる。被動が屈折の範疇ではなく, 派生の範疇に含まれるという点も, 被動文が意味論の問題であることを物語っている。

5.5.2 使役

使役動詞は，動詞や形容詞の語幹に接尾辞-이-，-히-，-리-，-기-，-우-，-구-，-추-が付いて形成される。例：먹다（食べる）—먹이다（食べさせる），넓다（広い）—넓히다（広げる），울다（泣く）—울리다（泣かせる），웃다（笑う）—웃기다（笑わせる），끼다（はさむ）—끼우다（はさみこむ），달다（熱くなる）—달구다（熱くする），맞다（合う）—맞추다（合わせる），없다（ない）—없애다（なくす）。被動の場合と同じで，使役派生も限られた動詞，形容詞にだけなされる。語幹が母音이で終わる動詞，授与動詞，対称動詞，하다動詞は被動と同様に使役派生することはできない。ただし被動派生が不可能な알다（知る）は알리다（知らせる）に使役派生が可能で，同様に입다（着る）も입히다（着させる）に使役派生が可能である。しかしどんな動詞が使役派生が可能かは，被動と同じく規則化することが困難である。派生というしくみ自体が統語的現象とは異なり規則化が困難なためである。

形容詞や自動詞に由来する使役文では本来主動文の主語が目的語に変わり，他動詞に由来する使役文では主動文の主語が目的語や与格語として現れる。すなわち形容詞文と自動詞文は使役文になることによって，他動詞文に変わる。

(1) a. 길이 좁다.（形容詞）(道が狭い。)
　　b. 인부들이 길을 좁힌다.（人夫たちが道を狭める。）
(2) a. 아기가 잔다.（自動詞）(赤ちゃんが寝る。)
　　b. 어머니가 아기를 재운다.（お母さんが赤ちゃんを寝かせる。）
(3) a. 아기가 우유를 먹는다.（他動詞）(赤ちゃんが牛乳を飲む。)
　　b. 어머니가 {아기를, 아기에게} 우유를 먹인다.
　　　（お母さんが {赤ちゃんを, 赤ちゃんに} 牛乳を飲ませる。）

韓国語の使役には被動の場合と同様に，接尾辞による使役以外に助動詞による使役があるが，接尾辞使役が可能な動詞はもちろん，不可能な動詞語幹にも-게 하다が付き使役文を形成する。しばしば接尾辞使役を短形使役，-게 하다使役を長形使役と言って区別する。

韓国語の使役に対する研究はしばらくの間，長形使役と短形使役の同義

性如何に集中していた。短形使役が許容されない動詞については2つの類型の使役文の差異が問題になることはないが，短形使役と長形使役がどちらも可能な場合は2つの使役文の同義性如何が問題となる。

まず統語構造上，短形使役は単文であり，長形使役は複文である。すなわち長形使役で-게は内包文を導く語尾なのである。意味論的に見るとき，長形使役は間接使役を表し，短形使役は動詞の種類と文脈によって直接使役としても間接使役としても解釈でき重義的である。間接使役とは，使役主は被使役主がある行為をするように惹起するだけで，使役主自身がその行為に参与しない使役であり，直接使役とは使役主自身が直接行為に参与するものを言う。例をあげると，민수가 앵무새를 죽였다（ミンスがオウムを殺した）を直接使役と解釈すれば，ミンスが凶器を使ったり，毒薬を使ったり，げんこつでなぐったりして，死を引き起こす行為を直接したという意味になる。それに対し，민수가 앵무새를 죽게 했다（ミンスがオウムを死ぬようにした）を間接使役と解釈すれば，ミンスが直接死を引き起こす行為をしたのではなく，不注意でオウムを猫と同じ部屋に放置してしまったり，えさのそばに毒を置いたりして，間接的にオウムの死を招来した場合を言う。

直接使役と間接使役についての解釈は必ずしも客観的な状況にだけ左右されるものではない。実際にはミンスがオウムの死に対する直接的な行為をしなくても，ミンス自身がその責任を感じている場合には내가 앵무새를 죽였구나！（私がオウムを殺したんだ！）と言うことができ，他の人がオウムの死に対するミンスの不注意を責めようとするときも，네가 앵무새를 죽인 거야！（お前がオウムを殺したのだ！）と表現することもできる。

もうひとつ例をあげれば，次のようになる。中立的な状況ならば（4a）は直接使役，（4c）は間接使役である。しかし実際に영희 엄마（ヨンヒのお母さん）がヨンヒの服を直接着せてあげない場合でも，（4b）のように短形使役で表現することによって비싼 옷（高価な服）を選択することにヨンヒのお母さんがより直接的に関与したという意味を表現することができるのである。

(4) a. 엄마가 영희에게 옷을 입힌다. (短形使役，直接使役)
   (お母さんがヨンヒに服を着せる。)
   b. 영희 엄마는 영희에게 언제나 비싼 옷만 입힌다. (短形使役，間接使役)(ヨンヒのお母さんはヨンヒにいつも高価な服ばかりを着せる。)
   c. 엄마가 영희에게 옷을 입게 한다. (長形使役，間接使役)
   (お母さんがヨンヒに服を着るようにする。)

　動詞によっては使役主が直接的に行為に参与することが不可能な場合もあり，このときは短形使役であっても間接使役とだけ解釈される。읽히다（読ませる），웃기다（笑わせる），울리다（泣かせる），놀리다（遊ばせる）のような動詞は使役主がその行為にいかに近づいて関与したとしても，たとえば먹이다（食べさせる）で使役主がスプーンを持って食べ物をすくって被使役主の口に入れてやるというような直接的な行為は不可能である。このような動詞は短形使役で表現されていても，間接使役と解釈される。しかしこのような動詞もそれぞれ읽게 하다（読むようにする），웃게 하다（笑うようにする），울게 하다（泣くようにする），놀게 하다（遊ぶようにする）のように長形使役が可能であるが，短形使役にくらべ，使役主の役割がより消極的な点で差異が出る。要するに읽히다（読ませる）は授業時間に教師が学生に読ませるなどのより直接的な使役を表し，읽게 하다（読むようにする）は，読みなさいと本だけを買い与えて読むことは確認しないというような消極的な使役を表す。それゆえ短形使役が間接使役であると解釈されても，対応する長形使役よりは直接的で積極的な使役を表すことが分かる。

5.6　否定

5.6.1　否定文の種類

　韓国語の否定文は肯定文の述語に아니（안）や못を付けたり，助動詞말-を本動詞の後ろに付けることによって作る。これらは文の種類によってその分布が異なり，아니と못は平叙文と疑問文で使われ，말-は勧誘文

と命令文で使われる。아니否定文と，못否定文にはそれぞれ短形と長形がある。아니や못が述語の前に位置するものを短形否定文と言い，このときには아니 가다よりは안 가다（行かない）のように아니が안につづまった形が自然である。아니や못が述語の後ろに付くものを長形否定文と言い，長形否定文の述語は〈述語語幹＋-지 아니하다(않다)/못하다〉の形態になる。말-否定文は〈述語語幹＋-지 말라/말자〉の構成をなす。-지 아니하다は動詞の後ろに付けば動詞として活用し，形容詞の後ろに付けば形容詞として活用する。下の（1a）で않다を冠形形に直せば책을 읽지 않는 수미（本を読まないスミ）となるが，(6c) は 푸르지 않은 하늘（青くない空）に直される。

(1) a. 수미가 책을 읽지 {아니, 못} 한다.
    （スミが本を {読まない，読めない}。）
   b. 수미가 책을 {아니, 못} 읽는다.（スミが本を {読まない，読めない}。）
(2) a. 수미가 책을 읽지 {아니, 못} 하느냐？
    （スミが本を {読まない，読めない} のか？）
   b. 수미가 책을 {아니, 못} 읽느냐？
    （スミが本を {読まない，読めない} のか。）
(3) a. 수미야, 책을 읽지 {*아니, *못, 말} 아라.（スミよ, 本を読むな。）
   b. 수미야, 책을 {*아니, *못, *말} 읽어라.
(4) a. 수미야, 책을 읽지 {*아니, *못, 말} 자.
    （スミよ, 本を読まないでおこう。）
   b. 수미야, 책을 {*아니, *못, *말} 읽자.

말-否定は命令文と勧誘文でのみ使われ，述語が形容詞や〈名詞＋이다〉のときには使えない。述語が〈名詞＋이다〉の場合には長形のアニ否定文だけが許容され，〈名詞＋이 아니다〉の構成をなす。못は아니に比べ，分布に制約を受けるが，述語が名詞であるときは使うことができず，形容詞であるときは限られた文脈でだけ使われる。

(5) a. 영희는 미인이다.（ヨンヒは美人だ。）
   b. 영희는 {*안, *못} 미인이다.
   c. 영희는 미인이 {아니다, *못이다}.（ヨンヒは美人ではない。）

(6) a. 하늘이 푸르다. (空は青い。)
　　b. 하늘이 {안, *못} 푸르다. (空は青くない。)
　　c. 하늘이 푸르지 {않다, ?*못하다}. (空は青くない。)

5.6.2　否定文の意味と制約

　意味の上ではいい否定は単純否定と意図否定を表し，못否定は他意否定，能力否定を表す。
(1)　한국팀은 월드컵 대회 본선에 나가지 않았다.
　　　(韓国チームはワールドカップ大会本選に出なかった。)
(2)　한국팀은 월드컵 대회 본선에 나가지 못했다.
　　　(韓国チームはワールドカップ大会本選に出られなかった。)

　上の例文で(1)は単純に出なかった状況を中立的に伝える意味，または韓国チームが出ることを望まず出なかったという意味である。これに対し(2)は出ようと意図したが他意によって阻止されたか，能力が不足して予選で脱落して出なかったという意味になる。したがって次のように他意によってすでに出ることができなかった場合にいいを使えばぎこちなく，反対に自身の意図で出ない状況で못を使えば非文になる。
(3)　한국팀은 예선에서 탈락되어 본선에 나가지 {?않았다, 못했다}.
　　　(韓国チームは予選で脱落して本選に出ることができなかった。)
(4)　한국팀은 편파적인 심판에 항의하기 위해 본선에 나가지 {않았다,
　　　*못했다}. (韓国チームは不公平な審判に抗議するため本選に出なかった。)
　아니는，알다(知る)のような話者の認知を表す動詞を否定することはできず，견디다(耐える)，참다(我慢する)のように話者の意図が含まれた動詞とも相容れない。しかし못否定はこれらの動詞でも自然である。
(5) a. 나는 그런 사실을 전혀 {*안 알았다, *알지 않았다}.
　　b. 나는 그런 사실을 전혀 {*못 알았다, 알지 못했다}.
　　　(私はそんな事実を全く知り得なかった。)
(6) a. 어떻게 1년도 {*안 견디고, *견디지 않고} 사표를 내?
　　b. 어떻게 1년도 {못 견디고, 견디지 못하고} 사표를 내?

（どうして1年も耐えられずに辞表を出したの？）

못は能力がなくてしないことなので，意図を表わす-려고（〜しようと），-고자（〜したいと），-고 싶다（〜したい）の構成では使うことができない。また動詞망하다（滅ぶ），잃다（失う），염려하다（気づかう），고민하다（悩む），걱정하다（心配する），후회하다（後悔する），실패하다（失敗する）などは能力があれば当然避けようとする状況を表すので，しようとしても能力がないことを意味する못とは相容れることができない。

(7)　a. 나는 외국 여행을 {*못 가려고, *가지 못하려고} 한다.
　　 b. 나는 외국 여행을 {안 가려고, 가지 않으려고} 한다.
　　　（私は外国旅行に行かないでおこうと思う。）
(8)　a. 그는 사업에서 {*못 망했다, *망하지 못했다}.
　　 b. 그는 사업에서 {안 망했다, 망하지} 않았다.
　　　（彼は事業で倒産しなかった。）

못は形容詞文では使われないことが原則であるが，넉넉하다（余裕がある），우수하다（優秀だ），만족하다（満足だ），풍부하다（豊富だ），넓다（広い），크다（大きい），좋다（よい）のように望ましい状況を意味する述語とともに使われれば，能力や状況が期待や規準に達せず，不足していたり，物足りないということを意味する。そしてこのときは必ず，長形否定文だけが可能である。

(9)　예산이 {풍부하지 못해서, *못 풍부해서} 만족스럽게 일을 마치지 못했다.（予算が十分でなく，満足に仕事を終えることができなかった。）
(10)　날씨도 {좋지 못한데, *못 좋은데} 이렇게 찾아 주셔서 감사합니다.
　　　（天気もよくないのに，このように訪ねて来てくださってありがとうございます。）

前で指摘したように말-否定は原則的に命令文と勧誘文でのみ使われる。しかし-기(를) 바라다（〜を望む），-기(를) 기원하다（〜を祈る），-기(를) 원하다（〜を願う），-기를！（〜を！），-았으면！（〜であれば！），-면 좋겠다（〜ならいいのに）のように話者の希望や願いを表現する文では叙述文としても可能である。

(11) 입학시험 날 날씨가 춥지 말았으면 좋겠다.
(入学試験の日が寒くなければいいが。)
(12) 제발 죽지만 말았기를！（どうか死だけはまぬがれるように！）

말-は動詞と反復構成をなし，-든지 말든지（であろうがなかろうが），-다 말다（したりやめたり），-을락 말락（〜か〜ないか），-거나 말거나（〜ても〜なくても），-을 듯 말 듯（〜たり〜（でなかっ）たり），-는 둥 마는 둥（〜たり〜（でなかっ）たり），-을까 말까（〜か〜か）などのように，慣用句を作ることもある。

(13) 그가 가든지 말든지 상관 없다.（彼が行こうと行くまいと関係ない。）
(14) 저 멀리 보일 듯 말 듯한 집이 우리 집이야.
(あの遠くに見えかくれしている家が私たちの家だ。)
(15) 민수는 소풍을 갈까 말까 망설인다.
(ミンスは遠足に行くか行くまいか迷っている。)

一方，아니が使われながらも否定文ではない場合があるが，確認文と懐疑文がそれである。確認文は一種の付加疑問文（tag question）であり，話者が肯定的な前提を持ち，聴者もその事実を知っているだろうと仮定し，それを確認する文であるが，疑問文としてだけ可能である。(16a)は確認文であり，話者はそのりんごをヨンヒが食べたということをほとんど確信しつつ，聴者にその事実を確認するためにした質問である。(16b)は否定疑問文であるが，確認文と否定疑問文は抑揚と時制先語末語尾の位置によって区別される。確認文は文の終わりが下がり，否定疑問文は終わりが上がる。また時制の先語末語尾が否定疑問文では아니に連結されるのに対し，確認文では本動詞の語幹に連結される。

(16) a. 영희가 그 사과를 먹었지 않니？（↘）（確認文）
(ヨンヒがそのりんごを食べたじゃない？)
b. 영희가 그 사과를 먹지 않았니？（↗）（否定疑問文）
(ヨンヒがそのりんごを食べなかったの？)

懐疑文は上位文の述語が의심스럽다（疑わしい），두렵다（恐ろしい），무섭다（こわい），걱정스럽다（心配だ），염려스럽다（気がかりだ）のような疑惑，

怖れ，心配などを表す動詞であるとき，内包文に아니が使われる場合で，このときも아니には否定の意味がない。すなわち (17a) は否定素아니が使われない (17b) と同様に，영희가 갈까봐 걱정하거나 의심하는 (ヨンヒが行くかと思って心配したりあやしんだりする) という意味である。

(17)　a. 영희가 가지(나) 않을까 {걱정스럽다, 두렵다, 의심스럽다}.
　　　　　（ヨンヒが行くのではないか {心配だ, 不安だ, 疑わしい}。）
　　　b. 영희가 갈까 {걱정스럽다, 두렵다, 의심스럽다}.
　　　　　（ヨンヒが行くか {心配だ, 不安だ, 疑わしい}。）

懐疑文は外見上長形否定文と同じであるが，それぞれ休止と強調の位置が異なっている点で区別される。(例文で∨は休止，下線は強調)

(17)'　a. 영희가 가지 ∨ 않을까 걱정스럽다. （否定文）［行かないことを心配する。］（ヨンヒが行かないかと心配だ。）
　　　 b. 영희가 ∨가지 않을까 걱정스럽다. （懐疑文）［行くことを心配する。］（ヨンヒが行くのではないかと心配だ。）

5.6.3　短形否定と長形否定

前で指摘したように韓国語の否定文には短形と長形がある。これら2種の否定文は述語に対する制約で差異が出，その意味も少し異なる場合がある。これに関して2種の否定文を同義と見て，単一の基底構造を設定する立場と，2つの否定文の同義説を否定し，互いに異なる基底構造を設定する立場が鋭く対立してきた。ここでは基底構造についての論議はさておき，2つの否定文に加えられる制約と意味の違いについてだけ見てみることにする。

否定文は否定の範囲 (scope) がどこまで及ぶのかによって，重義性を持つが，このような点は短形も長形も同じである。(1a, b) はそれぞれ部分否定としても解釈され，全体否定としても解釈される重義性を持つ。この点は아니や못と同じである。

(1)　a. 손님이 다 {안, 못} 왔다. （客がみな {来なかった, 来られなかった}。）
　　　b. 손님이 다 오지 {않았다, 못했다}.

(客がみな｛来なかった，来られなかった｝。)

このような重義性は特殊助詞を適切な位置に使うことによって，ある程度解消される。(2)のように特殊助詞는があるときは，必ず部分否定の意味だけを持つようになり，重義性は解消される。

(2) a. 손님은 다는 {안, 못} 왔다.
(客は全員は｛来なかった，来られなかった｝。)
b. 손님이 다 오지는 {않았다, 못했다}.
(客が全員｛来はしなかった，来ることはできなかった｝。)

しかし多くの場合，短形と長形は互いに分布する文脈が異なる。そして長形よりは短形がさらに文脈に制約を受ける。아니と못は述語が複合語や派生語であるときは短形否定で使うことはできない。

(3) 그런 {*안 신사다운, 신사답지 않은 ; *못 신사다운, 신사답지 못한} 행동을 하고도 부끄럽지 않니？
(そんな紳士らしくない行動をしても恥ずかしくないのか？)

(4) 그 정보는 {*안 정확하다, 정확하지 않다 ; *못 정확하다, 정확하지 못하다}. (その情報は正確ではない。)

また아니は動詞모르다（知らない），없다（ない），있다（ある）のとき，短形否定文を構成すれば，非文になる。

(5) 민수는 그 사실을 {*안 모른다, 모르지 않는다}.
(ミンスはその事実を知らなくはない。)

(6) 민수에게도 잘못이 {*안 없다, 없지 않다}.
(ミンスにも過ちがなくはない。)

短形否定文の中には意味が特殊化して慣用的な意味を持つ例があるが，その場合は長形否定への代置が不可能である。

(7) 홍수 피해를 당했다니 참 {안됐다, *되지 않았다}. ［불쌍하다（気の毒だ）］(洪水の被害を受けて本当に気の毒だ。)

(8) 동생과 싸우다니 {못난, *나지 못한} 녀석. ［어리석은（愚かな）］
(弟とけんかするとは愚かなやつ。)

(9) 함부로 불장난 하면 {안 돼, *되지 않아}. ［금지（禁止）］

(むやみに火遊びをしてはいけません。)

(10)　어제 소개받은 사람은 너무 {못생겼어, *생기지 못했어}. [용모가 갖추함 (醜い)] (昨日紹介された人はとてもぶさいくだ。)

　以上のように長形と短形がその分布と意味において異なる特殊な場合があるが，話し手たちは2種類の否定文をだいたい同じものとして認識している。민수는 학교에 안 갔다 / 가지 않았다 (ミンスは学校に行かなかった) のように長形と短形両方が許容される大部分の文脈ではその意味の差異はほとんど認められない。

【参考文献】

권재일 (1992)，김동식 (1981)，남기심 (1978, 1985)，남기심·고영근 (1985)，남미혜 (1988)，박양규 (1978)，서정수 (1990, 1991)，손호민 (1978, 1994)，송석중 (1978, 1981)，유동석 (1981)，이광호 (1988)，이남순 (1988)，이익섭 (1986)，이익섭·임홍빈 (1983)，이정민 (1977)，임홍빈 (1987)，장경희 (1985)，채완 (1976, 1977, 1986, 1990)，최현배 (1946)，홍사만 (1983)，홍윤표 (1978, 1990)，홍재성 (1987)，Greenberg (1963)，Martin (1992)，Sanders (1977)．

第6章
敬語法

경어법

　どの言語でも，相手の身分によってなんらかの異なる表現を使い分けなければならない規定が，程度の差はあれ必ずあるものである。英語でも相手を TLN (Title+Last Name) で呼ぶか FN (First Name) で呼ぶかという，相手の身分に従って言語的に異なる表現をする方法，つまり敬語法がある。しかし英語ではその等級がさほど細分化されておらず，アメリカの場合は相手が7〜8歳ぐらい上の人でも，あるいは相手が自分の先生であっても，出会った日に，いや数時間後には，すでにそのような等級をとりはらい，すぐに互いに FN をやり取りする関係になる (Brown and Ford 1961)。これは韓国語では想像もできないことである。韓国では一例として5，6歳年長者や自分の先生を FN で呼んだり，너（お前）（フランス語の tu やドイツ語の du にあたる）と呼んだりすることは，何年付き合った後でも許容されない。韓国人がアメリカで経験する最も奇異なことのひとつは，誰でも you と呼ぶことや，自分の担任の先生を FN で呼ぶことかも知れない。筆者が，高校の担任の先生や大学の指導教授を呼ぶときには，もっぱら선생님（先生）を使った。この肩書に LN をつけて김 선생님 (Mr. Kim, Professor Kim) と呼ぶことさえ許容されず，またこれらをフランス語の vous やドイツ語の Sie に該当するいかなる代名詞で呼ぶこともできない。筆者が学生のときであれ，大学教授になった後であれ，また仮に教育部長

官や大統領になったとしても，もっぱら'선생님'で呼ぶ以外の道はありそうにない。

このように韓国語は位階秩序が厳格に反映される言語である。言い換えれば，敬語法が厳格に区分されている言語である。のみならず韓国語の敬語法は非常に複雑に細分化されている。おそらく敬語法が韓国語より複雑な言語はこの世に存在しないであろう。日本語が大変よく似た水準であるだけで，細分化された敬語法で有名なジャバ語（Javanese）も，韓国語よりははるかに単純な水準に思われる。韓国語の敬語法は外国人には言うまでもなく，韓国人自身にも完璧にマスターすることが困難なほど，その用法が複雑で微妙である。では，その複雑な世界を見てみることにしよう。

6.1 代名詞

多くの言語で二人称代名詞は平称と敬称に分けられる。フランス語のtuとvous，イタリア語のtuとLei，ドイツ語のduとSie，ロシア語のtyとvyなどがその代表的な例である。英語は例外的にそのような区分がないが，英語も古くはthouとyouに区別されていた。このように見ると，相手の身分に従って異なる表現を使用することは，普遍的に代名詞において最も明確に現れると考えられる。

敬語法が発達している韓国語も，まず二人称代名詞でその一端を示している。二人称代名詞は単に平称と敬称で二分される水準ではない。たとえば"Is this your book?"を韓国語に翻訳すれば，yourに該当する部分は(1)のようにいくつもの訳文が考えられる（このとき文末語尾も同時に変わるが，これについては後述する）。

(1) a. 이거 (←이것) 너-의 책-이니？（これはお前の本か？）
　　b. 이거 자네 책-인가？（これは君の本かい？）
　　c. 이거 당신 책-이오？（これはあんたの本ですか？）
　　d. 이거 댁-의 책-입니까？（これはあなたの本ですか？）
　　e. 이거 어르신-의 책-입니까？（これはあなたさまの本ですか？）

すなわち，英語の you が，相手つまり聴者の身分によって，너（お前），자네（君），당신（あんた），댁（あなた），어르신（あなたさま）などに細分化されているのである。このうち너が友達や息子，娘，幼い子供に使う最も低い等級の代名詞で，(1b) 以降は，一段階ずつ相手を高めて呼ぶ代名詞である。

しかし韓国語の二人称代名詞の敬語法はそれほど完全だとは言えない。何より代名詞が包括することができる範囲があまり広くない。これらの代名詞のいずれであっても相手を指し示すことができず，名詞呼称を使わなければならない場合もあり，またこれらそれぞれの用法も制約を受ける場合が多いためである。

まず자네（君）は大学教授が弟子に使うことができる。小学校や中学校の先生たちが生徒を너（お前）と呼ぶのに比べ，大学教授が自分の弟子を자네と呼ぶのは，その弟子が너と呼ぶにはあまりに年をとりすぎているので，それなりの待遇をしてやろうという意味合いが含まれている。小学校の先生が3，40代になった昔の教え子と会ったときには，너と呼ぶよりは자네を使うのが普通だが，それも同じ理由からである。もちろん初対面の人にも자네を使うことができる。しかし年の差が大きいといっても，相手が20代程度でないと使えない表現である。相手が中学生や高校生の場合は使うことはできず，また30代以上の初対面の人には자네を使うには注意が必要である。자네は相手を年齢にふさわしく対応しているという意味も表してはいるが，あくまで自分よりも目下の人であるという意味を含んでいるためである。一言で言うと，全体的に話者や聴者がある程度年をとって初めて使うことができ，話者が権威を持って話すという雰囲気をもたらす特性があり，そのため，場合によっては相手の感情を逆なですることもあり得るのが자네という代名詞だと要約することができるであろう。

당신（あなた）は夫婦の間でお互いを呼ぶときに使う代表的な代名詞である。そして広告文や本の題名のような，不特定多数を対象によく使われる。

(2)　a.　당신의 고민을 덜어 드립니다.（あなたの悩みを解決します。）

　　　　　　b. 당신의 우리말 실력은? (あなたの韓国語の実力は？ [本の題名])

　しかし日常会話で당신を使うには細心の注意が必要である。당신が，너や자네より上位等級の代名詞であるということだけは明らかであるが，高める程度がそれほど大きくないので，言われた相手に十分な待遇をしてもらっていないという感じを与えるのが一般的であり，당신という呼称がかえって不快感を引き起こすことがあるからである。それゆえ (3a) のような揉め事がしょっちゅう起こり，またけんかの場で (3b, c) のような，尊敬の意味ではない呼称として당신はしばしば使われる。

(3)　a. 누구더러 '당신' 이라는 거야? (誰に'당신'と言っているのか？)
　　　b. 당신 같은 사람은 처음 보겠어. (あんたのような人は初めて見た。)
　　　c. 당신이 뭔데 이래라 저래라 하는 거야?
　　　　 (一体何様だと思ってつべこべ言うのか。)

　日常会話で당신が使われる範囲はそれだけ限定されることになる。警官が取り調べをするときのような場面では頻繁に使われるが，夫婦の間の呼称以外では，知っている人であれ，知らない人であれ，당신はめったなことでは使えない，難しい代名詞だと言える。

　댁 (あなた) や어르신 (あなたさま) も用途がかなり制約されている。어르신は極尊称ではあるが，公的な人間関係では使うことはできない。すなわち田舎で7, 80歳ぐらいになるお年寄りに，あるいは電車の中で出会った韓服姿の上品な老人には (4) のように言うことができるが，校長先生や大臣，また大統領などには不自然で使えない。어르신はいわば，伝統的な状況で使うことができるが，その状況でもよく使うとは言えない代名詞である。댁は어르신よりもその使用がさらに制約を受け，その命脈がかろうじて保たれていると言わざるをえない代名詞である。댁は어르신と合わせて伝統的な雰囲気が体に染み込んだ話者でなければ使いこなすのが難しい。さらに어르신は面識があってもなくても極尊称を使うべき相手なら使えるが，それに対し댁は面識がない相手にだけ使う。したがって당신よりはさらに高い等級で使われ，당신という呼称で誘発される軋轢（あつれき）を心配する必要はないが，(5) のような文が使われる状況は極めて限定されている。

(4)　여기가 어르신의 자립니다.（ここがあなたさまの席です。）
(5)　이 개가 댁의 개인가요?（この犬がお宅の犬なんですか。）

　韓国語は全体的に代名詞の使用が活発でないことをそのひとつの特徴とする。三人称の場合，前の文の名詞を代名詞で受けなければならない規則は韓国語にはない。次の（6）では누나（姉（弟からみて））はずっと누나という名詞で反復するだけで，それが代名詞化することはない。

(6)　<u>누나</u>는 부산에서 태어났다. <u>누나</u>가 고향인 부산을 떠난 것은 고등학교를 졸업하고서였다. 그 후 <u>누나</u>는 다시는 부산에 가지 못하였다. 그러나 고향을 향한 <u>누나</u>의 애정은 한시도 식은 적이 없다.
　　（<u>姉</u>は釜山で生まれた。<u>姉</u>が故郷の釜山を離れたのは高等学校を卒業してからだった。その後，<u>姉</u>は再び釜山に帰ることはなかった。しかし故郷に対する<u>姉</u>の愛情は一時も薄れることはない。）

　英語なら当然代名詞で表現するところに名詞が使われることが韓国語ではごく一般的である。前述の二人称代名詞で당신，댁，어르신のような代名詞の使用範囲が制約されているのも，このような韓国語の特性と無関係ではない。댁や어르신程度の敬称で呼ばれる人物ならば，代名詞よりは선생님（先生＋님［＝様にあたる敬称］）や사장님（社長＋님）または손님（お客様）や아주머니（おばさん）のような名詞からなる呼称を使う方がより一般的なためである。

　要約すれば，韓国語は二人称代名詞ですでに敬語法が複雑に細分化された姿を現す。わずか平称と敬称で二分する単純な体系でなく，だいたい5等級程度に細分化された体系をなす。しかしそれぞれの等級が担当する領域は単純に等級によってだけ決定されるのではなく，いくつもの微妙な条件が同時に作用し，代名詞1つを選ぶにしても適切に選んで使うことを大変難しくしている。さらにこれら代名詞の中には，名詞からなる呼称で呼ぶのがふさわしい場合もあり，二人称代名詞によって実現される敬語法は不完全ながらも，同時にそれだけで相当複雑に込み入った体系を持っていると言える。

　韓国語は二人称代名詞以外の代名詞にも敬語法の等級がある。一人称に

は平称나の他に謙譲語저がある。尊待を表すべき聴者の前では나の代わりに저を使わなければならない。複数形でも우리と저희の対立がある。

(7) a. 누나, 나도 가겠어. （お姉さん, 僕も行く。）
    b. 아버지, 저도 가겠어요. （お父さん, 私も行きます。）
(8) a. 누나, 우리가 이겼어. （お姉さん, 私たちが勝った。）
    b. 선생님, 저희들은 이만 물러가겠습니다.
        （先生, 私たちはこれで失礼します。）

三人称でも平称그を基準に一段階ずつ高める그이と그분がある。近称の이이（この人），이분（この方），および遠称の저이（あの人），저분（あの方）も同じである。しかしこれらでは平称이と저が独立的には使われない。그이は主に妻が夫を指すとき使われ，それ以外にはほとんど使われない。いずれにしても対象を若干高める役割を果たす（夫が妻を指すときは그 사람のように名詞で代替し，少し低めて言う表現を使う）。그분（その方）は그이よりは対象をさらに高める役割をし，その使用範囲も그이より広い。しかし，前で指摘した韓国語の代名詞の活発でないという特性がここにも適用され，先行名詞を自由に受けられないという限界がある。たとえばある文章で先行する名詞어머님（お母様）を그분で受けることは許されない。また昔の写真を見ながら（9）のように言うことはできるが，日常対話で近しい人を그분で指すことは極めてまれである。

(9) a. 그분은 우리 어머니셔. （その方は私の母でいらっしゃる［直訳］。）
    b. 그분은 너희 5대조 할아버지시다.
        （その方はお前たちの5代上のおじいさんだ。）

繰り返しになるが，韓国語の代名詞での敬語法は一言で言うと，整理された体系をなしているとは言いがたい。それは何より韓国語で代名詞の使用が活発でないところに由来する。しかし韓国語が，二人称代名詞だけでなく一人称および三人称代名詞にまでわたって，幅広く複雑な敬語法を示していることだけは明らかだと言わなければならない。

6.2　呼称

　韓国語の敬語法は呼称でさらに細分された様相を見せる。呼称において敬語法がたやすく実現されることが一般的な現象かも知れない。代名詞が you ひとつから成っていて，二人称代名詞だけ見れば敬語法の区分が単純化されている英語も，呼称では明らかな区分を見せる。最も明らかな区分は，Mr. Jones や Professor Williams のように TLN（Title+Last Name）で呼ぶか，Tom や Mary のような FN（First Name）で呼ぶかの区分がそれである。これ以外にも，身分を Father とだけ呼ぶように T だけで呼ぶ等級を TLN の上に設定することができ，LN だけを呼ぶ等級は，制約された状況でだけ使われるが，TLN と FN の間に設定することができる。また Bob，Tom のような略称を FN と混ぜて呼ぶ MN（Multiple Name）の等級を FN よりさらに下位の等級として設定することができる。このように見れば，英語も大きく見れば 2 つの等級ではあるが，細分すれば 5 つの敬語法等級を，少なくとも呼称では持っていると言える（Brown and Ford 1961）。

　韓国語の呼称に現れる敬語法等級は，これよりはるかに細分された様相を帯びる。ところが韓国語の呼称の等級に対しては，まだ本格的な研究がなされていない。敬語法について語ろうとすれば，自然に語尾による敬語法に目が向いてしまうほかないという事情のためであろう。また一方では，韓国語の呼称はもともと複雑で，それを一目瞭然のもとに等級化することが困難だという点が，この方面での研究を抑制したのではないかと思う。

　たとえば親戚ではなく，面識があり，名前（김민호）も知っており，そしてある会社で課長職をまかされている男性を聴者とし，その呼称を"Tom, where are you going?" の Tom の位置に使うと仮定し，等級を当てはめるとすると，韓国語の呼称はだいたい次のような 14 個程度に分けられるであろう（これを今後序列表（1）と呼ぶことにする）。

(1)　①과장님（課長様）②김 과장님（キム課長様）③김민호 씨（キム・ミンホさん）④민호 씨（ミンホさん）⑤민호 형（ミンホ兄さん）⑥김 과

장（キム課長）⑦김 씨（キムさん）⑧김 형（キム兄）⑨김 군（キム君）⑩김민호 군（キム・ミンホ君）⑪민호 군（ミンホ君）⑫김민호（キム・ミンホ）⑬민호（ミンホ）⑭민호야（ミンホや）

ではこれからこれらの序列に従って1つずつその使われ方の特徴を見てみることにする。

①과장님（課長様）

この呼称は相手を最も高めて待遇する呼称である。これは과장（課長）という肩書に，敬意を表す接尾辞님（様）が結合された形態であるが，韓国語の呼称には님がかなり頻繁に使われる。님はいわば，平称を敬称に変える機能を持っている接尾辞である。ここで少し님について詳しく見てみようと思う。님が結合した代表的な例を挙げれば次のようになる。

(2) a. 형 / 형님（お兄さん / お兄様），누나 / 누님（お姉さん / お姉様），오빠 / 오라버님（お兄さん / お兄様（妹が呼ぶとき）），아버지 / 아버님（お父さん / お父様），어머니 / 어머님（お母さん / お母様），아주머니 / 아주머님（おばさん / おば様），할머니 / 할머님（おばあさん / おばあ様），고모 / 고모님（おばさん（父方の）/ おば様），이모 / 이모님（おばさん（母方の）/ おば様）

b. 과장 / 과장님（課長 / 課長様），국장 / 국장님（局長 / 局長様），장관 / 장관님（大臣 / 大臣様），시장 / 시장님（市長 / 市長様），소장 / 소장님（所長 / 所長様），학장 / 학장님（学長 / 学長様），선생 / 선생님（先生 / 先生様），박사 / 박사님（博士 / 博士様），소령 / 소령님（少佐 / 少佐様），하사 / 하사님（伍長 / 伍長様），선장 / 선장님（船長 / 船長様），기사 / 기사님（技師 / 技師様），감독 / 감독님（監督 / 監督様），선배 / 선배님（先輩 / 先輩様）

(2a) は親族名称に님が結合する例である。兄弟姉妹の間柄でもお互いに礼儀を持って接しなければならない年齢になれば（だいたい3，40歳代をこえれば），あるいは年齢差が大きい場合は，형（お兄さん），누나（お姉さん）と呼ぶことはできず，형님（お兄様），누님（お姉様）のような敬称を

使う。これは형, 누나を実の兄弟姉妹ではない親戚たちに使うときや, また親しい先輩たちに使うときも同じである。오라버님（お兄様（妹が兄を呼ぶとき））も事情は似ているが, 語形からも分かるように, その語感が少しおおげさな感じを与え, 누님（お姉様（弟が姉を呼ぶとき））ほどはよく使われない傾向がある。아버님（お父様）, 어머님（お母様）はたいがい嫁が義理の父母を呼ぶときに使う。しかし実の父母にも手紙を書くときなどではこの敬称を使う。また友達の両親をこの敬称で呼ぶことも多い。할아버님（おじい様）, 할머님（おばあ様）は年とった方を呼ぶ一般的な呼称としてよく使われる。親族名称として呼ぶときは, 日常の対話では特に使われず, たいていは手紙のような格式を整えた文章を書くときに多く使われる。いずれの場合も님が結合した形態が相手を一等級高めていう敬称であることにまちがいはない。

(2b)のように肩書きに님が付いて敬称を作ることは, 親族名称の場合よりさらに活発である。대통령（大統領）のように님が結合することができない肩書きがないことはないが, それは例外的で, ほとんどすべての肩書きには님を付けることができる（대통령は님の代わりに각하（閣下）を付ける。しかし각하は각하께서 오십니다（閣下がいらっしゃいます）のように独立して使われ, 独立性がない님と性格がいくらか異なる）。のみならず, 親族名称のときよりさらに制約なしに使われることもある。親族名称の場合は아버님（お父様）の場合で見たように, 敬称の使用が限定された範囲であり, また형님（お兄様）の場合もある程度の年齢になって初めて使われるという制約があった。しかし肩書きの敬称は, そのような制約なしに自由に使われる。逆に肩書きの場合は平称の使用に制約がある。親族名称はたいがい平称がそのまま呼称として使われるが, それに対し肩書きの場合は平称が単独で呼称として使われることが自然ではない場合が多い。たとえば,

(3)　a.　?과장, 나 좀 봐. (?課長, ちょっといいかい（私をちょっと見ろ）。)
　　　b.　?이거 과장 우산인가? (?これ, 課長の傘か?)

のような文章はおかしい。님が結合されて初めて単独でも自由に使われる

のである。

　このような点で님は韓国語の呼称でほとんど絶対的な位置を占めているということが言えるかもしれない。님が付け加わることによって肩書きが制約を受けない呼称となり，合わせて最上級の呼称となるのである。

　韓国語では과장님（課長様）をはじめ사장님（社長様），장관님（長官様），총장님（総長様），박사님（博士様），감독님（監督様）のような肩書きだけでなっている呼称が全く自由に使われる。この肩書きだけの呼称が（たとえ님が付いた形態であったとしても）むしろ②の김 과장님（キム課長様）のように姓を前に付けた方式の呼称よりさらに一般化された呼称だと言うことができる。英語では②に該当するTLNが一般的な呼称であり，Professorのような肩書きだけの呼称はむしろ例外的であることと対照的である。

②김 과장님（キム課長様）

　肩書きの前に姓が付け加われば肩書きだけのときよりは尊待の等級が一段階低くなる。肩書きの前に姓を付け加えるのはたいがいその肩書きを持った人が何人かいるとき，混同を避けるためである。김 과장님이 과장님より低い等級の呼称であるというのはこのためである。과장님（課長様）はあなただけだという感じを与えるのに対して，김 과장님（キム課長様）はあなたは何人かいるうちの一人という感じを与えてしまうためである。筆者の近しい教え子が私に이 선생님, 안녕하세요?（李先生様, こんにちは）というのはぎこちない。이 선생님（李先生様）または이 교수님（李教授様）は同じ肩書きの後輩や，社会生活で筆者を知るようになった人が使うのに適している呼称であり，学生の両親でも선생님（先生様）または교수님（教授様）と呼ばなければならない。それほど姓を付けることと付けないこととの間には意外に明らかな区分がある。

③김민호 씨（キム・ミンホさん）

　これは姓名に尊待表示の씨（氏）が結合した形態である。씨は님と似た

機能をする依存名詞であるが，姓や名のような固有名詞に結合する点で님と異なる。김민호 씨は銀行で行員が待っているお客さんを呼ぶとき[1]，あるいは官公庁で多くの人を相手に１人ずつ名前を呼ぶ場面などで最も自然に聞くことができる呼称である。また同じ職場内で年齢や職位が似通っていて，いくらか下の場合，それでいながらまださほど打ち解けていない場合も自然に使うことができる。いずれの場合であれ相手を尊待する呼称であるが，しかし②の김 과장님ほど十分な尊待ではない呼称だと言える。

④민호 씨（ミンホさん）

これは③から姓を抜いた形態の呼称である。姓が抜け，名前だけを使用すれば，その分非格式的になり，민호 씨（ミンホさん）が김 민호 씨（キム・ミンホさん）より低い等級の呼称になるのは自然な帰結であろう。민호 씨は同じ職場内で互いにかなり親しく，年も職位も似通っているか，あるいはいくらか下の人に使うのに適合する呼称である。若い世代では結婚後に夫を민호 씨式に呼ぶことも多いが，反面，夫が妻を순희 씨（スニさん）と呼ぶことはまれである。

⑤민호 형（ミンホ兄さん）

형（兄）はもともと親族名称であったものが，ここでは親戚ではない他人にまで拡大して使われるもので，このときの형は씨や군（君）のような一種の肩書きの役割をすると見てよいであろう。민호 형は後述の⑧の김 형ほど，広く使われないが，その김 형より一等級上の呼称としてこの呼称を設定することができると思われる。親しく付き合った大学の後輩が使えばぴったりの呼称と判断されるためである。

⑥김 과장（キム課長）

これは②の김 과장님から님を取った呼称である。님１つが取れること

---

[1] 近来この場合씨の代わりに손님（お客さん）を使う傾向に変わりつつある。

によって，②から⑥まで等級が落ちてしまったことになるが，김 과장は，同僚や下の人に使う呼称なので，김 과장님とは相当距離がある。前で指摘したとおり姓を抜いて과장だけで使われることはほとんどない。したがってここでは①と②のように과장と김 과장が別の等級として対立することはない。

⑦김 씨（キムさん）

　これは김 민호 씨（キム・ミンホさん）から名前をとった形態の呼称である。この呼称がこの等級に配置されていることは，特に注意を要する。⑨—⑩—⑪の公式に合わせれば，⑦—③—④の順にならなければならないが，김 씨が민호 씨より低い等級に配置されているのである。⑨—⑩—⑪の順序は一般の原則に合った正常な順序だと言える。すなわち，姓だけ使われるときは相手を最も格式ばって呼ぶ場合であり，姓がなく名だけで呼ぶことが相手と最も打ち解けて対する場合である。しかし김 씨は逆に민호 씨より等級としては低い位置にある。

　これは不思議な慣用によってそうなっているとしか言いようがない。김 씨は민호 씨や김 과장とは異なり，決して対等な人には使うことができない。김 씨は自分の家にときどき水道を直しに来てくれる青年や，中年の男性に最もふさわしい呼称である。相手を決して低めず，目上，目下，いずれの場合も使える呼称であり[2]，さらには相手の社会的な地位が高くないという前提の下で使われるものなので，김 씨の等級は決して高いものとは言えない。それゆえ김 씨のような呼称の使用は神経を使わなければならない。

2　김 씨 아저씨（キムさんのおじさん）や김 씨 할아버지（キムさんのおじいさん）のように아저씨（おじさん），할아버지（おじいさん）などが後ろに付けば，目上の人にも使える。しかしこのときにもさほど高める表現にはならない。そして女性を指すときはそのまま김 씨と言うことが難しく，김 씨の後ろに아주머니（おばさん）のような言葉を付けて김 씨 아주머니（キムさんのおばさん）のように言うのが一般的である。

⑧김 형（キム兄）

　⑤の민호 형と同様に親族名称である형が一種の肩書きのように使われた呼称であるが，この場合の형は，特にその肩書き的な性格が強い。민호 형のような形式は親戚たちにも広く使われるが，それに対し，형の前に姓を付けたこの形式は親族には全く使われないからである。김 형は似たような年齢の同僚にも使われるが，むしろ年齢差の多くない後輩に対してより広く使われる。後輩に使うという点で민호 형より低い等級に分類される。

　김 형が민호 형より低い等級として使われる現象は，前で見た김 씨の場合と酷似している。姓が名前よりむしろ低い等級を受ける特異な現象を見せているのである。しかし김 형は김 씨のような制約を受けない。ただ김 형は女性には使うことができないが，女性に使うこれに該当する適当な呼称はない。

　김 형と김 씨の間の等級順位は入れ替わる素地もある。김 형という称号は김 씨で醸し出される相手を低める印象を与えないからである。しかし김 씨よりは김 형がよりいっそう気兼ねのない間柄で使われるという点を考慮して，김 씨を一等級上に配置したのである。

⑨〜⑪김 군（キム君）/ 김민호 군（キム・ミンホ君）/ 민호 군（ミンホ君）

　これらは接尾辞씨の代わりに군（君）が結合した呼称であり，군の前に姓だけが使われるか，名だけが使われるか，あるいは両方が使われるかによって等級が分けられる。군が使われる条件は代名詞자네（お前）が使われる条件と酷似している。大学教授が弟子を呼ぶとき，最も適した呼称と言えよう。目下の人に使うという点では共通するが，김 형のときよりも年齢差がさらにあるときに使う呼称であるので，自然に김 형より低い等級に位置するしかない。ここでも相手が女性であるときには制約が異なる。김 군はあまり活発には使われないが女性にも使える。しかし女性には김 순희 군（キム・スニ君）あるいは순희 군（スニ君）はあまり使われない。군の代わりに양(嬢)を使うこともできるが，양はその使用範囲がさらに狭く，

김 양（キム嬢）や순희 양（スニ嬢）と呼ぶことは，会社で車の掃除係りの少女を呼ぶことはできても，大学教授が女性の弟子をそのように呼ぶことは適さない。

⑫김 민호（キム・ミンホ）

　姓と名を合わせて呼称として使うことはさほど広く使われない。学校で先生が学生たちを公的な状況で呼ぶとき主に使われる呼称だと言える。また父母が子供を叱るとき，この公的な雰囲気の呼称を使うこともある。それほど名前だけを呼ぶときより格式的な感じを与え，その点で名前より一等級高い呼称になっている。韓国語では姓だけの呼称は許容されない。

⑬민호（ミンホ）

　姓がなく名前だけからなる呼称が最も低い等級に置かれることは，韓国語でも同じである。ただ，韓国語では年齢が3，40歳にもなれば，名前だけで呼ばれる機会が次第に減っていく。幼いときからずっと名前を呼んだ友達同士も，または小学校時代の恩師も，김 과장（キム課長）式に換えて呼ぶことが多く，父母さえも自分の孫の父という意味で애비（아범）（(子供の)父親）という呼称に変えて呼ぶためである。しかし大変親しく付き合った友達は名で呼ぶ場合もあり，いずれの場合でも名は一番気兼ねなく呼ぶ呼称である。

　名を呼称として使うとき，その名が子音で終われば，後ろに이を付けるという規則がある。例えば창식（チャンシク），영순（ヨンスン）という名前なら（4）のように，規則的に이を付ける。この規則は名前の後に助詞を付けるときにも作用し，（5）のように名前の後ろに이を付けた後，助詞を連結するようになる。

　(4)　a.　창식-이, 나 좀 봐. （チャンシギ，ちょっと。）
　　　 b.　이거, 영순-이 아니냐? （あれ，ヨンスニじゃないか。）
　(5)　a.　오늘은 영순-이-가 제일 잘 하는구나.
　　　　　（今日はヨンスニが一番じょうずだな。）

b. 이 그림 영순-이-한테 줄까? (この絵ヨンスニにあげようか。)

⑭민호야 (ミンホや)

　これは名の後ろに呼格助詞야が付いた形態である。名が子音で終われば창식아のように아が結合する。ところで呼格助詞が付け加わった呼称が，名前だけの呼称より一等級低くなることは興味深い。민호야は민호が大学生程度の年頃になるころまでは，親しい友達や両親，つまり目上の親戚たちが，自然に呼ぶことができる。結婚する年頃になってもそうであるが，その後40代にもなれば민호야 (ミンホや) と呼ぶのは不自然になる。呼格助詞を抜いた呼称である민호 (ミンホ)，または창식이 (チャンシギ) のような呼称に変えて，相手を幼い子供のように待遇する印象を減らし，いくらか気兼ねする態度を見せなければならないのである。その語感の差は微妙であるが，呼格助詞が付いた呼称が韓国語の最も低い等級に置かれることだけは動かすことのできない事実であろう。

　ただ呼称が使われる文脈が呼格助詞の使われない文脈なら，⑬と⑭の間の等級の違いは消えるほかない。前の序列表 (1) は "Tom, where are you going?" の Tom の位置に呼称が使われるのを仮想して作ったものである。しかしもし呼称が使われる文脈を "이거 Tom 우산이지?" (これはトムの傘でしょ?) の Tom の位置と仮想すれば，呼格助詞の結合いかんによる等級差は消えてしまう。

　ここで韓国語の呼格助詞が⑭の最後の等級にだけ結合する現象について，しばらく見ていく必要があるだろう。序列表 (1) の呼称は呼格の位置に使われるものを前提にしているので，全ての呼格助詞をとることができる位置に置かれている。しかし，⑭以外では全て呼格助詞との結合が許容されず，名詞単独で呼格の役割を果たしている。

　これは呼格助詞아/야が敬語法の等級としてもともと低い等級を代表するものなので，たとえば민호 군 (ミンホ君) や김 형 (キム兄) のような呼称と合わないためだと解釈される。すなわち아/야は，⑭の最低位等級とだ

け呼応する助詞であり，韓国語の呼格助詞としてはこれ以外になく，残りの等級の呼称は，もともと助詞をとらないまま呼格の役割をするものと考えるのである。中世韓国語には高い等級の呼称に使われる呼格助詞が別にあった。님금하（王様）の하がそれにあたるが，これはちょうど今日主格助詞께서（〜におかれましては）が持つ機能と同様の機能を持っていた。また方言によっては과장님요（課長様）や선생님예（先生様）のように上位等級の呼称にだけ付く添辞類を使うこともある。いかなる場合でも아/야と上位等級の呼称を同じ場で使うことはできず，そのすき間を埋めようとする手段なのであろう。そのような手段がない現代標準韓国語ではすき間と아/야の対立によって呼格助詞の体系を立て，それによって아/야が使われたか使われなかったかが，自然と敬語法の等級を区分する役割をするようになったのであろう。

以上で私たちは，韓国語の呼称は敬語法の等級におおよそ14段階があることを見た。観点によってはいくつかの段階を統合することもできるであろうが，逆にいくつかの段階を追加することもできるであろう。一例として，英語でのように，MN（Multiple Name）の段階を追加することをあげることができる。韓国語では名前を最後の字（最終音節）だけで呼ぶ現象がある。민호야（ミンホや），창숙아（チャンスガ）の代わりに，호야（ホヤ），숙아（スガ）と呼ぶのである。この省略された呼称は，かなり親しい間柄で使われる一種の愛称だと言える。また，別名を作って呼ぶこともできる。짱구（さいづち頭），삥코（アメリカ人を蔑んでいう言葉），돼지（豚）など。このような省略形の名前と別名をあれこれ混ぜて使う段階が민호야より，一等級下に設定される可能性が十分にある。

そして職位に関係なく，相手を最大限尊待して呼ぶ呼称である선생님（先生＋님）が（김 선생，김 선생님と合わせて），いかなる場であれ（たいてい最上位に置かれるようになるだろうが）追加される可能性も十分に検討してみる価値がある。선배님（先輩＋님）も，学校の先輩後輩の間でよく使われる呼称として김 선배님（キム先輩＋님）と合わせて追加しなければ

ならないであろう。話者が同じ町内に住む中学生ならば，序列表（1）に現れたいかなる呼称も選ばず，아저씨（おじさん）という呼称を使うであろうし，もしキム課長の年が70歳ほどになっていれば，할아버지（おじいさん）という呼称を使うであろうから，親族名称として扱われるこれらの呼称も適切に配置してやらねばならないかも知れない。

　このように見れば，韓国語の呼称の等級を14段階と考えるのは，むしろ複雑な体系を単純化したものと見なければならないであろう。いずれにせよ，14，5段階程度にはなると思われる。大変複雑であると言わざるをえない。韓国語は敬語法が発達していると言うとき，だいたいが次で述べる活用における現象を言うが，この呼称における複雑性こそ，敬語法のひとつの極致を示しているというべきであろう。

　ところで現実には韓国人はさらに複雑な世界で暮らしている。韓国語は親族名称も細分化されているが，김 과장（キム課長）が自分の家族であったり，親族であったりすれば，これに合わせていくつも呼称が新たに登場するようになる。英語ならuncleひとつで呼ぶものを，相手によってある者は삼촌（おじさん）と呼ぶであろうし，ある者は작은아버지（叔父さん），ある者は큰아버지（伯父さん），またある者は당숙（堂叔（父の従兄弟））と呼ぶであろう。のみならず，単純に아저씨（おじさん）と呼ぶこともあり，고모부（姑母夫（父の姉妹の配偶者）），이모부（姨母夫（母の姉妹の配偶者））と呼ぶこともあり，さらには외삼촌（外三寸（母方のおじ））と呼ぶこともあるのである。

　女性が結婚すれば，嫁ぎ先の人たちを1人ずつ適切な呼称で呼ばねばならないが，それもなみたいていの複雑さではない。まず義父母にも夫が呼ぶ아버지（お父さん），어머니（お母さん）と区別してそれより尊待の意味を込めた아버님（お父様），어머님（お母様）を使わなければならない。嫁は息子や娘が使う愛称である아빠（お父ちゃん），엄마（お母ちゃん）は言うまでもなく使うことはできない。夫の兄は아주버님ひとつで呼ぶが，夫の弟は結婚前에는도련님と呼び，結婚後は서방님と呼ばなければならない。夫の姉は，女性たちが使う呼称である언니（お姉さん）ではなく，男性たちが

使う呼称である형님と呼び，夫の妹は結婚前でも後でも아가씨および아기씨と呼ぶことになっているが，近来はそのように呼ぶことを避け，自分の子供たちが使っている呼称である고모と呼んでしまうことさえある。

　韓国語では名前を呼ぶことひとつにしても，大変複雑である。年齢が1つ上でも，家族や親戚の名前を呼ぶことはできない。형（お兄さん（弟から）），누나（お姉さん（弟から）），오빠（お兄ちゃん（妹から）），언니（お姉ちゃん（妹から））など親族名称で呼ばなければならず，名前のそのままでは呼ぶことはできないのである。年齢が自分より幼くても，行列〔※同じ血族間で，始祖から数えた男性の世代数の上下を表す語。同一行列の男性は皆，名前の1字に同じ漢字を持つ——訳者注〕が高ければ名前を呼ぶことはできない。家族の中で弟・妹や，息子や娘は名前で呼ぶ。しかしここにもひとつの付則が必要である。弟・妹が結婚して子供ができれば，弟・妹の名前もやたらには呼べない。동생（弟（妹））という呼称を使ったり，でなければその子供の名前を借りて○○아버지（아빠）（○○のお父さん（お父ちゃん）），△△어머니（엄마）（△△のお母さん（お母ちゃん））と呼ぶ。また親戚のうち，行列が下でも自分より年齢が多ければ，やはり名前を呼ぶことができず，조카（甥・姪）または조카님（甥・姪＋님）のようにやはり親族名称で呼ぶ。前でも指摘したように，自分を教える先生を名前で呼ぶことはありえず，自分の父親の名前を人に教えるときにも，名前をそのまま言わず，たとえば김민호という名前なら'김，민자（字），호자（字）'（김に민という字で次に호という字です）という言い方をする。

　次頁の漫画ではMr. Bumsteadという呼称は2つとも韓国語では許容されない。1コマ目の場合は형 아버지（형네 아빠）（お兄ちゃん（とこ）のお父さん），4コマ目のものは아저씨（おじさん）程度で呼ぶことができるものであるが，いずれにしても，姓や名を呼ぶことは大人たちに叱られる行為になる（1コマ目で범스테드 아저씨（バムステッドおじさん）と翻訳したものは外国語を翻訳するときの1つの方便であり，慣用であるが，韓国語の規則には合わない）。他人の名を呼ぶことは相当に注意をしなければ，相手に大きな失礼になる社会，それが韓国であると言っても過言ではない。

図1　漫画 Blondie（韓国日報　1994.1.28）

　家庭では家庭なりに，職場では職場なりに，また街や商店では見知らぬ人同士で，その時々に応じて適切に選んで使わなければならない呼称の体系が，並大抵の複雑さではない。実生活で正しく選んで使わなければならない呼称を整理し，『우리말의 예절』（韓国語の礼節）（朝鮮日報社，1991，上下2巻）という一冊の本として発行されているほど，韓国語の呼称体系は複雑である。韓国人たちでさえ，その時々にふさわしい呼称を探せずに困ることが多く，また呼称を不適切に使って年長者からお叱りを受けることも多い。これは親族名称などが細分化されているためでもあるし，より根本的には，韓国語の敬語法の複雑この上なく細分化された等級に起因するということができよう。韓国語は間違いなく世界で敬語法が最も複雑に発達した言語であろう。では今から，それが活用ではどのように現れるか見てみることにする。

6.3　敬語法の種類

　韓国語の敬語法は活用においてその姿が最も体系的に現れる。活用による韓国語の敬語法は，よく3種類に分けて理解される。主体敬語法と客体敬語法，対者敬語法がそれである。最後の対者敬語法は聞き手に等級をつけて言語的に異なった表現をする敬語法のことである。すなわち文の中に

その姿が現れない聴者の身分に従って決定される敬語法である。これは前項で論議した呼称と深い関係を持つもので，あとの敬語法よりいくつもの等級に細分化されている。主体敬語法と客体敬語法は文の中に登場するある特定の対象に対する等級を表す敬語法であり，主体敬語法は1つの文の主語（または主体）を2つの等級に分けて高めたり，高めなかったりする敬語法である。客体敬語法はその主語の行為が及ぶ対象，すなわち客体をやはり2つの等級に分け，区別する敬語法である。主体敬語法と客体敬語法は，文の中に現れる対象に対する敬語法であるという点で1つに括ることができる。そのように見れば韓国語の敬語法は聴者に対する敬語法と，ある特定の指示対象に対する敬語法の2つの種類に分けて理解することもできる（Martin 1964）。しかしここではこれらを3つの種類に分けて，それぞれについて詳しく見てみることにする。

6.3.1 主体敬語法

韓国語の文に使用される全ての名詞は，まず話者によってそれが尊敬すべき対象であるのかどうかで二分することができる。これはあたかもフランス語の全ての名詞が男性と女性に二分され，性（gender）という文法範疇が成立していることとよく似ていると言える。そしてある名詞が尊貴な対象，すなわち尊称の対象だと話者が判別すれば，そこに適合する特定の形式を備えなければならない。

もし尊称の対象の名詞が主語の位置に現れれば，その述語に先語末語尾 -시-（語幹末音が子音の場合は-으시-）をとらなければならない。(1a)はこの-시-によって話者が아버지（父）に対して尊敬心を持っていることが表現されたもので，(1b)は-시-がないために동생（弟（妹））に対して尊敬心が特にないということを表すことになる。

(1) a. 아버지가 오-시-ㄴ다 / 웃-으시-ㄴ다.
    　　（お父さんがおいでになる / お笑いになる。）
　　 b. 동생이 오-ㄴ다 / 웃-는다．（弟（妹）が来る / 笑う。）

ところで韓国語で名詞がこのように尊敬すべきものとそうでないものに

二分されるという現象は印欧語の性範疇とは異なる点がある。印欧語の性は話者の個人的な判断以前にすでに確定しているが，それに対し韓国語の敬語法の区分は話者がそのときごとに判別しなければならない。前で私たちが'話者によって'だとか'話者が判別するようになれば'という表現を使ったのはこのためである。一例として，아버지（父）はたいていの場合［＋尊貴］の資質を持つ名詞だと言え，したがって（1a）のように言うことは原則であるが，もし話者が아버지の友達だったり，先輩だったりすれば，次の（2a）のように言うことができる。尊貴ではないという基準はその対象と話者との対比から話者が判断するものであり，この場合아버지という単語は自分の父親ではないので尊貴な人物ではないのである。ただこのときにも（2b）のように言うこともできる。それはその아버지が話者である自分との対比では尊貴な人物でないが，聴者であるその아버지の息子の前でその父親の体面を立ててやらなければならないという配慮をしたのである。

(2)　a. (너의) 아버지 언제 오-니？ ((お前の) お父さんはいつ来るの？)
　　 b. (너의) 아버지 언제 오-시-니？
　　　　((お前の) お父さんはいついらっしゃるの？)

話者との対比で明らかに尊貴な存在であり，したがって-시-を使わなければならない場面でもそうしない場合もある。たとえば学生たちがデモをし，次の(3)のように叫ぶ場合がそうである。退任しろと要求する総長（'총장님'ではなく'총장'）はすでに尊貴な人物として判別されないためであるが，怒ったり，罵倒するときは，当然尊待すべき対象であっても-시-を付けずに表現する場合がある。

(3)　총장은 물러가라！（総長はやめろ！）

しかしある特定の名詞に［＋尊貴］の資質を付与することは，全面的に話者の個人的な裁量に任されているとも言い難い。一例として，아버지という名詞が登場すればたいていの場合は，社会的な規範の規制を受けて，この名詞は［＋尊貴］の資質を付与されるようになっている。そのため子供たちがこの言葉を学ぶとき，

(4) 할아버지 언제 와 (←오-아)？（おじいさんはいつ来るの？）

と言えば，"할아버지 보고 '와'가 뭐야, '오셔' (←오-시-어) 라고 해야지"（おじいさんに対して「来る」とは何だい，「いらっしゃる」と言わなきゃだめじゃないか。）という矯正を受けるようになる。それほど韓国語の名詞の敬語法の等級は，話者のその時々の判断に依存する面があるが，かなりの部分はすでに決定されている面があると言える。

［＋尊貴］の判別を受ける名詞はまず人物であることが要求される。나무（木），바위（岩），바람（風），나라（国）などの無情物は言うまでもなく，소（牛），호랑이（トラ），개（犬），독수리（クロハゲワシ），부엉이（ふくろう）のような有情物も人物ではないので尊待の対象となることはない。ただ비（雨）に対してだけは一般的な（5a）以外に一部の地域で（5b）のように言うこともある。비가 그친다（雨が止む）や비가 시원하다（雨がさわやかだ）などではそのようなことはないが，唯一，비가 온다（雨が来る（降る））という文章でだけ-시-をとるのは一種の慣用であろう。

(5) a. 비가 오-ㄴ다. （雨が降る。）
    b. 비가 오-시-ㄴ다. （雨がお降りになる。）

そして하느님（ハヌニム＝神様），신령님（精霊様）は-시-をともなう。これらはすでに接尾辞님（様）をとっている点でもはっきり現れているが，擬人化して尊待する対象という認識がなされているためである。

(6) a. 하느님은 다 아-시-ㄹ 거야. （神様はみんなお見通しだ。）
    b. 신령님이 노하-시-었-나 보다.
       （精霊様がお怒りになっているようだ。）

尊貴な人物に対する尊待を極大化するためには，-시-の添加のみならず，主語に結合する主格助詞이／가（〜が）を께서（〜におかれましては）に替えなければならない。次の例文の（7a）に比べ（7b）は아버지をさらに少し高める効果があるが，これは께서のためである。

(7) a. 아버지가 무슨 말씀 하셨니？（お父さんが何とおっしゃったの？）
    b. 아버지께서 무슨 말씀 하셨니？
       （お父様におかれては何とおっしゃったの？）

시によって尊待される程度の人物ならば，自動的に主格助詞として께서をとるのが原則であり，이/가をとることはその原則に外れたものだと言わねばならないかも知れない。実際にある公式の席上で聴衆に知らせる次のような文章で께서を이/가と替えることはありえない。

(8) 　대통령께서 입장하시겠습니다.

　　　　(大統領におかれましてはご入場なさいます。)

しかし現実的には께서まで使えば，尊待の程度があまりにも大きすぎる感じを与える面があって，多くの場合，이/가がむしろ自然に使われている。それゆえ-시-と께서は自動的に呼応をなす関係だと言うよりは，(7)のように，-시-はどちらの主格助詞とも合うが，께서が主語に対する話者の尊待をもう少し積極的に表現する機能を持っていると理解するのが事実に近いであろう。この事情は次の例文でのように이/가の位置に特殊助詞が使われるときも同じである。

(9) 　a. 할머님께서는 이쪽으로 오세요.

　　　　(おばあさんにおかれてはこちらにおいでください。)

　　　b. 할머님은 이쪽으로 오세요.

　　　　(おばあさんはこちらにおいでください。)

(10) 　a. 회장님께서도 오셨습니다.

　　　　(会長様におかれてもいらっしゃいました。)

　　　b. 회장님도 오셨습니다. (会長様もいらっしゃいました。)

尊待を表示する先語末語尾-시-は，全ての動詞の語幹に自由に結合することができる。しかし一部の語幹は-시-をとるときにだけ現れる特殊な形をとるものもある。잡수-시-다 (召し上がる)，계-시-다 (いらっしゃる)，편찮-으시-다 (お加減が悪い)，돌아가-시-다 (お亡くなりになる) などがその例である。잡수시-を例にあげると，これは먹-(「食べる」の語幹)に-시-が結合した形態だと言えるが，먹으시-という形態では使うことがなく，また-시-がなく，잡수-ㄴ다，잡수-고，잡수-면のような形態も使われることはない。먹-に-시-を結合させれば，먹으시-にはならず，잡수시-になるのである。また돌아가시-は죽-に-시-が結合した形と言える。죽으시-と

いう語形は存在しない。
 (11) a. 민호는 뭘 먹-니? (ミンホは何を食べるの?)
    b. 할아버지는 뭘 잡수시-니? (おじいさんは何を召し上がるの?)
 (12) a. 저 집 아들이 죽-었어요. (あの家の息子が死にました。)
    b. 저 집 할아버지께서 돌아가셨(←-시-었)-어요.
     (あの家のおじいさんがお亡くなりになりました。)

편찮으시-と계시-は少し複雑である。편찮으시-はい프-(「痛い」の語幹)に-시-が結合したものと同じ意味を持つが(語源的には편찮-(←편하지 않-)に-시-が結合したものである)、この場合には外形上아프-に-시-が結合した아프시-と편찮으시-が共存しつつ、それぞれ区別された機能を持つ。すなわち、편찮으시-はだいたい何かの病気で体の状態が良くないときに使われるが、아프시-は体の一部が痛むときに使われるのである。

 (13) a. 할아버지, 편찮으세요? (おじいさん、具合がお悪いのですか?)
    b. 할아버지, 어느 쪽 이가 아프세요 (*편찮으세요)?
     (おじいさん、どちら側の歯がお痛いですか?)

계시-もこれと大変よく似ている。계시-は있-に-시-が結合したものと同じ機能をするが、있으시-は있으시-のまま使い、それぞれ異なる領域を担当するのである。すなわち있-は一方では動詞として使われ、また一方では形容詞として使われる。そして、계시-が動詞있-の尊待形として、있으시-は形容詞있-の尊待形として使われる。

 (14) a. 너는 꼼짝 말고 여기에 있어라. (お前はじっとここにいなさい。)
    b. 할아버지는 꼼짝 말고 여기에 계세요.
     (おじいさんはじっとここにいらしてください。)
 (15) a. 너는 차비가 있니? (お前は電車賃があるのか?)
    b. 할아버지는 차비가 있으세요 (*계세요)?
     (おじいさんは電車賃がおありですか?)

尊貴な人物を尊待するときには、その人物に関係する名詞を特殊な語形で使わねばならない場合もある。代表的な例としては진지(お食事)をあげることができる。(11)で目的語に뭘(←무엇)(何)をとるときや、ま

た国수（うどん・そば）や사과（りんご）などを目的語として使用するときには，どんな場合でも同じ語形で現れるが，もしその位置に밥（飯）を使うなら，尊貴な人物に対しては진지（お食事）を使わなければならない。

(16)　a. 민호는 밥을 잘 먹니？（ミンホはご飯をよく食べるか？）

　　　b. 할아버지는 진지를 잘 잡수시니？
　　　　（おじいさんはよくお食事を召し上がるか？）

밥／진지（飯／お食事）と同様の対立ペアは말／말씀（言葉／お言葉），나이／연세（年／ご年齢），집／댁（家／お宅），아들딸（子供たち）／자제분（子供たち／お子様たち）などがある。これらの用法を代表的な例文で見てみると次のようになる。

(17)　a. 내 동생은 말을 참 재미있게 한다．
　　　　（私の弟（妹）は話を実に面白くしゃべる。）

　　　b. 우리 선생님은 말씀을 참 재미있게 하신다．
　　　　（私たちの先生はお話を実に面白くなさる。）

(18)　a. 순희는 보기보다 나이가 많아요．
　　　　（スニは見た目より年をとっています。）

　　　b. 김 선생님은 보기보다 연세가 많으세요．
　　　　（先生は見た目よりお年を召しています。）

(19)　a. 순희 지금 집에 있습니까？（スニは今家にいますか？）

　　　b.　선생님 지금 댁에 계십니까？
　　　　（先生は今お宅にいらっしゃいますか？）

(20)　a. 저 사람은 자식이 많아．（あの人は子供が多い。）

　　　b. 김 과장님은 자제분이 많으셔．（キム課長はお子様が多い。）

6.3.2　客体敬語法

主体敬語法は，ある行為（および状態）の主体に対して尊待をするかしないかを表現する敬語法であるのに対し，客体敬語法はその行為が及ぶ対象に対して尊待をするかしないかを表現する敬語法である。韓国語は一時期（特に中世韓国語において）この敬語法による先語末語尾-숩-が主体敬

語法の-시-と対立し活発に使われた。王様が来ると言うときは-시-を入れて王を高め，人民が王を見たり，人民が王の言葉を聞くと言うときには，-시-の代わりに-숩-を入れて王に対する尊待を表したのである（第7章参照）。しかし後世に-숩-は消滅し，したがって現代韓国語においての客体敬語法は，これを率いる先語末語尾がない状態で，特殊な方法できわめて限定された範囲内でその命脈を保っている。

客体敬語法の命脈を最も確実に引き継いでいるひとつの要素は与格助詞께である。これは에게や한테の尊待形で，主格助詞の께서が이/가の尊待形としてする機能とよく似ている。次の（1a）で見れば，께は話者が할머님に対して尊待を表現していることを表す唯一の要素である。

(1)　a. 저 아이를 할머님께 보냅시다.
　　　　（あの子供をおばあさんのところにお送りしましょう。）
　　 b. 저 아이를 제 형에게（형한테）보냅시다.
　　　　（あの子供を私の兄のところに送りましょう。）

께とともにいくつかの語彙も客体敬語法の命脈を維持することに大きな役割を果たしている。主体敬語法において주무시다（お休みになる），잡수시다（召し上がる）など，その敬語法のための特殊な形態の語彙が別に準備されているものがあるように，客体敬語法にもそのような特殊な任務を帯びた語彙がいくつかある。これらをその平称動詞と対比して見れば次のようになる。

(2)　a. 드리다 / 주다（差し上げる / 与える）
　　 b. 여쭙다 / 묻다, 말하다（申し上げる / 尋ねる, 言う）
　　 c. 뵙다 / 보다（お目にかかる / 見る）
　　 d. 모시다 / 데리다（おつかえする，おつれする / つれる）

これらは常に客体を尊待するときにだけ使われる特殊な語彙であるが，代表的な例文を見れば，次のようになる。

(3)　a. 이 만년필은 선생님께 드려라.（この万年筆は先生に差し上げなさい。）
　　 b. 이 장난감은 민호한테 주어라.（このおもちゃはミンホにやれ。）
(4)　a. 그런 일은 할아버지께 여쭤 보아라.

　　　　　　（そのようなことはおじいさんに<u>お尋ねして</u>みなさい。）
　　　b. 그런 일은 나한테 <u>물어</u> 보아라.
　　　　　　（そのようなことは私に<u>聞いて</u>ごらん。）
(5)　a. 우리 언제 선생님 한번 <u>뵈러</u> 가자.
　　　　　　（私たちはいつか先生に一度<u>お目にかかり</u>に行こう。）
　　　b. 우리 언제 순희 한번 <u>보러</u> 가자.
　　　　　　（私たちはいつかスニに一度<u>会い</u>に行こう。）
(6)　a. 이 동물원에는 노부모님을 <u>모시고</u> 온 사람들이 많구나.
　　　　　　（この動物園には年とったご両親を<u>お連れして</u>来た人が多いな。）
　　　b. 이 동물원에는 아이들을 <u>데리고</u> 온 사람들이 많구나.
　　　　　　（この動物園には子供たちを<u>連れて</u>来た人が多いな。）

　以上の例文で特殊形と一般形の語彙が表している意味差は明快であり，したがってこれらの使用範囲もまた厳格に区分できる。このようにいくつかの語彙においてかろうじてその命脈を保っている程度にすぎないが，客体敬語法が厳然として存在するということだけは疑問の余地がない。

　客体敬語法の対象になる尊貴な人物は，主体敬語法のときと同じで，いくつかの付随助詞を伴う。尊待の接尾辞님をとり，その人物に関連するものは밥（飯）も진지（お食事）であり，말（言葉）も말씀（お言葉）であり，집（家）も댁（お宅）となるなどがそれである。

(7)　a. 할아버지께서 <u>진지</u>를 잘 잡수셨구나.
　　　　　　（おじい様におかれては<u>お食事</u>をちゃんとお召し上がりになったなあ。）
　　　b. 할아버지께 <u>진지</u>를 때 맞추어 드려라.
　　　　　　（おじい様に<u>お食事</u>を時間に合わせて差し上げなさい。）
(8)　a. 선생님께서는 <u>댁</u>으로 가셨어요.
　　　　　　（先生におかれては<u>お宅</u>にお帰りになられました。）
　　　b. 네가 선생님을 <u>댁</u>으로 모셔 드려라.
　　　　　　（お前が先生を<u>お宅</u>まで送って差し上げなさい。）

　このように見れば，主体敬語法と客体敬語法は尊待対象が文中でどんな機能を果たす位置に置かれているかという差があるだけで，結局文中に登

場する人物に対する話者の尊待意志の表現という点では一致すると見ることができる。しかしこれらを1つの種類で括ることができないのは言うまでもない。厳然と区分された尊待方式をそれぞれ別個に持っているためである。님を付け，それらに関係する事項を진지や댁という尊待語で表現する方式では一致するところがあるが，一方は주시다（おやりになる），보시다（ご覧になる）のような方式を採るのに対し，もう一方は드리다（差し上げる），뵙다（お目にかかる）のような全く異なる方向の方式を採るのである。

主体敬語法と客体敬語法は，尊待対象が誰との対比で尊貴な人物と判定を受けるかということでも差異が出る。主体敬語法は尊待対象が話者より尊貴だという理由のために尊待を受ける。話者の判断によって，あの人物は自分より尊貴な人物だから-시-を付けて表現しなければならないという決定がなされるのである。すなわち話者自らと尊待対象の間の対比で成り立つ敬語法である。しかし，客体敬語法はこれとは異なる。対比の対象が，話者自身というより尊待対象に行為をする主体なのである。一例として，(6a)で노부모들（年とった両親たち）が尊待されるのは，その老父母たちと話者との対比からではなく，彼らを世話してきた사람들（人たち），すなわち彼らの子供たちとの対比からである。繰り返せば，このときの客体敬語法は，子供たちが父母に対してする行為において父母が尊待を受ける位置にあるとの判断に従って成立しているのであって，その父母たちが話者自らにとって尊待を受ける対象であると考えて成立したのではない。これを図示すれば次のようになるであろう。図の四角の大きさは尊貴の程度を表し，その四角を結ぶ線はその2つの項目が比較の対象であることを示す。

(9) 主体敬語法

話者　　［　主体　—　客体　—　述語　］　聴者

(10) 客体敬語法

話者　　［　主体　—　客体　—　述語　］　聴者

このように見れば，客体敬語法は，たとえその規模が小さくてもはっきりと独自の領域を持っていることを確認することができる。中世韓国語で主体敬語法と同様に大規模に用いられた客体敬語法が，今日のように退歩したのは，おそらく話者の介入の程度が主体敬語法ほど積極的でなかったためであろう。主体敬語法では尊待対象に対する尊敬心の発露が，まさに自分みずからが比較の基準となっているが，客体敬語法では第三者がその基準になる分，尊待対象に対する尊敬心の比重がそれだけ弱まったであろうし，これが客体敬語法を退歩の道に追いやった原因であろうと思われる。いずれにせよ，客体敬語法は今日，かろうじてその命脈を維持しているが，比重は大変弱い敬語法になってしまった。

6.3.3 対者敬語法

対者敬語法は文の中に登場するいかなる人物も全く問題視せず，その文を聞く聴者に対し言語的に対処する敬語法である。前の2つの敬語法が，文の中には登場するが普通は対話がなされる現場にはいない人物に対して尊待の態度を表現したものであるのとは異なり，これは現場にいる人物を尊待の対象とする点で，前の2つの敬語法と大きく区別される。前の2つの敬語法が誰かを尊待するかしないかを，わずか2段階にだけ区分したのとは異なり，対者敬語法は尊待するが，少しするのか，もう少したくさんするのか，さらに多くするのか，などに細分化されることも，その敬語法の対象が現場で顔を合わせてすぐその言葉を聞く人であるためであろう。

対者敬語法を担当する要素は文末語尾である。主体敬語法（および中世韓国語の客体敬語法）が先語末語尾によって実現されることとは対照的である。そして前の2つの敬語法を担当する先語末語尾はわずか1つずつだったが，対者敬語法を担当する語尾は大変多い。たとえば，対者敬語法の等級を6等級とすると，6個の等級が平叙文にだけ現れるのではなく，疑問文，命令文などにも現れるために，対者敬語法の表現に動員される語尾は正確にいくつと数えあげることができないほど多いのである。

現代韓国語で使われる対者敬語法の等級をいくつと把握すべきかについ

ては，学者によって意見が少しずつ分かれている。ここではとりあえず6等級と記述しておくことにする。まず，平叙文と疑問文に使われる6等級の語尾を見ると次のようになる。

(1)　a. 비가 오-ㄴ다. / 오-니? （雨が降る／降るの？）
　　　b. 비가 오-아(→와). / 오-아(→와) ?
　　　c. 비가 오-네. / 오-나?
　　　d. 비가 오-오. / 오-오?
　　　e. 비가 오-아요(→와요). / 오-아요(→와요) ?
　　　　　（雨が降ります／降りますか？）
　　　f. 비가 오-ㅂ니다. / 오-ㅂ니까? （雨が降ります／降りますか？）

命令文にも6個の語尾が区分されている。しかし命令文では聴者が文の中で主語としても参与するために，その主語（すなわち聴者）に対する主体敬語法も合わせて実現されるという点に留意する必要がある。

(2)　a. 이 자리에는 민호가 앉-아라. （この席にはミンホが座れ。）
　　　b. 이 자리에는 민호가 앉-아.
　　　c. 이 자리에는 민호 군이 앉-게.
　　　d. 이 자리에는 김 과장이 앉-으오.
　　　e. 이 자리에는 김 과장님이 앉-으시-어요(→앉으세요).
　　　f. 이 자리에는 과장님이 앉-으십시오.
　　　　　（この席には課長様がお座りください。）

以上の6等級にはそれぞれ名称が付いている。①해라체，②반말체（해체），③하게체，④하오체，⑤해요체，⑥합쇼체がそれである〔※日本で一般に使われている用語を6等級に当てはめると下称，略待普通形，等称，中称，略待丁寧形（親しみを込めた上称），上称になる。なお，以下，⑤⑥を尊待（語），特に⑥を極尊待とも言う——訳者注〕。これらの名称は命令文での形態に由来するものである。動詞하다およびその하다が結合された공부하다（勉強する），일하다（仕事する），생각하다（考える），교환하다（交換する）などを(2)に合わせて活用させれば，

(3)　a. (공부)해라(하여라←하어라). （(勉強)しろ。）

b. (공부)해(←하어).
　　　c. (공부)하게.
　　　d. (공부)하오.
　　　e. (공부)하세요. (←하-시-어요).
　　　f. (공부)하십시오. ((勉強)なさいませ。)

　このようになるが，このときの形態に従って各等級の名称を決めたのである。しかしこれらの名称は学者たちが任意に命名したのではなく，ずっと以前から一般の人たちが해라-한다 (해라体で話す), 하게-한다, 하오-한다または반말-한다のような表現を使ってきたことに根拠したものである。"우리는 서로 하게하는 사이야"(私たちはお互い하게体で話す仲なんだ。)と言ったり，"누구한테 반말을 하는 거야？"(誰に向かってパンマルを使うのか。)と言ったりするように，これらの等級に関連した表現を実生活でしばしば使ってきたのである。

　これらの名称のうち합쇼体の합쇼は実際の語形と必ずしも一致するものではない。하십시오の縮約形である。そして반말（パンマル）も活用形からとったものではない。しばしば語源的に온말（完全な言葉），すなわち完全な言葉ではない，半分にしかならない言葉と理解されているが，従来この言葉遣いは主に社会階級の低い人たちにはっきりとした等級をつけず曖昧な態度で使っていたところから付けられた名前である。今日一般人が반말というときには，必ずしも해体に限らず，해라体まで含めた概念として使い，また従来下層階級に対して使った言葉遣いだという意識はなくなった（この章でも반말体という用語は使わず，「반말」または「반말で言う」という表現を使うときは，この包括的な概念として使う。合わせて해요体と합쇼体を括って言うときは尊待語（존대말）という表現を使うことにする）。

　勧誘文にも等級が区分されて現れる。勧誘文も命令文の一種であるので聴者が同時に文の主語としても使われるが，代表的な例文を見れば次のようである。

　(4)　a. 너도 우리와 같이 가자. (お前も俺たちと一緒に行こう。)

  b. 너도 우리와 같이 가 (←가아) / 가지.
  c. 자네도 우리와 같이 가지.
  d. (남편에게) 당신도 우리와 같이 가요.
   ((夫に) あなたも私たちといっしょに行きましょう。)
  e. 여러분, 어서 갑시다 / 가십시다. (皆さん, さあ行きましょう。)

 勧誘文での対者敬語法は前の3つの場合ほどはっきりしない面がある。(4b) の해体 (반말体) の使用も活発ではなく, 하오体はさらに使われないようである。そして (4e) の갑시다 (行きましょう) は形態上では갑니다 (行きます), 갑니까 (行きますか) と対になり, 最上級の等級を代表するようであるが, 実はそうではない。たとえば自分の恩師に次の (5a) のように言えば, それを聞いた人は不快に感じるだろう。誰もこれを十分に尊敬する言葉遣いとは考えないからである。(5b) のように言えば, 若干ましになるがそれでも不十分であることには変わりがない。

(5) a. 선생님, 저와 함께 갑시다. (先生, 私と一緒に行きましょう。)
  b. 선생님, 저와 함께 가십시다.

 これは勧誘, つまり提案という一種の命令 (あるいは強要) であるので, いくら丁寧な言い方であっても不快感を与える素地があるというところからくる現象であろう。この点は命令文でも同じことが言える。しかし命令文ではこのことは特に問題にはならない。안녕히 가십시오 (さようなら), 많이 잡수십시오 (たくさんお召し上がりください) が不快感を引き起こすことはない。これは, 命令文が聴者の単独にする行為を対象にしているのに対し, 勧誘文は話者も一緒に加わっての行為を対象とすることの違いからくるものと考えられる。합쇼体を使う程度なら, 話者と聴者の間に大きな等級の差異があるが, はるかに遠い下位者がある行為を共にしようということが不快に聞こえることもあり得ると解釈するのである。

 この解釈は次のような現象で裏付けられるものと思われる。먹다―잡수시다 (食べる―召し上がる) や자다―주무시다 (寝る―お休みになる) のように主体敬語法の尊待形が別に準備されている場合, 勧誘形を作ってみれば, どの形態を使っても不自然である。

(6) a. ??선생님, 점심 먹읍시다. (??先生、お昼ご飯を食べましょう。)
　　b. ?선생님, 점심 잡수십시다. (?先生、お昼ご飯を召し上がりましょう。)
(7) a. ??선생님, 이제 잡시다. (??先生、もう寝ましょう。)
　　b. ?선생님, 이제 주무십시다. (?先生、もうお休みになりましょう。)

　すなわち（6a）や（7a）のように言えば聴者である선생님には大変失礼な言い方になる。（6b）や（7b）のように言えば，前の場合よりは抵抗感が少なくなるが，話者が自分のことを高めている言い方になるので不自然に聞こえる。この葛藤は勧誘形が聴者と話者を１つに括って，ある行為の主体とするという特異な構造から来ている不可避的な現象であろう。そしてこれが갑시다（行きましょう）のような外形上の極尊待形（합쇼体）である形態が，内容上では極尊待になれない理由であろう。

　結局，勧誘文では極尊待等級の成立が難しいという結論に達する。実際に합쇼体を使わなければならない人物にある提案をしようとすれば，勧誘文の形式を使うことができず，（8）のような疑問文を使ったり，あるいはより婉曲的な表現を使ったりする。

(8) a. 선생님, 그만 가실까요? (先生、もうお帰りになりますか？)
　　b. 선생님, 그만 가시지요. (先生、もうお帰りになりませんか？)

　勧誘文でのいくらかの特殊な事情はあったが，対者敬語法の等級をいったん６等級に分けた。ここからはそれぞれの等級の特性と用法をひとつずつ見てみることにする。

① 해라体
　この等級は気の置けない友達に，あるいは父母が子供に，あるいは年配の話者が小学生や中学生程度の幼い子供を相手に使う等級である。もともと最下位の等級であるために，友達同士であったとしても中年や老年になれば，使いにくくなる等級である。反面，中高等学生程度の年齢までは特に親しい間柄でなくても，いや，初対面であっても使えるのが해라体である。それほど聴者の年齢が幼いことが，この等級を成立させる最も大きな条件だと言える。

文章では，一般の読者を対象にするとき，この해라体を使うのが一般的である。しかし文章に書かれる語尾は話し言葉で使われるのとは別のものがある。口語体と文語体で語尾が区別されるものがあるのである。例を挙げれば，疑問文語尾の-니は対話体でなければ文章で使われない。代わりに口語で使われない-ㄴ가，-는가のような語尾が使われる。

(9) a. 우주는 과연 무한한가？（宇宙は果たして無限なのか。）
   b. 인생이란 무엇인가？（人生とは何か。）
   c. 어느 문제가 더 중요한가？（どの問題がより重要か。）

そして命令文でも文章では-아라/어라の代わりに-라だけを使うのが一般的である。試験問題で指示する文章も普通この形態をとる。(10)の動詞は口語でなら，それぞれ보아라（見ろ），잡아라（つかめ），서술하여라（叙述しろ）となる。

(10) a. 눈을 들어 하늘을 보라．（目を上げて空を見よ。）
   b. 와서 내 손을 잡으라．（来て私の手を握れ。）
   c. 다음 문제에 대해 상세히 서술하라．
      （次の問題について詳しく叙述せよ。）

②반말체（해体）

この等級は해라体とほとんど何の区別もなく，自由に行き来することができる。1つの状況で해라体と반말体を随時に入れ替えて使っても問題が生じないのが普通である。またある語尾は（たとえば그렇지の-지のような語尾）반말体に分類されるが，これと対になる해라体の語尾は特にない場合もある。この点で해라体と반말体は1つの等級に統合されても問題ないと思われる。

しかし2つの等級が常に自由に行き来するわけではない。たとえば，大学入学後新たに出会った同じ科の友達に（11a）のような해라体で尋ねることはぎこちない。（11b）や（11c）のような반말体で始めて，少し親しくなった後には해라体を使うようになるのが一般的な過程である。

(11) a. 고향이 어디니？（故郷はどこだい？）

　　　　b. 고향이 어디야？
　　　　c. 고향이 어디지？
　反対に中学校で教えた生徒が何人かの子供の母親となった後で会ったなら，昔とは違い해라体を使うのを控え目にして반말体で話すのも自然な現象である．2つの等級の差異がさらに明らかなものは，夫と妻との会話であろう．夫は妻に尊待語も使うが，반말も使う．しかしこのとき (12a) のような반말体は使っても，(12b) のような해라体はとうてい使うことはできない．妻に対し心安く반말体までは使っても，해라体を使うほど低く待遇することはできないからであろう．
　(12)　a. 당신은 안 가겠어？（お前は行かないのかい。）
　　　　b. 당신은 안 가겠니？
　このように반말体は聴者との距離を해라体より若干多めにとり，いくらかでもその聴者を慎重に遇する機能がある．반말体は一般の読者を対象とする文章でも使われない．このような点を考慮すれば，반말体を해라体と区分するのはそれなりに根拠があり，また韓国語の敬語法の実相を正しく把握するにも助けとなるであろう．

③하게体
　聴者が話者より年齢や社会的な地位が下の場合に使われるが，その下の人を해라体や반말体のときより軽く考えず，応分の待遇をしてやろうという気持ちを込めて使う．いろいろな面で자네（君）という呼称と釣りあいのとれた言葉遣いである．
　(13)　a. 이 일은 자네가 맡게．（この仕事は君が担当しなさい。）
　　　　b. 아까 자네 춘부장을 만났네．（さっき君のお父上に会ったよ。）
　자네（君）でもそうであるように，この等級を成立させている最も大きな要素は年齢である．何より聴者の年齢が重要である．小学生のように幼い相手には言うこともなく，高等学校卒業までは人から하게体を聞く機会はほとんどない．大学生程度になって初めて人が해라体や반말体の代わりに하게体を使おうと心に決めるようになる．話者の年齢も重要な役割を果

たす。하게体は話者の権威を誇張するような感じを醸し出し，その分格式性が強いという特徴がある。そのために年齢を十分にとらないと하게体を使うのが気恥ずかしく感じられる。大学院生程度でも学部学生に하게体を使うのは難しい。30歳代になってようやく使い始めることができるであろう。

　하게体を使う話者の年齢は最近になってしだいに高くなってきているようである。以前は大学院生程度の年齢になれば하게体を気安く使うことができた。このようにこの等級を使う年齢が少し高くなっていることは，前に述べたこの言い方の格式性と関連するものと思われる。近来，次第に人々は権威主義，格式性などを遠ざけ，自由に気取らない雰囲気を好むように変わってきたが，このような変化が自然に하게体を若い年齢では使いにくくしていると解釈するのである。하게体は女性話者にはあまり使われないが，これも女性が男性に比べ，権威主義を遠ざけるためだと見なければなるまい。

④하오体

　하오体は하게体と同様で自分より下の人に使うが，その下の人を丁重に遇しようとする言葉遣いであり，その丁重さの程度が하게体より一等級上である。夫が妻に，年上の先輩が김 형（キム兄）と呼ぶことができる後輩に，職場の上司が김 과장（キム課長）と呼ぶ下位の職員に，あるいは昔の軍隊の上官が久しぶりに会った部下に使うときに適した言い方であり，見知らぬ人には，相手の身分の見当がつく状態でその身分がさほど高いと思われないときに使う言い方である。手紙では友達の間柄でも，丁重な表現のために使われもする。

　学者によっては，하오体を上の人にも使うように記述することがあるが，これは誤りである。하오体は近代韓国語まで，今日の해요体が担当する領域を代表する言葉遣いとして幅広く使われて来たが，해요体が登場して以来，今日は下の人にだけ使う言葉遣いに追いやられ，その使用範囲が狭められた。(14)〜(16)のａを妻が夫に，あるいは後輩が先輩に言えば，

それは不適切である。それぞれbの해요体が妻や後輩が使うのには適している。aは夫や先輩が使うのが適切である。

(14)　a. 당신은 안 가겠소？（あなたは行きませんか？）
　　　b. 당신은 안 가겠어요？
(15)　a. 아까 전화한 사람이 누구요(←누구-이-오)？
　　　　（さっき電話をした人は誰ですか？）
　　　b. 아까 전화한 사람이 누구예요(←누구-이-어요)？
(16)　a. 참 오랜만이오．（本当に久しぶりですね。）
　　　b. 참 오랜만이에요．

また誰なのか，全く正体を知らない人に（17）のような하오体で話すときは，それが目上の人に話す話し方であるとは感じさせない。どんな身分の人なのか分からずやたらに低めて言うのではないが，だからといって自分より上位の人物であることを前提にした言い方ではないことは明らかである。身分が明らかになり自分より上位の人であることが分かれば，自分の言葉遣いが丁重さに欠けたことをすまないと思うそんな言葉遣いである。

(17)　a. 거 누구요？（そちら，どなた？）
　　　b. 거기 무슨 일이오？（そこに何の用です？）

ところで하오体は，今日その生命力をほとんど失った状態にある。今やこの言い方を使う人はごく一部に過ぎず，若い世代になればなるほどその数は減っている。多くの場合，하오体を使う場であれば，はなから해요体で表現してしまう場合が今日の一般的な趨勢である（後述するように해요体は下の人にも使う）。全体的に複雑に細分化された敬語法の体系を単純化しようという趨勢だが，하오体を해요体に統合してしまおうとする趨勢もその一環と見ることができよう。前述したように하오体は해요体の勢力拡張によってその運用の幅が大変狭まった。하게体よりは丁重であるが，해요体よりは丁重さが不足する表現を使わなければならない領域とは，実際きわめて狭い。この繊細な区分を運用するということはたやすいことではなく，하오体を使う程度なら，最初から해요体を使ってことを単純にし

ようとする心理が働くからであろう。

さらに하오体は하게体と同様に格式性が表れる言葉遣いである。目上の人が目下の人を丁重に遇するということが，自然にある種の権威的な雰囲気を醸し出し，格式性を生じさせるが，하오体は，それが하게体よりもさらに程度が強い。하게体がそうであったように，権威主義や格式性を嫌う新しい世代にとって하오体が退潮の道を歩んでいくのは自然な趨勢だと言わねばならないだろう。

しかし하오体がまだ明らかに固有の領域を確保しているということも見逃してはならない。ドラマなどでは意外に하오体が多く使われているが，これもその固有の機能を適切に活用するためであろう。特に（18）のように，相手に対してある不満を抱いて言うときには하오体が適切であり，それを해요体で対処するのは困難である。次の例文は韓国語版『リーダーズダイジェスト』(1994年1月号)に出ているものである。47歳の警官が交通違反をした20歳代の男を麻薬犯ではないかという疑いで尋問するという場面。このとき되겠소（よろしいか）を되겠어요（いいですか）と言えばこの状況の雰囲気に全く合わない。하오体はこのように相手に好意的ではないながらも，外形的にはそれなりの待遇をしなければならない状況で最も確実にその命脈を維持しているのかも知れない。

(18)　트렁크를 열어 봐도 되겠소? (トランクを開けて見てもよろしいか?)

⑤해요体

聴者が自分より上位の人であったり，上位になくても丁重に遇すべき人であったりするときに使う言葉遣いとして，今日最も広く使われている等級である。上位の人にもあまり格式ばらないときには합쇼体より해요体が多く使われるが，同位や下位にある人には합쇼体が不適切で，この人たちに尊待語を使おうとするときには，해요体を使うことになるので，해요体は自然に幅広く使われる。いわば，해요体は目上と目下の人に満遍なく使われる言葉遣いであり，それほどその使用の幅が広い言葉遣いと言える。

しかし目下の人に使うときは限界がある。丁重に遇したいとしても，た

とえば大学生が小学生や中学生に해요体を使うことは不自然である。20歳代や30歳代の話者が道端で見知らぬ人に道を聞くときに해요体を使おうとすれば，その人が高校生以上でなければならないであろう。해요体は話者の年齢にはいかなる制約も加えないが，聴者の年齢に下限線を要求するのである。

　ただし教育現場では例外的な場合がある。幼稚園でさえ教師が子供たち全体を対象に話すときは，해요体を使う。必ずというわけではないが，小中高の各学校で教師が教室で授業をするときに使う言葉はだいたい해요体である。一学生に質問したり，指示したりするときは반말を使うことはよくあることだが，教室内の学生全体を聴者とする話では해요体を使うことが原則である。これは教育的な効果のための措置だとも言え，また集団は一個人より力を持っているために，神経を使うべき対象としていっそう丁重に対するべきと考えた結果と解釈もできよう。

　いずれにせよ，今日の韓国で日常の対話で最もよく使用される言葉遣いを挙げると해요体になろう。商店で店員とお客の間でも해요体が最も多く使われ，子供たちが両親や，家庭内の大人に使う場合や，学生が先生に使う言葉として，最も多く使われるのが해요体である。30代であれ50代であれ外国人がソウルの街角に立ち，韓国語で道を尋ねるときのやり取りもだいたい (19) のような해요体であろうし，顔見知りになって少しなじんだあとの挨拶も안녕하세요 (こんにちは) という해요体であろう。

　(19)　이쪽으로 곧장 가세요. (こちらをまっすぐ行って下さい。)

해요体の語尾-아요/어요は반말体の-아/어に-요を付けたものである。この-요は名詞に直接付いて使われもする。これは，名詞単独で終わる言い方は반말体であるという意味でもある。

　(20)　a. 몇 층에 가? 　3층？ (何階に行く？　3階？)

　　　　b. 응, 3층. (うん，3階。)

　　　　c. 예, 3층요. (はい，3階です。)

해요体が形式的に반말体から派生した姿を帯びているのは，両者の機能にも何らかの影響を及ぼしている面があるかも知れない。従来あまり使わ

れなかった반말体と해요体がともに今日の韓国語の対者敬語法の双璧をなす等級として勢力を伸ばしているのは，まさにそのような形式上の関連性と無関係ではないであろう。いずれにせよ，日常会話において반말体が非尊待語の側の代表的な等級ならば，해요体は尊待語の側の代表的な等級と言わなければならないだろう。

⑥합쇼体

합쇼体は韓国語の対者敬語法の6等級のうち最も丁重に，最も恭しく遇する最上級の言葉遣いである。前で指摘したように，합쇼体はその丁重の度合いがもともと大きく，下位ないし同位の人に使うには不適切なので，自分より上位の人物にだけ使う言葉遣いであると規定しなければならないであろう。目上の人にだけ使えるという点で，同位ないし下位の人にも使える해요体と区別され，同じ目上の人に使うといっても，해요体を使うときより丁重の度合いが異なり，格式性を帯びるという点で해요体と区分される。一例として次の (21a) は自分より下位ないし同位の人物に使うことは不自然である。そして上の人物には (21) のいずれでも使うことができるが，(21a) が (21b) よりさらに丁重で，より一層格式的な態度を表す。

　　(21)　a. 다녀오겠습니다．(行って参ります。)
　　　　　b. 다녀오겠어요．

ここで提起される問題はどのような目上の人に합쇼体を使い，どのような目上の人に해요体を使うのか，言い換えると2つの等級が上位者の身分によって排他的に分布して使用されているのかという点である。そうではない。だいたい父母には (21b) のような해요体が使われるが，厳格な家庭では (21a) の方の합쇼体が使われることもあり，あるいは해요体を主に使う子供も状況によっては합쇼体に変えて言うこともある。同様に，先生にはたいてい합쇼体を使うが，雰囲気によっては，あるいは親しさが増せば해요体をより頻繁に使用するようになるだろう。そして場合によっては同じ場面で해요体と합쇼体を随時取り替えて使うこともある。

しかし합쇼体はその格式性，その高い丁重さのゆえに，明らかに区分さ

れる固有の領域を持っている。たとえば，会社に就職するための面接試験のとき，受験者がその会社の社長に使うことのできる言葉遣いは합쇼体だけであろう。軍隊で上官に報告する場でも (22b) のような해요体は全くふさわしくないし，また許容もされない。親戚の大人のうち，年長者にも해요体を使うと，すぐさまたしなめられることになろう。

(22)　a. 이상 없습니다. (異常ありません。)
　　　b. 이상 없어요.

합쇼体は多くの聴衆を対象にする演説文にひろく使用され，TVやラジオの放送で一般視聴者を対象にするニュースや天気予報などに使われるのも합쇼体である。

(23)　여러분의 졸업식에 와서 축사를 하게 된 것을 큰 영광으로 생각합니다. (皆さんの卒業式に来て祝辞を述べるようになったことを大きな光栄だと思います。)

(24)　여러분 안녕하십니까? 지금부터 아홉 시 뉴스를 말씀드리겠습니다. (皆さん，おはようございます。今から9時のニュースをお伝えいたします。)

これは一般読者を対象とする文章で해라体が使われるのとは対照的である (251ページ参照)。非格式的な一般対話で반말体と해요体が二大軸をなしていることと同様に，格式を要する状況では해라体と합쇼体が2つの軸をなしていると見ることができる。

また文章でも，たとえば政府が国民に知らせる文章や広告文などは必ず합쇼体を使う。このような文章は文字で書かれているだけで，演説のような性格を持っているものなので当然である。しかし一般の読者を対象とする文章で해라体の代わりに합쇼体を使うこともまれにある。このようにすればさらに情感があり，訴える力が強くなる雰囲気を醸し出すが，このときは聴者に対する等級調整というよりは文体上の効果のためであると見なければならない。

以上で私たちは対者敬語法の6等級を全て見た。ある等級はその隣接する等級と境界が不分明で互いに行き来することのできる関係であり，ある

等級はその使用が萎縮する一途をたどっているものもあった。同時に，それぞれの固有領域と機能があり，まだ厳然と明白に維持されていることも確認した。どの世代を規準にするかによって差異があるが，全体的にはまだ6等級が厳然と存在しているという結論を出さざるをえないであろう。

そしてこれまで何度か指摘してきたように，この6等級はほとんどの場合2等級ずつ対称をなしていることが，注目すべきところである。これに対し私たちは次のように分析することにしたい。韓国語の対者敬語法は，第1段階で両極の2等級，해라体と합쇼体に分ける。そして第2段階ではそれらより格式性を減じた2つの等級，반말体（해体）と해요体を設定する。最後に第3段階で目下の者を少し丁重に待遇する，最も副次的な2つの等級，하게体と하오体を設定する。これを図にすると上のようになる。

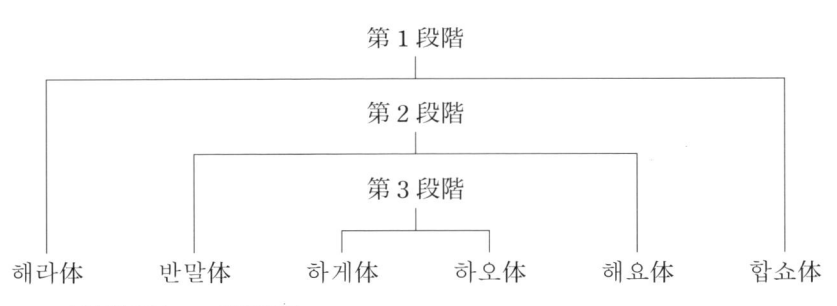

```
                        第1段階
        ┌──────────────────────────────────────┐
                        第2段階
             ┌────────────────────────┐
                        第3段階
                  ┌──────────┐
  해라体     반말体    하게体   하오体    해요体    합쇼体
```

図2　対者敬語法の3段階分類

6.4　敬語法の組み合わせ

ここまで私たちは韓国語の敬語法が多元的に運用されていることを確認した。それは一方では代名詞や呼称によって運用されるかと思えば，また一方では活用語尾によって運用され，さらに先語末語尾によって運用される体系と文末語尾によって運用される体系に分離されている。ここに格助詞と特殊語彙も一役買っている。敬語法がこのように多元化されている現象は，韓国語の敬語法をまた別の複雑な世界へと引き入れる作用をしてい

る。各体系が機械的に単純明瞭に組み合わされることもありうるが，そうではなく，それらがぶつかり合い結び合わさる過程で，敬語法の等級をさらに微妙に細分化した段階に分ける策略を，いくつもの方式で考案し使っているためである。ここでは前で見た個別的な体系が互いにどのように組み合わされ，どのように策略的に利用されているかを詳しく見てみることにする。

　まず主体敬語法，客体敬語法，対者敬語法が1つに括られた姿をいくつか例に挙げながら見ることにする。対者敬語法は代表として해라体と합쇼体だけを挙げることにする。そうすればだいたい次のような組み合わせが作られる。括弧の中の＋は該当人物への敬意が高い場合を，－の場合はそうではない，ということを表すことにする〔※例文の訳は直訳である――訳者注〕。

(1) 　a. 민호가 동생에게 밥을 주었다. （主体－，客体－，聴者－）
　　　（ミンホが弟にご飯をやった。）
　　b. 민호가 동생에게 밥을 주었습니다. （主体－，客体－，聴者＋）
　　　（ミンホが弟にご飯をやりました。）

(2) 　a. 어머니께서 민호에게 밥을 주셨다. （主体＋，客体－，聴者－）
　　　（お母さんにおかれてはミンホにご飯をおやりになった。）
　　b. 어머니께서 민호에게 밥을 주셨습니다. （主体＋，客体－，聴者＋）（お母さんにおかれてはミンホにご飯をおやりになりました。）

(3) 　a. 민호가 어머니께 진지를 드렸다. （主体－，客体＋，聴者－）
　　　（ミンホがお母さんに対しお食事を差し上げた。）
　　b. 민호가 어머니께 진지를 드렸습니다. （主体－，客体＋，聴者＋）
　　　（ミンホがお母さんに対しお食事を差し上げました。）

(4) 　a. 어머니께서 할머니께 진지를 드리셨다. （主体＋，客体＋，聴者－）
　　　（お母さんにおかれてはおばあさんに対しお食事をお差し上げになった。）
　　b. 어머니께서 할머니께 진지를 드리셨습니다. （主体＋，客体＋，聴者＋）（お母さんにおかれてはおばあさんに対しお食事をお差し上げになりました。）

以上で見れば主体敬語法，客体敬語法，対者敬語法は，それぞれ他の２つの敬語法によってなんら影響を受けることなく，独自に用いられていることが分かる。それぞれ自分の道を行きながら，２つか３つが重なれば，それを１つずつ受容する方式を採っているのである。３つの敬語法が何ら葛藤なく調和して運営されていると言えるのである。

　ところで主体敬語法の主体，すなわちその文の主語が同時に聴者であるときには，それほど単純ではない様相を示す。ある尊貴な人物が聴者でありながら，同時に１つの文の主語であるなら，その人物は前の（2b）でのように，一方では先語末語尾 -시- によって，もう一方では文末語尾によって（すなわち합쇼体によって）尊待を受けなければならないのである。言い換えると-시-をとりながら해라体となるか，합쇼体になりながら-시-をとらないとかいうことはありえない。しかし합쇼体や해라体のような両極の等級ではない場合，この問題は簡単ではない。次に見るように해요体や하게体はもちろん，ときには반말体までも-시-をとりもするし，とらないこともある。'Where are you going?' に該当する例文を例として見れば，次のようになる（韓国語はこの場合普通は主語を省略する）。

(5)　a. 어디 가십니까？（どこにお行きになりますか？）
　　　b. ??어디 갑니까？
(6)　a. 어디 가세요？（どこにお行きですか？）
　　　b. 어디 가요？（どこに行きますか？）
(7)　a. 어디 가시오？（どこに行かれますか？）
　　　b. 어디 가오？（どこに行きますか？）
(8)　a. 어디 가시나？（どこに行かれるの？）
　　　b. 어디 가나？（どこ行くの？）
(9)　a. ?어디 가셔？
　　　b. 어디 가？（どこ行く？）
(10)　a. *어디 가시니？
　　　b. 어디 가니？（どこに行くのか？）

このような現象は理論的には不合理な面がある。たとえば하오体や하게

体を使うべき人物は，彼らが聴者ではないときには-시-を入れないで使うことが原則である。-시-を入れれば (11) のようにぎこちなくなる。それにもかかわらず，(7) や (8) のように-시-を付けるという不合理な面を現す。

(11)　a.　??애들아, 김 군이 어디 가시니?
　　　　　(??子供たちよ，キム君はどこにお行きになったの？)
　　　b.　??우리 집사람이 요즘 어디 좀 가셨어.
　　　　　(??家内が最近どこかにちょっとお行きになったよ。)

では，このように不合理な現象が現れる理由は何なのか。それは韓国語の敬語法の複雑性の別の一面と考えられる。聴者と主体が同一人物であるときには，尊待等級が6等級だけでは足りず，中間の段階を作り，より細かく等級を分けて表現する必要が感じられるのではないか。それを-시-の挿入によって調節するのが (6)～(9) のような現象であろう。つまりこの現象は，聴者に対する敬語法は大変微妙で，主体敬語法や客体敬語法とは異なり，6等級に細分化された体系をなしていながらも，その聴者が主体として登場すれば，微妙さがさらに増し，理論的に不合理な措置までも動員するのだと解釈されるのである。

以上の現象と関連して먹다/잡수시다（食べる/召し上がる）のような対立に，その中間段階の語彙である자시다がもう1つ準備されている現象が私たちの興味をひく。자시다は먹다（食べる）と言うには丁寧さが不足し，잡수시다（召し上がる）と言うには丁寧すぎるという人物に対して使う語彙であるが，このような中間段階の語彙まで準備されているところが，韓国語敬語法の特徴を示すひとつの端的な証拠だと言えよう[3]。자시다はさらにいくつかの等級の文末語尾をとるので，먹다（食べる），잡수시다（召し上がる）がさまざまな文末語尾と作る組み合わせまで合わせれば，食べる

3　자시다以外に，잡수시다の縮約形である잡숫다も，잡수시다より若干ではあるが丁重さが低い中間段階の機能を持つが，ここでは論外とする。また들다も먹다の意味で들게，드시게，들어요，드세요，드십시요などとして活発に使われ，드십시오は잡수십시오には及ばないもののかなり丁重さの高い言葉に属する。

という行為1つに対して驚くほど多くの等級の表現が可能になる。
 (12) a. 이것 좀 자셔요. （これをちょっと召し上がってください。）
   b. 이것 좀 자시게. （これをちょっと召し上がれ。）
   c. 이 사람 그만 자셔. （ちょっと，もう食べるのをおやめになって。）

 6等級をさらに細かく分割して運用する道はこれ以外にもある。呼称と6等級を適切に組み合わせ，いくつもの中間段階の等級を作り出すのがそれである。前に呼称が14，5個程度に細分されているのを見た。この数字は対者敬語法の6等級と一対一で対を作ることができない数字である。6等級の1つがいくつかの呼称と合わさる他にないということを意味している。実際に6等級のうちの1つの等級が次のようにいくつもの呼称と合わさることができる。
 (13) a. 김 과장, 나 좀 봐. （キム課長，ちょっといいかい。）
   b. 김 군, 나 좀 봐. （キム君，ちょっといいかい。）
   c. 민호군, 나 좀 봐. （ミンホ君，ちょっといいかい。）
   d. 민호, 나 좀 봐. （ミンホ，ちょっといいかい。）
   e. 민호야, 나 좀 봐. （ミンホよ，ちょっといいかい。）

 (13) は全て반말체になっていて，聴者を6等級中第5等級程度に低めて言う文であることだけは間違いがない。しかしその等級の中で呼称によって再び小さな等級が分けられている。(13a) から (13e) までのどの2つの文をとっても，聴者を完全に同等に待遇しているものはない。基本的には반말체の等級に設定しておいて，呼称を김 과장(キム課長)にするか，민호（ミンホ）にするかによって少しずつ全て異なる待遇をしているのである。

 敬語法の等級の再分化は対者敬語法のみならず，主体敬語法でも，たとえ規模が小さくても尊待表示の助詞께서をとるかとらないかによってなされることを前節で見てきた。このように見れば，韓国語の敬語法はその体系自体が多元的であるが，それらを再びいかに組み合わせるかによって，個別の体系として表現される等級より，はるかに微妙で細分された等級を表現していることが分かる。どこが終わりなのかよくわからないというほ

ど複雑にからみ合っているのが韓国語の敬語法ではないかと思われる。

6.5 敬語法決定の要因

　韓国語で，人物を尊貴な人物，上位の人物と判定する基準は，どこにあるのだろうか？　大きく見れば，韓国語でのその判断基準も，Brown and Gilman（1960）の権勢（power）と紐帯（solidarity）の範囲を大きくはずれることはないであろう。しかし具体的にどのような人物が大きな影響力をもっているのだろうか？

　これまで年齢についてしばしば言及してきた。韓国語では何より年齢が敬語法を決定する最も重要な作用をするものと考えられる。韓国で年齢は言語だけでなく，全ての生活で極めて大きな影響力を発揮する。年長者の前でタバコを吸ってはいけないとか，ドアを開けて入るときも年長者が先に入ることなどから，食事をするときも年長者が箸をとって初めて若い者も食べてよいということに至るまで，「長幼の序」の秩序が徹底して守られている。お互い年齢が多いということを明らかにして年長であることを誇示しようとし，なにか揉めごとがあれば，一体何歳だと思って生意気をいうのか，といったなじりかたをよくする。それほど比重が大きい年齢が，敬語法を決定する要因として重要な一役を買っているということは，むしろ当然なことである。

　アメリカ英語では言語（たとえば呼称）に影響を及ぼす年齢差を15歳としている。韓国語ではこの幅ははるかに狭い。3〜4歳以上とは考えにくい。たとえば自分より何歳上まで반말を使うことができるだろうか。せいぜい3〜4歳上までである。それもたやすいことではない。たとえば幼いときから同じ町内で親しく遊んでいたとか，職位が問題視されない集まりでの大変親しい間柄ならば，3〜4歳の年長者まではお互いに반말を使ってもよいだろう。

　年齢と職位が相反して葛藤を引き起こすことも，2〜3歳までは無視することができるようだ。ある報告書では，軍隊生活で上官が自分より年齢

が上の部下に対するとき，その部下の年齢とおおよそ4歳の差があると，無神経にぞんざいな言葉遣いはできないと言う（김주관1989）。階級がどこより重要な軍隊でさえ，4歳以上の年齢差を越えることができないことは，韓国で年齢が位階秩序に大きな役割を果たしている重要な証左であろう。

　年齢と関連させながらも，年齢だけの問題ではないのが学校の先輩後輩の関係である。ここでも年齢が敬語法の決定に重要な影響を及ぼす。初中高各学校の先輩後輩関係はみな似たようなものだが，特に中高等学校の先輩後輩関係がその中でも厳格な位階秩序を守っている。ここでは1年先輩にさえ반말を使うことが許されないためである。大学なら，同じ科の中であれば厳格に先輩後輩関係が守られるが，他科ならば緩和される傾向にあり，同じ科であれば1年先輩まで，他科では2～3年先輩までは반말でしゃべることがときには許される。小学校は緩やかではあるが，それでも1～2年の壁を乗り越えることはできないのである。

　ところで韓国語ではすでに何度も示唆したように年齢の差だけが問題になるのではなく，話者と聴者の絶対的な年齢も重要な影響力を及ぼす。互いに年をとれば，呼称が異なり，반말を使っていた人（たとえば兄に）が尊待言葉を使うようになり，また하게体や하오体は話者および聴者が年をとった後初めて使いこなすことができる。このとき絶対的な年齢分岐点はどこだろうか。だいたいにおいて結婚する年齢程度と考えられないだろうか。ただ最近になってこの年齢が少しずつ高くなってきている。それは前でも指摘したように，軽さを好む現代の風潮が少なからず影響していて，格式を整える年齢が少しずつ遅れているためであろう。

　親戚間では行列（ハンニョル）（236ページ参照）が重要な役割を果たす。行列は年齢を飛び越えて相手が上位の行列なら自分より十歳以上若くても，相手がよほど幼いときは別として반말を使うことができない。また前で指摘した通り，名前を呼べず，親戚名称を使わなければならない。ところで，行列は自分より上位の行列なのかそうでないのかだけを決める。祖父の行列だと言って，伯父さんの行列より丁重な待遇をするというようなことはない。

ここで行列の概念が寸数〔※等親もしくは親等——訳者注〕の概念と合わさって，韓国では大変厳格であるということを付け加えておくのがいいだろう。韓国人（ほとんどは男性）の名前には行列字（돌림자）というものがある。たいてい2音節（韓国方式で言えば2字）からなる名前のうち，1字は自分の親兄弟だけでなく，遠い親戚までも同じ行列なら共通する文字を使う。自分の父親はその行列の行列字があり，祖父にはその行列の行列字がある。したがって親戚たちの名前だけ見れば，その人が初対面であっても自分の上位の行列か下位の行列か，さらには何代前，何代後かも知ることができる。

　寸数の計算も厳格である。父の兄弟たちは自分からは三寸になり，その子供は四寸になる。自分の祖父の兄弟達の子供，すなわち自分の父の四寸は自分にとっては五寸になり，その五寸の子供は六寸になる。一代に一寸ずつで，兄弟の間を二寸と数える。近い親戚だと言えば十寸までを指す。すなわち五代上の祖父が同一の子孫たちは近い親戚ということになる。

　このように寸数と行列の概念が厳格であるために，親戚たちの間の敬語法使用も自然に厳格にならざるをえない。行列は権勢側に決定的な影響を及ぼし，寸数は紐帯の側に重要な影響を及ぼす。

　職場では職位が敬語法決定の一要因になることは言うまでもない。社長や部長，課長などの幹部に，一般社員が尊待語を使い，自分のすぐ近くの上官にも尊待語を使うのが原則である。ただし，職場によってはこの境界が厳格でないこともありうる。たとえば大学社会では学長だからといって教授が学長に特別に尊待しなければならないことはない。

　職場で職位と年齢が対立を起こす場合は，ほとんどの場合，職位が勝る。上級者も自分より年長者である下級者には年齢に合った待遇をするが，そのときの丁重さよりは，下級者が自分より若い上級者に対するときの丁重さの方がさらに大きいのが一般的であるからである。

　社会階級（social class）は意外にもあまり大きな影響力を持たないように見える。過去に両班〔※高麗・朝鮮時代の特権的身分階層。文官，武官を合わせて両班という——訳者注〕と常民〔※両班でない一般庶民——訳者注〕

の区分が厳格であったときは，言語にもその影響がはっきりと反映された。前述したように，반말体は当初両班が年配の常民に尊待語を使うのを嫌って，해라体を使うのも心苦しいので曖昧にして言った言葉遣いであった。呼称ももちろん異なっていて，語尾や語彙にまで社会階級によって異なる語形を使った。しかし現在その痕跡はほとんど完全に消えてしまった。今日は，聴者が単純に上流階級だからといって格別に敬語を使うこともなく，聴者が下層階級だという理由だけで特別に低めた言い方をすることもない。ただ直接結ばれた関係で，例えば自分の家の家政婦やアパートの守衛だとか，社会的に低い評価を受けている職種の人には丁重さの程度がどうしても低いことはある。しかしこれは社会階級より一種の職場での職位に該当する要因であろう。

　性（sex）もいくらかの影響力を持っている。ほとんど父よりも母に，祖父よりも祖母に丁重さの低い言い方をする。方言によっては，母と祖母にはもっぱら반말を使う地域もある。ソウルでも母には（1）のような반말が使われることがよくある。また하오体の一変種である（しかし하오体より若干等級が高いと言われている）하우体もかなり広く使われる。また父や祖父には常にではなくとも합쇼体を使い，母，祖母には해요体以上の等級（すなわち합쇼体）を使うことはめったにない。いずれにせよ女性が若干低い待遇を受けているのは事実である。

　（1）　엄마, 밥 줘.（お母さん，ご飯ちょうだい。）
　（2）　어머니, 언니 안 왔우？（お母さん，お姉さん来てないの？）

　この現象は夫婦の間でも同じである。前で，夫は妻に하오体を（あるいは반말体までも）使うことができるが，妻は夫にそうすることができず，それより一等級高い해요体を使うと述べた。呼称と代名詞では互いに여보（夫婦間呼称）と당신（あなた）を使っても，文末語尾使用では女性がやはり一等級低い言い方を受けるのである。

　これは韓国人の生を長年支配してきた男尊女卑思想の反映だと見なければならない。もちろん他の解釈の仕方もあろう。母，祖母の場合は権勢での差というよりは紐帯の差だと解釈するのがひとつ。母，祖母との関係が

より親密であるために，丁重さの度合いが低くなるというのである。そういう面も明らかにあるであろう。そして夫婦間では，ほとんどの場合夫が何歳か年上であるので，年齢という要因が作用しているという解釈がもうひとつ。しかし妻が年上の場合にも同じ現象が現れるので，夫婦間ではやはり夫が家長であるという観念が作用するものと見なさなければならない。そして今日若い世代の間で互いに반말を使う（呼称も당신の代わりに자기（自分）を使う）風潮が増えてきたことも，男女平等の関係を作っていこうとする過程の一環だと考えることができる。

女性をより丁重に待遇する場合もある。伝統的に妻の男兄弟には반말を許容するが，妻の姉妹には반말を使えない。また他人の娘にも他人の息子よりも神経を使って待遇する傾向があり，教授が女子学生には男子学生より言葉遣いに気をつける傾向がある。いずれにせよ性別が敬語法にあれこれと影響を及ぼすことが確認できる。

紐帯が敬語法の主要な要因であることは韓国語でも同じである。互いに尊待語を使っていても親しくなれば반말に変わるのである。これを말을 놓는다（言葉を置く（ぞんざいに言う））とも너나하는 사이가 된다（俺お前という関係になる）とも言うが，紐帯がそのような等級調整をするのである。しかし韓国語では前で指摘した要因，それをひとまとめに権勢と言ったが，その権勢の影響力が紐帯の影響力より大きいというところが，西洋諸言語と異なる。いくら親しい間柄になっても越えることのできない壁が，韓国語には多いのである。総論でも指摘したが，いくら親しい間柄となっても，韓国語では自分の先生に반말を使ったり，名を呼んだりということは決して許容されない。これは一職場の上級者にも同じことが言え，学校の3〜4年先輩にも同じことが言える。権勢の影響力が，紐帯の影響力を圧倒しているのである。

韓国語では前述したように，紐帯の影響力が逆に及ぶこともある。親しかった間柄がお互い嫌い合う仲になったとすれば，반말から尊待語に変わるのがそれである。兄弟が，お互いにそれ相応の年齢になれば呼称を上位等級のものに変えるのもその一例である。幼いときからお互いに반말で過

ごして来た男女が，それぞれ違う相手と結婚した後は尊待語に変わるのも一例である。英語では紐帯による等級の差異をなくせば，それを再び上下の関係に戻すことは原則的に許容されない規則があると言われている（Brown and Ford 1961）。しかし韓国語ではこのような規則が守られないのである。

　以上のようなさまざまな要因以外にもまだ敬語法に影響を及ぼす要因がある。たとえば，背景（setting）が公的か私的かも敬語法決定の一要因たりうる。会議の席上で'議長'と呼ばなければならないところを名前で呼ぶことはできないのである。しかしこのようなことは，韓国語だからと言って何か特別な様相を示していることではない。

【参考文献】

구자숙（1995），박영순（1978），서정수（1984），성기철（1985），손호민（1983），안병희（1977,1992），왕한석（1984），이맹성（1957），이익섭（1974，1993，1994），조준학（1982），최현배（1937,1959），허웅（1963,1975），황적륜（1975），Brown and Gilman（1960），Brown and Ford（1961），Dredge（1977），Ervin-Tripp（1972），Howell（1967），Martin（1964，1992）．

第7章
歴史

역사

　ここまで現代の韓国語を対象に韓国語のさまざまな側面を見てきたが，この章ではそのような現代韓国語が形成されるまでの歴史を簡略に見てみようと思う。ここで'簡略に'は単純に修辞として使ったのではなく，実際にこの章は他の章に比べ，はるかに簡略に内容を整理した。韓国語の歴史が重要でないのではなく，あるいはこの方面の研究が遅れているわけでもない。非専門家に古語はどうしても力に余る分野であり，また韓国語全般に対する基礎的な知識を得ようとするとき，この分野はやはり不要不急のものだという判断のためである。ここではそれでもこの方面に最小限の知識を得ようとする読者のために，文字通り最小限の内容だけ概括的に示すことにする[1]。

　総論では，韓国語がアルタイ祖語から分離してきたか，さもなければそのアルタイ祖語と韓国語が分離する前のある共通祖語から分離したものという推論を紹介した。いずれにせよ，分離した当初の韓国語を原始韓国語と呼ぶことができるであろう。その原始韓国語がどのような過程を経て，記録によってその姿を現し始める段階の韓国語に発展したのかを確かめる

---

[1] もう少し詳しい内容は이익섭（1986）第5章を参照されたい。以下例文の出典も煩雑につきできるだけ省略したが，ほとんどはこの章の終わりに提示した参考文献から必要な出典を簡単に探すことができる。

方法はない。たいていは，よく韓国語を単一言語だと言うように，ひとつの言語として大きな激動を経ないまま伝わってきたものと推定する。しかし一方では韓国語がかつては高句麗と夫餘(ブヨ)を中心とする夫餘系言語と三韓（後の百済と新羅）を中心とする韓系言語に分離し，かなり異なった様相を呈していたであろうと推論する説もある（이기문 1972）。しかしここではこの時期の韓国語は扱わないことにする。

韓国語が文字によって記録され始めたのは第 2 章で見たように三国時代からであった。この時期から現代韓国語までの韓国語史の時代区分はおおよそ次のように 4 つの時期に分けられる。

古代韓国語：三国時代から統一新羅が滅びるまでの約 1000 年間の韓国語。高句麗（37BC〜668AD）と百済（18BC〜660AD）の言語，および新羅（57BC〜935AD）の言語が古代韓国語を代表する。
中世韓国語：高麗時代（918〜1392 年）から壬辰倭乱（1592 年）の間の言語。すなわち 10 世紀初めから 16 世紀終わりまで。さらに中世韓国語は高麗王朝から朝鮮王朝に変わる時期（1392 年）を境として，前期中世韓国語と後期中世韓国語に分けられる。
近代韓国語：壬辰倭乱以後，現代韓国語が成立する前までの韓国語，すなわち 17 世紀初めから 19 世紀末までの韓国語。
現代韓国語：正確にいつから現代韓国語の時期であるかと区分するためにはさらに議論が必要である。おおよそ 20 世紀初めをその境界と考えるのが無難であろう。

以上の 4 時期の韓国語のうち，この章で中心的に扱おうとするのは中世韓国語と近代韓国語である。それ以前の韓国語に対しては，記録に残っているものが大変少なく，また断片的なもの以外に知られているものがなく，訓民正音の創製によって韓国語が全面的に記録され始めた中世韓国語以後

から初めて生き生きとした言語の姿を見ることができるためである。しかしそのような中世韓国語と近代韓国語についても最も核心的な内容だけをこの章で扱おうと思う。現代韓国語の理解に助けとなる水準，特に次章の方言の理解に助けとなる水準で韓国語の歴史を記述することをこの章の目標とする。

7.1　古代韓国語

　三国のうち，百済と高句麗は言語資料をほとんど残さなかった。『三国史記地理志』などで断片的な資料を探し出せるだけである。百済語として再構された資料をいくつか示せば (1) のようになる。括弧の中の最初の漢字が借字表記であり，それを解読した結果をその前に書いてある（'珍'だけ訓読し，残りは音読している）。そして漢字の次は現代韓国語の表記である〔※ハングルの次は日本語訳——訳者注〕。

(1)　*püri（夫里；불（火）），*turak（珍悪；돌（石）），*sa（沙；새（新しい）），*murke（勿居；맑다（明るい）），*muraŋ（毛良；마루（棟））

高句麗語は百済語よりは資料が多く残っているが，やはり断片的な水準に過ぎない。同じ方式でいくつか例を挙げるが,数詞に属するものを(2b)に別に挙げる。

(2)　a.　*mai/mie（買；물（水）），*nua（内, 那, 奴, 悩；땅（土地／土）），*pai（巴衣, 波衣；바위（岩）），*tan/tuan（旦, 呑, 頓；골짜기（谷）），*tar（達；산（山）），*hor（忽；城（城））

　　　b.　*mir（密；3），*uc（于次；5），nanən（難隠；7），*tək（徳；10）

以上の断片的な資料だけでもって何か推論を述べることは危険であるが，この資料からは，百済語は現代韓国語（および中世韓国語）とたやすく連結されるのに比べ，高句麗語資料はそうではないという差異があることが分かる。これが前で言及した夫餘系言語と韓系言語を分ける試みのひとつの根拠であって，高句麗語に明らかに異質的な要素があったことは事

実のようである。特に（2b）の数詞は新羅語や中世韓国語とは明らかに異なり，むしろ古代日本語の mi（三），itu（五），nana（七），töwo（十）およびツングース語の nadan（七）と近い関係にあることを示している（이기문 1972）。このような高句麗語の特徴が新羅語との方言差によるものなのか，それ以上の差異を示すものなのかは断言できないが，いずれにせよ高句麗語は韓国語と日本語，韓国語とアルタイ諸語の親族関係の比較に，新羅語が果たすことができないある種の寄与をする言語であることに変わりはない。

　新羅語は百済語や高句麗語に比べ，比較的資料が豊富である。『三国史記』と『三国遺事』に載せられた固有名詞から得られる資料以外に，吏読（イドゥ）（57ページ参照）および郷札（ヒャンチャル）（54ページ参照）で表記された資料が残されているためである。したがって古代韓国語は自然に新羅語によってその姿を推定して見るしかない。次に新羅語の姿を通して古代語の姿をいくつか整理してみようと思う。

　新羅語の音韻体系を正確に再構するのは困難であるが，おおよそ次のような推論が可能である。子音体系において平音と有気音の対立はあったと推定される。'居柒夫'の'柒（漆）'や'佛體'の'體'がそれぞれㅊ，ㅌなどの有気音表記に使われたものと推定されるからである。しかし濃音の系列はまだ現れていなかったものと推定される。

　中世韓国語のㅸおよびㅿと必ずしも同じ音価を持っていなかったとしても，新羅語でもㅂおよびㅅと区別されるこの系列の音韻が存在した可能性があると推定されている。そしてㄹも [r] と [l] に区別され存在していた可能性があるものと推定されている。

　新羅語の母音体系を明らかにするのはさらに困難である。ほぼ次のような七母音体系であったろうと推定されている。そして二重母音はむしろ中世韓国語よりもっと多かったものと推定される。

(3) 新羅語の単母音体系

   i   ü   u
      ö   ɔ
      ä   a

　新羅語の文法的特徴は吏読と郷札の資料で断片的にしか知り得ないが，そのいくつかの例を示すと次のようになる。

　主格助詞として이 (伊, 是)，属格助詞として의/익 (矣, 衣) および ㅅ (叱)，対格助詞としてㄹ (乙) と 흘 (肸)，具格助詞として루 (留) が使われた。中世韓国語と大変似ていると言える。処格助詞としては '中, 良中' が使われたが，その読み方がいくつかに分かれていた。特殊助詞としてはㄴ (隠)，두 (置) などが見られるが，やはり中世韓国語のそれと一致している。

　活用語尾もいくつか確認される。冠形形語尾-ㄴ (隠) と-ㄹ (尸) が '去隠春' (간 봄)，'慕理尸心' (그릴 마음) などで確認される。接続語尾としては-고 (古, 遣)，-며 (彌)，-다가 (如何) などが確認され，文末語尾としては平叙文の-다 (如)，疑問文の-고 (古) が確認される。すべて中世韓国語の形態と一致するものと見ることができる。

　敬語法の先語末語尾としては主体敬語法の-시- (賜) と客体敬語法の-숩-(白=申しのべる) が使われたと考えられる。やはり中世韓国語の形態と一致する。ただし中世韓国語でみられる-숩/좁/줍-の交替はまだなかったと推定され，一方で，対者敬語法の語尾としてどんなものが使われたのかはまだ明らかにされていない。

　以上で簡略に古代韓国語の姿をいくつか整理してみた。少ない資料によってではあるけれども，いくつか特徴を把握することはできた。特に注目すべきなのは，新羅語について言えば古代韓国語がすでに，中世韓国語が示す特徴の大部分を備えていたという事実である。これは言い換えると，中世韓国語は古代韓国語，より限定して言えば，新羅語を根幹として成立したという意味である。さらには現代韓国語は中世韓国語をそのまま引き継いでいるだけに，現代韓国語の重要な枠組みがすでに古代韓国語に

おいて形成されていたという意味でもある。これは，韓国語を単一言語と言うとき，新羅語以後を基準に見れば，少しも間違っていない言い方であるという意味でもある。

　古代韓国語と関連して，ひとつ付け加えなければならないことは，古代韓国語と古代日本語の関係である。前に高句麗語の数詞と古代日本語の数詞が類似した形態を持っていることを指摘した。高句麗語にはこれ以外にも古代日本語と比較されるものがある。一例を挙げれば *mie（水）と *nua（土，壌）はそれぞれ古代日本語の midu（水）と na（地）と見事に対応する。また百済語の *koma（熊）と *kï（城）はそれぞれ古代日本語の kuma（熊）と kï（城，柵）と一致し，新羅語の 갓（城）と ᄀᆞ올（郡）はそれぞれ古代日本語の tsasi（城）と köföri（郡）と一致する。最後の4つの単語は日本語が百済語と新羅語から借用してきたものと推定され，高句麗語のものは借用か，でなければ起源的につながっているものと推定される。たとえ少ない資料であっても，これらは古代韓国語と古代日本語が何らかの形で繋がりがあったことを確認させてくれる。

7.2　中世韓国語

　中世韓国語は高麗王朝が成立した時期（918年）から始まる。この時期は首都が新羅の慶州から開城（当時の開京）に移された時期でもあり，言語の中心舞台が韓半島の東南部から中央地帯に移されたことは，韓国語の歴史に重要な影響を与えたものと推測される。高麗王朝が終わり，1392年に朝鮮王朝が幕を開け，首都はさらにソウル（当時の漢陽）に移された。

　しかしソウルは開城と同じ方言圏であったので，この遷都は韓国語の歴史に大きな影響を与えたものとは考えられない。結局，中世韓国語の時期は，言語の中心舞台が韓半島の中央地帯に移された時期と規定することができる。

　中世韓国語は前に言及したように，高麗王朝と朝鮮王朝の交替期を境にして前期と後期に再分される。しかしここでは後期中世韓国語だけを扱お

うと思う。後期中世韓国語は、訓民正音（ハングル）創製によって完全な姿を私たちに見せてくれる最古の韓国語という点で、韓国語の歴史において大変大きな意義を持っている言語である。この時期からは『龍飛御天歌』『月印千江之曲』『釈譜詳節』『杜詩諺解』など、完全な文章がハングルで表記された資料が大変豊富になったのである。したがってこの節では断片的な資料しか残されていない前期中世韓国語はいったん論外とし[2]、後期中世韓国語にだけ関心を集中させようと思う。

7.2.1 音韻

中世韓国語の音韻体系は現代韓国語のそれと比較して相当に異なる特徴をたくさん持っていた。第2章で訓民正音の制字原理を見ながら、私たちは今日使われない字母が当時にはあったということを見た。・、△、ㅸがその代表である。これはこの字母が代表する音素、つまり /ʌ/、/z/、/β/ が当時は存在したという意味である。ㅇとㆁの区別がなくなったことにより字母の数はここでも1つ減ったが、これは字形の問題であるだけで、音素目録に何らかの変更があったとの解釈は難しいようである。そして濃音ㆅも今日にはない字母であるが、これも一音素を代表していた。ㆀも使われたが、これが何らかの音素を代表していたとは考えにくい。そしてㄲ、ㄸ、ㅃも濃音表記に使われたが、それは主に動詞語尾 -ㄹ の次で使われ、一般的な濃音表記としては、ㅅㄱ、ㅅㄷ、ㅅㅂが使われた（ㅅㅅは後期にはしばらくの間使われたがこの時期には使われず、ㅉとだけ表記された）。以上を整理して中世韓国語の子音体系を示せば次のようになる。

---

2 前期中世韓国語の姿を見せてくれる代表的な資料としては、1103〜1104年ごろ宋の孫穆が書いた『鶏林類事』と13世紀中葉に刊行された『郷薬救急方』などがある。これらに載せられている資料は漢字を借りて表記した語彙にすぎないが、その何例かを示すと次のようである。「七曰一急, 水曰沒, 犬曰家豨, 百曰醞, 白米曰漢菩薩, 桔梗郷名道羅次.」これらを通して개（犬）の古形が가히であり、쌀（米）のᄡが ㅂ 系統の発音を持っていたことが分かり、大変興味深い。

(1)　中世韓国語の子音体系

ㅂ	ㄷ	ㅅ	ㅈ	ㄱ	ㆆ
ㅍ	ㅌ		ㅊ	ㅋ	
ㅽ(ㅃ)	ㅼ(ㄸ)	ㅆ	ㅉ	ㅺ(ㄲ)	ㆅ
ㅸ		ㅿ			
ㅁ	ㄴ			ㆁ	
	ㄹ				

以上の音素のうち最も早く消失したのはㅸ（ㅂの軽唇音）であった。訓民正音創製当時，この音素はすでに変化を始めていたようで，おそらく1450年代に至って글ᄫᅡᆯ＞글왈におけるように半母音［w］に変化しつつ音素としての機能を喪失していったものと推定される。ㅿもそれほど長く生きながらえたとは言えない。15世紀後半から16世紀前半にかけて変化したものと推定されるが，ㅿは어버ᅀᅵ＞어버이のように完全に脱落し，音素としての一生を終えた。ㆅは使用頻度が大変少なかったが，17世紀まで使われ，17世紀後半に至り，ㅋに合流し，やはりその一生を終えた。例：ᅘᅧ다＞켜다.

中世韓国語の母音体系は・があったことが，まず大きな特徴である。そして現代韓国語で単母音を代表するㅐ，ㅔ，ㅚ，ㅟは当時は文字の形そのままにㅣを別に発音する二重母音であった。したがって当時の母音の体系は次のようだと推定される。

(2)　中世韓国語の単母音体系

ㅣ(i)	ㅡ (ɨ)	ㅜ (u)
	ㅓ (ə)	ㅗ (o)
	ㅏ (a)	・ (ʌ)

このように単母音の数が少なかった分，二重母音の数は現代韓国語に比べて多かった。(3a) と (3b) がそれぞれ，半母音［w］と［j］が前に結合された上昇二重母音であり，(3c) が半母音［j］で終わる下降二重母音である。

(3) 中世韓国語の二重母音
    a. ㅑ(ja), ㅕ(jə), ㅛ(jo), ㅠ(ju)
    b. ㅘ(wa), ㅝ(wə)
    c. ㆎ(ʌj), ㅐ(aj), ㅔ(əj), ㅚ(oj), ㅟ(uj), ㅢ(ij)

中世韓国語は声調も音素として持っていた。つまり中世韓国語は声調言語であった。当時の文献は表記法に声調を反映し、去声、すなわち高調には文字の左側に点を1つ付して表示した。平声、すなわち低調には何の表示もしなかった。そして上声には点を2つ付したが、これは平声と去声が複合した一種の複合声調と解釈される。声調による最小対立語の例を挙げれば、次の (4) のようになる。(5) は平声の名詞が去声である主格助詞と複合し上声になった例を示したものである。

(4) a. 손(客) / ·손(手)
    b. ·발(足) / :발(簾)
    c. 가·지(種) / ·가지(枝) / ·가·지(轎)

(5) a. 부텨(仏) + ·ㅣ → 부:텨
    b. 다리(橋) + ·ㅣ → 다:리

中世韓国語は音素の分布でも現代韓国語と異なった特徴を持っていた。語頭に2個の子音が重なって分布することができたのがその一例である。(6) で見るように、ㅂで始まる子音群が活発に使われているが、ここでㅅ、ㅆは単純な濃音であっても、少なくともㅂはpとして発音されたであろうと推測される。現代韓国語の좁쌀（粟）、입쌀（うるち米）や볍씨（種籾）および입때（今）、접때（この前）のㅂが、そのㅂの残滓と解釈され、『鶏林類事』で'벌'を'菩薩'（*ㅂ살）と転写していることもそれを裏付けているためである。しかし語頭での子音群はやはり不安定な状態にあり、これらは17世紀から濃音に変わった。

(6) a. ᄡᆞᆯ(米), ᄡᅵ(種), ᄠᅳᆮ(意), ᄡᅳ다(用)
    b. ᄢᅢ(時), ᄭᅮᆯ(蜜), ᄢᅦ다(貫)

次の (7)〜(8) で見られる音素分布も、現代韓国語では見ることができない現象である。(7) はㄷ、ㅌの口蓋化がこの時期にはまだ起きていなかっ

たことを示している。(8) はㄴが語頭で母音［i］や半母音［j］を同伴し分布していたが，現代韓国語ではこのㄴは脱落してしまった。

(7) 됴커나（좋거나）（よかったり），뎌（저）（あの），티거든（치거든）（打つならば）

(8) 니마（이마）（額），님그미（임금이）（王が），녀느（여느）（別の），뉴월 뉵일에（유월 육일에）（6月6日に）

　音節末の位置に来ることができる子音が8個しかないということも，指摘しておくべきことである。第2章で八終声法を述べつつ明らかにしたように，当時の表記法はパッチムとしてㄱ，ㄴ，ㄷ，ㄹ，ㅁ，ㅂ，ㅅ，ㅇの8字だけ許容していた。これはこの時期に音節末子音が不破音として実現されていたことを意味する。不破音として実現することによってㄱとㅋの間，ㄷとㅌの間，ㅅとㅈとㅊの間などで，中和が起こったことを示してくれるのである。韓国語でこのような不破化とそれにともなう中和がどの時期に起きたのかを正確に明らかにすることは難しい。古代韓国語では，まだそのような現象が起こっていなかったという痕跡がしばしば見られはするが，いずれにせよ中世韓国語にはそのような現象が完了していて，それが今日まで韓国語の重要な特徴となっている。

　ただし，現代韓国語ではㅅとㄷの間にも中和現象が起こっているが，中世韓国語の初期文献はパッチムでこれらを厳密に区分し表記している。不破化過程が完了されなかったためなのか，あるいは単純に表記法の問題なのかは明言できない。学者によって意見が分かれているが，16世紀に変わるころからパッチムでのㅅとㄷの表記が混乱を起こしているのを見れば，15世紀に不破化過程が完了されはしなかったとしても，そのときがすでにその完了の最終時期であったと推測される。

　中世韓国語は母音調和がかなり徹底して守られていた。母音調和はアルタイ語の共通特徴としてどの時代の韓国語にも現れるが，特にこの時期にこの法則が厳格に守られた。中世韓国語の母音調和は，母音が次のような3系列に分かれ，陽性母音は陽性母音同士，陰性母音は陰性母音同士結合して，中性母音はどちらとも結合する方式で成り立っていた。

(9) 陽性母音：・ ㅗ ㅏ (ㅛ ㅑ ㅣ ㅚ ㅐ)
　　 陰性母音：ㅡ ㅜ ㅓ (ㅠ ㅕ ㅢ ㅔ)
　　 中性母音：ㅣ

母音調和は一単語の中でも守られ，名詞と助詞との結合，動詞や形容詞の語幹と語尾との結合でも守られた。まず単語の中での母音調和を見てみると (10) のようになる。

(10) a. ᄆᆞᆷ (江)，나모 (木)，가마괴 (烏)，다ᄅᆞ- (異なる)
　　 b. 구름 (雲)，거우루 (鏡)，므슴 (何)，어듭- (暗い)
　　 c. ᄃᆞ리 (橋)，기ᄅᆞ마 (鞍)，할미 (おばあさん)
　　 d. 님금 (君主)，머리 (頭)，닐굽 (七)

次は名詞と助詞の間での母音調和の例である。この時期には助詞が 올/을，ᄋᆞ로/으로，ᄋᆞᆫ/은，ᄂᆞᆫ/는，ᄋᆡ/의，애/에などで，対をなしていて，母音調和が自然に成立していた。

(11) a. 사ᄅᆞᄆᆞᆯ (人を)，尊ᄋᆞᆫ (尊は)，소ᄂᆞ로 (手で)，남기 (木に)，
　　　　道애 (道に)
　　 b. ᄭᅮ믈 (夢を)，運은 (運は)，ᄭᅮ므로 (夢に)，우희 (上に)，
　　　　武에 (武に)
　　 c. 지블/지블 (家を)，지븨/지븨 (家に)

中世韓国語では語尾も -아/어，-아라/어라，-아도/어도はもちろん，-ᄋᆞ니/으니，-ᄋᆞ면/으면，-ᄋᆞ시/으시-などと対をなしていて，母音調和が活発になされていた。また派生接尾辞も -ᄋᆞᆷ/음，-ᄋᆡ/의，-애/에，-개/게，-악/억，-ᄇᆞ-/브-，-압/업-などで対をなしていて，派生語形成においても現代韓国語におけるよりはるかに活発な母音調和の姿を見せてくれる。

(12) a. 가ᄑᆞ니 (報いるので)，가ᄑᆞ면 (報いれば)，바ᄃᆞ샷다 (お受けになられた)，마ᄀᆞᆫ(防ぐ)，아라라 (知れ)
　　 b. 어드니 (得るので)，어드면 (得れば)，여르샷다 (お開きになった)，머근 (食べた)，두어라 (置け)

(13) a. 사ᄅᆞᆷ(←살ᆞᆷ) (人)，노피 (高さ)，ᄂᆞᆯ개 (翼)，알ᄑᆞ(←앒-ᄇᆞ) (痛

い)，아낙(←안-악)(内間)

　　　b. 여름(←열-음)(実)，너븨(広さ)，둡게(蓋)，슬프(←슳-브)고
　　　　(悲しく)，뜨럭(←뜰-억)(庭)

以上で見れば・と一によって，助詞や語尾，および接尾辞などが異形態を形成していたことが，中世韓国語の母音調和を率いる主役であったと見ることができる。後代に・が消失すると同時に，母音調和が活気を失うようになるが，この点で当然のことと言えよう。

7.2.2　文法

中世韓国語は文法面でも現代韓国語では見ることのできないいくつかの特徴を持っている。ここではそのうち代表的なものをいくつか簡略に整理してみようと思う。

まず助詞の用法で現れる特徴を見てみることにする。主格助詞は이だけが使われ，가は16世紀後半になって初めて文献に現れる。이は名詞末音が母音であるときは，その母音と合字され（このとき名詞が漢字で表記されるときはㅣが別に表記される），もしその母音がㅣおよびㅣで終わる二重母音（ㅐ，ㅔなど）であるときは，主格助詞は当然表記されない。ただし前で言及したように，名詞の末母音が平声であるときには，声調においてだけ主格助詞の存在が現れる。

(1)　a. 사롬이／사ᄅᆞ미 (人が)，大王이 (大王が)

　　　b. :쇠(←쇼ㅣ)(牛が)，부:톄(←부텨ㅣ)(仏が)

　　　c. 始祖ㅣ (始祖が)，耶輸ㅣ (耶輸が)

　　　d. ᄃᆞ:리(←ᄃᆞ리ㅣ)(橋が)，불:휘(←불휘ㅣ)(根が)

　　　（末母音の平声＋主格助詞の去声→上声）

属格助詞は의/의が下の(2)のように有情物の平称に，ㅅは(3b)のように有情物の尊称と(3a)のように無情物に使用された。尊称の属格助詞が存在したということは注目に値する。そして当時の属格助詞は下の(4)のように，いわゆる主語的な属格として使われることが多かったが，それは特に該当する述語が冠形形であったり，名詞形であったりするとき

にそうであった。

(2) a. 사ᄅᆞ미 ᄠᅳ들 (人の気持ちを), 죵이 서리예 (奴婢の中に)

b. 거부븨 터리와 (亀の毛と), 徐卿의 두 아ᄃᆞ리 (徐卿の二人の息子が)

(3) a. 나랏 말ᄊᆞ미 (国の言葉), 풍륫 소리니 (楽の音であり)

b. 世尊ㅅ 神力으로 (世尊の神通力で), 부텻 道理 (仏の道理)

(4) a. 그 아비 아ᄃᆞ리 다 ᄒᆞ마 差호ᄃᆞᆯ 듣고

(その父が息子がすでにすっかり変わってしまったことを聞いて)

b. 轉輪王의 녀샤미 ᄀᆞᄐᆞ시니.

(転輪王が行かれるのと同じであられる。)

処格助詞には애/에/예があり，母音調和によって애は陽母音語幹の後ろに，에は陰母音の語幹の後ろに，예はㅣやㅑ，ㅕ，ㅛ，ㅠなどの後ろに現れた。有情名詞に付き属格を表した의/의も無情物の後ろでは処格助詞として使われた。共同格助詞와/과は名詞末音がㄹであったり，母音であったりすれば와が，それ以外の環境では과が選択され使用された。16世紀初め以降にはㄹの後ろでも과が選択された。呼格助詞は하と아があり，それぞれ尊称と平称として使われた。尊称の呼格助詞が別にあったということが注目を引くが，下に呼格助詞の例だけいくつか示すことにする。

(5) a. 大王아, 네 이 두 아ᄃᆞᄅᆞᆯ 보ᄂᆞᆫ다 몯 보ᄂᆞᆫ다?

(大王よ，お前はこの二人の息子が見えるか見えないか？)

b. 得大勢야, 네 ᄠᅳ데 엇더뇨?

(得大勢よ，お前の気持ちはどうなのか？)

(6) a. 님금하, 아ᄅᆞ쇼셔. (王様，お分かりください。)

b. 世尊하, 世尊하, ᄉᆞ지 世間애 겨시더니잇가?

(世尊様，世尊様，なおこの世にいらっしゃったのですか？)

特徴的な複合助詞も存在した。現代韓国語の에게と께に該当する助詞は属格助詞의とㅅに게，그에，거긔，ᄉᆞᆫᄃᆡなどが結合した複合助詞であった。의が結合された助詞は普通助詞として使われたが，ㅅが結合された助詞は尊貴な人物に使われた。

(7) a. 나믹그에 (他人に), 阿羅漢의거긔 (阿羅漢に)

　　　　　b. 王ㅅ그에 (王におかれましては)，如來ㅅ거긔(如来におかれましては)
　特殊助詞브터は動詞語幹븥-の活用形が，조차は좇-活用形が，それぞれ固定化してできあがった。比較を表す助詞として두고と라와があったのも特徴的である。また強勢を表すものとして싸が使われた。これは16世紀後半から아になったが，現在でも싸として残っている方言がある。
　動詞の活用形の中で特徴的なものとしては，まず意図法を表す先語末語尾-오/우-を挙げることができる。この語尾は主に一人称とともに使われ，話者の意図を表す機能を担当したものと推定される。この語尾は子音で終わる語幹の後ろで母音調和に従って-오/우-に交替し，母音で終わる語幹の後ろでは・+ㅗ＞ㅗ，ㅡ+ㅜ＞ㅜになり，ㅏ, ㅓの後ろの場合はㅗ/ㅜが脱落する。意図法語尾は回想時制の先語末語尾-더-と結合すれば-다-，敬語法の-시-とは-샤-，繋辞と結合すれば-이로-になる。下にいくつか例を挙げた。意図法は15世紀に動揺し始め，動名詞-ㅁ，副動詞-디とだけ使われていたが，16世紀には完全に消滅した。
(8)　a. 내 이제 分明히 너ᄃ려 닐오리라.
　　　　（私が今はっきりとお前に言おう。）
　　　b. 五百 弟子ㅣ 각각 第一이로라 일ᄏᆞᄂᆞ니
　　　　（五百人の弟子がそれぞれ自分が第一だと称しているので）
　　　c. ᄒᆞ욜 바ᄅᆞᆯ 아디 몯ᄒᆞ다니
　　　　（しなければならないことが分からないので）
　　　d. 가샴 겨샤매 오늘 다ᄅᆞ리잇가?
　　　　（行こうと留まろうと今と異なることがあるでしょうか？）
　敬語法の先語末語尾には主体敬語法-시-，客体敬語法-ᄉᆞᆸ-，対者敬語法-이-の3種類があった。-시-は現代韓国語のものと形態が同じなので，残りの2種類の例だけを挙げることにする。-ᄉᆞᆸ-は語幹末音がㄱ，ㅂ，ㅅ，ㅎであれば-ᄉᆞᆸ-，母音およびㄴ，ㄹ，ㅁであれば-ᅀᆞᆸ-，ㄷ，ㅈ，ㅊであれば-ᄌᆞᆸ-になり，後ろに来る語尾が子音であればㅸはㅂに交替する。
(9)　a. 甚히 크이다 世尊하. (げに大いなるかな世尊様よ。)
　　　b. 太子ㅣ 出家ᄒᆞ시면 子孫이 그츠리이다.

(太子が出家なされば子孫が絶えてしまうのでございます。)

(10)　a. 如來ㅅ 일후믈 듣ᄌᆞᄫᆞ면（如来のお名前をお聞きすれば）

　　　b. 이 諸菩薩이 釋迦牟尼佛ㅅ 니ᄅᆞ시논 音聲 듣ᄌᆞ오시고
（この全ての菩薩が釈迦牟尼の仰せになる言葉をお聞き奉り）

　このうち，対者敬語法が文末語尾ではなく先語末語尾によって表されることも特徴的であるが，それよりも客体敬語法の先語末語尾-ᄉᆞᆸ-は，特に注目に値する。第6章で指摘したように，中世韓国語では，この語尾が主体敬語法の-시-と同じように活発に使われたが，-시-がその文の主語を高める機能をするのに対し，-ᄉᆞᆸ-はその主語の行為がおよぶ人物に対する尊待を表す機能を担当した。見方を変えると，その尊貴な人物に対する主語の謙譲を表すものであるとも解釈できる。すなわち，(10a)で ᄉᆞᆸ は'如來'に対する尊待，さらに言えば如來の名前を聞く人の尊待，ないし謙譲を表す機能をし，(10b)では釈迦牟尼に対する菩薩たちの尊待ないし謙譲を表す機能をしている。

　時制の先語末語尾には，現在（進行）の-ᄂᆞ-，過去（完了）の-거-，-아/어および回想の-더-，未来（推量）の-리-などがあった。感嘆の先語末語尾も-도다，-도소니，-도소이다などの-도-，돗-で確認できる。

　文末語尾のうち，特記すべきは疑問文語尾である。中世韓国語の疑問文語尾はその疑問文が判定疑問文なのか，説明疑問文なのかによって-가と-고（ㄹの後ろでは-아と-오）に，また-녀と-뇨に分かれていた。

(11)　a. 이는 賞가 罰아?（これは賞なのか罰なのか？）

　　　b. 功德이 하녀 져그녀?（功徳が多いのか少ないのか？）

(12)　a. 賢良은 ᄯᅩ 몃 사ᄅᆞᆷ고?（賢明で善良な人はまた何人か？）

　　　b. 어듸ᅀᅡ 시름 업슨 ᄃᆡ 잇ᄂᆞ뇨?
（憂いのないところが一体どこにあるだろうか？）

　中世韓国語の統辞構造についても一，二，指摘しておかなければならないことがある。まず，内包文の主語が属格助詞をとる特徴を挙げることができる。この現象は20世紀初めまでその伝統の一部が残っていたが，中世韓国語ではごく一般的な現象であった。

(13) a. 父母이 나혼 모문（父母が生んだこの体は）
　　　b. 네의 어미 그려호미（お前が母を懐かしがるのが）

共同格助詞와/과が並列される最後の名詞にも結合することも特徴的である。しかしこの現象は16世紀末以降消滅した。

(14) a. 부텨와 즁과를 請호슨보려（仏と僧とを請じ奉らんと）
　　　b. 비와 이슬왜（雨と露とが）

以上で中世韓国語の重要な特徴をいくつか整理してみた。このような特徴が現代韓国語にいたるまでの間，近代韓国語ではどのような姿をしていたのかを次節で見ることにする。

7.3　近代韓国語

　近代韓国語は前述したように17世紀以降の韓国語であり，この時期に来れば，前節で見た中世韓国語の特徴が大きな変化をとげる。ここでは，この時期に起きた変化を中心に記述してみようと思う。

　近代韓国語の資料は医学書をはじめ，易学書，儒教や仏教関係の諺解および綸音〔※王の言葉〕などがあり，時調，歌辞〔※ともに伝統的な歌謡形式——以上訳者注〕，小説，日記などの文学作品も多い。この時期の文献は表記法が整っておらず，20世紀初めまで表記法の混乱がしばしばあった。特に平民文学の台頭によって文字使用が拡大し，この混乱をさらに促進させた。その中でも語頭の合用並書〔※それぞれ異なる子音を並記すること——訳者注〕の混乱がひどく，同一表記であったものが떠나셔/쩌나셔，쩍/쩍および떠뎌/쩌디니라/떠디니라のように2種類ないし3種類に異なって表記されることが多かったが，19世紀にはすべて된시옷（ㅺ，ㅼなど）〔※ㅅの並記による濃音表記——訳者注〕に統一された。語頭子音群がㅂで始まるものまで全て濃音になったという証拠であろう。また終声のㅅとㄷの表記もはなはだしい混乱を経たが，17世紀末葉からはㄷはしだいにパッチムから姿を消し，ㅅに統一され，七終声法の時代を迎えた。実際の発音は［ㄷ］だったが，表記はㅅに統一されたのである。

近代韓国語の母音体系は 18 世紀後半に大きな変化を経験した。母音・は 16 世紀に起きた第 2 音節以下での消失に続き，語頭音節での第 2 段階消失を経ることによって，完全にその痕跡を消してしまった。훍（土）はすでに 17 世紀初めに現れ・＞ー という公式を，また ᄉᆞ매＞소매（袖）は・＞ㅗ という公式を示してくれる。第 2 段階の一般公式は・＞ㅏ で，ᄆᆞ래＞가래（山核桃）などが 18 世紀中葉から使われるようになった。音素・はこのように消失してしまうが，文字・は現代正書法の確立（1933 年）によって廃止されるまで使われ続けた。

二重母音であった ㅐ [aj] と ㅔ [əj] がそれぞれ [ɛ] [e] に単母音化したのもこの時期が受けた大きな変化のひとつであるが，これはだいたい 18 世紀末葉に起きた現象と推定される。19 世紀に入るころに，머기-＞메기-（食），삿기＞식기（動物の子）のようなウムラウト（ㅣ逆行同化）現象が多く現れるが，これは ㅐ，ㅔ などが単母音化されたために可能だったものと解釈される。ところでこの時期に至って，まだ ㅚ，ㅟ は単母音化していなかったものと思われる。以上を総合して，19 世紀初めの母音体系を整理すれば次のようになる。

　　　　i ㅣ　　　ɨ ㅡ　　　u ㅜ
　　　　e ㅔ　　　ə ㅓ　　　o ㅗ
　　　　ɛ ㅐ　　　a ㅏ

近代韓国語がこうむったもうひとつの大きな音韻変化は，17 世紀から 18 世紀にかけて起こった口蓋化だと言えよう。これは ㅈ，ㅊ が中世韓国語の ㅈ [ts]，[tsʰ] から口蓋音 [tʃ] [tʃʰ] に変わったことを前提にしているのである。これらが口蓋音でなければ，ㄷ，ㅌ などの口蓋化を期待することができないためである。次の（1a）は『倭語類解』のもので，漢字の訓と音をつけたものであり，（1b）は『同文類解』（1748）のものであるが，すべて ㄷ，ㅌ，ㄸ が ㅈ，ㅊ，ㅉ に口蓋化した語形を見せている。

(1) a. 지새 와 (瓦)，칠 타 (打)，질 락 (落)，찌흘 용 (舂)
　　 b. 고지식 (←고디식) (きまじめだ)，직히다 (←딕희다) (守る)，
　　　 찌다 (←ᄯᅵ다) (裂く)，찟타 (←ᄯᅵᇂ다) (つく)

ㄴもニ, 냐, 녀, 뇨, 뉴のような環境では口蓋化し, [ɲ] と実現されていたようである。ところでこのような口蓋化されたㄴを語頭に許容しない規則が適用され, 18世紀後半からは님금→임금, 니르다→이르다のようなㄴ脱落現象が起きた。総じて近代韓国語は口蓋音化と関連して大きな変化を経てきたと言うことができる。

　平音の濃音化と有気音化がこの時期に来て, さらに一般化した。代表的な例として 곳고리＞꾀꼬리 (うぐいす), 곳다＞꽂다 (挿す), 굿굿하다＞깨끗하다 (清らかだ), 둣둣하다＞따뜻하다 (あたたかい), 불무＞풀무 (ふいご), 닷＞탓 (〜のせい), 고키리＞코키리 (象) などがある。後期に至り 문법 (文法), 효과 (効果) の 법, 과 などが [뻡], [꽈] のように濃音化して発音される傾向が強くなったのを見ると, 濃音化は18世紀後半には次第に拡大する勢いにあったと言えよう。

　唇音ㅁ, ㅂ, ㅍ, ㅽの下の母音ㅡがㅜに円唇化する変化も活発に起こった。すなわち 믈＞물, 블＞불, 플＞풀, 쁠＞뿔 などの例が17世紀末から始まり, 18世紀に活発に現れた。また19世紀にㅅ, ㅈ, ㅊの下で ㅡが ㅣに変化したこともこの時期に生じた変化のひとつとして指摘できる。例: 아츰＞아침.

　中世韓国語から近代韓国語, また初期近代語から後期近代語にいたる間に, 純粋な韓国語の単語が目に見えてなくなっていった。뫼 (山), ᄀᆞᄅᆞᆷ (江), 아ᅀᆞᆷ (親戚) のように漢字語にとってかわられるものも多かった。외- (穿鑿), 외프- (刻), 혁- (小) などはそのまま死語となってしまった。

　一方, 中国を通して西洋の文物に関する単語が入ってきた。例: 담배. 漢字語も今日と異なる意味で使われた '人情' (賄賂), '放送' (釈放), '発明' (弁明) などがある。'憐憫' を意味する 어엿브-が '美麗' の意味を持つようになり, '愚' を意味する 어리-も '幼少' の意味に変わった。ᄉᆞ랑ᄒᆞ-は '思, 愛' の2つの意味で使われていたが, '愛' の意味だけになった。借用語は 다홍 (大紅), 망건 (網巾), 비단 (匹緞), 탕건 (唐巾), 무명 (木綿) など, 中国語が多く, 満州語の借用語も若干あった。

以上，近代韓国語で起きた変化をいくつか見てきた。韓国語は20世紀に入っても，何回かの激動期を経ながら少なからぬ変化をしてきた。そして現在も，一世代の間ではっきりした差異を感じるほど変化しつつある。たとえば，現在青年層ではㅐとㅔの対立を見出すのは困難で，音長もほとんど消えてしまった。それこそまさに言語は絶えず変化し，韓国語の歴史も日々に新たになっていくものであると言わなければなるまい。これでいったん韓国語の歴史の記述を終えようと思う。

【参考文献】
안병희 (1992), 안병희・이광호 (1990), 이기문 (1972), 이숭녕 (1981), 이익섭 (1986), 허웅 (1975).

第8章
方言

방언

　韓国は単一民族が単一言語を使用し，長い間中央集権体制をとってきた国である。それに加えて国土が狭い。急激な言語分化を起こす要素もなく存続してきた国と言えよう。しかしこのような条件では方言もないだろうという予想があるかもしれないが，そうではない。言語の分化は一世代の間でも起こるものであり，4，50キロも離れれば起き得るものである。実際に長い歴史を持っている韓国語は，どんな国にも劣らない多様な方言を有している。互いに自分たちの土俗的な方言でしゃべれば意思の疎通がよくできない程度に方言差が大きい地域もなくはない。この章では，韓国の方言が，ここまで見てきた標準韓国語とどのような言語的な差を持っているのか，どのような方言圏に分けられるのか，などについて見てみようと思う。あわせて韓国語の標準語はどの地域の言葉で，どのような過程を踏んで定められたのかについても言及したい。

　なお方言と言えば，一次的に地域方言（regional dialect）を思い浮かべるが，近来は社会方言（social dialect）も方言の重要な一種とみなされる。韓国の方言について語るのならば，2種類の方言両方を扱うのが穏当であろう。しかしここでは韓国の地域方言だけを扱うことにする。それは「韓国の方言」という題目で読者が期待するのは，どうしても地域方言の方だということが最初の理由である。そして多様に分化した姿を見せてくれる

のもやはり地域方言だということが２つ目の理由である。もうひとつ理由を挙げるとすれば，韓国の社会方言に対しては，まだ十分な研究がなされていないという点であろう。社会方言に対する関心が起こりつつあるというのは，世界のどの国も最近のことであるし，第６章で簡単に言及したように今日の韓国は社会階級の分化がはっきりせず，また男女間の言語差も把握されておらず，今まで社会方言に対する研究者たちの関心がとりたてて生じなかったのである。ここでは地域方言についてだけを扱うことにする。

8.1　ソウル語と標準語

　現在，韓国はソウル語を標準語としている。規定上ソウル語が標準語と定められたのは1912年「普通学校用諺文綴字法」で（1a）のように宣布されてからである。これが1933年「ハングル綴字法統一案」では（1b）のようにより精密に規定され，1988年「標準語規定」ではさらに（1c）のように若干表現が変わった。
　(1)　a. 京城（現在のソウル）語を標準とする。
　　　 b. 標準語はだいたいにおいて現在中流社会で使っているソウル語とする。
　　　 c. 標準語は教養ある人々が一般的に使う現代ソウル語と定めるのを原則とする。

　上の（1）の３つの規定は'ソウル語'を標準語とするという共通点を見せる。(1b)では「だいたい」という言葉で，(1c)では「原則とする」という表現で，ソウルの言葉をそのまま全部，またはソウルの言葉だけを標準語とするのではないということを暗示している。そして(1b)では「中流社会」という条件，(1c)では「教養ある人々」という条件をつけている。これは社会方言を意識して，下層階級の言葉はソウルの言葉であっても標準語に含まれないという制約をつけたのである。(1b)で「中流社会」といったのは，宮中のような特殊社会を念頭においていったことであろうが，社

会言語学でしばしば使われる中上流層（upper middle class）ぐらいに考えれば，ほぼ適切な表現を使ったと理解できよう。

しかし標準語に対して（1）のような規定をしなくても，韓国語の標準語がソウル語ではなく，より正確には教養ある人々（または中上流層）のソウル語ではなく，他の地域（および他の階層）の言葉が標準語となった可能性は全くなかったであろう。ソウルは600年もの間韓国の行政的，経済的，文化的中心地だった。朝鮮王朝がソウル（当時の名称は漢陽）に首都を移す前には，開城が475年間高麗の首都であったが，開城とソウルは距離にしてわずか73キロに過ぎず，この2つの都市は言語的に同一方言圏に属する。このように見れば，ソウル語だけが韓国語の標準語としての位置を確保するようになったのは，はるか昔からだったということになる。

1443年にハングルを創製したときは，標準語を分析の対象にしたであろうし，そのときどの地方の言葉を標準語と見なすべきかということは全く考慮の対象にならなかったであろう。しかしこのときも方言に対するはっきりした認識があったことは確実である。『訓民正音』には［jɨ］と［jʌ］に該当する母音字（どのような文献にも使われた例がない文字）を別途作って方言表記に必要なら使えという一節があるためである（314ページ参照）。しかしこのような特別な配慮は，それこそ特別な配慮にしか過ぎず，そのような方言を新しい文字によって表記しなければならない対象とはせず，ソウル語だけをその対象とすることに全く迷いはなかったであろう。それほどソウル語は早くから標準語の位置を固めており，しいて何らかの規則を作らなくてもその標準語としての位置は不動のものであったと見なければならない。

ところでソウル語をそのまま全て標準語として受容するのではないことは前に指摘した。ソウル語を標準語とするといっても，実際に国語辞典を作るとか，表記法を定めるという作業をしようとすれば，発音ひとつ，語彙ひとつ，全てのものをひとつずつ具体的に査定していかなければならない。この過程で実際にソウルで使われているが，標準語の資格を得られなかった例がある。そのひとつは，ソウルではㅚを単母音［ɸ］と発音せ

ず，二重母音［we］と発音するが，標準語には単母音を標準発音として採択した。またソウルでは읽고 쓰고や돈を，일구 쓰구や둔と発音することが多いが，これも읽고 쓰고と돈の側をとった。第6章で指摘したように，하우体がソウルで広く使われているが，これも標準語としての認定を受けなかった。反対にソウルで使われない語彙でも，その事物自体がソウルにない場合，標準語に入れることもある。標準語はソウル語を根幹にしているが，ソウル語がその全てというわけではないのである。

標準語の査定においては，地域と社会階級だけを問題にするのではない。新しい世代が新たに使う言葉や，外国から入ってくる外来語を標準語として認定しなければならないのか，もう少し様子を見なければならないのかということも問題である。若い世代が여보（お前，あなた（夫婦間で））や당신（あなた）の代わりに男女間の呼称として使う자기（自分）は今や普遍化し，テレビドラマでも自然に使われるが，まだ標準語としての認定は受けていない。디스켓（diskette），칩（chip）など最先端の語彙はすぐに標準語として受け入れられたが，스터디（study）や디스카운트（discount）のような単語はかなり勢力をのばしてはいても，標準語としての認定を受けにくい。

反対に，従来標準語として辞書に載っていたもののうち，現代では死語となってしまったものもある。一例としては，머귀나무は今は오동나무（桐）に押されて生命力を失ってしまった。오얏も完全に자두（すもも）にとってかわられてしまった。発音が変わって表記法までも再調整しなければならなくなったものもある。나팔꽃（←나발꽃）（朝顔），강낭콩（←강남콩）（インゲン豆），휴지（←수지）（ちり紙）などがその一例である。1988年の「標準語規定」でこのようなものが調整された。標準語は，どの言語でもそうであるように，固定されたものではなく，生きて動いている生命体であり，韓国語の標準語もこの例外ではない。

韓国語の標準語を語ろうとすれば，北朝鮮の標準語についても言及しなければならない。北朝鮮は1966年，標準語を'文化語'という新しい用語に変えて呼ぶようにし，ピョンヤン方言を文化語，すなわち標準語とす

ると宣言した。階層的にも労働階級の言葉を標準語とするとしている。その結果（2a）のように韓国で方言として処理される単語のうち北朝鮮で標準語として使われるものが随分多くなった。また漢字語を固有語で置き変えたもの（2b）も多く，韓国語で広く使われている外来語を固有語で言い換えたもの（2c）も相当多い。もともと体制が異なる2つの国家形態に分かれている以上，標準語が2つあるのはどうしようもない現実である。いくつか例を挙げると次のようになる（括弧内が韓国の標準語）。

(2) a. 남새 (채소) (野菜), 에미나이 (계집아이) (女の子), 부루 (상추) (チシャ), 수태 (많이) (多く), 무등 (무척) (たいへん), 자랑차다 (자랑스럽다) (誇らしい), 노엽히다 (노엽게 하다) (怒らせる), 시들키다 (시들어지다) (しおれる)

b. 조선옷 (한복) (朝鮮服 (韓服)), 이땈이가루 (치약) (歯磨き粉), 떠낸그림 (탁본) (拓本), 일본새 (능력) (能力)

c. 얼음보숭이 (아이스크림) (アイスクリーム), 손기척 (노크) (ノック), 도는네거리 (로터리) (ロータリー), 비양 (아이러니) (アイロニー)

8.2　方言区画

　韓国の方言は大きく2つあるいは3つに区画される方式よりは，細かくいくつかに細分化される特性を表す。フランスのように1つの国が二分された2つの方言圏（dialect area）に分けられるとか，イタリアのように3つの大きな方言圏に分けられるというような明快な形を見せてくれない。また中国のように4つに分けたとき，そのうちの2つの方言間では意思の疎通すらできないというような極端な差もない。

　古く高句麗，百済，新羅に3分割されていた時代があり，この影響により何らかの明らかな区分もあり得るし，またこの三国が言語的に夫餘系と韓系に区分されると思われ(第7章参照)，その痕跡も残っているはずだが，そのような歴史的事実を方言区画（dialect division）と関係付けられる現

象は現れていない。長い時間を経たからかも知れない。そして韓国は国土の 70％が山で，交通が不便だという関係で方言が細かく分かれるほかなかったのかも知れない。

　どんな言語的特徴を方言区画の基準とするかによって，より大きな方言区画を設定することもできるであろう。たとえば，声調が音素としての機能を持っているかどうかを基準にすれば，韓国は大まかに東半部と西半部に分かれる。地図 3（303 ページ）で見るように，腰が少しくびれてはいるが，声調を持つ地域は慶尚道と咸鏡道および江原道の嶺東で，東半分を占める。声調がない（声調がない代わりに大部分音長を音素としている）地域は西半分を占めている。これとは異なり，いくつかの言語特徴を総合し，南半分と北半分の 2 大区分もあり得る。

　しかしそれぞれの方言は 1 つの言語体系であって，ある 1 つ 2 つの断片的な言語現象で特徴付けることはできない。方言と方言の比較は体系と体系の比較でなければならず，その間に現れた等語線（isogloss）を全て考慮の対象としなければならない。そのためにはそれぞれの方言に対する総合的な資料が確立されなければならず，またそれぞれの等語線の値に等差を付ける方言測定法（dialectometry）に関する綿密な研究が後に続かねばならない。ところで方言測定法はいまだに世界のどの国でも試験段階にとどまっているだけというのが実情であり，韓国の各方言に対する総合的な資料収集は小倉進平（1944）においてある程度なされた後，中断されていた。韓国では 1978 年から 10 ヵ年計画で実施され，1995 年に『韓国方言資料集』（全 9 巻）が完成・刊行されたが，これに相応する北側の資料は求めることができない状態である。完全な韓国全体の方言区画はもう少し待つほかないであろう。

　現在までもっとも広く通用している方言区画は次の地図 1 のとおりである。これはほぼ小倉進平（1940，1944）に従ったものである。その区分の基準はさほど精密なものではなく，区分結果が修正されなければならないものも含まれているにもかかわらず，今日までほぼ，用語だけを少しずつ変えて方言区画として使用してきた（最初の名称は「平安方言，咸鏡方言，

京畿方言，全羅方言，慶尚方言，済州方言」であった）。
　(1)　韓国の方言区画
　　　　a. 平安道方言（西北方言）
　　　　b. 咸鏡道方言（東北方言）
　　　　c. 中部方言
　　　　d. 全羅道方言（西南方言）
　　　　e. 慶尚道方言（東南方言）
　　　　f. 済州道方言

　この地方の名称は1つの道〔※日本の都道府県にあたる行政区画。299ページの地図参照——訳者注〕を南道と北道に分ける前の行政区域である道の名称をとってつけたものであるが，ただ「中部方言」はいくつかの道をひとまとめにしたもので類型が異なる。括弧の中の名称は「中部方言」の方式で名づけたものである。各方言圏はだいたいにしてその名称に含まれた行政区域と似ているが，咸鏡南道の永興以南は中部方言に所属するなど必ずしも一致するとは限らないので（ここでは各方言圏の細かい境界については扱わないことにする），この「西北方言，東南方言」式の名称がより客観性を帯びている面がある。北朝鮮でのように，行政区域が再調整され，同時にその名称も変わる場合にも，この方式の名称はさらに有用であろう。しかし行政区域名に従うのが一般の人にも広く使われ親しまれた名称であるので，ここではそれに従うことにする。

　前の方言区画のうち，慶尚道方言と全羅道方言をまとめて南部方言と呼ぶこともある。そうすれば北部方言も設定しなければならないのが普通だが，そのようなものはない。反対に中部方言はさらに小さい方言圏に分けることもある。中部方言地域に含まれるいくつかの道を道別に，京畿道方言，忠清道方言，黄海道方言，江原道方言に分けるのがそれである。ここから一歩進めて，江原道方言を太白山を境界線にして嶺東方言と嶺西方言に分けることもある。もちろん慶尚道方言や全羅道方言などをそれぞれ慶尚南道方言と慶尚北道方言，全羅南道方言と全羅北道方言に分け，忠清道方言をさらに忠清南道方言と忠清北道方言に分けることもある。

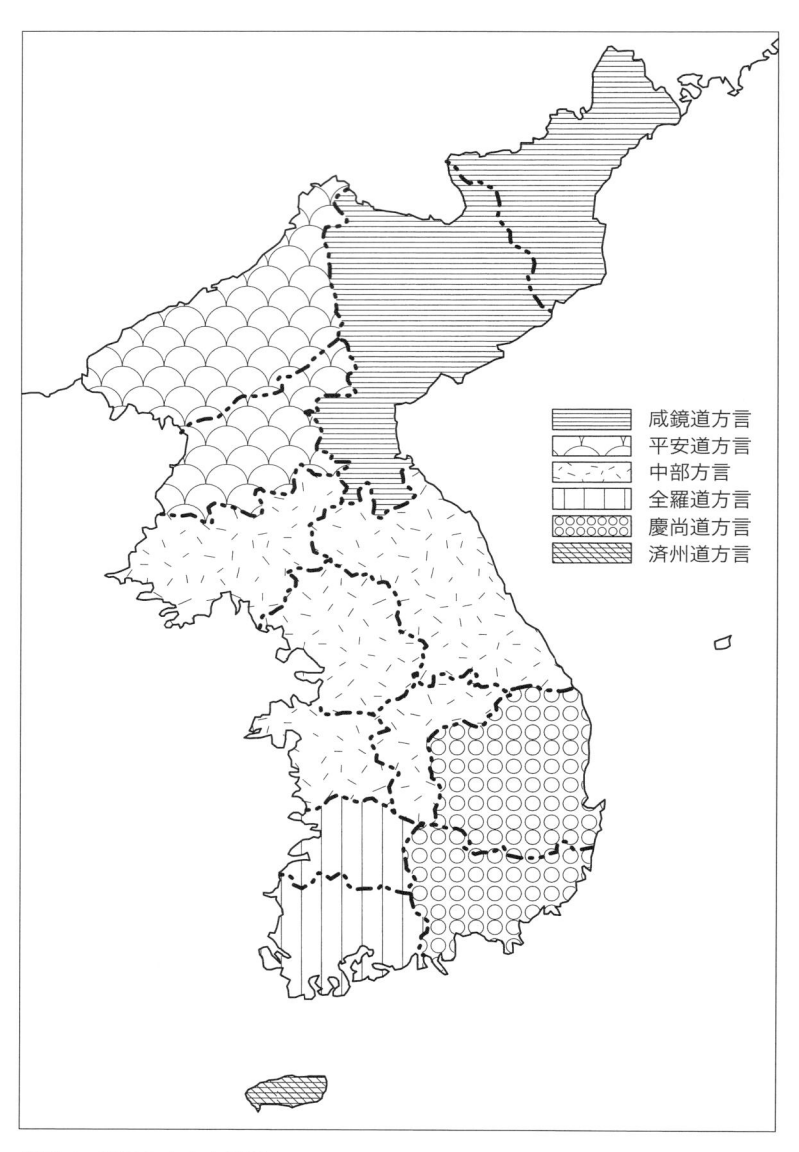

☰	咸鏡道方言
◠	平安道方言
〜	中部方言
‖	全羅道方言
○	慶尚道方言
╱	済州道方言

地図1　韓国の六大方言圏

地図2　江原道における嶺東方言と嶺西方言の分化

〈参照〉　韓半島の行政区画

このような下位分類は何らかの方言の特徴を根拠とすることもあるが，単純に記述の便利さによることもありうる。しかし江原道方言を嶺東方言と嶺西方言に分けるのは特別な意味を持つ。江原道方言を中部方言に分類するなら，そのときの江原道方言とは嶺西方言に限定されなければならないほど，嶺東方言は独自な体系を持っているためである。前で声調を論じたときにも嶺東方言は他の方言圏に属することを指摘した。それ以外にも嶺東方言は地図2で見るように，嶺西方言と明らかに区分される特徴を見せているので，これらの方言の区画は韓国の方言区画全体にも影響を及ぼすほど重要な意味を持っている。

一方，咸鏡北道の北端地域，正確には昔の六鎮地方を別に1つの方言圏として設定することについても注目する必要がある。後（8.3，8.4）ですぐ指摘するように，六鎮方言は咸鏡道方言とは区別され，むしろ平安道方言と共通する特徴を持っているかと思えば，この方言にだけ現れる特異な母音のあることも知られている。それゆえ六鎮方言を別に分けることは，咸鏡道方言を咸鏡南道方言と咸鏡北道方言に分けること以上に重要な意味を持つ。

方言研究が精密になればなるほど，下位方言の設定が増えることは当然の結果といえる。韓国の方言学は近来は主題も多様になり，調査地点も，従来は一般的に郡単位に分けられたものを面単位〔※郡は道の下，面は郡の下の行政区画——訳者注〕にまで密度を高め，きわめて小さな下位方言まで設定する段階に発展してきた。しかし韓国の方言の大きな輪郭だけを見ようとする本書では，論議を前の6大方言圏を単位にする程度で進めるほかはない。ただ必要な場合，道の南道と北道に分けて記述することもし，また六鎮方言と江原道嶺東方言を別に言及することにする。

8.3 音韻現象

韓国語の方言が地域別にどのような特徴を持っているのか，代表的な現象をいくつか整理して見てみることにする。まず音韻現象をこの節で見て，

文法形態，および語彙の特徴は次節で見ることにする。この節では音韻現象を各方言別に分けて記述するのではなく，言語現象別に分けて記述しようと思う。これは，ある言語現象は1つの方言圏にだけ現れてその方言を特徴づける機能を果たすが，音韻現象の場合は，多くの言語現象がいくつもの方言にわたって現れるものであり，現象別に記述する方がさらに便利だという点があるためである。

8.3.1　声調

　第7章で見たように，中世韓国語は声調を音素として持っていた言語であった。音節が高調なのか低調なのかによって単語の意味が分化する言語だった。しかし今日の標準語ではそのような声調の音素，すなわち韻素（prosodeme）としての機能は消滅してしまった。代わりに音長が音素の機能を果たしている。

　しかし方言によっては声調が残っている。声調の有無で韓国語方言を区分すれば，大きく2つに分けられる。声調を持っている地域は咸鏡道の大部分と慶尚道全域，そして江原道の嶺東方言圏の一部である（地図3参照）。江原道嶺東地方の北部と咸鏡道の南側海岸地方が抜けて腰の部分が欠けている形になるが，この地域は韓国の東半分をなしていて，声調が韓国語方言を大きく二分している要素であることが分かる。

　方言の声調は，中世韓国語においてと同じで，高調と低調の対立として現れる。ただ同じ声調の地域でありながらも，咸鏡道方言と慶尚道方言の間には明らかな差異がある。咸鏡道方言で低調である単語が慶尚道方言では高調として現れたり，二音節語の場合，咸鏡道方言には高高（HH）調がない代わりに慶尚道方言には低低（LL）調がなかったりするなど，具体的な単語での声調の実現では差異を見せることが多い。しかしより重要なことは，そのような差異より，これらの方言が声調を音素として持っているという事実であろう。声調ひとつで語義が分化するという最小対立語（minimal pair）の例をいくつか挙げれば，次のようになる。実際には同じ方言の中でも差異があり，もう少し複雑な様相を帯びているが，これを単

純化すれば，だいたい（1）が咸鏡道方言の例であり，（2）が慶尚道方言の例である。（音節の上の・が高調を表す。）

(1) a. 말 (馬) / 말̇ (斗, 言葉)
    b. 배 (梨) / 배̇ (腹)
(2) a. 말 (言葉) / 말̇ (馬, 斗)
    b. 배 (倍) / 배̇ (梨, 腹)

　声調地域は音長を持たないのが一般的な特性である。同様に声調を持たない地域は一般的に声調の代わりに音長を音素として持つ。よって声調と音長はお互い相手の地域を侵害することがなく，相補的な関係を維持していることになる。しかし声調地域でも音長が現れることがある。江原道嶺東方言の南部地域がその代表的な地域である。この方言は（3）と（4）で見るように声調は声調のまま，音長は音長のままで語義を分化する機能を持つ。(3a) で見れば，말 (斗) が말̇ (馬) とは声調で対立し，말：(言葉) とは音長で対立することを見ることができる。また (4) では音長を持っている単語が声調によって再び意味が分化することも見ることができ，(4c) では両方とも声調を持っているものが再び音長によって意味分化を起こしている例を見ることができる。このような現象は韓国の他の方言にはない現象であり，この方言が声調言語でありながら同時に音長言語であることが分かる。

(3) a. 말 (斗) / 말̇ (馬) / 말：(言葉)
    b. 배 (腹) / 배̇ (梨) / 배：(倍)
(4) a. 눈 (眼) / 눈：(雪)
    b. 자：(尺) / 자：(저 아이) (あの子)
    c. 보 ('가위바위보' 의) (じゃんけんの「パー」) / 보̇：(褓)

　私たちは前で韓国語の方言が声調を持っているかいないかによって二分されることを見てきた。そして声調を持っていない地域はだいたいにして声調の代わりに音長を韻素として持っていることも確認した。しかし，声調を持っていない地域だといってもみな同様に音長が現れるのではない。声調も音長もない地域があるのである。済州道がその代表的な地域であり，

第8章 方言 303

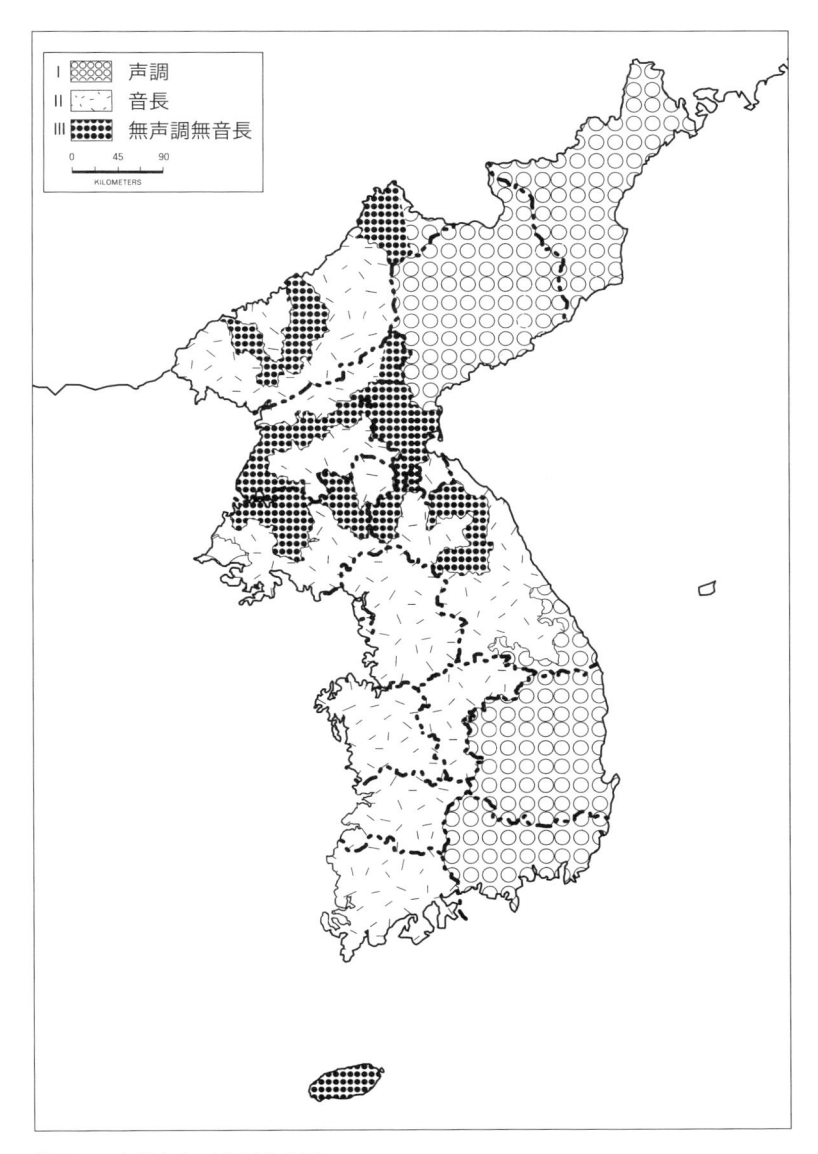

地図3 声調および音長分布図

凡例:
I 声調
II 音長
III 無声調無音長

北朝鮮の非声調地域のあちこちにもそのような地域が散在している（地図3参照）。これに加えて前に述べたように声調と音長を同時に持っている地域もある。このように見れば，声調に関連して韓国の方言は二分されるというよりは四分されると言う方がより適切である。しかし私たちは声調の有無だけを基準にする二分の体系を採ろうと思う。今日の若者世代は音長が次第に弁別力を失ってきているが，それが拡大してそれこそまさに声調の有無だけで韓国の方言が二分される時代が来るのかも知れない。

　声調現象は，非声調方言の話者たちには相当きつく響く。しばしば普通の話も，けんかをしているように聞こえるという。音長があるかないかによってこのように強い印象の差を生むことがないことと比べると，これは声調の有無がそれほど一般の話し手たちに強く区別されているという意味である。韓国の方言を，音長を考慮しないで声調の有無だけで二分する根拠をここにも求めることができる。

8.3.2 ・音

　訓民正音創製後の初期ハングル文献に使われていたが，今日では使われなくなった字母の代表的なものは・[ʌ]，△[z]，ㅸ[β]である。これらは当時それぞれの音素を代表した文字だったが，後代に消失したり，他の音に変わったりしながら自然に字母としての一生を終えた文字である。しかしこれらの字母が代表していた音素が変化した形が各方言ごとに異なって現れている。ここではこれらが韓国語方言の区画にどのような役割を果たしているのかを，・音から見てみることにする。

　中世韓国語に存在した音素であり，現代韓国語から完全にその姿を消してしまったもののうち，最も代表的なものが・である。[ʌ]音を持っていたと推測されるこの音素は，現代韓国語では大部分ㅏやーまたはㅗに変化した。しかし方言の中にはこの・を維持している方言がある。済州道方言がその唯一の方言であり，この方言は他の本土の方言では見ることのできない特異な現象を多く持っているが，何より・の存在ひとつで，韓国の6大方言のうちのひとつに数えられる資格を満たしていると言ってよい。・

を持っている単語例は次のとおりである。
    (1)   ᄃᆞᆯ(달)（月），ᄃᆞ리(다리)（橋），ᄉᆞᆯ(살)（膚），ᄆᆞᅀᆞᆯ(마을)（村），
         ᄑᆞ리(파리)（蠅），ᄒᆞᆰ(흙)（土），ᄂᆞᆼᄉᆞ(농사)（農事），ᄆᆞᆫ지다(만
         지다)（触る），ᄀᆞ르치다(가르치다)（教える），ᄒᆞ다(하다)（する），
         다ᄃᆞᆮ다(다다르다)（至る）

 これら単語の・は中世韓国語でも・で表記されたものである。そしてその音価も［ɔ］（開かれた［ɔ］）であり［ʌ］に近いばかりでなく，本土方言のどの母音とも異なる母音である。中世韓国語の・の後身であることは明らかである。済州道は本土と離れた島であるので，それが今日までこの音素を維持してきた要因となったのであろう。

 この・と関連した現象として方言区画に寄与する現象がもう１つある。(1)でも見たように，第１音節の・は標準語で大部分がㅏに変化した。しかし方言によってはそれがㅗになったものもある。主に唇音の次においてであるが，代表的な例を見れば次のようになる。
    (2)   모실（←ᄆᆞᅀᆞᆯ；마을）（村），몰（←ᄆᆞᆯ；말）（馬），포리（←ᄑᆞ리；파리）
         （蠅），폴（←ᄑᆞᆯ；팔）（腕），퐃／포치（←ᄑᆞᆺ；팥）（小豆），놈（←ᄂᆞᆷ
         ；남）（他人），노물（←ᄂᆞ물；나물）（山菜・野菜），붉다（←ᄇᆞᆰ다；
         밝다）（明るい），몰르다（←ᄆᆞᄅᆞ다；마르다）（乾く），폴다（←ᄑᆞᆯ다
         ；팔다）（売る）

 このように第１音節の・がㅗに変わる地域は南側に偏って，慶尚南道および全羅南道が代表的である。それ以外に特異にも咸鏡北道の六鎮地方でもこの現象が活発に現れる。

 結局中世韓国語の・がどのような姿で現れたのかについて，韓国語の方言は大きく３つに分けることができる。音素がそのまま音素として残っている地域，そしてㅏに変わった地域，ㅗに変わった地域の３つである。しかしここでも第１段階として・が音素として残っているかいないかで分類し，それがㅏに変化したかㅗに変化したかについては下位区分とするのが体系的な分類であろう。

8.3.3 △音とㅸ音

　中世韓国語での△は標準語では完全に脱落し，いかなる痕跡も残していない。しかし方言によってはこれがㅅとして現れることがある。△→∅ (zero) の変化を経ず，いわば古形を維持している方言がある。中世韓国語では△で表記され，方言でㅅとして維持されている単語の例を挙げれば，次のようになる。(1b) は標準語でㅅ変則活用をするものが方言では規則活用をする例である。

(1)　a.　가새/가시개(가위)（はさみ），가실/가슬(가을)（秋），마실/마슬/모실(마을)（村），모시(모이)（えさ），예시/야시/여수(여우)（狐），무수/무시(무)（大根），부석(부엌)（台所），나셍이/나숭개(냉이)（なずな）

　　　b.　잇어라 (이어라)（続けろ），젓으니 (저으니)（漕ぐので），낫았다 (나았다)（癒えた，勝った）

　このようにㅅが維持される地域は慶尚道と全羅道および忠清道にわたる南部地域が中心だが，北にぽつんと離れた咸鏡道もそうである。この地域のなかでも語形が少しずつ異なるが，前の (1) はその代表的なものを提示したもので，ㅅを維持していることだけを強調し，これら地域間の語形の差異は問題にしなかった。

　一方，中世韓国語のㅸがㅂとして残っている方言もある。この現象は△がㅅとして残っている現象と全ての点で並行的である。ㅸもΔと同様で，有声音の間にだけ分布する音素であり，ソウルを中心とする地域ではㅸ→[w] の過程を経て完全に消えてなくなってしまったが，方言によってはそのような音韻変化を経ずに，今日に至るまでㅂを維持していることからも，△で見られる現象とよく似ている。また標準語のㅅ変則活用が方言で規則活用をするように，標準語のㅂ変則活用が方言では規則活用することまで酷似した様相を見せている。さらにㅅが維持される地域とㅂが維持される地域も共通しているところがある。すなわち慶尚道と全羅道をはじめとして一部忠清道などの南部地域にかかるだけでなく，咸鏡道で積極的に現れている。それほど△とㅂに関連する方言現象は互いに関連させて理解する

ことが望ましい。方言でㅂが維持されている単語をいくつか見れば次のようである。(2b)は標準語でㅂ変則活用の単語であるが，方言では規則活用をする例である。

(2)　a. 새비(새우)(エビ)，누베/느비/니비(누에)(蚕)，호박(확)(石臼)，버버리(벙어리)(口のきけない人)，달비(다리)(かもじ)
　　　b. 추부니(추우니)(寒いので)，고바서(고와서)(美しくて)，무서버(무서워)(恐ろしくて)

以上から判断して，ㅿおよびㅸと関連する現象で韓国語方言を区画すれば2つの方言に分けられる。ひとつは標準語でのようにこれらが脱落したり，[w]に変わったりした方言であり，同時にㅅ変則活用とㅂ変則活用を持っている方言である。もうひとつは，これらㅿとㅸにそれぞれㅅとㅂが対応する方言であり，同時にㅅ変則活用とㅂ変則活用がない方言である。後者に該当する方言は慶尚南道と全羅南道の南部と咸鏡道に集中的に分布する。

8.3.4　口蓋音化

　口蓋音化を基準に見れば，方言は3つに区分される。ひとつは口蓋音化をしない方言，もうひとつはㄷ（およびㅌ，ㄸ）が口蓋音化し，ㄱ（およびㅋ，ㄲ）の口蓋音化（およびㅎの口蓋音化）はしない方言であり，最後のひとつは，2つとも口蓋音化をする方言である。中世韓国語にはいかなる口蓋音化もなかったので（第7章参照），3つの方言は韓国語史のひとつの段階をそれぞれが代表することになる。そして標準語は2つ目の方言に該当する。それを基準に見れば，最初の方言はㄷ口蓋音化を起こさないことによって方言らしさを発散する方言であり，3番目の方言はㄱ口蓋音化を起こすことによって方言らしさを発散する方言である。

　ㄷ口蓋音化というものは，歯槽音ㄷ，ㅌ，ㄸが母音[i]や半母音[j]に接し口蓋音ㅈ，ㅊ，ㅉに変わる現象を言うが，標準語をはじめ大部分の方言は早くからこの現象を経てきた（第7章参照）。しかし平安道方言は今に至るまでこの変化を経ずにいる。平安道方言といえばこれが看板にな

るほど，ㄷ口蓋音化を起こさない現象はこの方言の最も代表的な特徴でもある。

(1) a. 덩거당(정거장)(停留所), 덤심(점심)(昼食), 당개(장가)((男が)結婚する), 둥턴(중천)(中天)

b. 데켠(저쪽)(あちら), 덜(절)(寺), 도티요(좋지요)(よいですよ), 덕다(적다)(記す), 티다(치다)(打つ,張る), 띠르다(찌르다)(突く), 허디만(하지만)(〜だが)

c. 가티(가치←같이)(一緒に), 구디(구지←굳이)(固く), 구티다(구치다←굳히다)(固める)

(1a)は漢字であり，(1b)は固有語の例である。これらは뎡거댱→덩거당，뎔→덜と同じ単母音化過程を経たものであるが，今日大部分の平安道方言はこの過程を経た後の語形と推定されている。それゆえにこれらの子音が口蓋音化する経路をより徹底的に封鎖していると言うことができる。一方 (1c) は派生語の例であるが，標準語でも表記法ではㄷ,ㅌで書かれる場合である。いずれの場合も平安道方言は徹底的に口蓋音化を拒否していることを見せている。

ㄷの口蓋音化で見せる平安道方言の保守性と関連して，ここで指摘しておきたい現象が2つある。標準語を基準と見るとき，現代韓国語は語頭に口蓋音化されたㄴ音 [ɲ] と口蓋音化されたㄹ音 [ʎ] を許容しない（第3章参照）。ㄴとㄹは母音 [i] や半母音 [j] に出会えば口蓋音になるが，標準語ではこのような口蓋音が語頭に来るときは脱落させる音韻変化を早くから経てきたのである（第7章参照）。ところがただひとつ平安道方言だけがこの変化を受けず，前者の場合は (2) のようにㄴをそのまま維持し，後者の場合は (3) のようにㄹをㄴに変え，いずれにしても本来の姿ないしそれに近い姿で保存している。ここでも二重母音の半母音が脱落し，短母音化する現象が一般化している。

(2) 니마(이마)(額), 니파구(잎사귀)(葉), 니(이)(歯), 닐곱(일곱)(7), 녀자/너자(여자)(女), 너름(여름)(夏)

(3) 니발(이발)(散髪), 니론(이론)(理論), 낭심(양심)(良心), 냥반

/냥반(양반)（両班），노리(요리)（料理），누월(유월)（6月），뉴행/누행(유행)（流行）

これらの例のうち(2)は語頭にㄴを備えている点で，中世韓国語の形態と一致する。(1)のㄷを維持した語形と同じで，古形をそのまま維持した形態である。(3)の語形もㄹを完全に脱落させた標準語よりは古形であると見なければならないが，これにより平安道方言は口蓋音化に関して保守性を帯びたものと特徴づけることができる。

また以上で明らかになった平安道方言の特徴が，平安道と遠く離れた六鎮方言できれいに現れる。됴타(좋다)（よい），뎌것(저것)（あれ），니부자리(이부자리)（寝床），뉵십(←륙십，육십)（60）などの方言形が，ちょうど平安道方言と一致するのである。一種の孤島である六鎮方言の姿に注目しなければならない。

ここまではㄷ口蓋音化が起きない方言に焦点を合わせて見た。次はㄱ口蓋音化を起こす方言に焦点を合わせてみようと思う。ㄱ口蓋音化は軟口蓋音ㄱ，ㅋ，ㄲが母音［i］や半母音［j］の前に置かれるとき口蓋音ㅈ，ㅊ，ㅉに変わる現象であるが，方言に現れるㄱ口蓋音化の代表的な例を見れば次のとおりである。

(4) 질(길)（道），지름(기름)（油），지동/지둥(기둥)（柱），짐 서방(김서방)（金書房（キムさん）），제/저(겨)（糠），제우(겨우)（ようやく），젙(곁)（傍ら），줄(귤)（みかん），질다(길다)（長い），저누다(겨누다)（狙う），치/챙이(키)（箕），찌우다/찡구다(끼우다)（挟む）

ㄱ口蓋音化を起こす地域は相当広範囲である。すなわちㄱ口蓋音化現象は慶尚道と全羅道をはじめとし，咸鏡道，忠清道，済州道，および江原道の嶺東地方にいたる広い分布をみせる。ㄱ口蓋音化を起こす地域では，(5)でのようなㅎ口蓋音化も同時に実現されるのが普通である。

(5) 심(힘)（力），성(형)（兄），세(혀)（舌），소자(효자)（孝行者），슝년(흉년)（凶年）

以上，口蓋音化を基準に見れば，韓国語の方言は平安道方言（および六鎮方言），中部方言（忠清道方言，および江原道嶺東方言を除外）および

それ以外の方言（慶尚道，全羅道，忠清道，済州道，江原道嶺東地方，および咸鏡道の方言）の3つに分けられる。平安道方言が最も保守的な性格を帯びていて，中部方言と残りの方言が順に多くの変化を経たものと見ることができる。

8.3.5 ㄷ変則活用

語幹末音がㄷである動詞の中には，母音で始まる語尾の前で，そのㄷをㄹに変えるものがある。このような現象をㄷ変則活用と言い，そのような活用をする動詞をㄷ変則活用動詞と言う。듣다（聞く），싣다（載せる），걷다（歩く）などが代表的な例であるが，듣다と規則動詞믿다（信じる）の活用を比較してみれば次のようになる。

(1)　a. 듣고, 듣는다, 들으니, 들으면, 들어라, 들었다
　　　b. 믿고, 믿는다, 믿으니, 믿으면, 믿어라, 믿었다

ところで方言の中には듣다と同じ変則動詞が(1b)のような正則活用をする方言がある。平安道方言がその代表である。この現象は前でみたㄷ口蓋音化（および語頭のㄴ音保存）現象と合わせて，平安道方言を特徴づけるもうひとつの重要な現象である。ただしここでひとつ注意しなければならないのは，ㄷ変則動詞には듣다（聞く），싣다（載せる），걷다（歩く），눋다（焦げる），깨닫다（悟る）などいくつかがあり，これらのうち正則活用をするものは듣다1つだけだという事実である。

(2)　a. 아무리 들어도 모르가시이오.
　　　　（いくら聞いても分かりません（모르겠어요の意味）。）
　　　b. 그 말 들으니 그럴듯함메.
　　　　（その言葉を聞けばそうだと思います（そう言われればもっともだ）。）

以上でㄷ変則動詞（結局듣다1つ）を基準にすれば，韓国語の方言はそれが変則活用をするか，正則活用をするかによって二分されるものと思われる。しかし事実はそうではない。これらの動詞が(1a)や(2)のどちらの形式とも異なる活用をする方言があるためである。慶尚道方言，咸鏡道方言，および江原道嶺東方言がそうなのだが，この方言ではこの動詞が

語幹末音でもともとㄹを持っている。子音で始まる語尾の前でもㄷが現れることがない。これらの方言でのㄷ変則動詞の活用形は次のとおりである。

(3)　a. 들꼬, 들쩨, 들는다, 들으니, 들어라
　　　b. 실꼬, 실쩨, 실는다, 실으니, 실어라

これらの語幹末音はᄚ [l$^?$] として抽出することができる。これらの語幹末音は後に来る語尾の阻害音をつねに濃音化させるが、それはㄹの後ろに声門閉鎖音がもうひとつあるものと分析されるためである。알다（知る）や멀다（遠い）の活用形알고, 멀다などでは語幹末音ㄹの次にㄱやㄷが濃音として実現されることがないのと対照して見れば、その差異はさらに明らかになる。(3)の語幹末音をᄚと分析して見れば、これらの活用形は変則活用ではなく、規則活用である。

このように見れば、いわゆるㄷ変則活用を基準とすれば、韓国語の方言は大きく3つに分けられる。ひとつは名前のとおりㄷ変則活用をする方言であり、もうひとつはそれをㄷ規則活用させる方言であり、残りのひとつはもともと語幹末音ㄷをᄚに再構造化し、ᄚ規則活用させる方言である。それほどㄷ変則動詞は前節で見た口蓋音化現象と合わせて、韓国語の方言の区画に重要な役割を果たす要素となっている。

8.3.6　音素目録

私たちは前で韓国語の方言が声調のある方言とない方言に、また・のある方言とない方言に分けられることを見てきた。これは韓国語方言が音素目録からして、差異があることを意味する。声調がある方言は音素目録が1つ多いということになる。・があるものもまた、音素目録が1つ多いということを意味する。

韓国語の方言は、これら以外にも音素目録で差異を引き起こしているものがたくさんある。子音の場合はどの方言もほとんど同一の音素目録を持っている。ただ、慶尚道方言でㅅとㅆが全てㅅに発音され、音素的な対立がないことだけが例外的である。この方言では살（肉）と쌀（米）、사다（買う）と싸다（安い）が別個の単語として区別されないのである。それ以

外の音素目録での方言差は母音において現れるが，単母音にも，二重母音にも全て現れる。まず単母音の場合から見てみよう。

慶尚道方言ではㅓとㅡの対立がない。글（文）と걸（「ものを」の縮約）がこの方言では同じ音として認識される。他の方言使用者の耳にはㅓでもなくㅡでもない音なのだが，標準語のㅓがㅡに近く聞こえるというよりは，ㅡがㅓに聞こえる傾向がもっと強い。すなわち標準語の증거（証拠）が［증그］に聞こえるより［정거］に聞こえる傾向がある。いずれにせよこの方言はㅓとㅡを括って1つの音素とするので，音素目録が他の方言にくらべ，1つ少なくなる。

ㅐとㅔが対立しない方言も多い。やはり慶尚道方言がその中心であるようだ。慶尚道はほとんど全域がㅐとㅔを区別できないためである。この方言ではたいていㅐ［ε］でもなく，ㅔ［e］でもない，その中間音［E］で発音されるのが普通である。これらの方言では当然개（犬）と게（蟹），내（我）と네（汝）の区別ができないが，その不便さを軽減するため，後者の게と네をそれぞれ기や니のように変えるという便法を用いる。このようにㅐとㅔが別個の音素として分布しない地域は，慶尚道のほかに，全羅南道の多くの地域，全羅北道東部の一部の地域に及んでいる。しかし近来は，ソウルをはじめ忠清道などでも，若い層になればなるほどㅐとㅔを弁別しない傾向が強くなっている。地方，特に南からの改新の波がソウルおよびその一円にまで拡大してきたものだと解釈できよう。

ㅚとㅟが単母音として使われない方言も多い。これらの方言ではㅚはたいてい［wε］や［we］，または［wE］のような二重母音で発音されたり，その段階でさらに［w］を脱落させ，ただ［e］のような他の単母音として発音される。いかなる場合も［ɸ］という音素目録はないのである。そしてㅟは［wi］のような二重母音として発音されたり，単母音［i］と発音されたりして，やはり［y］という音素目録を持たない。

慶尚道方言の多くの地域では［ɸ］と［y］を持たないだけではなく，これらを［wE］および［wi］などの二重母音としても発音しない。외가（外家）は에가，귀（耳）は기と発音されてしまうのである。それ以外の地

域でも［ɸ］を発音できない地域は大変多い。

ㅚとㅟを平安道方言ではたいてい［wɛ］で発音し，それ以外に［we］で発音する地域，［e］で発音する地域も狭い地域に限定されてはいても，あちこちに散在している。前節（8.1）で指摘したように標準語ではㅚを単母音［ɸ］と規定しているが，現在のソウルでは単母音よりは二重母音［we］で発音される方に傾いている。しかしㅚとㅟを別個の単母音音素として持っている方言も，忠清道，全羅道，黄海道，江原道，嶺東の方言など相当広い分布を持っている。

二重母音の中で方言差をよく示すものとして，まずㅢをあげなければならない。ㅢは多くの方言で으사/이사（←의사）(医者)，으복/이복（←의복）(衣服)のようにㅡやㅣのような単母音として実現され，もともとこの二重母音が存在しない方言が多い。慶尚道方言，全羅道方言，平安道方言，咸鏡道方言などはいかなる場合にもㅢをきちんと発音できない代表的な方言である。ソウルを中心にした中部方言でもㅢをきちんと音価として発音する場合はほとんど語頭においてのみであり，それも子音を先行させないときである。第2音節以下ではだいたいにおいてㅣで発音され，属格助詞의はたいてい에で発音される。しかし中部方言がㅢを厳格に音素目録として持っている方言であることは明らかである。

二重母音ㅘ，ㅝ，ㅙ，ㅞも，方言によってはきちんと音価どおりに発音されない。特にこれらの前に子音が来れば가자（←과자）(菓子)，꽁（←꿩）(雉)，대지（←돼지）(豚)，끼매다/께매다（꿰매다）(縫う)のような半母音［w］を脱落させる方言が多い。しかし大部分の方言では子音を先行させないときにはきちんと発音するので，二重母音目録からこれらを削除しなければならない方言は多くない。ただ慶尚道方言は多くの地域でㅙ，ㅞを全く使わず，この方言においてだけは母音目録でもㅙ，ㅞを削除しなければならない。

ここまで主に音素目録が標準語より方言において少なく現れる場合を見たが，その反対の場合もある。済州道方言では・が半母音［j］と結合した二重母音［jʌ］があることが知られている。

(1) ᄋᆞ듧(여덟)(8), ᄋᆞ라이(여럿이)(多数), ᄋᆞ름(여름)(夏), ᄋᆞᇁ(옆)(横)

これは「訓民正音」で'辺野之語'，すなわち方言にときどきある音だとして作った字母ᄋᆞに該当する音として解釈される。字母は作られたが一度も文献に書かれたことがないのに，その音に該当する音が方言に残っていることが不思議に思われる。いずれにせよ済州道方言はᆞとともに二重母音でも他の方言にない音素をさらに1つ持っている方言として特別な注目を浴びている。

方言によっては一と半母音［j］が結合した二重母音［jɨ］を持っているものもある。江原道嶺東方言を中心に現れるが，たいてい長母音として実現されるという特徴がある。

(2) 으:감(영감)(おじいさん), 으르:(쓸개)(胆嚢), 으르:때(열쇠)(鍵), 으:드름(여드름)(にきび), 으리다(여리다)(か細い)

この音もまた『訓民正音』でᄋᆞとともに，方言表記用として作られたが，いかなる文献にも書かれることがなかった字母ᅟᅳᆢに該当する音と解釈される。池錫永（지석영）が『新訂国文』（1905）でこの音に対する字母として＝を作り，使ったらどうかと提案したことから見れば（本書でも今その字母に従っている）この音に対する認識がかなり広く広がっていたようだが，現在は一部の方言に残っているだけである。いずれにせよ標準語にない二重母音としてこの［jɨ］も登録されなければならないであろう。

咸鏡北道六鎮方言にも特異な母音が1つあると報告されている。ᅴが単母音化しつつ一でもなくᅵでもないその中間音として実現される音で，기계（機械），의혹（疑惑），희다（白い），시집（嫁入り先）などの初音節がこの音として実現されるという。北朝鮮の学者たちはこの音のために一とᅵを合わせたᅴのような字母を作り使っているが，おおよそ［ɨ］に該当する音と解釈される。もしこれが何らかの変異音の段階ではなく，別個の音素として区別されるものならば，六鎮方言は済州道方言と同じく特異な単母音を1つ多く持つ特別な方言となろう。

以上で音素目録での差異を主に母音の場合で見た。それらを総合すれば，

標準語の場合単母音が10母音，二重母音が11母音だが，方言によってこれに単母音が1つ，二重母音が1つ増えることがあり，逆に最も少ない場合には単母音が6母音，二重母音が6母音になると要約できよう。そして慶尚道方言がまさにそのような母音音素の最も少ない方言であることがおのずと明らかになる。

8.4 文法形態および語彙

　ここまで，韓国語の方言を区画することに決定的な基準となる主要な音韻現象を中心に，韓国語の方言間に現れる方言差を見た。しかし韓国語の方言差がこれにとどまらないことは言うまでもない。前で取り上げなかったものの中でも，わずか一言だけでどこの方言かが分かるほど，その方言の特徴を備えている定型（stereotype）的な現象をはじめ，方言の特徴は他にもたくさんある。しばしば方言差は語彙で最も分かりやすく，最も多く現れる。しかし本書においてはまだ語彙の方言差について何も述べていない。助詞および語尾における差異も多いがそれもまだ全く扱っていない。ここでは文法形態および語彙において現れる方言の特徴のうち代表的なものをいくつか整理してみようと思う。これらは前で見た声調や口蓋音化などにくらべ，方言の区画にさほど重要とは言えないが，やはりひとつの方言圏を設定することにおいて重要な役割をしていることについてはあらためて述べる必要もない。

　しかしここでは前とは異なり言語現象別に記述するのではなく，それぞれの方言別に，その方言の特徴的な現象を記述する方法をとりたいと思う。これらは音韻現象とは異なり，方言別に細かく分かれている特性があるためである。ただ標準語に近くて方言の特徴が少ない中部方言は対象からのぞき，残りの5方言についてだけ記述することにする。

　まず**平安道方言**から見ていくことにする。平安道方言の特徴を最も端的

に表している言い回しを挙げればどうなるであろうか。たくさん候補があるが，ここでは次の例文を挙げよう。

(1)　내레 가드랫디요. （내가 갔었지요）（私が行ったんですよ。）

(1)を挙げれば，だれでもすぐにそれが平安道方言であることが分かるであろう。主格助詞레は平安道方言で挙げることのできるこの方言特有の語形である。標準語-었었-に該当する大過去表示の先語末語尾-드랫-も同じである。文末語尾-디요-はすでに前で見たように口蓋音化を起こさない形態のために平安道方言であることをすぐに分からせてくれる要素である。

このようにただひとつでどこの方言かを分からせてくれる形態が各方言ごとにある。平安道方言でそのような例をさらにいくつか挙げると(2)のようになる。やはり語尾に多いのだが，-ㅂ네까と-ㅂ데다ではに，디が네，데になっているのが特徴的であり，標準語では-어요であるものが命令文では-라요，平叙文では-와요，先語末語尾-앗/엇-および-갓-の次では-이요となることが特異である。標準語-겠-に該当する先語末語尾が-갓-であることも平安道方言の重要な特徴である。

(2)　a. 어드메 가십네까? （어디에 가십니까？）（どちらにお行きですか？）
　　　b. 오마니레 간답데다. （어머니가 간답디다.）
　　　　（母が行くと言っています。）
　　　c. 어서 가시라요. （어서 가세요.）（はやくお行きなさい。）
　　　d. 이거 메니리 개 온 강엿이와요. （이거 며느리가 가져 온 검은엿이어요.）（これは嫁が持ってきた黒飴です。）
　　　e. 가래 달아낫이요. （그애는 달아났어요.）（その子は逃げました。）
　　　f. 오널 갓다 오갓수다. （오늘 갔다오겠습니다.）（今日行って来ます。）

次の例文も平安道方言の典型的な特徴を代表するものである。(3a)の나암불라の암불라は조차（さえ）に該当する特殊助詞であるが，もともと特異な形態で外国語のような感じさえ与える。そして어카간は平安道方言でしばしば聞く，他の地方の人にはおもしろく聞こえる形態であるが，어떻게 하겠느냐（どうするのか）がこのように縮約されたのである。어떻게

하가 어카에 縮約され, 先語末語尾-잣-と-느냐が간に縮約されたのである。過去時制の-앗/엇-も-느냐と出会えば-안/언に縮約される規則がある。(3b)の文の終わりの-레は標準語の-그려(～だね)程度に該当するものだが, やはり平安道方言の趣きが濃くにじみ出ている形態である。

 (3) a. 나암불라 안 가든 어카간? (나조차 안 가면 어떻게 하겠느냐？)
    (私でさえ行かなければどうするのか？)
   b. 님자넨 마니 받앗수다레. (당신네는 많이 받았군요.)
    (あなたたちはたくさんもらいましたね。)

一方, 語彙ではどの方言でもそれらしく特徴的な例がもっと多くあるが, いくつか例示することにする。方言語彙には他の方言に翻訳できないものもあるので留意しなければならない。また語彙は一方言の中でも地域によってさらに分化するが, ここではそれを問題視しないことにする。

 (4) 무루 (우박) (雹), 얼커니 (먼 일가) (遠い親戚), 분투 (옥수수 껍질로 엮어 만든 어린이 겨울용 신발) (とうもろこしの皮で編んだ子供の冬用の靴), 벌차다 (활발하다) (活発だ), 오마니 (어머니) (お母さん), 에미네 (아내, 여자) (妻, 女), 우덩 (일부러) (わざわざ)

次は**咸鏡道方言**の特徴的な文法形態を見ることにする。外部の人に最も強烈な印象を与える咸鏡道方言の要素は, おそらく文末語尾-지비であろう。-지비は, 標準語-지に該当する語尾でありつつも, 特異な語感を醸し出すこの方言固有の語尾だと言えよう。

 (5) a. 보리밥보구사 낫지비. (보리밥보다야 낫지.)
    (麦飯よりはましだろ。)
   b. 이리루 가무 함흥으로 가지비. (이리로 가면 함흥으로 가지.)
    (こっちに行けば咸興に行くさ。)

これ以外にも文末語尾に特徴的なものが多いが, -우다をはじめ-ㅁ/슴, -ㅁ메/슴메や-ㅂ세/-ㅂ소などがその代表的なものである。

 (6) a. 더분데 그렁거 입히우지 마우다. (더운데 그런 것 입히지 마십시오.) (暑いのにそんな物を着せないでください。)

　　　　　b. 함홍 사램이우다.（함홍 사람입니다.）（咸興の人です。）
(7)　a. 옥수꿀 쎄우 먹었슴.（옥수수를 많이 먹었습니다.）
　　　　（とうもろこしをたくさん食べました。）
　　　　　b. 농새 잘 댔슴메.（농사가 잘 됐습니다.）（豊作です。）
(8)　a. 날래 갑세.（어서 가세.）（はやく行きなさい。）
　　　　　b. 퇴끼 한 마리 잡아 옵소.（퇴끼 한 마리 잡아 오십시오.）
　　　　　（ウサギ一羽を捕まえてきなさい。）

　対格助詞을/를の代わりに으/르を使うことも咸鏡道方言の代表的な特徴のひとつである。밥을（ご飯を），농새(농사)를（農作業を）と言うのを밥으, 농새르と言うのである。特殊助詞은/는も으느/느と言うが, 最後のパッチムを落とす特徴がある。

　大変小さな特徴であるが，咸鏡道方言の典型的な特徴のひとつとしては否定詞아니を挙げることができる。咸鏡道方言では語中のㄴが落ち，代わりに아が鼻母音となるが，아니の場合はそれが単純な鼻母音ではなく，声門閉鎖音が現れる大変強い感じを与える鼻母音である。それで아이 [aʼi] 1つ入れるだけで，咸鏡道方言だと分かるほどである。さらに咸鏡道方言では아이を本動詞と助動詞の間，はなはだしくは複合動詞の間に置く規則があり（これは못も同じである），아이をさらに咸鏡道方言の代表的な特徴として浮き立たせている。

(9)　a. 먹어 아이 밧어.（먹어 보지 않았어.）（食べてみませんでした。）
　　　　　b. 말 알아 못 듣소.（말을 알아듣지 못해요.）
　　　　（言っていることが聞きとれません。）

　語彙ではやはり特徴的なものが多いが，いくつか例をあげよう。また咸鏡道方言の中でも六鎮方言で使われる特異な語彙を（10b）で特に挙げてみる。

(10)　a. 비지깨（성냥）（マッチ），어우집（친정）（妻の実家），뻘주꺼（활발한 여자）（活発な女の子），지내（짙게 깔린 안개）（濃く立ち込めた霧），얼빤하다（멍하고 멍하다）（頭がぼうっとする），이밥다/이바부다（아쉽다, 필요하다）（惜しい, 必要だ），안깐（아내）（妻）

b. 모시간 (외양간) (牛 (馬) 小屋), 고수재기 (곱절되는 수확) (倍になる収穫), 간분(감자가루나 메밀가루)(じゃがいもやそばの粉), 쾌마디 (톱) (のこぎり), 사냥하다 (나무하다) (たきぎを取る), 볼디 (아주) (大変)

次は**慶尚道方言**の特徴的な文法を見ることにする。1つだけで慶尚道方言であることが分かる最も代表的なものとして次の例文を挙げる。

(11) 머라카노? (뭐라고 하느냐?) (何と言ったのか?)

ここではまず文末語尾-노が特徴的である。慶尚道方言には疑問文の種類によって文末語尾が-노と-나に, または-고と-가に分かれるという特徴がある。すなわち어디 (どこ), 언제 (いつ), 누가 (誰が) などの疑問詞を含む説明疑問文では (12a) と (13a) のような-노と-고が使われ, 예 (はい) や아니오 (いいえ) で応答する判定疑問文には (12b) や (13b) でのように-나と-가が使われる。これらは中世韓国語に存在した現象であるが, 慶尚道方言がまだそれを維持していると見ることができる。

(12) a. 니 어데 갓더노? (너 어디 갔었니?) (お前どこに行ってたの?)
    b. 밥 묵나? (밥 먹니?) (ご飯食べるか?)
(13) a. 이거 누 책이고? (이게 누구 책이니?) (これ誰の本だい?)
    b. 그기 니 책 아이가? (그것 너의 책 아니냐?)
       (これお前の本じゃないのか?)

(11) でさらに決定的に慶尚道方言の色合いを際立たせているのは라카という部分である。これは뭐라고 하다の고하が카 (←ㄱ하) に縮まった形態なのだが, 他の方言では見ることのできないこの方言特有の現象である。この方言では갈려고 하다も려고 하が라카に縮まり갈라카다になるが, いずれにしても라카がこの方言の最も特徴的な形態だと言えよう。

慶尚道方言もやはり語尾に特徴的なものが多いが, 次の例文に現れた接続語尾-는동や文末語尾-더, -꺼などが全てこの方言特有の語尾である。(14d) の-시이소は標準語십시오に該当する語尾であり, この語尾によってこの方言の対者敬語法を記述するときは합쇼体という用語の代わりに하

이소체という用語を使うほどである。(14e)の語尾-꼬は標準語-고に該当する語尾であるが，濃音となったこの語尾がもともと特徴的であり，人々が慶尚道方言をまねるときによく利用する。(14f)の캉～캉は標準語の랑～랑に該当する助詞であり，(14g)の맨치로（または맹크로）は標準語の처럼（～のように）に該当する助詞であるが，全てこの方言特有の形態である。

(14) a. 집에 인는동 없는동 몰시더. (집에 있는지 없는지 모르겠습니다.) (家にあるのかないのかわかりません。)

b. 여거가 좋니더. (여기가 좋습니다.) (ここがいいです。)

c. 할배, 어데 가니껴? (할아버지 어디 가십니까?)
(おじいさん，どちらにお行きになりますか？)

d. 퍼떡 오시이소. (빨리 오세요.) (はやくいらして下さい。)

e. 머 할라꼬? (뭐 하려고?) (何をしようと？)

f. 니캉 내캉 닮었제? (너랑 나랑 닮았지？)
(お前と私似ているでしょう？)

g. 아덜맨치로 와 그라노? (애들처럼 왜 그러니？)
(子供のようになぜそうなんだい？)

慶尚道方言の特徴的な語彙をいくつか挙げれば次のようになる。最後の언제は，相手の賞賛や要請などに対し，否定ないしは反対の意思を表す言葉で，一種の反問として使われるが，어데も同じ機能として使われる。

(15) 꽤내기/앵구 (고양이) (ねこ), 가분다리 (진드기) (ダニ), 시껍했다 (놀랐다) (驚いた), 머라쿤다 (꾸짖다) (叱る), 하모 (암) (もちろん), 언제 (아니야) (いやあ)

次は**全羅道地方**の特徴を見ることにする。やはり最も典型的な全羅道方言の味がにじみ出ている表現のひとつとしてはまず(16)を挙げることにする。

(16) 히 볼티먼 히 보랑께. (해 볼테면 해 보라니까.)
(やってみるならやってみろよ。)

語末語尾-ㅇ께はこの方言の顔であると言ってもよく，この方言を最も直接的に代表する形態である。標準語の-니까（〜ので）に該当し，文末語尾ではないが，文末語尾のようにこの語尾によってひとつの文章が終わることが一般的である。前に来る言葉によって랑께，당께，-ㅇ께/-응께などとして現れ，これらの後に로が再びつくこともある。また께が게に発音されることもありうる。

(17) a. 비쌍께（비싸니까）（高価だから），없응께（없으니까）（ないから）
b. 간당께로（간다니까）（行くってば）
c. 우리 성이랑께（우리 형이라니까）（私たちの兄だって）
d. 그렁께/그랑께/긍게（그러니까）（だから）

(16)の희もこの方言特有の形態である。標準語の해/하여（して）に該当するものであるが，他の方言では聞くことがむずかしい。볼테면の테が티になることもこれと同様の現象であろう。この方言では그런데도も그런디/그란디というように標準語のㅐ/ㅔをㅣで発音することがひとつの特徴であるが，その中でも희が特にこの方言の特徴として目を引く，一般の人にも広く知られている形態である。（-면が-먼になるのは他の方言でも似た現象が見出される。）

全羅道方言を特徴づける形態の何種類かをさらに挙げれば，(18)のようになる。땀시は땀새という地域もあり，全く違って난시，쭈에，찌우というところもある。いずれも似ているが，特に땀시と땀새がこの方言の色合いが最もにじみ出ている形態である。-어라우は標準語-어요に該当するが，やはり特徴的である。-게/겨は主体尊待表示の-시-に該当するもので，この方言特有のものである。また文末の잉はだいたいにおいて念をおす意味の標準語응（うん）に該当するが，他の方言には翻訳することが困難な独特の語感を持つ。恭順な言葉づかいとしても使われることや一般の対話でも頻繁に使われることが응と異なっている。잉ひとつで全羅道方言であることを知らしめるばかりでなく，何よりも全羅道方言の神髄を味わわせてくれる，もうひとつの全羅道方言の顔だとも言えるであろう。(16)の最後に잉をひとつ付ければ，もっとそれらしい全羅道方言の神髄を示す文

になるであろう。

(18) a. 머 땀시 (뭐 때문에)(何のために)
b. 입었어라우(입었어요)(着ました), 좋구만이라우(좋구만요)(よかったですね)
c. 금세보 오겨라우? (벌써 오세요)(もうお帰りになったのですか), 가졌냐? (가셨느냐?)(お行きになったか?)
d. 그랍디다 잉 (그러던데요.)(そう言ってました), 오겨라우 잉 (오세요)(いらして下さいね)

語彙で全羅道方言を特徴づける例をいくつか挙げることにする。他の方言でもだいたいそうであるが，特に形容詞と副詞に特異な（他の方言では正確に翻訳できない）語彙が多いことも指摘しておきたい。

(19) 냉갈 (연기)(煙), 괴비 (호주머니)(ふところ), 느자구 (장래성)(将来性), 이정스럽다 (꼼꼼하다)(几帳面だ), 호숩다 (흔들거려 재미있다)(ゆれておもしろい), 포도시 (겨우)(やっと), 댑대로/됩대 (도리어)(むしろ)

最後に**済州道方言**の特徴的な形態をみてみよう。済州道方言は本土の人が聞く機会が少ない。往来が困難で人口が少なく，その分接触の機会が少ないせいもあろうが，済州島の人々が本土に出てきたときはもちろん，現地でも本土の人と話すときはたいてい標準語を使おうとするためである。もともと方言差が大きく，意思疎通を円滑に行うための知恵であろう。いずれにせよ，このような事情で他の方言に対するように，一言で済州道方言だとわかる典型的な方言を挙げることはむずかしい。しかし現在マスコミなどの間接的なメディアによって済州島の言葉の看板のようになったものは（20）の감수가であろう。가고 있습니까？（行っていますか）の意味なのだが，語尾수가を別に切り離して認識するより감수가全体がひとつのかたまりとなって一般人に広く知られるようになった。

(20) 어드레 감수가? (どこに行っていますか?)

감수가の-수-は対者敬語法に使われる標準語-습니-程度に該当する先語

末語尾である。(21a)の가쿠다の쿠にもこの-수-の異形態-우-が入っている。쿠の-ㅋ-は標準語の-겠-に該当する語尾であり,残りの-우-が聴者を高める要素と分析されるためである。どの語尾も済州島方言でしか見ることができない大変特異な形態である。

一方,감수가の-ㅁ-は,動作の進行(または未完)を表す語尾として(21b)の살암저の-암-にも見られる。この方言で完了を表す語尾として(21c)の-앗/엇-や-안/언-と対立し活発に使われる語尾として済州道方言の特徴を最もよく表している形態の1つと言えよう。(21b) 나영の助詞영も特異だが,(21a)の接続語尾-앙/엉-や(21b)の語末語尾-저および(21c)の-마씀も,済州道方言以外では似た形態さえ聞くことのない,この方言特有の語尾である。

(21) a. 가당 물엉 가쿠다. (가다가 물어서 가겠습니다.)
　　　　(行く途中で聞いて行きます。)
　　　b. 나영 혼디 살암저. (나랑 함께 살고 있다.)
　　　　(私と一緒に暮らしている。)
　　　c. 그 책 다 익언마씀? 다 익엇저. (그 책 다 읽었습니까? 다 읽었다.) (その本を全部読みましたか？ 全部読んだ。)

済州道方言には特にその意味を推測することも困難な特異な語彙が多い。次の(22a)でその例をいくつか挙げることにする。また済州道方言では地理的な条件で日本語から入った語彙が多いかと思えば,過去モンゴルに占領されていた影響で馬に関するモンゴル語を受け入れたものも多い。これをそれぞれ(22b)と(22c)で例示する。

(22) a. 게염지 (개미) (アリ), 밥주리/밤머리 (잠자리) (トンボ), 생이/좁생이 (참새) (雀), 눔삐 (무우) (大根), 대사니/곱대사니(마늘) (にんにく), 바릇(해산물) (海産物), 황고지(무지개) (虹), 돗굉이 (회오리바람) (竜巻)
　　　b. 이까리 (돛) (錨), 쟈왕 (밥공기) (茶碗), 후로 (목욕탕) (風呂)
　　　c. 가라물 (黒馬), 적다물 (赤馬), 월라물 (斑点馬)

以上で韓国語の方言の特徴を，概略的ではあるが重要なものは一通り全て見渡したことになる。方言差の幅が決して小さいとは言えないことと，ソウルから遠く離れた辺境の地であればあるほど，特異な特徴が多いということも確認できた。概ね方言が保守的であり，古形を多く残しているが，反対に改新がまず方言で始まることも見た。交通が頻繁になり，マスコミや教育の影響も大きく，方言間の接触が頻繁に行われ，特に標準語の普及が拡大するにつれ，方言間の壁はしだいに低くなっている。今後各方言がどのような姿に変わっていくか，それは私たちがこれから見守っていかなければならない課題の1つであろう。

【参考文献】

곽충구 (1991), 김병제 (1959, 1965, 1975), 김영배 (1992), 김영황 (1982), 김이협 (1973), 김충회 (1992), 김형규 (1974), 서정목 (1987), 이기갑 (1986), 이기문 (1972), 이숭녕 (1957, 1967), 이익섭 (1981, 1984, 1986), 최명옥 (1980, 1982), 최학근(1974), 현평효(1962, 1974), 황대화(1986), 대한민국학술원(1993), 한국정신문화연구원 (1986~1994), 小倉進平 (1940, 1944), 河野六郎 (1945), Chambers and Trudgill (1980), Ramsey (1974)

監修者あとがき

　本書『韓国の言語』に初めて接したのは，今から 7 年前のことである。1997 年 3 月にソウルを訪問した機会に，当時は徳寿宮の石造殿西館（現美術館）の一角にあった国立国語研究院に李翊燮院長をお訪ねしたときだった。
　李翊燮院長は，当時ソウル大学国文科教授と院長を兼務されるというご多忙の日常のなか，快くお会いくださり，研究院の業務内容等々，いろいろなお話の後で，やおら引き出しから一枚の CD-ROM を取り出されて私にくださった。それがまさに本書のもととなった原稿だったのである。
　帰国後，私は直ちにファイルを開いて一読し，深い感銘を受けた。外国人を対象とする，最初の本格的な韓国語の入門書，案内書で，韓国語に関するほぼ全ての分野を網羅し，平易に，ある場合にはくどいほどに，分かりやすく書かれているが，それでいて言語学的水準をいささかも落とすことがない内容であった。私は，さっそく大学院言語教育研究科の授業で本書を，といってもまだそのときはパソコンからプリントアウトしたもののコピーであったが，テキストとして院生諸君と講読した。日本語教育学専攻の学生であったが，幸い韓国人留学生が多く，日本人学生も学部で韓国語をある程度勉強した学生だったので，原著をそのまま使って授業を進行することができた。私はそのとき講読を進めながら，院生が分担して訳文を原稿化することで本書の翻訳ができないものかと考えたが，当時院生諸君は各自の研究資料である『捷解新語』の三本対照データベース化の作業と研究に専念し，時間の余裕がなく結局実現しなかった。
　その後，原著も初版・再版と版を重ね，また S. Robert Ramsey 教授か

らは英語版をいただくなどしているうち，2002年8月にソウル大学湖巌会館で開かれた 2002 International Conference on Korean Linguistics に招かれた際，すでにソウル大学を停年退官され，韓国語世界化財団理事長を勤めておられる李翊燮教授にお会いして，初めて前田真彦氏からの翻訳の申し出があることをうかがい，日本語版が速やかに出版され，本書が日本でも手軽に利用できる日を待ち望んでいた私としてもご協力することとしたのである。

　日本語版の完成にご助言をくださり，辛抱づよく温かく見守ってくださった原著者の李翊燮教授に心から感謝申し上げる。

　最後に，翻訳者の前田真彦氏のご苦労と編集者の柴田祈氏のご尽力にも感謝を表したい。

2004年5月27日

梅　田　博　之

参考文献

강신항(1985), "근대화 이후의 외래어 유입 양상," 국어생활 2.
_____(1987), 훈민정음 연구, 서울: 성균관대학교 출판부.
_____(1991), 현대국어 어휘사용의 양상, 서울: 태학사.
곽충구(1991), "함경북도 육진방언의 음운론," 서울대학교 박사학위 논문.
구자숙(1995), "Politeness Theory: Universality and Specificity," Ph.D. dissertation, Harvard University.
국립국어연구원(1991), 우리말의 예절, 서울: 조선일보사.
국어연구회(1990), 국어 연구 어디까지 왔나, 서울: 동아출판사.
권재일(1992), 한국어 통사론, 서울: 민음사.
김광해(1989), 고유어와 한자어의 대응 현상, 서울: 탑출판사.
김남길(1978), "*Tolok* Sentential Complements in Korean," in C.W. Kim ed., *Papers in Korean Linguistics*, Hornbeam Press.
_____(1987), "Korean," B. Comrie ed., *The World's Major Languages*, Oxford: Oxford University Press.
김동식(1981), "부정 아닌 부정," 언어 6-2.
김병제(1959, 1965, 1975), 조선어 방언학 개요(상, 중, 하), 평양: 사회과학원 출판사.
김영기(Kim-Renaud)(1974), "Korean Consonantal Phonology," Ph.D. dissertation, University of Hawaii.
김영배(1992), 남북한의 방언 연구, 서울: 경운출판사.
김영석·이상억(1992), 현대 형태론, 서울: 학연사.
김영황(1982), 조선어 방언학, 평양: 김일성종합대학 출판부.

김완진(1970), "이른 시기에 있어서의 韓·中 언어접촉의 一斑에 대하여," 어학연구 6-1.
_____(1981), 향가 해독법 연구, 서울: 서울대학교 출판부.
김이협(1973), 평북방언사전, 서울: 한국정신문화연구원.
김주관(1989), "존대말 사용의 이상적 규범과 실제적 변이상," 서울대학교 인류학과 석사논문.
김진우(1965), "On the Autonomy of the Tensity Feature in Stop Classification," *Word* 21.
_____(1968), "The Vowel System of Korean," *Language* 44.
_____(1970), "A Theory of Aspiration," *Phonetica* 21.
김창섭(1981), "현대국어의 복합동사 연구," 국어연구 47.
_____(1996), 국어의 단어 형성과 단어 구조 연구, 서울: 태학사.
김충회(1992), 충청북도의 언어지리학, 인천: 인하대학교 출판부.
김한곤(1975), "Conditions on Coordination and Structure Constraint," *Language Research* 11-2.
김현옥(1985), "The Functions of Linear Order in Korean Syntax," *Harvard Studies in Korean Linguistics* Ⅰ.
김형규(1974), 한국 방언 연구, 서울: 서울대학교 출판부.
남기심(1978), 국어문법의 시제문제에 관한 연구, 서울: 탑출판사.
_____(1985), "주어와 주제어," 국어생활 3.
_____·고영근(1985), 표준 국어문법론, 서울: 탑출판사.
남미혜(1988), "국어 어순 연구," 국어연구 86.
남풍현(1981), 차자표기법 연구, 서울: 단국대학교 출판부.
_____(1985), "국어 속의 차용어-고대국어에서 근대국어까지," 국어생활 2.
노명희(1990), "한자어의 어휘형태론적 특성에 관한 연구," 국어연구 95.
대한민국 학술원(1993), 한국 언어지도, 서울: 성지문화사.
박양규(1978), "사동과 피동," 국어학 7.
박영순(1978), "Aspect in the Development of Communicative Competence with Reference to the Korean Deference System," Ph.D. dissertation, University of Illinois.
백응진(1986), "The Pause in Middle Korean," *Harvard Studies in*

Korean Linguistics II.

서재극(1970), "개화기 외래어와 신용어," 동서문화 4, 계명대 동서문화연구소.
서정수(1984), 존대법의 연구, 서울: 한신문화사.
_____(1990), 국어 문법의 연구 I, II, 서울: 한국문화사.
_____(1991), 현대 한국어 문법연구의 개관 I, 서울: 한국문화사.
_____(1994), 국어 문법, 서울: 뿌리깊은나무.
성기철(1985), 현대국어 대우법 연구, 서울: 개문사.
손종영(1973), "A Study of Grammatical Case of Korean, Japanese, and Other Major Altaic Languages," Ph.D. dissertation, Indiana University.
손호민(1978), "긴 형과 짧은 형," 어학연구 14-2.
_____(1983), "Power and Solidarity in Korean Language," *Korean Linguistics* 3.
_____(1994), *Korean*, London : Routledge.
송석중(1967), "Some Transformational Rules in Korean," Ph.D. dissertation, Indiana University.
_____(1978), "사동문의 두 형식," 언어 3-2.
_____(1981), "한국말의 부정의 범위," 한글 173.
_____(1988), *201 Korean Verbs*, New York : Barron's Educational Series.
송철의(1992), 국어의 파생어 형성 연구, 서울: 태학사.
신성옥(1992), "Speaker-oriented and Event-oriented Causals," *Korean Linguistics* 7.
심재기(1982), 국어 어휘론, 서울: 집문당.
_____(1987), "한자어의 구조와 그 조어력," 국어생활 8.
안병희(1977), 중세국어 구결(口訣)의 연구, 서울: 일지사.
_____(1992), 국어사 연구, 서울: 문학과 지성사.
_____・이광호(1990), 중세국어 문법론, 서울: 학연사.
왕한석(1984), "Honorific Speech Behavior in Rural Korean Village-Structure and Use," Ph.D. dissertation, University of California at LA.

유동석(1981), "'더'의 의미에 대한 관견," 관악어문연구 6.
유영미(1987), "Phrasal Phonology of Korean," *Harvard Studies in Korean Linguistics* II.
윤혜석(1987), "Some Queries Concerning the Syntax of Multiple Subject Constructions in Korean," *Harvard Studies in Korean Linguistics* II.
이광호(1988), 국어 격조사 '을/를'의 연구, 서울: 탑출판사.
이기갑(1986), 전라남도의 언어지리, 서울: 탑출판사.
이기문(1963a), "A Genetic View of Japanese," 朝鮮學報 27.
_____(1963b), 국어표기법의 역사적 연구, 서울: 한국연구원.
_____(1967), "한국어 형성사," 한국문화사 대계(大系) V, 서울: 고려대 민족문화연구소.
_____(1972), 국어사개설, 개정판, 서울: 민중서관(1978, 탑출판사).
_____(1991), 국어 어휘사 연구, 서울: 동아출판사.
_____(1993), "훈민정음 친제론," 한국문화 13.
_____·김진우·이상억(1984), 국어 음운론, 서울: 학연사.
이남순(1988), 국어의 부정격과 격표지 생략, 서울: 탑출판사.
이동재(1988), "*l*-Deletion Verbs in Korean," *Papers from the Sixth International Conference on Korean Linguistics*, University of Toronto.
이맹성(1973), "Variation of Speech Levels and Interpersonal Social Relationships in Korean," 이종수박사 송수기념논문집, 서울: 삼화출판사.
이병근(1979), 음운현상에 있어서의 제약, 서울: 탑출판사.
이상억(1978), "Middle Korean Tonology," Ph.D. dissertation, University of Illinois at Urbana.
_____(1986), "An Explanation of Syllable Structure Change in Korean," *Studies in the Linguistic Sciences* 16-2.
_____(1990), "현대국어 음변화 규칙의 기능부담량," 어학연구 26-3.
_____(1994), 국어 표기 4법 논의, 서울: 서울대학교 출판부.
이석주(1989), 국어 형태론, 서울: 한샘.

이숭녕(1957), "제주도방언의 형태론적 연구," 동방학지 3.
_____(1967), "한국방언사," 한국문화사 대계(大系) V, 서울: 고려대 민족문화연구소.
_____(1981), 중세국어연구, 서울: 을유문화사.
이승재(1992), 고려시대의 이두, 서울: 태학사.
이익섭(1968), "한자어 조어법의 유형," 이숭녕박사 송수기념논총, 서울: 을유문화사.
_____(1981), 영동(嶺東) 영서(嶺西)의 언어 분화(分化), 서울: 서울대학교 출판부.
_____(1982), "현대국어의 반복복합어의 연구," 정병욱선생 환갑기념논총, 서울: 신구문화사.
_____(1984), 방언학, 서울: 민음사.
_____(1986), 국어학개설, 서울: 학연사.
_____(1992), 국어 표기법 연구, 서울: 서울대학교 출판부.
_____(1994), 사회언어학, 서울: 민음사.
_____·임홍빈(1983), 국어 문법론, 서울: 학연사.
이정노(1986), *Topics in Korean Syntax with Notes to Japanese*, Yonsei University Press.
이정민(1974), "Abstract Syntax of Korean with Reference to English," Ph.D. dissertation, Indiana University.
_____(1977), "부정명령의 분석," 어학연구 13-2.
이지양(1993), "국어의 융합 현상과 융합 형식," 서울대학교 박사학위 논문.
이필영(1993), 국어의 인용구문 연구, 서울: 탑출판사.
이희승(1955), 국어학개설, 서울: 민중서관.
_____·안병희(1989), 한글 맞춤법 강의, 서울: 신구문화사.
임홍빈(1987), "국어 부정문의 통사와 의미," 국어생활 10.
장경희(1985), 현대국어의 양태범주 연구, 서울: 탑출판사.
장석진(1993), 정보기반 한국어문법, 서울: 한신문화사.
조준학(1982), "A Study of Korean Pragmatics - Deixis and Politeness," Ph.D dissertation, University of Hawaii.
채 완(1976), "조사 '-는'의 의미," 국어학 4.

_____(1977), "현대국어 특수조사의 연구," 국어연구 39.
_____(1983), "국어 수사 및 수량사구의 유형적 고찰," 어학연구 19-1.
_____(1986), 국어 어순의 연구, 서울: 탑출판사.
_____(1990), "국어 어순의 기능적 고찰," 동대논총 20, 동덕여대.
최명옥(1980), 경북 동해안 방언 연구, 대구: 영남대 민족문화연구소.
최학근(1974), 한국방언사전, 서울: 현문사.
최현배(1937), 글자의 혁명, 문교부.
_____(1946, 1959), 우리말본, 서울: 정음사.
한국정신문화연구원(1986~1994), 한국방언자료집.
허 웅(1963), 중세국어연구, 서울: 정음사.
_____(1965), 국어음운학, 서울: 정음사.
_____(1975), 우리 옛말본, 서울: 샘문화사.
황적륜(1975), "Role of Sociolinguistics in Foreign Language Education with Reference to Korean and English Terms of Address and Level of Deference," Ph.D. dissertation, University of Texas.
홍사만(1983), 국어 특수조사론, 서울: 학문사.
홍윤표(1978), "방향성 표시의 격," 국어학 6.
홍재성(1987), 현대 한국어 동사구문의 연구, 서울: 탑출판사.
현평효(1962), 제주도방언 연구(자료편), 서울: 정연사(1985, 서울: 태학사).
_____(1985), 제주도방언 연구(논고편), 서울: 이우출판사.
황대화(1986), 동해안 방언 연구, 평양: 김일성종합대학 출판부.
藤本幸夫(1992), 李朝 訓讀考: 牧牛子修心訣を 中心にして, 朝鮮學報 143.
小倉進平(1940), *The Outline of the Korean Dialects*, 東京: 東洋文庫.
_____(1944), 朝鮮方言の 研究(上・下), 東京: 岩波文庫.
河野六郎(1945), 朝鮮方言學試考: '鋏' 語考, 서울: 東都書籍.
Brown, R. and M. Ford(1961), "Address in American English," *Journal of Abnormal and Social Psychology* 62.
Brown, R. and A. Gilman(1960), "The Pronouns of Power and Solidarity." In T. A. Sebeok ed., *Style in Language,* Cambridge, MA: The MIT Press.

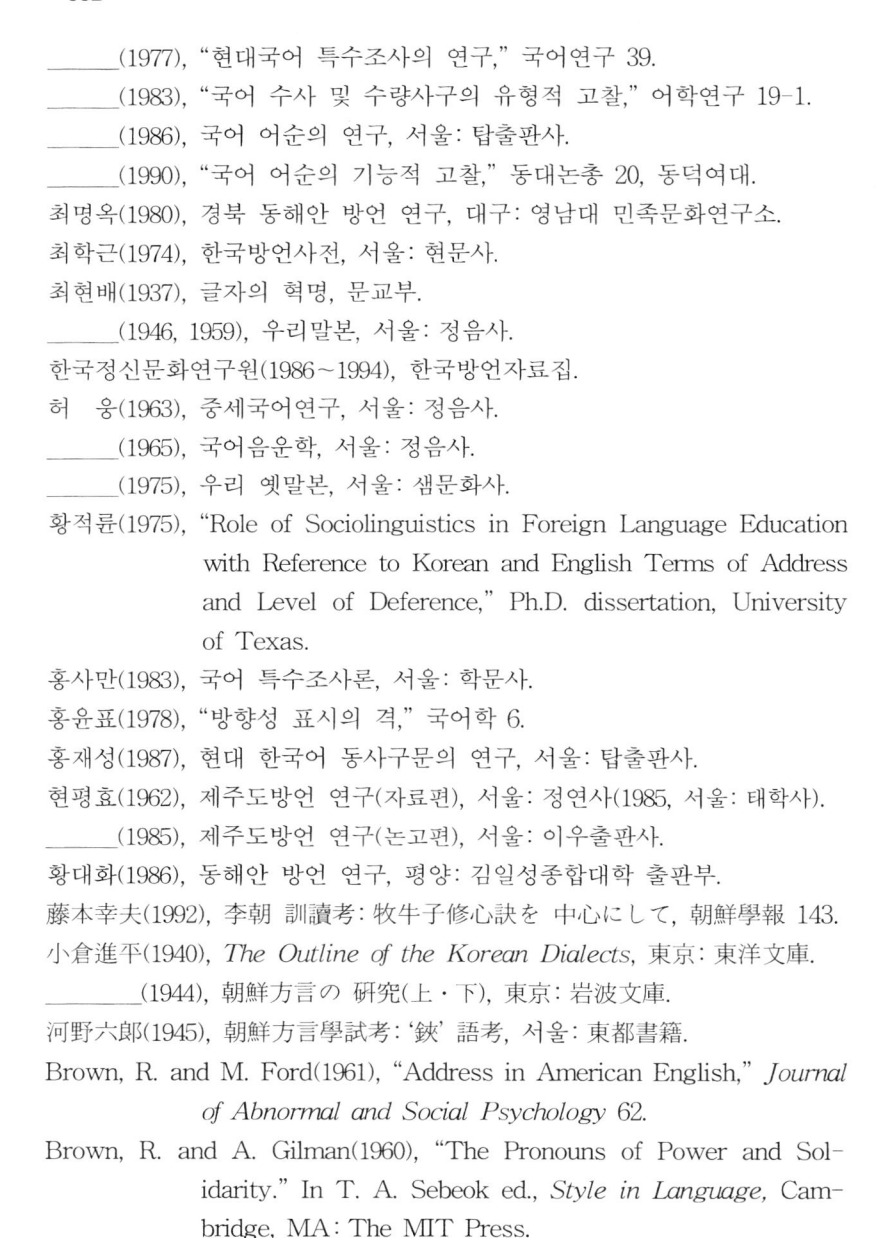

Chambers, J. K. and P. Trudgill(1980), *Dialectology*, Cambridge : Cambridge University Press.
Chao, Y. R.(1968), *Language and Symbolic System*, Cambridge : Cambridge University Press.
Comrie, B.(1991), *The World's Major Languages*, Oxford University Press.
Coulmas, F.(1989), *The Writing Systems of the World*, Oxford : Blackwells.
Crystal, D.(1987), *The Cambridge Encyclopedia of Language*, Cambridge : Cambridge University Press.
_____ (1992), *Dictionary of Language and Languages*, London : Penguin Books.
DeFrancis, J.(1989), *Visible Speech : The Diverse Oneness of Writing Systems*, Hawaii : University of Hawaii Press.
Dredge, C. P.(1977), "Speech Variation and Social Organization in a Korean Village," Ph.D. dissertation, Harvard University.
Ervin-Tripp, S. M.(1969), "Sociolinguistic Rules of Address," In Pride and Holmes(1972), *Sociolinguistics*, London : Penguin.
Gelb. I. J.(1952), *A Study of Writing*, Chicago : University of Chicago Press.
Gerdts, D.(1985), "Surface Case vs. Grammatical Relations in Korean," *Harvard Studies in Korean Linguistics* Ⅰ.
Greenberg, J. H.(1963), "Some Universals of Grammar with Particular Reference to the Order of Meaningful Elements," in J. H. Greenberg ed., *Universals of Language*, Cambridge, MA : The MIT Press.
Henderson, L.(1982), *Orthography and Word Recognition in Reading*, London : Academic Press.
Howell, R. W.(1967), "Linguistic Choice as an Index to Social Change," Ph.D. dissertation, University of California, Berkeley.
Iverson, G.(1982), "Korean S," *Journal of Phonetics* 11.

Jones, D.(1957), *An Outline of English Phonetics*, Cambridge : Heffer and Sons.

King, J. R. P.(1991), "Russian Sources on Korean Dialects," Ph.D. dissertation, Harvard University.

Kuno, Susumu & Y.-K. Kim-Renaud(1987), "The Position of Quantifier-like Particles in Korean," *Harvard Studies in Korean Linguistics* Ⅱ.

Lukoff, F.(1967), "Linguistics in the Republic of Korea," in T.A. Sebeok ed., *Current Trends in Linguistics*, The Hague : Mouton.

Maling, J. & S. W. Kim(1990), "The Inalienable Possession Construction and Case in Korean," *Papers from the Sixth International Conference on Korean Linguistics*, University of Toronto.

Martin, S. E.(1954), *Korean Morphophonemics*, Linguistic Society of America.

_____(1964), "Speech Levels and Social Structure in Japanese and Korean," In D. Hymes ed., *Language in Culture and Society*, New York : Harper and Row.

_____(1993), *A Reference Grammar of Korean*, Tokyo : Charlse E. Tuttle Publishing Company.

_____, Y. H. Lee, & S. U. Chang(1967), *A Korean English Dictionary*, New Haven : Yale University Press.

Morgan, J.(1988), "Some Grammatical Properties of -*ssik*," *Papers from the Sixth International Conference on Korean Linguistics*, University of Toronto.

O'Grady, W.(1987), "Grammatical Relations and Korean Syntax," *Linguistics in the Land of the Morning Calm* Ⅱ, Hanshin Publishing Co.

Poppe, N.(1960), *Vergleichende Grammatik der Altaichen Sprachen* Ⅰ : *Vergleichende Lautlehre*, Wieswaden : Otto Harrassowitz.

_____(1965), *Introduction to Altaic Linguistics*, Wieswaden : Otto Harrassowitz.

Ramsey, S. R.(1978), *Accent and Morphology in Korean Dialect*, 서울 : 탑출판사.

Ramstedt, G. J.(1928), "Remarks on the Korean Language," *Mémoires de la Société Finno-Ougrienne* 58.

_____(1939), "Über die Stellung des Koreanischen," *Journal de la Société Finno-Ougrienne* 55.

_____(1949), *Studies in Korean Etymology*, Helsinki : Suomalais-Ugrilainen Seura.

_____(1952), *Einführung in die altaiche Sprachwissenschaft* II, *Formenlehre*, Helsinki : Suomalais-Ugrilainen Seura.

_____(1957), *Einführung in die altaiche Sprachwissenschaft* I, *Lautlehre*, Helsinki : Suomalais-Ugrilainen Seura.

Ruhlen, M.(1987/1991), *A Guide to the World's Languages* 1, Stanford : Stanford University Press.

Sampson, G.(1985), *Writing Systems : A Linguistic Introduction*, Stanford : Stanford University Press.

Sanders, G. A.(1977), "A Functional Typology of Elliptical Coordination," In F. R. Eckman ed., *Current Themes in Linguistics*, Washington : Hemisphere Publishing Corporation.

Sells, P. (1991), "Complex Verbs and Argument Structures in Korean," *Harvard Studies in Korean Linguistics* IV.

Shibatani, M.(1990), *The Language of Japan*, Cambridge : Cambridge University Press.

Taylor, I.(1980), "The Korean Writing System : An Alphabet? A Syllabary? A Logography?" P. A. Kolers, M. E. Wrolsted and H. Boyma eds., *Processing of Visible Language* 1, New York : Plenum Press.

Vacheck, J.(1945~49), "Some Remarks on Writing and Phonetic Transcription," *Acta Linguistica* 5.

_____ (1973), *Written Language : General Problems and Problems of English*, The Hague : Mouton.

_____ (1976), *Selected Writings in English and General Linguistics*, The Hague : Mouton.

Whitman, J.(1984), "Korean Clusters," *Harvard Studies in Korean Lingustics* Ⅰ.

索 引

●人名

Brown and Ford　225, 270
Brown and Gilman　278
Chao　47
Chomsky and Halle　36
Coulmas　36, 39
Henderson　36
Martin　238
Poppe, N.　6
Ramstedt, G. J.　8
Sampson　36, 48
Taylor　35, 51
Vachek　36
小倉進平　296
元暁　59
崔鉉培　33
崔世珍　16
申叔舟　38
成三問　38
孫穆　277
退渓　60
茶山　60
池錫永　314
丁若鏞　60

鄭麟趾　38
朴彭年　38
李基文　8
李滉　60
李珥　60
栗谷　60

●書名

韓国語の礼節　237
韓国方言資料集　296
郷薬救急方　277, 279
訓民正音　19, 38, 293, 314
訓民正音解例本　39
訓蒙字会　16
鶏林類事　277, 279
月印千江之曲　24, 277
三国遺事　274
三国史記　274
三国史記地理志　273
三代目　55
四書三経　60
釈譜詳節　277
新訂国文　314
世宗実録　17, 37, 46
東国正韻　45, 60

同文類解　287
独立新聞　61
杜詩諺解　277
龍飛御天歌　24, 276
倭語類解　287

●事項

alif　20
alphabet　51
alphabetic syllabary　51
character　51
FN（First Name）　219, 225
letter　51
LN　219, 225
MN(Multiple Name)　225, 234
SOV　195, 200
SOV 言語　8, 108
SVO 言語　8
syllabary　51
TLN(Title+Last Name)　219, 225, 228

〈あ〉

アルタイ語族　6
アルタイ祖語　271
異音　71
依存形態素　92
依存名詞　95
吏読（イドゥ）　5
意図否定　212
意図法　284
陰性母音　44, 129
韻素　74, 301
陰母音→陰性母音
陰陽　45

英語からの借用語　140, 141
遠称　224
円唇化　288
音韻規則　77
音韻体系　274, 277
音韻変化　306
音価　15
音声象徴　129
音節構造　74
音節交替形　123
音節初頭音　16
音節末　75, 77, 88
音節末音　16, 134
音節文字　22, 48
音素的表記法　25
音素目録　77, 311, 313
音素文字　4, 15
音長　85, 301, 302, 303
音長言語　302
諺文（オンムン）　38

〈か〉

開化期　139
懐疑文　215
改新　343
改新の波　312
回想時制　183, 284
介入反復　123
外来語　82
牙音　40, 42
格　147
格機能　194
各自並書　45
格助詞　94, 147
格助詞の省略　148

索　引　339

確認文　215
下降二重母音　73
過去時制　176
滑音　73
滑音化　86
カナダ順　18
含意　167
咸鏡道方言　297, 301, 310, 317
関係化　201
冠形化　201
冠形化語尾　175, 191, 202
冠形形語尾　275
韓系言語　272
冠形語　12, 192
冠形詞　111
漢語→漢字語
韓国語史　288
漢字　4, 50
漢字語　51, 93, 137, 138, 142
間接使役　210
間接補文　202
完全反復　121
感嘆文　185
漢文　4, 52
勧誘文　183, 249
擬声擬態語　113, 128
北朝鮮　30, 31, 32, 294
基本語順　195
基本字母　18
基本数詞　104
基本文型　197
疑問文　183
客体　244, 246
客体敬語法　237, 243, 246, 261, 284
休止　110

旧情報　169
郷歌(きょうか)→ヒャンガ
郷札(きょうさつ)→ヒャンチャル
共同格助詞　161, 286
行列(ぎょうれつ)→ハンニョル
極尊称　222
虚辞　55
去声　279
キョッパッチム　20, 22, 24
キリスト教　139
近称　224
近代韓国語　272, 286
緊密複合語　118
具格　159
具格助詞　159, 275
口訣(クギョル)　56
口訣(くけつ)→クギョル
百済語　273
屈折　115
屈折語　7
屈折接辞　93
屈折接尾辞　93
句複合語　118
訓民正音　19, 38
京畿道方言　297
敬語法　98, 219, 260, 275, 284
繋辞　95, 110, 111
敬称　220
慶尚道方言　297, 301, 310, 311, 312, 319, 320
形態音素　24
形態素的表記法　25
形態変化　111, 112
形容詞　107
激音　14, 70, 89

諺解　60
原語　132, 137
原始韓国語　272
権勢　265, 269
現代韓国語　272
限定的　168
喉音　40
口蓋音化　80, 82, 288, 307
黄海道方言　297
後期中世韓国語　276
高句麗語　273, 276
口訣→クギョル
江原道方言　297
甲午更張　61
合字解　50
合成語　115
後置詞　12
後置詞言語　195
後置詞的言語　12
膠着語　7
高調　301
呼格助詞　164, 233, 283
語幹　92
語幹末音　84, 88
語基　93
語形変化　93
語根　92
語順　148, 194
呼称　225, 237, 268
古代韓国語　272, 273, 275
古篆　46
語頭子音群　286
語尾　9, 92, 175
語末語尾　175
固有名詞　52, 97

孤立語　7
混種語　148, 144

〈さ〉
再帰代名詞　100
済州道方言　297, 303, 322
再出　44
最小対立語　71
削除　199
サンパッチム　20, 22, 24
子音　70
子音群　74, 75, 279
子音交替　130
子音交替形　123
子音体系　74, 274, 278
使役　209
使役動詞　206, 208
使役文　209
歯音　40
歯間音　14, 133
色彩語　130
字形　15
指小系列　129
時制　176, 285
七終声法　79, 286
実辞　55
自動詞文　154
字母の順序　18
字母文字　15
社会階級　268
社会方言　291
借字表記法　53
借用語　5, 51, 132, 136
ジャバ語　220
終声　16

索　引　*341*

従属接続　186, 187
主格　149
主格助詞　149, 275, 279, 282
縮約　83
主語　149
主語中心の言語　169
主体　238, 246
主体敬語法　176, 237, 238, 243, 246, 261, 284
受諾文　185
述語　10, 95, 108
順序数詞　104
書院　60
上昇二重母音　73
上声　279
省略　152
処格　157
処格助詞　157, 275, 283
書記　52
職位　267
助詞　9, 92, 147
初出　44
女真語　139
初声　16
初声字　50
助動詞被動　208
叙法　176, 180, 183
処容歌　54
序列表　225
新羅語　274, 275
自立形態素　92
唇音　40, 42
唇軽音　45
唇歯音　14, 133
新情報　169

人名　83, 98
数詞　102, 104, 276
数量詞句　105
寸数(すんすう)→チョンス
姓　97
正音　38
制字解　39
正書法　287
成節音　76
声調　279, 296, 301, 302, 303
声調言語　302
西南方言　297
性別　97, 238, 268
西北方言　297
声門閉鎖　70
声門閉鎖音　311
性理学　45
石刻銘　52
舌音　40
接続　161, 198
接続語尾　175, 186, 275
接続副詞　113
接頭辞　93, 124
接尾辞　93, 124, 245
説明疑問文　319
前期中世韓国語　277
先語末語尾　176, 238, 262, 285
全称記号　174
前置詞的語尾　12
先輩後輩　266
全羅道方言　297
相　176, 183
造語法　115
総称的　168
相対時制　181

ソウル語　72, 292
阻害音　23, 77
属格　155
俗漢文　52, 57
素性文字　48
属格助詞　155, 275, 282
尊待語　246, 249

〈た〉
対格　153
対格助詞　153, 275, 318
大過去　179
対者敬語法　237, 247, 259, 261, 284, 319
対照　167
対称動詞　162
他意否定　213
代名詞　98, 220, 223
脱落　83, 119
他動詞文　153
束ね書き　34, 49
単一語　115
短形使役　209
短形否定　216
断言　167
単純否定　212
男尊女卑　268
単母音　18, 72, 312
短母音化　287, 308
地域方言　291
中国語　132, 137, 288
中子音　75
中上流層　293
中声　43
中世韓国語　272, 275, 276, 303, 305

中声字　50
忠清道方言　297
紐帯　265, 269
中部方言　297
中流社会　292
中和　23, 77, 280
中和規則　77
長音　74
調音位置　70
長音化　86, 89
調音方法　70
長形使役　209
長形否定　216
長幼の序　265
直接使役　209
直接補文　201
寸数(チョンス)　267
繋ぎのへ　87, 118
定型　315
低調　301
綴字法改正　36
添加　86, 88, 118
天主教　139
転成語尾　175, 190
吐(ト)　56
同意重複　145
等位接続　186
頭音法則　7, 82
同化　25, 79
同格節　202
等語線　296
統語的複合語　118
動詞　107
動詞文末　196
動詞文末言語　9

索　引　343

頭字略語　66
東南方言　297
東北方言　297
動名詞　95
特殊助詞　147, 165, 275, 284, 316, 318

〈な〉
内的変化　128
内包　198, 201
内包文　201, 285
内容節　202
南部方言　297
二重主語文　150
二重母音　72, 73, 278, 287, 312, 313
日本語　8, 139, 276, 323
年齢　265
濃音　14, 45, 70
濃音化　86, 87, 288
能力否定　213

〈は〉
媒介母音　84
背景　270
破擦音　70, 89
派生　93, 115
派生形容詞　126
派生語　84, 115, 124
派生接辞　93
派生接尾辞　125
派生動詞　127
派生副詞　127
派生名詞　95, 126
八終声法　25, 79, 280
発音器官　40

パッチム　20
ばらし書き　34
破裂　134
ハングル　4, 37
ハングル正書法　23, 30
ハングル綴字法統一案　17, 292
判定疑問文　319
行　列（ハンニョル）　266
反復形　113
反復複合語　121
半母音　72, 278
パンマル　249
パンマル体　249, 252, 257, 262, 268
鼻音　25, 70, 79
左枝別れ言語　12
否定　211
否定称　101
否定文　211
被動　204
非統語的複合語　118
被動詞　203, 205, 207
被動文　204
非文末語尾　175
郷　歌（ヒャンガ）　5, 54
郷　札（ヒャンチャル）　54
表意主義　25, 35, 65
表音主義　25, 35
表記法　23, 33, 36, 286
評言　169
表語文字　22
標準語　291, 292, 301
標準語規定　292, 294
標準発音　294
標準発音法　72
ピョンヤン方言　294

品詞　94
フィン・ウゴル語族　6
付加疑問文　215
複合　115
複合形容詞　117
複合語　29, 84, 116, 117
複合字母　17, 18
複合助詞　283
複合動詞　116
複合副詞　117
複合名詞　116
副詞　113, 121
複数　97, 107
普通学校用諺文綴字法　292
仏教　138
仏典　60
不破音　14, 23, 77, 134
不破化　77, 280
夫餘系言語　272
文化語　294
文末語尾　108, 175, 183, 247, 262, 275, 285, 319
平安道方言　297, 307, 308, 315,
平音　14, 70
閉鎖音　14, 70, 89
平称　220
平叙文　184, 247
平唇母音　72
平声　279
変形反復　121, 122, 123
辺子音　75
変則活用　28
母音交替　128
母音交替形　123
母音体系　72, 274, 278, 287

母音調和　7, 44, 280, 282
方言　291
方言区画　295, 297
方言圏　291, 295, 315
方言測定法　296
補語　150
補助形容詞　109
補助動詞　109
補文化　202
梵語　138
本動詞　109

〈ま〉
マーカー　118
摩擦音　14, 70
末音添記　55
満州語　139, 288
右枝分かれ言語　12
未来時制　180
無声音　14, 47, 70
無生物　204
名詞　94
名詞化　190, 202
名詞化語尾　190, 175
名詞節　203
名数詞　96, 104
命令文　184, 248
目的語　153
文字韓国語　66
モンゴル語　138, 323

〈や〉
約束文　185
有気音　70
有気音化　288

有声音　14, 47, 70
綸音(ユヌム)　60, 286
用言　109
陽性母音　44, 129
陽母音→陽性母音
与格　157
与格助詞　244
抑揚　183

〈ら〉
吏読(りとう)→イドゥ
略語　144
流音　71, 135
嶺西方言　299, 300
嶺東方言　297, 299, 300, 310, 314
綸音(りんおん)→ユヌム
類義語　136
例義　62
ローマ字　6, 66
六鎮方言　300, 314, 318

〈わ〉
話題　168, 169, 195
話題中心の言語　169

겄　179

겸양칭　224
까지　172
나　171, 172
ㄷ変則活用　310
더　180
도　166
된시옷　286
마다　173
마저　172
만　166
ㅂ変則活用　306
ㅅ変則活用　306
수　97
야　170
었　176
었었　178
은/는　167
이응자　22
조차　172
하게体　248, 253, 262
하오体　248, 254, 262, 268
하우体　268
합쇼体　248, 258, 262, 268
해라体　184, 185, 248, 251,
해요体　248, 256, 257, 262, 268
해体　248, 252

■著者紹介

李翊燮（イ　イクソプ）
 1938 年　江陵生
 ソウル大学国語国文学科，同大学院（文学博士）
 現在　ソウル大学名誉教授，韓国語世界化財団理事長
 著書：『国語学概説』（1986）『方言学』（1984）
   『社会言語学』（1994）『国語文法論』（共著，1983）
   『嶺東嶺西の言語分化』（1981）『国語表記法研究』（1992）

李相億（イ　サンオク）
 1944 年　ソウル生
 ソウル大学国語国文学科，同大学院（文学碩士）
 イリノイ大学言語学科（言語学博士）
 現在　ソウル大学人文学部教授
 著書：『国語音韻論』（共著，1984）『現代形態論』（共著，1992）
   Middle Korean Tonology（1978）『国語表記 4 法論議』（1994）

蔡琬（チェ　ワン）
 1953 年　忠清北道鎮川生
 ソウル大学国語国文学科，同大学院（文学博士）
 現在　同徳女子大学教授
 著書：『国語語順の研究』（1986）

■監修者・訳者紹介

[監修者]
梅田博之（うめだ　ひろゆき）
1931年東京生。東京大学文学部言語学科卒業。同大学院言語学専修課程博士課程修了。東京外国語大学アジア・アフリカ言語文化研究所教授・所長，麗澤大学教授・学長，日本言語学会会長，日本音声学会会長等を歴任。韓国玉冠文化勲章受章(1991)，東崇学術賞受賞(1999)，瑞宝中綬章受章(2008)。著書に，『スタンダードハングル講座』全5巻（編著，大修館書店，1989-1991），『韓国語の敬語入門』（共著，大修館書店，2009）等。

[訳者]
前田真彦（まえだ　ただひこ）
1964年和歌山生。富山大学人文学部朝鮮語朝鮮文学コース卒業。東京外国語大学研究生を経て，大阪外国語大学修士課程修了，関西大学博士課程単位取得後退学。建国幼小中高等学校にて21年間国語科教諭として勤務。2010年ミレ韓国語学院創設。著書に，『韓国語発音クリニック』（白水社），『韓国語発音変化完全マスター』（HANA）など多数。
ミレ韓国語学院ホームページ　https://mire-k.jp/

韓国語概説（かんこくごがいせつ）
©Maeda Tadahiko, 2004　　　　　NDC829/xii, 346p/22cm

初版第1刷	2004年7月10日
第4刷	2022年9月1日

著　者　　　　李翊燮（イイクソプ）・李相億（イサンオク）・蔡琬（チェワン）
監修者　　　　梅田博之（うめだひろゆき）
訳　者　　　　前田真彦（まえだただひこ）
発行者　　　　鈴木一行
発行所　　　　株式会社大修館書店
　　　　　　　〒113-8541 東京都文京区湯島2-1-1
　　　　　　　電話 03-3868-2651（販売部）　03-3868-2293（編集部）
　　　　　　　振替 00190-7-40504
　　　　　　　［出版情報］https://www.taishukan.co.jp

装丁者　　　　稲野　清（有限会社ビー・シー）
印刷所　　　　壮光舎印刷
製本所　　　　ブロケード

ISBN978-4-469-21289-1　　Printed in Japan

Ⓡ本書のコピー，スキャン，デジタル化等の無断複製は著作権法上での例外を除き禁じられています。本書を代行業者等の第三者に依頼してスキャンやデジタル化することは，たとえ個人や家庭内での利用であっても著作権法上認められておりません。